SKCT

SK그룹 온라인 종합역량검사

기출이 답이다

시대에듀

2024 하반기 시대에듀 All-New 기출이 답이다
SK그룹 온라인 SKCT 7개년 기출 + 무료SK특강

Always with you

사람의 인연은 길에서 우연하게 만나거나 함께 살아가는 것만을 의미하지는 않습니다.
책을 펴내는 출판사와 그 책을 읽는 독자의 만남도 소중한 인연입니다.
시대에듀는 항상 독자의 마음을 헤아리기 위해 노력하고 있습니다. 늘 독자와 함께하겠습니다.

자격증 · 공무원 · 금융/보험 · 면허증 · 언어/외국어 · 검정고시/독학사 · 기업체/취업
이 시대의 모든 합격! 시대에듀에서 합격하세요!
www.youtube.com → 시대에듀 → 구독

머리말 PREFACE

SK그룹은 '기업경영의 주체는 사람이며, 사람의 능력을 어떻게 개발하고 활용하느냐에 따라 기업의 성패가 좌우된다.'는 인재관리 철학을 바탕으로 1978년 국내 기업 최초로 인적성검사를 도입하였다. 또한 객관적이고 공정한 채용절차를 실현하기 위하여 꾸준히 부분 개정 작업을 진행해 왔으며 일 잘하는 인재의 요건을 보다 면밀히 분석하여 2013년 하반기부터는 새로운 검사인 SKCT를 도입하였다. 그리고 2023년 하반기부터 전 계열사의 SKCT는 온라인으로 시행되고 있다.

SKCT는 SK그룹에서 직무 수행을 위해 요구되는 역량을 다양하고 종합적인 관점에서 측정하고 있으며, 업무에 필요한 복합적이고 고차원적인 사고능력을 측정하는 인지검사와 SK그룹에 적합한 성격, 가치관, 태도를 갖추고 있는지를 측정하는 심층검사로 구성되어 있다. SKCT는 기업체 인적성검사 중에서도 비교적 난도가 높은 편이므로 철저한 대비가 필요하다.

이에 시대에듀는 수험생들이 SKCT를 효과적으로 준비할 수 있도록 교재를 구성하였으며, 이를 통해 단기간에 성적을 올릴 수 있는 학습법을 제시하였다.

도서의 특징

❶ 최신 기출유형을 반영한 기출유형 뜯어보기를 수록하여 풀이방법과 이에 따른 팁을 학습할 수 있도록 하였다.

❷ 2024년 상반기~2018년 상반기까지의 SKCT 7개년 기출복원문제를 수록하여 SK그룹만의 출제경향을 한눈에 파악할 수 있도록 하였다.

❸ 2024~2022년 3개년 주요기업 기출복원문제를 수록하여 다양한 기업의 출제유형을 학습할 수 있도록 하였다.

끝으로 본서가 SK그룹 채용을 준비하는 여러분 모두에게 합격의 기쁨을 전달하기를 진심으로 기원한다.

SDC(Sidae Data Center) 씀

SK그룹 이야기

◇ **경영철학**

구성원의 지속적 행복

SK 경영의 궁극적 목적은 구성원 행복이다.

SK는 구성원이 지속적으로 행복을 추구하기 위한
터전이자 기반으로서, 구성원 행복과 함께 회사를
둘러싼 이해관계자 행복을 동시에 추구해 나간다.
이를 위해 회사가 창출하는 모든 가치가 곧 사회적
가치이다.

SK는 이해관계자 간 행복이 조화와 균형을 이루도
록 노력하고, 장기적으로 지속 가능하도록 현재와
미래의 행복을 동시에 고려해야 한다.

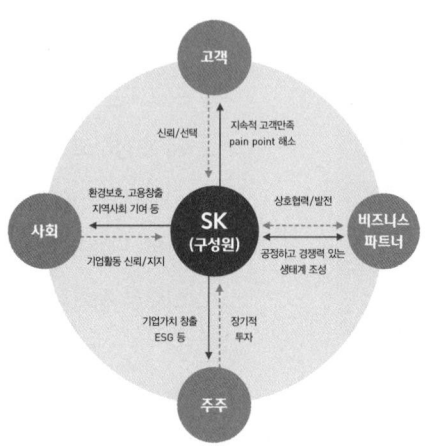

VWBE를 통한 SUPEX 추구

구성원 전체 행복을 지속적으로 키워나가면 구성원 개인의 행복이 더 커질 수 있다는 것을 믿고 실천
할 때 구성원은 자발적(Voluntarily)이고 의욕적(Willingly)인 두뇌활용(Brain Engagement)을
하게 된다.

VWBE한 구성원은 SUPEX* 추구를 통해 구성원 행복과 이해관계자 행복을 지속적으로 창출해
나간다.

* Super Excellent Level의 줄임말로 인간의 능력으로 도달할 수 있는 최고의 수준

◇ 인재상

**스스로가 더 행복해질 수 있도록
자발적이고 의욕적으로 도전하는 패기 있는 인재**

**기업경영의
주체는 구성원**

기업경영의 주체는 구성원이며, 구성원 스스로 기업의 경영철학에 확신과 열정을 가지고 이를 실천해 나가야 한다.

**SK 경영철학에
대한 믿음과 확신**

구성원 전체의 행복을 지속적으로 키워 나가면 구성원 개인의 행복이 더 커질 수 있다는 것을 믿고, 이를 실천할 때 자발적이고 의욕적인 두뇌활용이 가능하다.

패기 있게 행동

스스로 동기부여하여 문제를 제기하고 높은 목표에 도전하며 기존의 틀을 깨는 과감한 실행을 하는 인재

❶ **과감한 실행력** : 기존의 틀을 깨는 발상의 전환으로 새롭게 도전한다.
❷ **역량 강화와 자기 개발** : 문제 해결 역량을 지속적으로 개발한다.
❸ **팀웍의 시너지** : 함께 일하는 구성원들과 소통하고 협업하며 더 큰 성과를 만들어 간다.

SK그룹 계열사 COMPANIES

SK C&C

Digital 기술을 활용한 비즈니스 혁신을 이뤄 Digital Innovation을 선도하고자 한다.
❖ 주요 사업 : 제조, 금융, Generativ AI, Cloud, 유통/물류, 통신, Digital ESG 등

SK머티리얼즈

SK머티리얼즈는 '소재기술 전문회사'로서, 반도체/배터리/디스플레이/CCUS 등 첨단소재 분야에서 'Global Top'으로 도약하고 있다.
❖ 주요 사업 : 세정가스, 증착가스, 산업가스, 전구체, 배터리 소재, 디스플레이 소재, CO_2 포집 등

SK이노베이션

자원 개발(Upstream)부터 실생활 사용을 위한 에너지 판매(Downstream)에 이르는 석유 · 화학 사업의 통합 Value Chain을 구축했으며, 지속가능한 성장 동력 확보를 위해 우수한 기술력을 바탕으로 전기차 배터리와 분리막(LiBS) 등의 첨단 소재 산업을 육성하는 등 'Carbon to Green' 전략 기반의 친환경 사업 전환을 적극 추진한다.
❖ 주요 사업 : 포트폴리오 개발 및 관리, 석유, 화학 · 윤활유, 트레이딩, 배터리, 소재, R&D

SK하이닉스

미래 기술의 시작이자 그 자체로 기술의 집약체인 반도체 기업으로서 더욱 차별화된 '기술 혁신'을 통해 변화의 흐름에 대응하고 세상에 기여하고자 한다.
❖ 주요 사업 : 메모리 반도체(DRAM, NAND Flash, MCP; Multi-Chip Package 등), 시스템 반도체(CIS; CMOS Image Sensor 등)

SK텔레콤

최고의 통신 서비스와 솔루션을 제공해 고객 만족도를 높이고 산업의 생산성 향상을 실현하며 창조적 미래를 열어간다.

SK E&S

재생에너지와 청정수소, 에너지솔루션, 저탄소LNG 사업을 유기적으로 연결하여 시너지를 발휘한다. 또한 LNG Value Chain을 전 세계로 확장하여 Global Clean Energy&Solution Provide로 성장해 나간다.

❖ 주요 사업 : 재생에너지, 수소에너지, 에너지솔루션, LNG Value Chain, 발전, 도시가스

SK에코플랜트

SK에코플랜트의 환경 사업은 폐기물을 자원으로 되돌리며 순환경제를 실현하고, 에너지 사업은 자연에서 에너지를 생산하는 그린수소 시대를 앞당긴다. 또한, SK에코플랜트는 인간과 자연이 공존하는 지속가능한 도시를 구현한다.

❖ 주요 사업 : 리사이클링, SK tes, 환경기초시설 O&M, 소각, 매립, reneus(리뉴어스)

SK실트론

반도체용 실리콘 웨이퍼 제조 역량을 기반으로, 제조·기술·품질에서 압도적인 경쟁력을 갖춘 GLOBAL TOP 초유량 첨단 종합 소재 기업으로 성장하고 있다.

❖ 주요 사업 : 폴리시드 웨이퍼, 에피텍셜 웨이퍼

SK네트웍스

정보통신 유통, 글로벌 Trading, Automative Aftermarket 서비스, 자동차·환경가전 렌털 및 호텔앤리조트 사업까지 고객과 사회적 가치를 만들어 글로벌 일류 기업으로 도약하고자 한다.

❖ 주요 사업 : 정보통신, 스피드메이트, 글로벌 트레이딩, 호텔앤리조트, 렌털·모빌리티, 글로벌 투자, 데이터 관리

SKC

1976년 창립 이래 필름과 화학, 소재 분야에서 수없이 국내 최초 제품을 개발·생산해 산업 발전에 이바지하고 글로벌 메이커로 당당히 자리매김했다.

❖ 주요 사업 : 2차전지, 반도체, 친환경

SK그룹 계열사 COMPANIES

SK스퀘어

검증된 투자역량을 기반으로 Active Portfolio Management를 통해 미래 기업가치를 극대화한다.
❖ 주요 사업 : 반도체, ICT 등

SK바이오팜

글로벌 시장을 타겟으로 혁신 신약 개발에 앞장서 왔으며, 신약 상업화 등의 성과를 통해 신약 후보물질 탐색부터 마케팅에 이르는 전 과정을 아우르는 글로벌 종합 제약사로의 도약을 목표로 한다.

SK디스커버리

효율적인 사업 포트폴리오 운영과 신성장 동력 발굴 · 육성을 통해 차별적인 가치를 만들어 간다.

SK케미칼

친환경소재와 Total Healthcare Solution을 통해 인류 건강을 추구하고 지구 환경을 보호하며 지속가능한 글로벌 리딩 컴퍼니로 성장한다.
❖ 주요 사업 : Green Chemicals(SKYGREEN, ECOZEN 등), Life Science(전문의약품, 일반의약품, 트라스트 레인보우)

SK가스

'대한민국 No.1 LPG Player'로서 역량 강화 및 신규 사업 추진을 통해 글로벌 친환경 종합에너지 화학기업으로 성장하고자 한다.
❖ 주요 사업 : LPG, 가스화학, LNG&전력

SK엔무브

창의적 도전과 혁신으로 세계적인 윤활유 · 기유 전문 기업으로 거듭나고자 한다.
❖ 주요 사업 : 기유, 윤활유, d-Fluids, Thermal Management

SK에너지

50여 년간 축적된 노하우와 끊임없는 기술 혁신으로 경쟁력 확보 및 생산 시설 운영 최적화를 이루어 Top-tier 석유기업으로 도약하고자 한다.

❖ 주요 사업 : 가솔린, 디젤, LPG, 아스팔트

SK지오센트릭

SK지오센트릭은 1972년 국내 최초로 납사 분해시설을 가동함으로써 대한민국 석유화학 산업 발전의 기틀을 마련하였다. 고객과 시장이 원하는 다양한 제품 및 Solution을 제공하고 있으며, 끊임없는 연구개발과 Global 사업확장을 통해 기술기반의 Global Chemical Company로 성장해 나가고 있다.

❖ 주요 사업 : Packaging, Automotive 등

SK온

끊임없는 기술 혁신과 글로벌 파트너십을 기반으로 신에너지 분야에서 Leadership을 확보해 가고 있다.

❖ 주요 사업 : 전기차 배터리, ESS, BaaS 등

SK아이이테크놀로지

현재의 기술 우위에 만족하지 않고 보다 혁신적인 제품기술 개발을 위해 노력하고 있으며, Global Top-tier 소재 솔루션 기업으로 도약해 나가고자 한다.

❖ 주요 사업 : LiBS/CCS, FCW(투명PI/하드코팅)

SK브로드밴드

SK브로드밴드는 종합 미디어 사업의 기반인 미디어 부문과 유선통신 부문으로 구성되어 있으며, 고객 니즈 기반으로 다양한 콘텐츠를 편성하고, 적극적인 마케팅을 통해 서비스 경쟁력을 강화한다.

❖ 주요 사업 : AI 미디어, CATV, 인터넷/전화, IDC, 채널S

2024년 상반기 기출분석 ANALYSIS

계열사에 따라 온라인 또는 오프라인으로 시행되던 SKCT는 2023년 하반기부터 전면 온라인으로 시행되었다. 2024년 상반기 SKCT는 직전 시험 기준으로 영역이나 문항 수 그리고 응시시간에 변화가 없어 수험생들은 혼란을 덜 수 있었다. 영역별로 난이도 차이가 있었으며, 그중에서 수열추리가 특히 까다로웠다는 의견이 많았다. 분수와 소수로 이루어진 수열이 다수 출제되었기 때문이다. 그다음으로 난도가 높은 영역은 언어이해였다. 지문의 길이는 짧지만 내용이 어려웠다는 평가가 지배적이었다. 한편, 자료해석은 자료의 양이 많지 않고 수치가 깔끔하게 떨어져 난도 자체는 낮았지만 짧은 응시시간으로 인해 정답률이 낮아졌다는 후기가 많았다. 직전 시험 대비 전체적인 난도는 낮았지만 턱없이 부족한 응시시간으로 인해 유형별 해결 방법 및 접근 공략 연습이 필수인 시험이었다.

◇ 핵심 전략

전면 온라인 시행으로 전환됨에 따라 기존의 문항별 제한시간이 사라지고 영역별 제한시간으로 변경되었다. 뒤로 갈수록 쉬운 문제가 출제되는 경향이 있으므로 초반에 어려운 문제를 빨리 파악하고 풀 수 있는 문제를 전략적으로 선택하여 과감하게 풀어 나감으로써 정답률을 높이는 것이 좋다. 다만, 다음 문제로 넘어가면 이전 문제로 돌아갈 수 없으므로 정확하게 푸는 것이 중요하다.

자체 프로그램으로 진행되는 SKCT는 프로그램 내 계산기와 메모장을 사용할 수 있다. 온라인으로 진행되는 시험이므로 이를 준비할 때 실제 시험과 유사한 환경을 구축하여 필기도구 없이 푸는 연습을 하는 것이 큰 도움이 될 것이다.

◇ 시험 진행

구분	영역	문항 수	시간
인지검사	언어이해	20문항	15분
	자료해석	20문항	15분
	창의수리	20문항	15분
	언어추리	20문항	15분
	수열추리	20문항	15분
심층검사	PART 1	240문항	45분
	PART 2	150문항	25분

◇ 영역별 비중

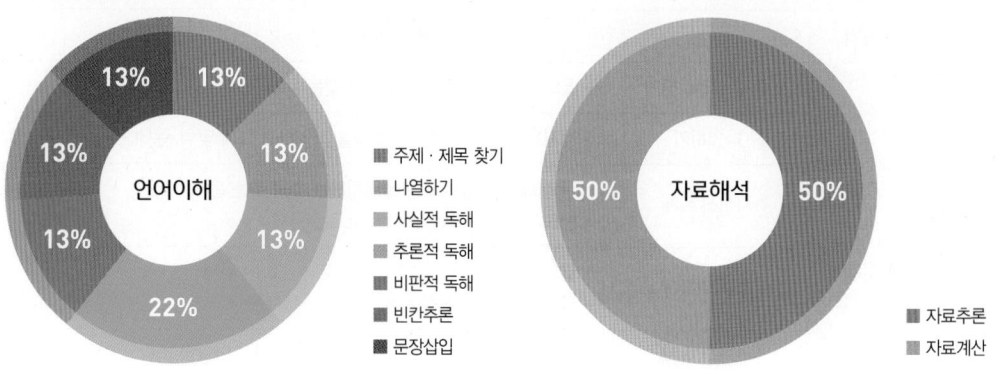

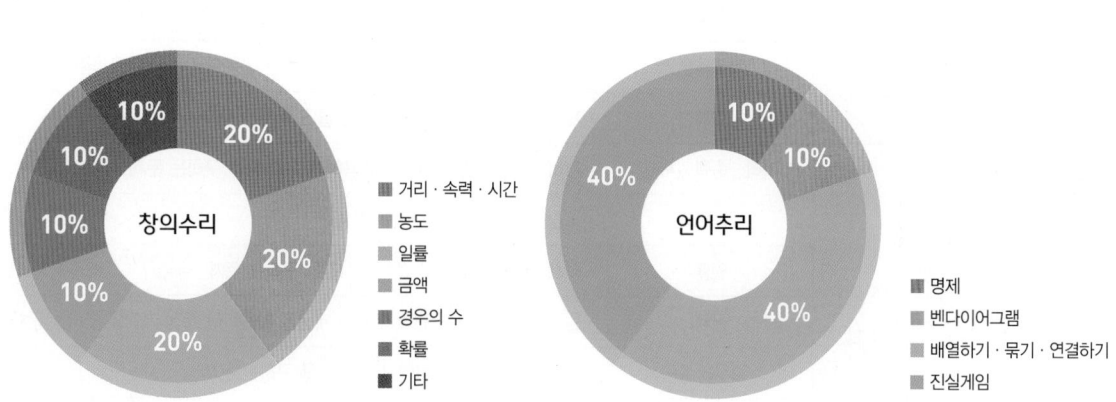

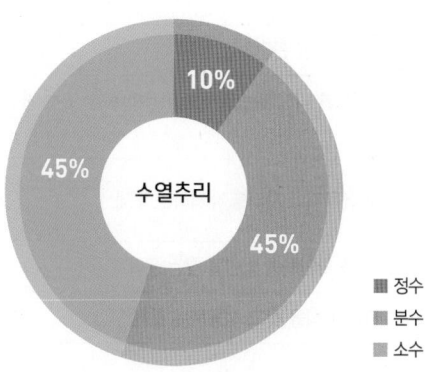

◆ **출제유형**

인지검사		
출제영역		**출제유형**
언어이해	주제 · 제목 찾기	• 글의 주제 또는 필자의 주장을 찾는 문제
	나열하기	• 제시된 문단의 전체적인 흐름을 파악하고 그에 맞춰 순서대로 나열하는 문제
	사실적 독해	• 글의 내용과 일치 또는 불일치하는 것을 찾는 문제 • 반드시 거짓이 되는 선지를 고르는 문제
	추론적 독해	• 글의 내용을 바탕으로 논리적으로 추론하는 문제 • 글의 전개 방식을 찾는 문제
	비판적 독해	• 어떠한 견해에 대해 적절한 반응을 보이거나 타당한 비판을 찾는 문제
	빈칸추론	• 글을 읽고 빈칸에 들어갈 가장 적절한 것을 고르는 문제
	문장삽입	• 제시된 문장을 글의 적절한 위치에 배치하는 문제
자료해석	자료추론	• 제시된 자료를 보고 해석하거나 추론하는 내용으로 옳은 것을 찾는 문제
	자료계산	• 제시된 자료를 활용하여 특정 값을 도출하는 문제
창의수리	거리 · 속력 · 시간	• 거리, 속력, 시간의 관계를 활용하여 속력 등을 구하는 문제
	농도	• 소금물 등의 농도를 구하는 문제
	일률	• 전체 일을 다 하는 데 걸리는 시간을 구하는 문제
	금액	• 원가, 정가, 할인가, 판매가 등의 개념을 활용하여 특정 가격을 구하는 문제
	경우의 수	• 순열과 조합을 활용하여 경우의 수를 구하는 문제
	확률	• 순열과 조합을 활용하여 확률을 구하는 문제 • 조건부 확률을 구하는 문제
	기타	• 나이, 날짜 · 요일을 구하는 문제 등
언어추리	명제	• 삼단논법을 이용하여 참 또는 거짓을 판단하는 문제
	벤다이어그램	• '어떤', '모든' 등 일부 또는 전체를 나타내는 명제를 이용하여 참 또는 거짓을 판단하는 문제
	배열하기 · 묶기 · 나열하기	• 주어진 조건에 따라 한 줄로 세우거나 자리를 배치하는 문제
	진실게임	• 각 진술의 진실 및 거짓 여부를 확인하여 범인을 찾는 문제
수열추리	정수	• 나열된 수를 분석하여 그 안의 규칙을 찾고 적용하는 문제
	분수	• 분수를 활용한 수열 문제
	소수	• 소수를 활용한 수열 문제

◇ 최신 기출 키워드

출제영역	키워드
언어이해	• 반려동물보험 • 스톡홀름증후군 • 법령 • 혈당, 당뇨병 등 건강관리 • 베블런효과 • 반드시 거짓이 되는 것은?
자료해석	• 제시된 자료를 이용하여 미래의 값을 구하는 문제 • 제시된 자료에 대한 설명으로 옳은 것을 고르는 문제
창의수리	• 딸기잼의 농도를 구하는 문제 • 강물에서의 속력을 구하는 문제 • 서로 다른 A, B의 일률을 제시하고 B 혼자 일을 다 하는 데 걸리는 시간을 구하는 문제 • 호스로 수조를 채울 때 걸리는 시간을 구하는 문제 • 신입사원 중 안경 쓴 남성직원의 비율을 구하는 문제 • 작년 대비 올해의 인구 증감률을 구하는 문제 • 제품 A, B의 최대 이익을 계산하는 문제 • N일 후에 다시 하게 되는 회의 날짜를 구하는 문제 • 3*5 도형의 좌측 하단에서 출발하여 우측 상단에 도착할 수 있는 경우의 수를 구하는 문제 • 울타리를 치는 건물 외벽의 길이를 구하는 문제
언어추리	• 범인을 찾는 문제 • 지각한 사람을 찾는 문제 • 식사(한식, 양식 등)와 후식(커피, 녹차 등)에 대해서 양식을 선택한 사람을 모두 고르는 문제 • 제시된 조건하에 줄을 세우는 경우의 수로 가능한 것을 보기에서 모두 고르는 문제 • 자리를 찾는 문제 • 순서를 구하는 문제
수열추리	• 두 개의 빈칸에 들어갈 값을 곱한 수를 구하는 문제 • (앞 숫자의 제곱)+1의 규칙을 찾는 문제 • ×3−3, ×4−4, …의 규칙을 찾는 문제 • 십자가 형태 수열의 규칙을 찾는 문제 • 대분수를 포함한 분수, 소수로 이루어진 수열의 규칙을 찾는 문제 • 홀수 항과 짝수 항의 규칙을 찾는 문제 • 제시된 수열의 N번째 항의 값을 구하는 문제 • 계차수열, 피보나치 수열, 군수열 등

주요 대기업 적중 문제 TEST CHECK

언어이해 ▶ 비판적 독해

16 다음 글의 주장에 대한 반박으로 가장 적절한 것은?

> 우리는 우리가 생각한 것을 말로 나타낸다. 또 다른 사람의 말을 듣고, 그 사람이 무슨 생각을 가지
> 고 있는가를 짐작한다. 그러므로 생각과 말은 서로 떨어질 수 없는 깊은 관계를 가지고 있다.
> 그러면 말과 생각이 얼마만큼 깊은 관계를 가지고 있을까? 이 문제를 놓고 사람들은 오랫동안 여러
> 가지 생각을 하였다. 그 가운데 가장 두드러진 것이 두 가지 있다. 그 하나는 말과 생각이 서로 꼭
> 달라붙은 쌍둥이인데 한 놈은 생각이 되어 속에 감추어져 있고 다른 한 놈은 말이 되어 사람 귀에
> 들리는 것이라는 생각이다. 다른 하나는 생각이 큰 그릇이고 말은 생각 속에 들어가는 작은 그릇이
> 어서 생각에는 말 이외에도 다른 것이 더 있다는 생각이다.
> 이 두 가지 생각 가운데서 앞의 것은 조금만 깊이 생각해 보면 틀렸다는 것을 즉시 깨달을 수 있다.
> 우리가 생각한 것은 거의 대부분 말로 나타낼 수 있지만, 누구든지 가슴 속에 응어리진 어떤 생각이
> 분명히 있기는 한데 그것을 어떻게 말로 표현해야 할지 애태운 경험을 가지고 있을 것이다. 이것
> 한 가지만 보더라도 말과 생각이 서로 안팎을 이루는 쌍둥이가 아님은 쉽게 판명된다.
> 인간의 생각이라는 것은 매우 넓고 큰 것이며, 말이란 결국 생각의 일부분을 주워 담는 작은 그릇에
> 지나지 않는다. 그러나 아무리 인간의 생각이 말보다 범위가 넓고 큰 것이라고 하여도 그것을 가능
> 한 한 말로 바꾸어 놓지 않으면 그 생각의 위대함이나 오묘함이 다른 사람에게 전달되지 않기 때문
> 에 생각이 형님이요, 말이 동생이라고 할지라도 생각은 동생의 신세를 지지 않을 수가 없게 되어

창의수리 ▶ 일률

02 톱니가 각각 24개, 60개인 두 톱니바퀴 A, B가 서로 맞물려 회전하고 있다. 이 두 톱니바퀴가
한 번 맞물린 후 같은 톱니에서 처음으로 다시 맞물리려면 톱니바퀴 A는 최소한 몇 바퀴 회전해야
하는가?

① 2바퀴   ② 3바퀴

③ 5바퀴   ④ 6바퀴

⑤ 8바퀴

언어추리 ▶ 명제

03
> • 술을 많이 마시면 간에 무리가 간다.
> • _____
> • 스트레스를 많이 받으면 술을 많이 마신다.
> 그러므로 운동을 꾸준히 하지 않으면 간에 무리가 간다.

① 운동을 꾸준히 하지 않아도 술을 끊을 수 있다.
② 간이 건강하다면 술을 마실 수 있다.
③ 술을 마시지 않는다는 것은 스트레스를 주지 않는다는 것이다.
④ 스트레스를 많이 받지 않는다는 것은 운동을 꾸준히 했다는 것이다.
⑤ 운동을 꾸준히 한다고 해도 스트레스를 많이 받지 않는다는 것은 아니다.

삼성

수리 ▶ 자료추론

04 S유통에서 근무하는 W사원은 A, B작업장에서 발생하는 작업 환경의 유해 요인을 조사한 후 다음과 같이 정리하였다. 이에 대한 〈보기〉의 설명 중 옳은 것을 모두 고르면?

〈A, B작업장의 작업 환경 유해 요인〉

구분	작업 환경 유해 요인	사례 수		
		A작업장	B작업장	합계
1	소음	3	1	4
2	분진	1	2	3
3	진동	3	0	3
4	바이러스	0	5	5
5	부자연스러운 자세	5	3	8
	합계	12	11	23

추리 ▶ 명제

02

전제1. 로맨스를 좋아하면 액션을 싫어한다.
전제2. _____
결론. 로맨스를 좋아하면 코미디를 좋아한다.

① 액션을 싫어하면 코미디를 싫어한다.
② 액션을 싫어하면 코미디를 좋아한다.
③ 코미디를 좋아하면 로맨스를 싫어한다.
④ 코미디를 좋아하면 액션을 좋아한다.
⑤ 액션을 좋아하면 코미디를 좋아한다.

추리 ▶ 진실게임

Hard

04 S그룹에서 근무하는 A ~ E사원 중 한 명은 이번 주 금요일에 열리는 세미나에 참석해야 한다. 다음 A ~ E사원의 대화에서 2명이 거짓말을 하고 있다고 할 때, 다음 중 이번 주 금요일 세미나에 참석하는 사람은?(단, 거짓을 말하는 사람은 거짓만을 말한다)

A사원 : 나는 금요일 세미나에 참석하지 않아.
B사원 : 나는 금요일에 중요한 미팅이 있어. D사원이 세미나에 참석할 예정이야.
C사원 : 나와 D는 금요일에 부서 회의에 참석해야 하므로 세미나는 참석할 수 없어.
D사원 : C와 E 중 한 명이 참석할 예정이야.
E사원 : 나는 목요일부터 금요일까지 휴가라 참석할 수 없어. 그리고 C의 말은 모두 사실이야.

① A사원
② B사원
③ C사원
④ D사원
⑤ E사원

주요 대기업 적중 문제 TEST CHECK

언어추리 ▶ 진실게임

Hard

04 환경부의 인사실무 담당자는 환경정책과 관련된 특별위원회를 구성하는 과정에서 외부 환경전문가를 위촉하려 한다. 현재 거론되고 있는 외부 전문가는 A ~ F 6명이지만, 인사실무 담당자는 B를 위촉하지 않기로 결정했다. 제시된 명제가 모두 참일 때, 총 몇 명의 환경전문가가 위촉되는가?

- A가 위촉되면, B와 C도 위촉되어야 한다.
- A가 위촉되지 않는다면, D가 위촉되어야 한다.
- B가 위촉되지 않는다면, C나 E가 위촉되어야 한다.
- C와 E가 위촉되면, D는 위촉되지 않는다.
- D나 E가 위촉되면, F도 위촉되어야 한다.

① 1명
② 2명
③ 3명
④ 4명
⑤ 5명

자료해석 ▶ 자료해석

02 한별이는 회사 근처에 이사를 하고 처음으로 수도세 고지서를 받은 결과, 한 달 동안 사용한 수도요금이 17,000원이었다. 다음 수도 사용요금 요율표를 참고할 때, 한별이가 한 달 동안 사용한 수도량은 몇 m^3인가?(단, 구간 누적요금을 적용한다)

〈수도 사용요금 요율표〉

(단위 : 원)

구분	사용구분(m^3)	m^3당 단가
수도	0 ~ 30 이하	300
	30 초과 ~ 50 이하	500
	50 초과	700
기본료		2,000

① $22m^3$
② $32m^3$
③ $42m^3$
④ $52m^3$

창의수리 ▶ 경우의 수

14 A사원과 B사원이 함께 일하면 이틀 만에 마칠 수 있는 일이 있다. A사원이 1일 동안 작업한 후 나머지를 B사원이 4일 동안 작업하여 마쳤다고 할 때, B사원이 이 일을 혼자 하면 며칠이 걸리겠는가?

① 4일
② 5일
③ 6일
④ 7일
⑤ 8일

포스코

언어이해 ▶ 나열하기

09 다음 문단을 논리적 순서대로 바르게 나열한 것은?

(가) 다만 각자에게 느껴지는 감각질이 뒤집혀 있을 뿐이고 경험을 할 때 겉으로 드러난 행동과 하는 말은 똑같다. 예컨대 그 사람은 신호등이 있는 건널목에서 똑같이 초록 불일 때 건너고 빨간 불일 때는 멈추며, 초록 불을 보고 똑같이 "초록 불이네."라고 말한다. 그러나 그는 자신의 감각질이 뒤집혀 있는지 전혀 모른다. 감각질은 순전히 사적이며 다른 사람의 감각질과 같은지를 확인할 수 있는 방법이 없기 때문이다.

(나) 그래서 어떤 입력이 들어올 때 어떤 출력을 내보낸다는 기능적·인과적 역할로써 정신을 정의하는 기능론이 각광을 받게 되었다. 기능론에서는 정신이 물질에 의해 구현되므로 그 둘이 별개의 것은 아니라고 주장한다는 점에서 이원론과 다르면서도, 정신의 인과적 역할이 뇌의 신경세포에서든 로봇의 실리콘 칩에서든 어떤 물질에서도 구현될 수 있음을 보여 준다는 점에서

자료해석 ▶ 자료추론

03 다음은 4개 고등학교의 대학진학 희망자의 학과별 비율과 그 중 희망대로 진학한 학생의 비율을 나타낸 자료이다. 이에 대해 바르게 추론한 사람을 모두 고르면?

〈A ~ D고 진학 통계〉

고등학교		국문학과	경제학과	법학과	기타	진학 희망자 수
A	진학 희망자 비율	60%	10%	20%	10%	700명
	실제 진학 비율	20%	10%	30%	40%	
B	진학 희망자 비율	50%	20%	40%	20%	500명
	실제 진학 비율	10%	30%	30%	30%	
C	진학 희망자 비율	20%	50%	40%	60%	300명
	실제 진학 비율	35%	40%	15%	10%	

추리 ▶ 버튼도식

※ 다음 규칙을 바탕으로 〈보기〉에 제시된 도형을 변환하려 한다. 도형을 보고 이어지는 질문에 답하시오.
[5~6]

작동 버튼	기능
▐	모든 칸의 색을 바꾼다(흰색 ↔ 회색).
▲	홀수가 적힌 곳의 색을 바꾼다(흰색 ↔ 회색).
▽	모든 숫자를 1씩 뺀다(단, 1의 경우 4로 바꾼다).
○	도형을 180° 회전한다.

Easy

05 〈보기〉의 왼쪽 도형에서 버튼을 눌렀더니 오른쪽 도형으로 변형되었다. 다음 중 작동 버튼의 순서를 바르게 나열한 것은?

보기

4	3	2
		1

⇒

4		
1	2	3

기출유형 뜯어보기

SK그룹의 최신 출제경향을 바탕으로 구성한 영역별 대표유형과 상세한 해설을 수록하여 각 영역의 출제경향 및 학습방법을 확인하고 학습할 수 있도록 하였다.

7개년 기출복원문제

2024년 상반기부터 2018년 상반기까지의 SK그룹 SKCT 기출복원문제를 수록하여 변화하는 출제경향을 파악하고 분석할 수 있도록 하였다.

PART

3 3개년 주요기업 기출복원문제

정답 및 해설 p.070

| 01 | 언어

※ 다음 제시된 문단 또는 문장을 논리적 순서대로 바르게 나열한 것을 고르시오. [1~9]

| 2024년 상반기 삼성그룹

01
(가) 이 전위차에 의해 전기장이 형성되어 전자가 이동하게 된다. 일반적으로 전자가 이동하더라도 얇은 산화물에 이동이 막힐 것으로 생각하기 쉽지만, 이 경우에는 전자 터널링 현상이 발생하여 전자가 얇은 산화물을 통과하게 된다. 이 전자들은 플로팅 게이트로 전자가 모이게 되고, 이러한 과정을 거쳐 데이터가 저장되게 된다.
(나) 어떻게 NAND 플래시 메모리에 데이터가 저장될까?? 플로팅 게이트에 전자가 없는 상태의 NAND 플래시 메모리의 컨트롤 게이트에 높은 전압을 가하면 수직 방향으로 컨트롤 게이트는

2024~2022년 주요기업 기출복원문제

삼성, KT, 포스코, CJ, LG 등 주요기업의 2024~2022년 3개년 기출복원문제를 영역별로 수록하여 변화하고 있는 적성검사 유형에 대비하고 연습할 수 있도록 하였다.

Easy

02 다음은 지역별 인구 및 인구밀도에 대한
고르면?

〈지역(

Hard

04 다음 글의 제목으로 가장 적절한 것은?

우리는 처음 만난 사람의 외모를 보고 그를
여자인지 남자인지, 얼굴색이 흰지 검은지
층의 모습을 띠고 있는지 아니면 너무나

Easy & Hard로 난이도별 시간 분배 연습

문제별 난이도를 표시하여 시간을 절약해야 하는 문제와 투자해야 하는 문제를 구분하여 학습할 수 있도록 하였다.

CHAPTER

01 2024년 상반기 기출복원문제

| 01 | 언어이해

01	02	03	04	05
①	③	②	③	③

01 정답 ①
1형 당뇨는 유전적 요인에 의해 췌장에서 인슐린 분비 자체에 문제가 생겨 발생하는 당뇨병이다. 반면 2형 당뇨는 비만, 운동부족 등 생활 습관적 요인에 의해 인슐린 수용체가 부족하거나 인슐린 저항성이 생겨 발생하는 당뇨병이다. 따라서 나쁜 생활 습관은 2형 당뇨를 유발할 수 있다.

오답분석

정답 및 오답분석으로 풀이까지 완벽 마무리

정답에 대한 자세한 해설은 물론 문제별로 오답분석을 수록하여 오답이 되는 이유를 정확하게 이해할 수 있도록 하였다.

이 책의 차례 CONTENTS

PART

I

기출유형 뜯어보기

01 언어이해 주제·제목 찾기

• 언어이해의 가장 보편적인 유형으로 난이도가 낮은 편이다.
• 설명문부터 주장, 반박문까지 다양한 성격의 지문이 제시되므로 글의 성격별 특징을 알아두는 것이 좋다.

① 글 전체의 흐름보다는 중심화제 및 주제를 파악하는 것이 우선이므로,
글 또는 각 문단의 앞과 뒤를 읽어 중심내용을 파악한다.

다음 글의 제목으로 가장 적절한 것은?

──────── 글의 중심 화제 ────────

서양에서는 아리스토텔레스가 중용을 강조했다. 하지만 이는 우리의 중용과 다르다. 아리스토텔레스가 말하는 중용은 균형을 중시하는 서양인의 수학적 의식에 기초했으며, 우주와 천체의 운동을 완벽한 원과 원운동으로 이해한 우주관에 기초한 것이다. 그러므로 그것은 명백한 대칭과 균형의 의미를 갖는다. 팔씨름에 비유해 보면 아리스토텔레스는 두 팔이 똑바로 서 있을 때 중용이라고 본 데 비해, 우리는 팔이 한 쪽으로 완전히 기울었다 해도 아직 승부가 나지 않았으면 중용이라고 보는 것이다. 그러므로 비대칭도 균형을 이루면 중용을 이룰 수 있다는 생각은 분명 서양의 중용관과는 다르다.

이러한 정신은 병을 다스리고 약을 쓰는 방법에도 나타난다. 서양의 의학은 병원체와의 전쟁이고 그 대상을 완전히 제압하는 데 반해, 우리 의학은 각 장기 간의 균형을 중시한다. 만약 어떤 이가 간장이 나쁘다면 서양 의학은 그 간장의 능력을 회생시키는 방향으로만 애를 쓴다. 그런데 우리는 만약 더 이상 간장 기능을 강화할 수 없다고 할 때 간장과 대치되는 심장의 기능을 약하게 만드는 방법을 쓰는 것이다. 한쪽의 기능이 치우치면 병이 심해진다고 보기 때문이다. 우리는 의학 처방에 있어서조차 중용관에 기초해서 서양의 그것과는 다른 가치관과 세계관을 적용하면서 살아온 것이다.

── 중용관의 차이로 인한 가치관과 세계관의 차이

① 아리스토텔레스의 중용의 의미
두 번째 ─② 서양 의학과 우리 의학의 차이
문단만
포함 ③ 서양과 우리의 가치관
④ 서양의 중용관과 우리 중용관의 차이
⑤ 균형을 중시하는 중용

② 선택지 중 세부적인 내용을 다루고 있는 것은 정답에서 제외한다.
③ 글의 중심내용으로 가장 적합한 선택지를 고른다.

아리스토텔레스가 강조한 중용과 서양과 동양의 중용을 번갈아 설명하며 그 차이점에 대해 설명하고 있다.

오답분석

① 아리스토텔레스의 중용은 글의 주제인 서양과 우리의 중용에 대한 차이점을 말하기 위해 언급한 것일 뿐이다.

② 우리는 의학에 있어서도 중용관에 입각했다는 것을 말하기 위해 부연 설명한 것이다.

③ 중용을 바라보는 서양과 우리의 차이점을 말하고 있다.

⑤ 서양과 비교하여 우리의 중용관이 균형에 신경 쓰고 있다는 내용을 담고는 있지만, 전체적으로 보았을 때 서양과 우리의 중용관 차이에 관하여 쓰인 글이다.

정답 ④

 이거 알면 30초 컷!

- 글의 세부적인 내용에 집중하지 말고, 전체적인 맥락을 파악하면서 독해한다. 만약 세부적인 내용을 묻는 선택지가 있다면 빠르게 소거한다.
- 글의 진행 중에 반전이 되는 내용이나 접속어가 나온다면 그 다음에 나오는 내용에 집중한다. 글의 분위기가 변하는 경우가 있기 때문이다. 그러나 항상 글의 내용이 변화한다고 할 수는 없으므로 섣부르게 판단하지는 않는다.

 온라인 풀이 Tip

- 스마트폰에서 뉴스를 볼 때도 그냥 스크롤을 내리지 말고, 텍스트를 읽는 연습을 해야 한다. 만약 상황이 여의치 않다면 독서대에 책을 세워놓고 글을 읽는 연습을 한다.
- 시간을 단축할 수 있는 효자 유형이다. 집중력을 잃어서 문제를 다시 보는 일이 없도록 하고, 메모장 사용 없이 30초 안에 문제를 풀 수 있도록 연습한다.

유형분석

- 글의 전체적인 맥락과 흐름을 잘 파악하고 있는지를 평가하는 유형이다.
- 나열하기 유형에서 중요하게 생각해야 하는 것은 지시어와 접속어이다. 때문에 접속어의 쓰임에 대해 정확하게 알고 있어야 하며, 지시어가 가리키는 것에 예민하게 반응해야 한다.

① 지시어 및 접속어를 찾아서 확인한다.

다음 문장을 논리적 순서대로 바르게 나열한 것은?

(가) 이들이 주장한 바로는 아이들의 언어 습득은 '자극 − 반응 − 강화'의 과정을 통해 이루어진다. 즉, 행동주의 학자들은 후천적인 경험이나 학습을 언어 습득의 요인으로 본다.

(나) 이러한 촘스키의 주장은 아이들이 선천적으로 지니고 태어나는 언어 능력에 주목함으로써 행동주의 학자들의 주장만으로는 설명할 수 없었던 복잡한 언어 습득 과정을 효과적으로 설명해 주고 있다.

(다) 그러나 이러한 행동주의 학자들의 주장은 아이들의 언어 습득 과정을 후천적인 요인으로만 파악하려 한다는 점에서 비판을 받는다.
③ 연결되는 단어 확인
(가)의 행동주의 학자들의 주장과 연결되므로 (다)는 (가) 뒤에 위치해야 한다.

(라) 아이들은 어떻게 언어를 습득하는 걸까? 이 물음에 대해 행동주의 학자들은 아이들이 다른 행동을 배울 때와 마찬가지로 지속적인 모방과 학습을 통해 언어를 습득한다고 주장한다.
② 질문을 통한 주위 환기 글의 도입부에서 주로 활용된다.

(마) 미국의 언어학자 촘스키는 아이들이 의식적인 노력이나 훈련 없이도 모국어를 완벽하게 구사하는 이유가 태어나면서부터 두뇌 속에 '언어습득장치(LAD)'라는 것을 가지고 있기 때문이라고 주장한다.

① (나) − (가) − (마) − (다) − (라)
② (다) − (라) − (가) − (나) − (마)   ①에 의해 삭제
③ (다) − (가) − (라) − (나) − (마)
④ (라) − (가) − (다) − (마) − (나)
⑤ (라) − (다) − (가) − (마) − (나)   ③을 통해 확인

〈풀이 1〉

제시문은 행동주의 학자들이 생각하는 언어 습득 이론과 그 원인을 설명하고, 이를 비판하는 입장인 촘스키의 언어 습득 이론을 설명하는 내용의 글이다. 따라서 (라) 행동주의 학자들의 언어 습득 이론 → (가) 행동주의 학자들이 주장한 언어 습득의 원인 → (다) 행동주의 학자들의 입장에 대한 비판적 관점 → (마) 언어학자 촘스키의 언어 습득 이론 → (나) 촘스키 이론의 의의의 순서로 나열하는 것이 적절하다.

〈풀이 2〉

제시문은 언어 습득에 관한 두 견해를 제시하고 있다. (가), (나), (다)에는 각각 '이들', '이러한', '그러나'와 같은 지시어와 접속어가 제시되어 있으므로 첫 문장이 될 수 없다. 때문에 글의 전체적인 화두를 제시하고 있는 (라)가 처음으로 나오는 것이 적절하다. 다음으로 (가)의 '이들의 주장'은 (라)의 행동주의 학자들의 주장을 가리키므로 (가)가 오는 것이 적절하며, 이어서 역접의 접속어 '그러나'를 통해 이러한 행동주의 학자들의 주장을 비판하는 (다)로 이어지는 것이 적절하다. 마지막으로는 촘스키의 새로운 주장인 (마)와 '이러한 촘스키의 주장'에 대해 부연하는 (나)가 차례로 이어지는 것이 적절하다.

②

정답 ④

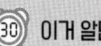 이거 알면 30초 컷!

- 나열하기 유형은 위의 두 가지 풀이처럼 개인마다 편하게 풀이하는 방법이 다르다. 때문에 평소에 많이 연습하고 자신에게 좀 더 편한 풀이방법을 택한다.
- 첫 번째 문장(문단)을 찾는 일에 집중한다. 첫 번째 문장은 글의 화두로 글을 이끌어 나가기 위한 전체적인 주제가 제시된다.
- 각 문장(문단)에 자리한 지시어나 접속어를 살펴본다. 특히 문두에 접속어나 지시어가 나오는 경우, 글의 첫 번째 문장이 될 수 없다. 이러한 조건들과 선택지를 비교해서 하나씩 소거해 나가다 보면 첫 번째 문장을 빠르게 찾을 수 있다.

💻 온라인 풀이 Tip

나열하기 유형은 메모장을 활용하기 좋은 유형이다. 글의 핵심 키워드를 파악했다면 자신이 찾은 첫 문장이나 나름의 순서를 메모장에 기록한다. 다음으로 선택지와 비교해가며 자신이 생각한 것과 가장 유사한 것을 찾으면 정답은 아니더라도 오답은 소거할 수 있다.

- 글의 세부적인 내용을 이해하고 있는지 평가하는 유형이다.
- 언어이해 영역에서 높은 비중으로 출제되며 어렵게 출제되는 경우 문장마다 신경을 써야 하는 유형이다.
- 주제 찾기나 나열하기와 같은 유형에서 절약한 시간을 활용한다.

다음 글의 내용과 일치하는 것은?

2. 선택지에 표시한 핵심어와 관련된 내용을 지문에서 파악하여 글의 내용과 비교

①과 불일치 　　　②와 불일치

음악에서 화성이나 멜로디가 하나의 음 또는 하나의 화음을 중심으로 일정한 체계를 유지하는 것을 조성(調性)이라고 한다. 조성을 중심으로 한 음악은 서양음악에 지배적인 영향을 미쳤는데, 여기에서 벗어나 자유롭게 표현하고 싶은 음악가의 열망이 무조(無調) 음악을 탄생시켰다. 무조 음악에서는 한 옥타브 안의 12음 각각에 동등한 가치를 두어 음들을 자유롭게 사용하였다. 이로 인해 무조 음악은 표현의 자유를 누리게 되었지만 조성이 주는 체계성은 잃게 되었다. ③과 불일치 악곡의 형식을 유지하는 가장 기초적인 뼈대가 흔들린 것이다. 이와 같은 상황 속에서 무조 음악이 지닌 자유로움에 체계성을 더하고자 고민한 작곡가 쇤베르크는 '12음 기법'이라는 독창적인 작곡 기법을 만들어 냈다. 쇤베르크의 12음 기법은 12음을 한 번씩 사용하여 만든 기본 음렬(音列)에 이를 '전위', '역행', '역행 전위'의 방법으로 파생시킨 세 가지 음렬을 더해 악곡을 창작하는 체계적인 작곡 기법이다. ⑤와 불일치　　1. 지문에서 접할 수 있는 핵심어를 중심으로 선택지에 표시

① 조성은 하나의 음으로 여러 음을 만드는 것을 말한다.
② 무조 음악은 조성이 발전한 형태라고 말할 수 있다.
③ 무조 음악은 한 옥타브 안의 음 각각에 가중치를 두어서 사용했다.
④ 조성은 체계성을 추구하고, / 무조 음악은 자유로움을 추구한다.
⑤ 쇤베르크의 12음 기법은 무조 음악과 조성 모두에서 벗어나고자 한 작곡 기법이다.

제시문은 조성과 무조 음악을 합쳐 쇤베르크가 탄생시킨 12음 기법에 대한 내용이다. 멜로디가 하나의 음 또는 하나의 화음을 중심으로 일정한 체계를 유지하는 것을 '조성'이라고 하였고, 여기에서 벗어나 자유롭게 표현하고 싶은 음악가의 열망이 '무조 음악'을 탄생시켰다고 하였다.

오답분석

① 조성은 음악에서 화성이나 멜로디가 하나의 음 또는 하나의 화음을 중심으로 일정한 체계를 유지하는 것이다.
② 무조 음악은 조성에서 벗어나 자유롭게 표현하고자 한 것이므로, 발전한 형태라고 말할 수 없다.
③ 무조 음악은 한 옥타브 안의 음 각각에 동등한 가치를 두었다.
⑤ 쇤베르크의 12음 기법은 무조 음악이 지닌 자유로움에 조성의 체계성을 더하고자 탄생한 기법이다.

정답 ④

 이거 알면 30초 컷!

주어진 글의 내용과 일치하는 것 또는 일치하지 않는 것을 고르는 문제의 경우, 제시문을 읽기 전에 문제와 선택지를 먼저 확인하는 것이 좋다. 이를 통해 제시문에서 알아내야 하는 정보가 무엇인지를 인지한 후 제시문을 독해한다.

 온라인 풀이 Tip

선택지를 읽고 전체적인 내용을 대략적으로 이해한 후 제시문을 읽는다. SK그룹의 온라인 SKCT는 짧은 시간 내에 많은 문제를 풀어야 하므로, 제시문을 두세 번 읽으면 그만큼 다른 문제의 풀이시간에 손해가 생긴다. 때문에 시험 시작 전에 화면으로 텍스트를 읽으면서 워밍업을 하는 것도 좋은 방법이다.

01 언어이해 추론적 독해

- 글에서 직접적으로 제시하지 않은 내용을 추론하여 답을 도출해야 하는 유형이다.
- 언어이해 영역에서 가장 난이도가 높은 유형으로 볼 수 있다.
- 자신의 주관적인 판단보다는 글에 대한 논리적인 이해를 바탕으로 문제를 풀이한다.

┌─ 1. 문제에서 제시하는 추론유형을 확인한다.
   └→ 세부적인 내용을 추론하는 유형

다음 글을 통해 추론할 수 있는 내용으로 적절한 것은?

도구를 사용하는 인간은 다양한 종류의 음식을 먹는 본능과 소화력을 갖췄지만, 일부 동물은 한 가지 음식만 먹는다. 이렇게 음식 하나에 모든 것을 거는 '단일 식품 식생활'은 도박이다. 그 음식의 공급이 끊기면 그 동물도 끝이기 때문이다. ──③의 반박 근거

한때 우리는 인류의 전 주자였던 오스트랄로피테쿠스가 과일만 먹었을 것이라고 믿은 적이 있었다. 이를 근거로 오스트랄로피테쿠스와 사람을 가르는 선을 고기의 섭취 여부로 정하기도 했었다. 그러나 남아프리카공화국의 한 동굴에서 발견된 200만 년 전 유골 4구의 치아에서는 이와 다른 증거가 발견 됐다. 인류학자 맷 스폰하이머와 줄리아 리소프는 이 유골의 치아사기질 탄소 동위 원소 구성 중 13C 의 비율이 과일만 먹은 치아보다 열대 목초를 먹은 치아와 훨씬 더 가깝다는 것을 발견했다. 식생활 동위 원소는 체내 조직에 기록되기 때문에 이 발견은 오스트랄로피테쿠스가 상당히 많은 양의 풀을 먹었거나 이 풀을 먹은 동물을 먹었다는 추측을 가능케 한다. 그런데 같은 치아에서 풀을 씹어 먹을 때 생기는 마모는 전혀 보이지 않기 때문에 오스트랄로피테쿠스 식단에서 풀을 먹는 동물이 큰 부 분을 차지했다는 결론을 내릴 수 있다.

오래 전에 멸종되어 260만 년이라는 긴 시간을 땅속에 묻혀 있던 동물의 뼈 옆에서는 석기들이 함께 발견되기도 한다. 이 뼈와 석기가 들려주는 이야기는 곧 우리의 이야기다. 어떤 뼈에는 이로 씹은 흔 적 위에 도구로 자른 흔적이 겹쳐있다. 그 반대의 흔적이 남은 뼈들도 있다. 도구로 자른 흔적 다음에 날카로운 이빨 자국이 남은 경우다. 이런 것은 무기를 가진 인간이 먼저 먹고 동물이 이빨로 뜯어 먹 은 것이다. └─④의 반박 근거

① 오스트랄로피테쿠스는 육식 동물을 전혀 먹지 않았다.──근거를 찾을 수 없음
② 육식 여부는 오스트랄로피테쿠스의 진화과정을 보여주는 중요한 기준이다.
③ 단일 식품 섭취의 위험성 때문에 단일 식품을 섭취하는 동물은 없다.
④ 인간은 날카로운 이빨을 이용하여 초식동물을 사냥하였다.
⑤ 맷 스폰하이머와 줄리아 리소프의 연구는 육식 여부로 오스트랄로피테쿠스와 사람을 구분하던 방법이 잘못되었음을 보여준다.

┐서로 상반되는 내용의
│선택지이므로 이를 중심
│으로 글의 내용을 파악
┘한다.

2. 선택지를 먼저 확인하고 글에서 선택지의 근거가
   되는 부분을 확인한다.

맷 스폰하이머와 줄리아 리소프의 연구는 오스트랄로피테쿠스가 육식을 하였음을 증명하였다. 때문에 육식 여부로 오스트랄로피테쿠스와 사람을 구분하던 과거의 방법이 잘못되었음을 증명한 것이라 볼 수 있다.

오답분석 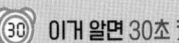 육식 동물

① 두 번째 문단 마지막 문장에서 오스트랄로피테쿠스의 식단에서 풀을 먹는 동물이 큰 부분을 차지했다는 결론을 내렸다고 했을 뿐, 풀을 전혀 먹지 않았는지는 알 수 없다.

② 맷 스폰하이머와 줄리아 리소프의 연구를 통해 육식 여부로 오스트랄로피테쿠스와 사람을 구분할 수 없다는 것을 확인했으므로 육식 여부는 진화과정에 대한 기준이 될 수 없다.

③ 단일 식품을 섭취하는 것이 위험하다고 했을 뿐, 일부 동물은 단일 식품을 섭취한다.

④ 마지막 문단에서 도구로 자른 흔적 다음에 날카로운 이빨자국이 남은 동물 뼈에서 무기를 가진 인간의 흔적을 찾은 것으로 보아 인간은 이빨이 아닌 무기로 사냥을 했음을 알 수 있다.

정답 ⑤

 이거 알면 30초 컷!

문제에서 제시하는 추론 유형이 어떤 형태인지를 판단한다.

• 글쓴이의 주장/의도를 추론하는 유형
  글에 나타난 주장, 근거, 논증 방식을 파악하는 유형으로 주장의 타당성을 평가하여 글쓴이의 관점을 이해하며 읽는다.

• 세부적인 내용을 추론하는 유형
  주어진 선택지를 먼저 읽고 지문을 읽으면서 답이 아닌 선택지를 지워나가는 방법이 효율적이다.

01 언어이해 비판적 독해

• 글을 읽고 비판적 의견이나 반박을 생각할 수 있는지를 평가하는 유형이다.
• 제시문의 '주장'에 대한 반박을 찾는 것이므로, '근거'에 대한 반박이나 논점에서 벗어난 것을 찾지 않도록 주의해야 한다.

다음 주장에 대한 반대 의견의 근거로 적절하지 않은 것은? 1. 문제를 풀기 위해 글의 주장, 관점, 의도, 근거 등 글의 핵심을 파악

소년법은 반사회성이 있는 소년의 환경 조정과 품행 교정을 위한 보호처분 등의 필요한 조치를 하고, 형사처분에 관한 특별조치를 적용하는 법이다. 만 14세 이상부터 만 19세 미만의 사람을 대상으로 하며, 인격 형성 도중에 있어 그 개선가능성이 풍부하고 심신의 발육에 따르는 특수한 정신적 동요상태에 놓여 있으므로 현재의 상태를 중시하여 소년의 건전한 육성을 기하려는 것이 본래의 목적이다.

 — 소년법의 사전적 정의와 목적

하지만 청소년이 강력범죄를 저지르더라도 소년법의 도움으로 처벌이 경미한 점을 이용해 성인이 저지른 범죄를 뒤집어쓰거나 일정한 대가를 제시하고 대신 자수하도록 하는 등 악용사례가 있으며, 최근에는 미성년자들 스스로가 모의하여 발생한 강력범죄가 날로 수위를 높여가고 있다. 무엇보다 이러한 죄를 저지른 이들이 범죄나 처벌을 대수롭지 않게 여기는 태도를 보이는 경우가 많아 법의 존재 자체를 의심받는 상황에 이르고 있다. 따라서 해당 법을 폐지하고 저지른 죄에 걸맞은 높은 형량을 부여하는 것이 옳다.

 — 소년법의 악용 사례와 실효성에 대한 의문 제기를 통한 소년법 폐지 및 형량 강화 주장

① 성인이 저지른 범죄를 뒤집어쓰는 경우는 <u>소년법의 문제라기보다는 해당 범죄를 악용한 범죄자를 처벌</u>하는 것이 옳다.

② <u>소년법 대상의 대부분이 불우한 가정환경을 가지고 있기 때문에 소년법 폐지보다는 범죄예방이 급선무</u>이다.

┌ =되갚음 → 소년법은 소년의 보호를 목적으로 하므로 어색함

③ 소년법을 폐지하면 <u>형법의 주요한 목적 중 하나인 응보</u>의 의미가 퇴색된다.

④ 세간에 알려진 것과 달리 <u>강력범죄의 경우에는 미성년자라고 할지라도 실형을 선고받는 사례가 더 많으므로</u> 성급한 처사라고 볼 수 있다.

⑤ <u>한국의 소년법은 현재 UN 아동권리협약에 묶여있으므로 무조건적인 폐지보다는 개선방법을 고민하는 것이 먼저</u>다.

 — 2. 글의 주장 및 근거의 어색한 부분을 찾아 반박 근거와 사례를 생각

형법의 주요한 목적 중 하나인 응보는 '어떤 행위에 대하여 받는 갚음'을 뜻한다. 제시문의 주장에 따르면 소년법을 악용하여 범죄 수준에 비해 처벌을 경미하게 받는 등 악용사례가 있으므로, 소년법을 폐지하면 응보의 의미가 퇴색된다는 것은 필자의 주장을 반박하는 근거로 적절하지 않다.

오답분석

① 소년법의 악용사례가 소년법 자체의 문제에 의한 것이 아니라고 주장하는 반대 의견이다.
②ㆍ⑤ 소년법 본래의 취지와 현재의 상황을 상기시키며 필자의 주장이 지나치다고 반박하고 있다.
④ 필자의 주장의 근거 중 하나인 경미한 처벌이 사실과 다르다고 반박하고 있다.

정답 ③

 이거 알면 30초 컷!

- 주장, 관점, 의도, 근거 등 문제를 풀기 위한 글의 핵심을 파악한다. 이후 글의 주장 및 근거의 어색한 부분을 찾아 반박할 주장과 근거를 생각해본다.
- 제시문이 지나치게 길 경우 선택지를 먼저 파악하여 홀로 글의 주장이 어색하거나 상반된 의견을 제시하고 있는 답은 없는지 확인한다.

 온라인 풀이 Tip

비판적 독해는 결국 주제 찾기와 추론적 독해가 결합된 유형이다. 반박하는 내용으로 제시되는 선택지는 추론적 독해처럼 세세하게 제시문을 파악하지 않아도 풀이가 가능하다. 때문에 너무 긴장하지 말고 문제에 접근한다.

02 자료해석 자료추론

- 표를 통해 제시된 자료를 분석하여 각 선택지의 정답 유무를 판단하는 유형이다.
- 경영 · 경제 · 산업 등 최신 이슈를 자료로 많이 다룬다.
- 증감률 · 비율 · 추세 등을 확인하고 계산도 할 수 있어야 한다. 아래의 식은 필수로 외워두자.

$$\text{(백분율)} = \frac{\text{(비교하는 양)}}{\text{(기준량)}} \times 100$$

$$\text{(증감률)} = \frac{\text{(비교대상의 값)} - \text{(기준값)}}{\text{(기준값)}} \times 100$$

$$\text{(증감량)} = \text{(비교대상 값 A)} - \text{(또 다른 비교대상의 값 B)}$$

다음은 은행별 금융민원감축 노력수준 평가에 해당 공시자료이다. 이에 대한 설명 중 옳지 않은 것은?

1. 표 제목 확인
표 제목은 표의 내용을 요약한 것으로 표를 보기 전 확인하면 표 해석에 도움이 됨

〈금융민원 발생 현황〉

2. 단위 확인
함정이 생길 수 있는 부분이므로 확인 필수

(단위 : 건)

3. 표의 항목 확인

은행명	민원 건수(고객 십만 명당)		민원 건수	
	2020년	2021년	2020년	2021년
A	5.62	4.64	1,170	1,009
B	5.83	4.46	1,695	1,332 ↑ 제일 많음
C	4.19	3.92	980	950 ↓ 제일 적음
D	5.53	3.75	1,530	1,078

감소

① 금융민원 발생 건수는 전반적으로 전년 대비 감소했다고 평가할 수 있다.

$$(\text{○○○○년 대비 □□□□년 증감률}) = \frac{(\text{□□□□년 데이터}) - (\text{○○○○년 데이터})}{(\text{○○○○년 데이터})} \times 100$$

② 2021년을 기준으로 C은행은 금융민원 건수가 가장 적지만, <u>전년 대비 민원 감축률</u>은 약 3.1%로 가장 낮았다.

A를 A은행의 전년 대비 민원 감축률, B를 B은행의 전년 대비 민원 감축률, C를 C은행의 전년 대비 민원 감축률, D를 D은행의 전년 대비 민원 감축률이라 하자.

C와 A, B, D 배수 비교

$$C : \frac{30}{980} \times 100 < \left(A : \frac{161}{1,170} \times 100, \ B : \frac{363}{1,695} \times 100, \ D : \frac{452}{1,530} \times 100\right)$$

($\because$ 분자는 5배 이상 차이가 나지만 분모는 2배 미만)

③ 가장 많은 고객을 보유하고 있는 은행은 2021년에 금융민원 건수가 가장 많다.

ㅡ $(\text{고객 십만 명당 민원 건수}) = \dfrac{\dfrac{(\text{전체 민원 건수})}{(\text{전체 고객 수})}}{(\text{십만 명})}$

ㅡ $(\text{전체 고객 수}) = (\text{전체 민원 건수}) \div (\text{고객 십만 명당 민원 건수}) \times (\text{십만 명})$

④ 금융민원 건수 감축률을 기준으로 금융소비자보호 수준을 평가했을 때 D → A → B → C은행 순서로 우수하다. ➔ **A와 B 배수 비교**

$$A : \frac{161}{1,170} \times 100 < B : \frac{363}{1,695} \times 100$$

($\because 363 = 161 \times n, \ 1,695 = 1,170 \times m$이라고 하면, $n > 2$이고 $0 < m < 2$이므로 $\dfrac{n}{m} > 1$)

B와 D 분수 비교

$$B : \frac{363}{1,695} \times 100 < D : \frac{452}{1,530} \times 100 \ (\because 452 > 363, \ 1,530 < 1,695)$$

⑤ 민원 건수가 2020년 대비 2021년에 가장 많이 감소한 곳은 D은행이다.

은행별 감축률을 구하면 다음과 같다.

- 전년 대비 2021년 A은행 금융민원 건수 감축률 : $(|1{,}009-1{,}170|) \div 1{,}170 \times 100 = \frac{161}{1{,}170} \times 100 ≒ 13.8\%$

- 전년 대비 2021년 B은행 금융민원 건수 감축률 : $(|1{,}332-1{,}695|) \div 1{,}695 \times 100 = \frac{363}{1{,}695} \times 100 ≒ 21.4\%$

- 전년 대비 2021년 C은행 금융민원 건수 감축률 : $(|950-980|) \div 980 \times 100 = \frac{30}{980} \times 100 ≒ 3.1\%$

- 전년 대비 2021년 D은행 금융민원 건수 감축률 : $(|1{,}078-1{,}530|) \div 1{,}530 \times 100 = \frac{452}{1{,}530} \times 100 ≒ 29.5\%$

따라서 D → B → A → C은행 순서로 우수하다.

오답분석

① 제시된 자료의 민원 건수를 살펴보면, 2020년 대비 2021년에 모든 은행의 민원 건수가 감소한 것을 확인할 수 있다.

② C은행의 2021년 금융민원 건수는 950건으로 가장 적지만, 전년 대비 약 3%로 가장 낮은 수준의 감축률을 달성하였다.

- 전년 대비 2021년 A은행 금융민원 건수 감축률 : $(|1{,}009-1{,}170|) \div 1{,}170 \times 100 = \frac{161}{1{,}170} \times 100 ≒ 13.8\%$

- 전년 대비 2021년 B은행 금융민원 건수 감축률 : $(|1{,}332-1{,}695|) \div 1{,}695 \times 100 = \frac{363}{1{,}695} \times 100 ≒ 21.4\%$

- 전년 대비 2021년 C은행 금융민원 건수 감축률 : $(|950-980|) \div 980 \times 100 = \frac{30}{980} \times 100 ≒ 3.1\%$

- 전년 대비 2021년 D은행 금융민원 건수 감축률 : $(|1{,}078-1{,}530|) \div 1{,}530 \times 100 = \frac{452}{1{,}530} \times 100 ≒ 29.5\%$

③ 각 은행의 고객 수는 '(전체 민원 건수)÷(고객 십만 명당 민원 건수)×(십만 명)'으로 구할 수 있다. B은행이 약 29,865,471명으로 가장 많으며, 2021년 금융민원 건수도 1,332건으로 가장 많다.

- A은행 고객 수 : $1{,}009 \div 4.64 \times (십만\ 명) = \frac{1{,}009}{4.64} \times (십만\ 명) ≒ 21{,}745{,}690$명

- B은행 고객 수 : $1{,}332 \div 4.46 \times (십만\ 명) = \frac{1{,}332}{4.46} \times (십만\ 명) ≒ 29{,}865{,}471$명

- C은행 고객 수 : $950 \div 3.92 \times (십만\ 명) = \frac{950}{3.92} \times (십만\ 명) ≒ 24{,}234{,}694$명

- D은행 고객 수 : $1{,}078 \div 3.75 \times (십만\ 명) = \frac{1{,}078}{3.75} \times (십만\ 명) ≒ 28{,}746{,}667$명

십만 명이 곱해지는 것은 모두 같기 때문에 앞의 분수만으로 비교를 해보면, 먼저 A은행과 B은행의 고객 수는 4.64>4.46이고 1,009<1,332이므로 분모가 작고 분자가 큰 B은행 고객 수가 A은행 고객 수보다 많다. 또한 C은행 고객 수와 D은행 고객 수를 비교해보면 3.92>3.75이고 950<1,078이므로 분모가 작고 분자가 큰 D은행 고객 수가 C은행 고객 수보다 많다. 마지막으로 D은행 고객 수와 B은행 고객 수를 직접 계산으로 비교를 하면 B은행이 D은행보다 고객 수가 많은 것을 알 수 있다.

⑤ D은행은 총 민원 건수가 452건 감소하였으므로 적절하다.

정답 ④

이거 알면 30초 컷!

1. 계산이 필요 없는 선택지를 먼저 해결한다.

   예 ②와 ④의 풀이방법은 동일히다.

2. 정확한 값을 비교하기보다 어림값을 활용한다.

   배수 비교

   · $D=mB,\ C=nA$(단, $n,\ m{\geq}0$)일 때,

   $n>m$이면 $\dfrac{n}{m}>1$이므로 $\dfrac{A}{B}<\dfrac{C}{D}$

   $n=m$이면 $\dfrac{n}{m}=1$이므로 $\dfrac{A}{B}=\dfrac{C}{D}$

   $n<m$이면 $0<\dfrac{n}{m}<1$이므로 $\dfrac{A}{B}>\dfrac{C}{D}$

   · $A=mB,\ C=nD$(단, $n,\ m{\geq}0$)일 때,

   $\dfrac{A}{B}=\dfrac{mB}{B}=m,\ \dfrac{C}{D}=\dfrac{mD}{D}=n$이므로

   $n>m$이면 $\dfrac{A}{B}<\dfrac{C}{D}$

   $n=m$이면 $\dfrac{A}{B}=\dfrac{C}{D}$

   $n<m$이면 $\dfrac{A}{B}>\dfrac{C}{D}$

유형분석

- 제시된 표를 그래프로 올바르게 변환한 것을 묻는 유형이다.
- 복잡한 표가 제시되지 않으므로 수의 크기만을 판단하여 풀이할 수 있다.

다음은 B대학교의 학과별 입학정원 변화에 대한 자료이다. 이를 나타낸 그래프로 올바르지 않은 것은?

〈학과별 입학정원 변화〉

2. 단위 확인

3. 표의 항목 확인

1. 제목 확인

(단위 : 명)

이 표의 경우에는 연도가 내림차순으로 정렬되어 있다.

구분	2021년		2020년	2019년	2018년	2017년
A학과	150	−7	157	135	142	110
B학과	54	−6	60	62	55	68
C학과	144	−6	150	148	130	128
D학과	77	−8	85	80	87	90
E학과	65	+5	60	64	67	66
F학과	45	+3	42	48	40	50
G학과	120	+10	110	114	114	115
H학과	100	−5	105	108	110	106

① 2020~2021년 학과별 입학정원 변화

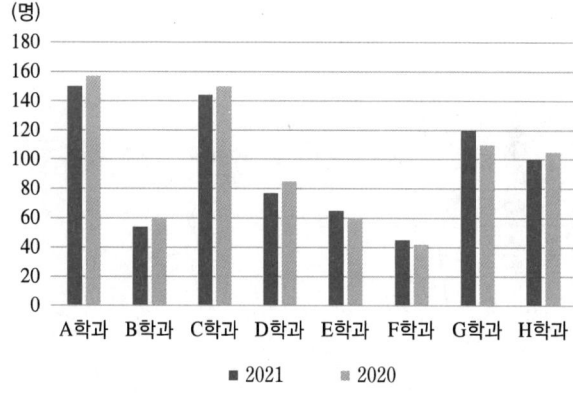

4. 빠르게 확인 가능한 선택지부터 확인
   ①의 경우 2021, 2020년 수치를 바로
   적용시킬 수 있으므로 우선 확인한다.

② 2017~2021년 A, C, D, G, H학과 입학정원 변화

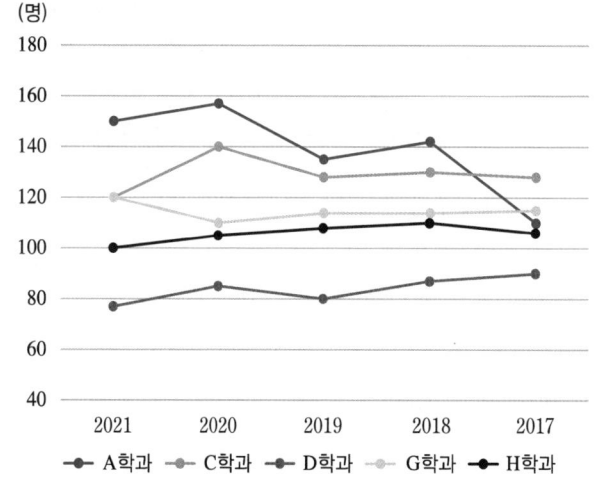

③ 2017~2021년 B, E, F, G학과 입학정원 변화

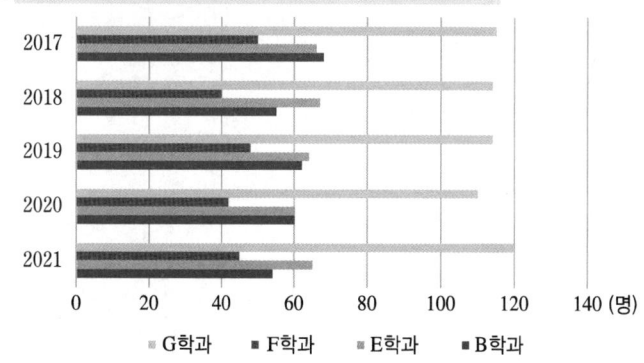

5. 증감 추이 판단 후 수치가 맞는지 확인

④ 2017~2019년 학과별 입학정원 변화

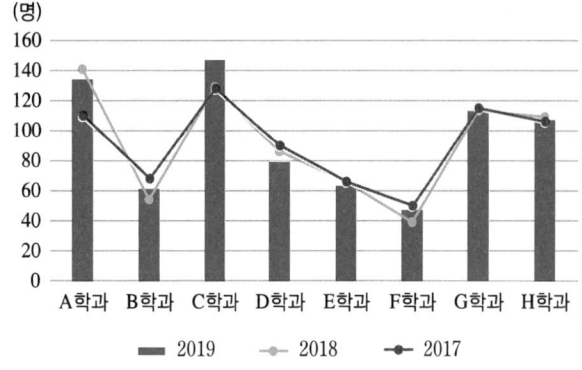

5. 증감 추이 판단 후 수치가 맞는지 확인

⑤ 전년 대비 2021년도의 A~F학과 입학정원 증감 인원

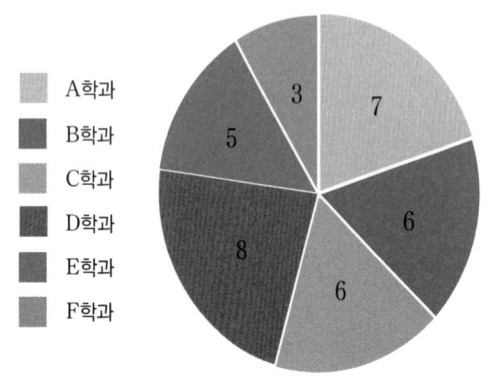

6. 선택지의 제목과 자료에서 필요한 정보 확인
   ⑤의 경우 필요한 자료는 증감량이므로 표에
   미리 표시하면 빠른 풀이가 가능하다.

C학과의 2019~2021년도 입학정원이 자료보다 낮게 표시되었다.

정답 ②

🕐 이거 알면 30초 컷!

1. 수치를 일일이 확인하는 것보다 증감 추이를 먼저 판단해서 선택지를 일차적으로 거르고 나머지 선택지 중 그래프의 모양이 크게 차이나는 곳을 확인한다.
2. 선택지에서 특징적인 부분이 있는 선택지를 먼저 판단한다.
3. 제시된 자료의 증감 추이를 나타내면 다음과 같다.

구분	2021년	2020년	2019년	2018년	2017년
A학과	감소	증가	감소	증가	–
B학과	감소	감소	증가	감소	–
C학과	감소	증가	증가	증가	–
D학과	감소	증가	감소	감소	–
E학과	증가	감소	감소	증가	–
F학과	증가	감소	증가	감소	–
G학과	증가	감소	불변	감소	–
H학과	감소	감소	감소	증가	–

이에 따라 C학과의 2019~2021년의 증감 추이가 제시된 자료와 다른 것을 알 수 있다.

유형분석

- 기차와 터널의 길이, 물과 같이 속력이 있는 공간 등 추가적인 거리·속력·시간에 관한 정보가 있는 경우 난이도가 높은 편에 속하는 문제로 출제되지만, 기본적인 공식에 더하거나 빼는 것이므로 기본에 집중한다.

- $(시간) = \dfrac{(거리)}{(속력)}$

- $(속력) = \dfrac{(거리)}{(시간)}$

- $(거리) = (시간) \times (속력)$

물의 방향 → 3. • 물의 방향 : $+1\text{m/s}$
• 물의 반대 방향 : -1m/s

→ 1. 3,000m

강물이 A지점에서 3km 떨어진 B지점으로 흐르고 있을 때, 물의 속력이 1m/s이다. 철수가 A지점에서 B지점까지 갔다가 다시 돌아오는 데 1시간 6분 40초가 걸렸다고 한다. 철수의 속력은 몇 m/s인가?

└─ 1. 4,000초   2. 미지수 설정   └─ 1. 구해야 할 최종 단위에 맞추어 계산

① 2m/s   ② 4m/s
③ 6m/s   ④ 8m/s
⑤ 12m/s

철수의 속력을 xm/s라 하자.   ┌── 물의 방향   ┌── 물의 반대 방향

2. A지점에서 B지점으로 갈 때 속력은 $(x+1)$m/s, B지점에서 A지점로 갈 때 속력은 $(x-1)$m/s이다.

1시간 6분 40초는 $1\times60\times60+6\times60+40=4{,}000$초이고, 3km는 3,000m이므로

└── 1.   └── 1.   └── 3.

$$\frac{3{,}000}{x+1}+\frac{3{,}000}{x-1}=4{,}000$$

$\rightarrow 6{,}000x=4{,}000(x+1)(x-1)$

$\rightarrow 3x=2(x^2-1)$

$\rightarrow 2x^2-3x-2=0$

$\rightarrow (2x+1)(x-2)=0$

$\therefore x=2(\because$ 속력$\geq0)$

정답 ①

 이거 알면 30초 컷!

1. 기차나 터널의 길이, 물과 같이 속력이 있는 장소 등 추가적인 조건을 반드시 확인한다.
2. 속력과 시간의 단위를 처음에 정리하여 계산하면 계산 실수 없이 풀이할 수 있다.
   • 1시간=60분=3,600초
   • 1km=1,000m=100,000cm

CHAPTER

03 창의수리 농도

유형분석

- 거리 · 속력 · 시간 유형과 더불어 출제 가능성이 높은 유형이다.
- (소금물의 농도)$=\dfrac{(소금의 \ 양)}{(소금물의 \ 양)}\times100$
- (소금물의 양)=(소금의 양)+(물의 양)이라는 것에 유의하고, 더해지거나 없어진 것을 미지수로 두고 풀이한다.

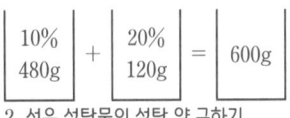

2. 섞은 설탕물의 설탕 양 구하기

- 농도 : 변화 ×
- 설탕물의 양 : $(600-x)$g
- 설탕의 양 : ↓

10% 설탕물 480g에 20% 설탕물 120g을 섞었다. 이 설탕물에서 <u>한 컵의 설탕물을 퍼내고, 퍼낸 설탕물의 양만큼 다시 물을 부었더니 11%의 설탕물이 되었다. 이때 컵으로 퍼낸 설탕물의 양</u>은?[3.]

└─4. 방정식   └─1. 미지수 설정

① 30g   • 농도 : 변화 ○
          • 설탕물의 양 : $600(=600-x+x)$g   ② 50g

③ 60g   • 설탕의 양 : 변화 ×   ④ 90g

⑤ 100g

> - 10% 설탕물에 들어있는 설탕의 양 : $\dfrac{10}{100} \times 480 = 48g$
>
> - 20% 설탕물에 들어있는 설탕의 양 : $\dfrac{20}{100} \times 120 = 24g$
>
> - 두 설탕물을 섞었을 때의 농도 : $\dfrac{48+24}{480+120} \times 100 = 12\%$ ——2.

$\underset{\text{1.}}{\underline{\text{컵으로 퍼낸 설탕물의 양을 } x g\text{이라고 하자.}}}$ 이때, 컵으로 퍼낸 설탕의 양은 $\underset{\text{3.}}{\underline{\dfrac{12}{100}xg\text{이다.}}}$

컵으로 퍼낸 만큼 물을 부었을 때의 농도는 $\underset{\text{4.}}{\underline{\dfrac{(48+24)-\dfrac{12}{100}x}{600-x+x} \times 100 = 11\%}}$ 이므로

$\dfrac{\left(72-\dfrac{12}{100}x\right) \times 100}{600} = 11$

$\rightarrow 7{,}200 - 12x = 600 \times 11$

$\rightarrow 12x = 600$

$\therefore x = 50$

정답 ②

이거 알면 30초 컷!

1. 숫자의 크기를 최대한 간소화해야 한다. 특히, 농도의 경우 분수와 정수가 같이 제시되고, 최근에는 비율을 활용한 문제가 많이 출제되고 있으므로 통분이나 약분을 통해 수를 간소화시켜 계산 실수를 줄일 수 있도록 한다.
2. 소금물이 증발하는 경우 소금의 양은 유지되지만, 물의 양이 감소한다. 따라서 농도는 증가한다.
3. 농도가 다른 소금물 두 가지를 섞는 문제의 경우 보통 두 소금물을 합했을 때의 전체 소금물의 양을 제시해주는 경우가 많다. 때문에 각각의 미지수를 x, y로 정하는 것보다 하나를 x로 두고 다른 하나를 (전체)$-x$로 식을 세우면 계산을 간소화할 수 있다.

- 구하고자 하는 값을 미지수로 놓고 식을 세운다.
- 최근 증가 · 감소하는 비율이나 평균과 결합된 문제가 많이 출제되고 있다.

유진이네 반 학생 50명이 총 4문제가 출제된 수학시험을 보았다. ⌐식 2 1번과 2번 문제를 각 3점, ⌐식 1 3번과 4번 문제를 각 2점으로 채점하니 평균이 7.2점이었고, 2번 문제를 2점, 3번 문제를 3점으로 배점을 바꾸어서 채점하니 평균이 6.8점이었다. 또한 각 문제의 배점을 문제 번호와 같게 하여 채점하니 평균은 6점이었다. 1번 문제를 맞힌 학생이 총 48명 ⌐식 3 일 때, 2번, 3번, 4번 문제를 맞힌 학생 수의 총합으로 알맞은 것은?

⌐ 1. 미지수 설정   ⌐ 2. 문제 확인

① 82명   • 2번 문제를 맞힌 학생의 수 : a명   ② 84명

③ 86명   • 3번 문제를 맞힌 학생의 수 : b명   ④ 88명

⑤ 90명   • 4번 문제를 맞힌 학생의 수 : c명

1. 미지수 설정

2번, 3번, 4번 문제를 맞힌 학생 수를 각각 a, b, c명이라 하자.

식 1
$$3(48+a)+2(b+c)=7.2\times50 \rightarrow 3a+2b+2c=216 \cdots \text{㉠}$$

식 2
$$3(48+b)+2(a+c)=6.8\times50 \rightarrow 2a+3b+2c=196 \cdots \text{㉡}$$

식 3
$$48+2a+3b+4c=6\times50 \rightarrow 2a+3b+4c=252 \cdots \text{㉢}$$

㉡과 ㉢을 연립하면 $-2c=-56 \rightarrow c=28$

3. 미지수 줄이기
㉡과 ㉢의 경우 $2a+3b$가 공통되어 있으므로 이를 먼저 소거하여 c계산

$c=28$을 대입하여 ㉠과 ㉡을 연립하면

$\therefore a=40,\ b=20$

따라서 2번, 3번, 4번 문제를 맞힌 학생 수는 각각 40명, 20명, 28명이고, 이들의 합은 $40+20+28=88$명이다.

정답 ④

 이거 알면 30초 컷!

최근에는 가중평균을 활용한 문제가 많이 출제되고 있다. 따라서 산술평균과 가중평균의 개념을 알아두고, 적절하게 활용하도록 한다.

- 산술평균

n개로 이루어진 집합 $x_1, x_2, x_3, \cdots, x_n$이 있을 때 원소의 총합을 개수로 나눈 것

$$m=\frac{x+x_2,+\cdots+x_n}{n}$$

- 가중평균

n개로 이루어진 집합 $x_1, x_2, x_3, \cdots, x_n$이 있을 때, 각 원소의 중요도나 영향도를 $f_1, f_2, f_3, \cdots, f_n$이라고 하면 각 원소의 중요도나 영향도를 가중치로 곱하여 가중치의 합인 N으로 나눈 것

$$m=\frac{x_1f_1+x_2f_2+\cdots x_nf_n}{N}$$

예 B학생의 성적이 다음과 같다.

과목	국어	수학	영어
점수	70점	90점	50점

B학생의 산술평균 성적은 $\frac{70+90+50}{3}=70$점이다.

A대학교는 이공계 특성화 대학으로 국어, 수학, 영어에 각각 $2:5:3$의 가중치를 두어 학생을 선발할 예정이다. 이때, B학생 성적의 가중평균을 구하면 $\frac{740}{2+5+3}=74$점이다.

03 창의수리 인원수·개수 ②

- 미지수의 값이 계산에 의해 정확하게 구해지는 것이 아니라 가능한 여러 경우의 수를 찾아서 조건에 맞는 값을 고르는 유형이다.
- 사람이나 물건의 개수를 구하는 문제라면 0이나 자연수로만 답을 구해야 한다. 이처럼 문제에서 경우의 수로 가능한 조건이 주어지므로 유의한다.

획수가 5획, 8획, 11획인 한자를 활용하여 글을 쓰려고 한다. 각 한자를 a, b, c번 사용하였을 때 총 획의 수는 71획 이고, 5획과 11획의 활용 횟수를 바꿔 사용했더니 총 획의 수가 89획이 되었다. 이때 8획인 한자는 최대 몇 번 쓸 수 있는가?(단, 각 한자는 한 번 이상씩 사용하였다)

└ 2. 미지수 확인 ┌ 식 1
└ 식 2 └ 1. 문제에서 묻는 내용 확인

① 4번   ② 5번
③ 6번   ④ 7번
⑤ 8번

$5a+8b+11c=71$ ··· ㉠ —— 식 1

$11a+8b+5c=89$ ··· ㉡ —— 식 2

㉠과 ㉡을 연립하면 ————— 3. 미지수 줄이기

$6a-6c=18 \rightarrow a-c=3 \rightarrow a=c+3$ ··· ㉢   8획인 한자 b가 남도록 식 간소화

㉢을 ㉠에 대입하면

$5(c+3)+8b+11c=71 \rightarrow 16c+8b=56 \rightarrow 2c+b=7$

b, c는 1 이상의 자연수이므로 (b, c)는 (5, 1), (3, 2), (1, 3)이 가능하다.

b의 값이 최대가 되려면 c가 최솟값을 가져야하므로 $c=1$이고, $b=5$가 된다.

따라서 8획인 한자는 최대 5번을 활용할 수 있다.

└ b, c가 될 수 있는 조건 확인

• 획의 수＝0 or 자연수

정답 ②

 이거 알면 30초 컷!

1. 연립방정식이 나오는 경우 중복이 많은 문자를 소거할 수 있는 방법을 찾거나 가장 짧은 식을 만든다.

2. 미지수를 추리해야 하는 경우 계수가 큰 미지수를 먼저 구하면 계산 과정을 줄일 수 있다.

PART 1

기출유형 뜯어보기

03 창의수리 금액

- 원가 · 정가 · 할인가 · 판매가의 개념을 명확히 한다.
- (정가)＝(원가)＋(이익)
- (할인가)＝(정가)×$\left\{1-\dfrac{(할인율)}{100}\right\}$

┌─ 원가   ┌─(정가)＝(원가)×$\left(1+\dfrac{25}{100}\right)$

윤정이는 어떤 물건을 100개 구입하여, 구입 가격에 25%를 더한 가격으로 50개를 팔았다. 남은 물건 50개를 기존 판매가에서 일정 비율 할인하여 판매했더니 본전이 되었다. 이때 할인율은 얼마인가?

└─정가   └─(할인 판매가)   └─2. 조건 확인   └─1. 미지수 설정

① 32.5%   ＝(정가)×{1－(할인율)}   (100개의 원가)   · 구입가격(원가) : x원

② 35%   ＝(정가)×$\left(1-\dfrac{y}{100}\right)$ ＝(100개의 판매가)   · 할인율 : y%

③ 37.5%

④ 40%

⑤ 42.5%

윤정이가 구입한 개당 가격을 x원, 할인율을 $y\%$라고 하자.

물건 100개의 원가는 $100 \times x$원이고, 판매가는 다음과 같다.

$$50 \times 1.25 \times x + 50 \times 1.25 \times \left(1 - \frac{y}{100}\right) \times x$$

윤정이가 물건을 다 팔았을 때 본전이었으므로 (판매가)=(원가)이다.

$$100x = 50 \times 1.25 \times x + 50 \times 1.25 \times \left(1 - \frac{y}{100}\right) \times x$$

$$\rightarrow 2 = 1.25 + 1.25 \times \left(1 - \frac{y}{100}\right)$$

$$\rightarrow 8 = 10 - \frac{y}{20}$$

$$\therefore y = 40$$

정답 ④

 이거 알면 30초 컷!

1. 제시된 문제의 원가(x)처럼 기준이 동일하고, 이를 기준으로 모든 값을 계산하는 경우에 처음부터 x를 생략하고 식을 세우는 연습을 한다.
2. 정가가 반드시 판매가인 것은 아니다.
3. 금액을 계산하는 문제는 보통 비율과 함께 제시되기 때문에 풀이과정에서 실수하기 쉽다. 때문에 선택지의 값을 대입해서 풀이하는 것이 실수 없이 빠르게 풀 수 있는 방법이 될 수도 있다.

03 창의수리 일의 양

유형분석

- 전체 작업량을 1로 놓고, 분·시간 등의 단위 시간 동안 한 일의 양을 기준으로 식을 세운다.
- $(일률) = \dfrac{(작업량)}{(작업시간)}$

┌ 1. (전체 일의 양)=1   ┌ 2. (하루 동안 할 수 있는 일의 양)=(일률)=$\dfrac{(작업량)}{(작업시간)}$

프로젝트를 완료하는 데 **A사원이 혼자 하면 7시간, B사원이 혼자 하면 9시간이 걸린다.** 3시간 동안 두 사원이 함께 프로젝트를 진행하다가 B사원이 반차를 내는 바람에 나머지는 A사원이 혼자 처리해야 한다. **A사원이 남은 프로젝트를 완료하는 데에는 시간이 얼마나 더 걸리겠는가?**

└ 3. 남은 일의 양을 계산

└ 4. 미지수 설정

└ 5. $(작업시간) = \dfrac{(작업량)}{(일률)}$

① 1시간 20분

② 1시간 40분

③ 2시간

④ 2시간 10분

⑤ 2시간 20분

프로젝트를 완료하는 일의 양을 1이라 하면, A사원은 한 시간에 $\frac{1}{7}$, B사원은 한 시간에 $\frac{1}{9}$만큼의 일을 할 수 있다.
_____ 1.

3시간 동안 같이 한 일의 양은 $\left(\frac{1}{7}+\frac{1}{9}\right)\times3=\frac{16}{21}$이므로, A사원이 혼자 해야 할 일의 양은 $\frac{5}{21}\left(=1-\frac{16}{21}\right)$가 된다.
_____ 2. _____ 3.

이때 프로젝트를 완료하는 데 걸리는 시간을 x시간이라 하자.
_____ 4.

$$\frac{1}{7}\times x=\frac{5}{21} \rightarrow x=\frac{5}{3}$$
_____ 5.

따라서 A사원 혼자 프로젝트를 완료하는 데에는 총 1시간 40분이 더 걸린다.

정답 ②

 이거 알면 30초 컷!

1. 전체의 값을 모르는 상태에서 비율을 묻는 문제의 경우 전체를 1이라고 하면 쉽게 풀이할 수 있다. 이는 단순히 일률을 계산하는 경우뿐만 아니라 조건부 확률과 같이 비율이 나오는 문제에는 공통적으로 적용 가능하다.

2. 문제에서 제시하는 단위와 선택지의 단위가 같은지 확인한다.

PART 1

기출유형 뜯어보기

03 창의수리 최댓값·최솟값

유형분석

- 부등식의 양변에 같은 수를 더하거나 같은 수를 빼도 부등호의 방향은 바뀌지 않는다.
  - → $a<b$이면 $a+c<b+c$, $a-c<b-c$
- 부등식의 양변에 같은 양수를 곱하거나 양변을 같은 양수로 나누어도 부등호의 방향은 바뀌지 않는다.
  - → $a<b$, $c>0$이면 $a\times c<b\times c$, $\dfrac{a}{c}<\dfrac{b}{c}$
- 부등식의 양변에 같은 음수를 곱하거나 양변을 같은 음수로 나누면 부등호의 방향은 바뀐다.
  - → $a<b$, $c<0$이면 $a\times c>b\times c$, $\dfrac{a}{c}>\dfrac{b}{c}$

⟨1개 기준⟩

구분	A제품	B제품
재료비	3,600	1,200
인건비	1,600	2,000

어느 회사에서는 A, B 두 제품을 주력 상품으로 제조하고 있다. A제품을 1개 만드는 데 재료비는 3,600원, 인건비는 1,600원이 들어간다. 또한 B제품을 1개 만드는 데 재료비는 1,200원, 인건비는 2,000원이 들어간다. 이 회사는 한 달 동안 두 제품을 합하여 40개를 생산하려고 한다. 재료비는 12만 원 이하, 인건비는 7만 원 이하가 되도록 하려고 할 때, A제품을 최대로 생산하면 몇 개를 만들 수 있는가?

① 25개
③ 28개
⑤ 31개
② 26개
④ 30개

3. 부등식

1. 미지수 설정
- A제품 생산 개수 : x개
- B제품 생산 개수 : y개

2. 미지수 줄이기
$x+y=40$
$y=40-x$
- A제품 생산 개수 : x개
- B제품 생산 개수 : $(40-x)$개

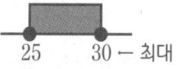

A제품의 생산 개수를 x개라 하자. ——— 1. 미지수 설정

B제품의 생산 개수는 $(40-x)$개이다. ——— 2. 미지수 줄이기

$3,600 \times x + 1,200 \times (40-x) \leq 120,000$
$x \leq 30$
$1,600 \times x + 2,000 \times (40-x) \leq 70,000$ ——— 3. 부등식
$x \geq 25$

$\rightarrow 25 \leq x \leq 30$

25 ——— 30 — 최대

따라서 A제품은 최대 30개까지 생산할 수 있다.

정답 ④

 이거 알면 30초 컷!

1. 문제에 이상, 이하, 초과, 미만, 최대, 최소 등의 표현이 사용된다.
2. 미지수가 2개 이상 나오는 경우나 부등식이 2개 사용되는 경우 그래프를 활용하면 실수의 확률을 줄일 수 있다.
3. 최대를 묻는 경우의 부등호의 방향은 미지수가 작은 쪽($x \leq n$)으로 나타내고, 최소를 묻는 경우 부등호의 방향은 미지수가 큰 쪽($x \geq n$)으로 나타낸다.

PART 1

기출유형 둘어보기

03 창의수리 경우의 수

- 두 사건 A, B가 동시에 일어나지 않을 때, A가 일어나는 경우의 수가 a가지, B가 일어나는 경우의 수를 b가지라고 하면 A 또는 B가 일어나는 경우의 수는 $(a+b)$가지이다.
- 두 사건 A, B가 동시에 일어날 때, A가 일어나는 경우의 수가 a가지, B가 일어나는 경우의 수를 b가지라고 하면 A와 B가 동시에 일어나는 경우의 수는 $a \times b$가지이다.
- n명 중 자격이 다른 m명을 뽑는 경우의 수 : $_nP_m$가지
- n명 중 자격이 같은 m명을 뽑는 경우의 수 : $_nC_m$가지

중복 확인(사람일 때는 같은 사람이 없으므로 중복이 없지만,
사물이나 직급, 성별 같은 경우에는 중복이 있을 수 있으므로 주의해야 함)

합의 법칙

A, B, C, D, E 다섯 명을 전방을 향해 일렬로 배치할 때, B와 E 사이에 1명 또는 2명이 있도록 하는 경우의 수는?

순서를 고려하므로 순열 P

└─1. 2.   └─3.

① 30가지   ② 60가지
③ 90가지   ④ 120가지
⑤ 150가지

└─ 어떤 둘 사이에 n명($n \geq 2$)을 배치할 때,
$(n+2)$명을 한 묶음으로 생각하고 계산
→ $(n+2)$명을 1명으로 치환

전체 m명을 일렬로 배치하는 데 n명($2 \leq n \leq m$)이 붙어있을 경우의 수는?
1. n명을 한 묶음으로 본다. 이때, 이 한 묶음 안에서 n명을 배치하는 경우의 수 : $n!$
2. n명을 1명으로 생각
3. $(m-n+1)$명을 배치하는 경우의 수 : $(m-n+1)!$
4. 곱의 법칙으로 전체 경우의 수 : $n! \times (m-n+1)!$

ⅰ) B와 E 사이에 1명이 있는 경우
 • A, C, D 중 B와 E 사이에 위치할 1명을 골라 줄을 세우는 방법 : $_3P_1$가지 ─ 1. 2.
 B와 E, 가운데 위치한 1명을 한 묶음으로 생각하고, B와 E가 서로 자리를 바꾸는 것도 고려하면
 전체 경우의 수는 $_3P_1 \times 3! \times 2 = 3 \times 6 \times 2 = 36$가지이다.
ⅱ) B와 E 사이에 2명이 있는 경우   3.
 • A, C, D 중 B와 E 사이에 위치할 2명을 골라 줄을 세우는 방법 : $_3P_2$가지 ─ 1. 2.
 B와 E, 가운데 위치한 2명을 한 묶음으로 생각하고, B와 E가 서로 자리를 바꾸는 것도 고려하면
 전체 경우의 수는 $_3P_2 \times 2! \times 2 = 6 \times 2 \times 2 = 24$가지이다.
∴ 구하는 경우의 수 : $36 + 24 = 60$가지   3.

정답 ②

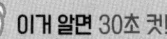 이거 알면 30초 컷!

 1. 기본적으로 많이 활용되는 공식은 숙지한다.
  • 동전 n개를 던졌을 때의 경우의 수 : 2^n가지
  • 주사위 n개를 던졌을 때의 경우의 수 : 6^n가지
  • n명을 한 줄로 세우는 경우의 수 : $n!$가지
  • 원형 모양의 탁자에 n명이 앉는 경우의 수 : $(n-1)!$가지
 2. 확률과 경우의 수 문제는 빠르게 계산할 수 있는 방법을 생각해야 한다. 특히 '이상'과 같은 표현이 사용됐다면 1(전체)에서 나머지 확률(경우의 수)를 빼는 방법(여사건 활용)이 편리하다.

04 **언어추리** 조건추리

• 제시된 조건을 바탕으로 사람이나 사물을 배열하거나 분류하는 유형이 출제된다.

1. 정보 확인   ┌ 환자   ┌ 처방약

약국에 희경, 은정, 소미, 정선 4명의 손님이 방문하였다. 약사는 이들로부터 처방전을 받아 A, B, C, D 네 봉지의 약을 조제하였다. 다음 조건이 참일 때 옳은 것은?

┌ 증세

• 방문한 손님들의 병명은 몸살, 배탈, 치통, 피부병이다.
• 은정이의 약은 B에 해당하고, 은정이는 몸살이나 배탈 환자가 아니다.
• A는 배탈 환자에 사용되는 약이 아니다.
• D는 연고를 포함하고 있는데, 이 연고는 피부병에만 사용된다.
• 희경이는 임산부이고, A와 D에는 임산부가 먹어서는 안 되는 약품이 사용되었다.
• 소미는 몸살 환자가 아니다.

① 은정이는 피부병에 걸렸다.
② 정선이는 몸살이 났고, 이에 해당하는 약은 C이다.
③ 소미는 치통 환자이다.
④ 희경이는 배탈이 났다.
⑤ 소미의 약은 A이다.

└ 2. 표로 시각화하여 정리

처방약 \ 환자	증세	몸살	배탈	치통	피부병
A	임산부×, 소미×, 희경× → 정선	○	×	×	×
B	은정	×	×	○	×
C	희경	×	○	×	×
D	임산부×, 소미	×	×	×	○

• 증세

증세에 따른 처방전에 대한 조건을 정리하면 다음과 같다.

A : 세 번째 조건 – 배탈 ×

B : 두 번째 조건 – 몸살 ×, 배탈 ×

D : 네 번째 조건 – 피부병 O

처방전 D의 증세는 피부병이므로 처방전 B의 증세는 치통이다. 처방전 B와 D의 증세에 따라 처방전 A의 증세는 몸살이고 나머지 처방전 C의 증세는 배탈이다.

• 처방전

환자와 처방전에 대한 조건을 정리하면 다음과 같다.

A : 다섯 번째 조건 – 임산부 ×

B : 두 번째 조건 – 은정 O

D : 다섯 번째 조건 – 임산부 ×

다섯 번째 조건에서 희경이는 임산부라고 하였는데 처방전 A와 D는 임산부가 먹어서는 안 되는 약품이라고 하였으므로 희경이의 처방전은 C이다. 마지막 조건에 의해 소미는 몸살 환자가 아님을 알 수 있는데 처방전 A는 몸살 환자에게 필요한 약품이므로 소미의 처방전은 D이다.

정답 ④

 이거 알면 30초 컷!

1. 제시된 조건을 자신만의 방법으로 도식화하여 나타낸다.

2. 고정 조건을 중심으로 표나 도식으로 정리하여 확실한 조건과 배제해야 할 조건들을 정리한다.

유형분석

- '$p \rightarrow q$, $q \rightarrow r$이면 $p \rightarrow r$이다.' 형식의 삼단논법과 명제의 대우를 활용하여 푸는 유형이다.
- 명제의 역 · 이 · 대우

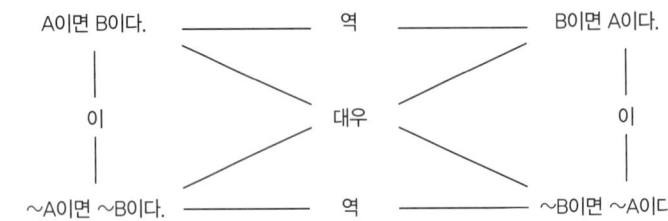

다음 명제가 참일 때, 항상 옳은 것은?

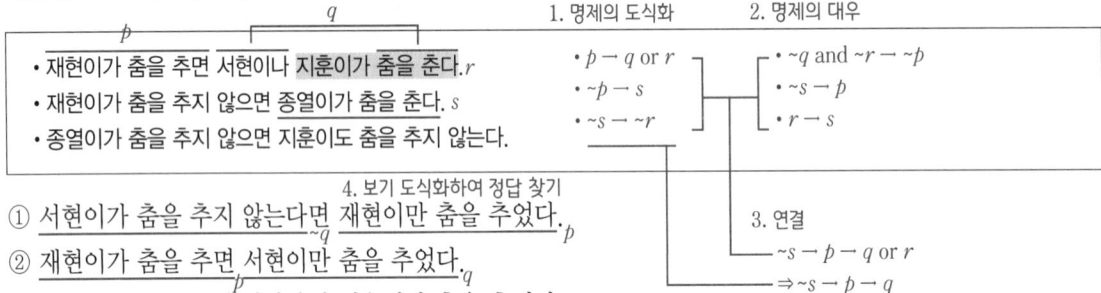

① 서현이가 춤을 추지 않는다면 재현이만 춤을 추었다.
② 재현이가 춤을 추면 서현이만 춤을 추었다.
③ 종열이가 춤을 추지 않았다면 지훈이만 춤을 추었다.
④ 서현이가 춤을 추면 재현이와 지훈이는 춤을 추었다.
⑤ 종열이가 춤을 추지 않았다면 재현이와 서현이는 춤을 추었다.

'재현이가 춤을 추다.'를 p, '서현이가 춤을 추다.'를 q, '지훈이가 춤을 추다.'를 r, '종열이가 춤을 추다.'를 s라고 하면 주어진 명제는 순서대로 $p \rightarrow q$ or r, $\sim p \rightarrow s$, $\sim s \rightarrow \sim r$이다. 두 번째 명제의 대우는 $\sim s \rightarrow p$이고 이를 첫 번째 명제와 연결하면 $\sim s \rightarrow p \rightarrow q$ or r이다. 세 번째 명제에서 $\sim s \rightarrow \sim r$라고 하였으므로 $\sim s \rightarrow p \rightarrow q$임을 알 수 있다. 따라서 ⑤가 적절하다.

정답 ⑤

 이거 알면 30초 컷!

1. 꼬리 물기 명제의 경우 가장 첫 문장을 찾는다.
2. 참/거짓 문제는 모순이 되는 진술을 먼저 찾고 이의 참/거짓을 판단한다.

유형분석

- 제시된 여러 조건/상황/규칙들을 정리하여 경우의 수를 구한 후 문제를 해결해야 한다.
- 고정 조건을 중심으로 표나 도식으로 정리하여 확실한 조건과 배제해야 할 조건들을 정리해 나간다.

1. 문제에서 요구하는 조건을 표시한다.

7층 건물에 A, B, C, D, E, F, G가 살고, 각자 좋아하는 스포츠는 축구, 야구, 농구이다. 이들이 키우는 반려동물로는 개, 고양이, 새가 있다고 할 때, 다음 〈조건〉을 바탕으로 할 때 항상 옳은 것은?

조건

- 한 층에 한 명이 산다.
- 이웃한 사람끼리는 서로 다른 스포츠를 좋아하고 다른 반려동물을 키운다.
- G는 맨 위층에 산다.
- 짝수 층 사람들은 축구를 좋아한다.
- B는 유일하게 개를 키우는 사람이다.⎤
- 2층에 사는 사람은 고양이를 키운다. ⎥━ B = 1층
- E는 농구를 좋아하며, D는 새를 키운다.⎦ 2. 주어진 조건 중 고정 조건을 찾아 기준
- A는 E의 아래층에 살며, B의 위층에 산다. 을 세운다.
- 개는 1층에서만 키울 수 있다.

3층 / 2층은 A

① C와 E는 이웃한다.━ 4층에 사는 사람은 C 또는 F로 알 수 없다.

② G는 야구를 좋아하며 고양이를 키운다.
    농구 또는 야구   새

③ 홀수 층에 사는 사람은 모두 새를 키운다.
    ━ 1층의 B는 개를 키운다.

④ D는 5층에 산다.   E G
    ━ 새를 키우는 층은 ③ 5 7층 ⇒ 5층 = D

⑤ F는 6층에 살며 고양이를 키운다.
    ━ 6층에 사는 사람은 C 또는 F로 알 수 없다.

3. 고정 조건을 중심으로 표나 도식으로 정리하여 확실한 조건과 배제해야 할 조건들을 정리해 나간다.

7층	G	⊢ 새	⊢ 농구 또는 야구
6층	C 또는 F	⊢ 고양이	⊢ 축구
5층	D	⊢ 새	⊢ 농구 또는 야구
4층	C 또는 F	⊢ 고양이	⊢ 축구
3층	E	⊢ 새	농구
2층	A	고양이	⊢ 축구
1층	B	개	⊢ 농구 또는 야구

4. 정리한 표를 바탕으로 문제를 해결한다.

7층	( ), G, 새
6층	축구, ( ), 고양이
5층	( ), D, 새
4층	축구, ( ), 고양이
3층	농구, E, 새
2층	축구, A, 고양이
1층	( ), B, 개

조건으로 표를 만들면 위와 같으며, 항상 옳은 것은 '④ D는 5층에 산다.'이다.

오답분석
① C와 E가 이웃하려면 C가 4층에 살아야 하는데 조건만으로는 정확히 알 수 없다.
② G는 7층에 살며 새를 키우지만, 무슨 스포츠를 좋아하는지 알 수 없다.
③ B는 유일하게 개를 키우고 개를 키우는 사람은 1층에 산다. 그러므로 홀수 층에 사는 사람이 모두 새를 키운다고 할 수는 없다.
⑤ F가 4층에 사는지 6층에 사는지 알 수 없다.

정답 ④

 이거 알면 30초 컷!

1. 문제 혹은 선택지를 먼저 읽은 후 문제에서 요구하는 규칙과 조건을 파악한다.
2. 서로 관련 있는 조건을 연결하여 나올 수 있는 경우의 수를 정리한다.

04 언어추리 진실게임

유형분석

- 일반적으로 4~5명의 진술이 제시되며, 각 진술의 진실 및 거짓 여부를 확인하여 범인을 찾는 유형이다.
- 추리 영역 중에서도 체감난이도가 상대적으로 높은 유형으로 알려져 있다.
- 각 진술 사이의 모순을 찾아 성립하지 않는 경우의 수를 제거하거나, 경우의 수를 나누어 모든 조건이 성립하는지를 확인해야 한다.

① 문제에서 구하는 것 확인
→ 범인을 찾는 문제, 거짓말을 한 사람을 찾는 문제가 아님

어젯밤에 탕비실 냉장고에 보관되어 있던 행사용 케이크가 없어졌다. 어제 야근을 한 갑, 을, 병, 정, 무를 조사했더니 다음과 같이 진술했다. 케이크를 먹은 범인은 2명이고, 다음 중 단 2명만이 진실을 말한다고 할 때, 다음 중 범인이 될 수 있는 사람으로 짝지어진 것은?(단, 모든 사람은 진실만 말하거나 거짓만 말한다)

조건 1
조건 2
② 조건 확인

- 갑 : 을이나 병 중에 한 명만 케이크를 먹었어요.
- 을 : 무는 확실히 케이크를 먹었어요.
- 병 : 정과 무가 모의해서 함께 케이크를 훔쳐먹는 걸 봤어요.
- 정 : 저는 절대 범인이 아니에요.
- 무 : 사실대로 말하자면 제가 범인이에요.

③ 2명의 진술이 일치 → 동시에 진실을 말하거나 거짓을 진술

① 갑, 을   ② 을, 정

③ 을, 무   ④ 갑, 정

⑤ 정, 무

을의 진술이 진실이면 무의 진술도 진실이고, 을의 진술이 거짓이면 무의 진술도 거짓이다.
- 을과 무가 모두 진실을 말하는 경우
  무는 범인이고, 나머지 3명은 모두 거짓을 말해야 한다. 정의 진술이 거짓이므로 정은 범인인데, 병이 무와 정이 범인이라고 했으므로 병은 진실을 말하는 것이 되어 2명만 진실을 말한다는 조건에 모순이다. 따라서 을과 무는 거짓을 말한다.
- 을과 무가 모두 거짓을 말하는 경우
  무는 범인이 아니고, 갑·병·정 중 1명만 거짓을 말하고 나머지 2명은 진실을 말한다. 만약 갑이 거짓을 말한다면 을과 병이 모두 범인이거나 모두 범인이 아니어야 한다. 그런데 갑의 말이 거짓이고 을과 병이 모두 범인이라면 병의 말 역시 거짓이 되어 조건에 모순이다. 따라서 갑의 말은 진실이고, 병이 지목한 범인 중에 을이나 병이 없으므로 병의 진술은 거짓, 정의 진술은 진실이다.
따라서 범인은 갑과 을 또는 갑과 병이다.

정답 ①

 이거 알면 30초 컷!

진실게임 유형 중 90% 이상은 다음 두 가지 방법으로 풀 수 있다. 주어진 진술을 빠르게 훑으며 다음 두 가지 중 어떤 경우에 해당되는지 확인한 후 문제를 풀어나간다.
- **두 명 이상의 발언 중 한쪽이 진실이면 다른 한쪽이 거짓인 경우**
  1) A가 진실이고 B가 거짓인 경우, B가 진실이고 A가 거짓인 경우 두 가지로 나눌 수 있다.
  2) 두 가지 경우에서 각 발언의 진위 여부를 판단한다.
  3) 주어진 조건과 비교한다(범인의 숫자가 맞는지, 진실 또는 거짓을 말한 인원수가 조건과 맞는지 등).
- **두 명 이상의 발언 중 한쪽이 진실이면 다른 한쪽도 진실인 경우**
  1) A와 B가 모두 진실인 경우, A와 B가 모두 거짓인 경우 두 가지로 나눌 수 있다.
  2) 두 가지 경우에서 각 발언의 진위 여부를 판단하여 범인을 찾는다.
  3) 주어진 조건과 비교한다(범인의 숫자가 맞는지, 진실 또는 거짓을 말한 인원수가 조건과 맞는지 등).

05 수열추리 수열

- 일반적인 수추리 문제로 제시된 수열을 통해 빈칸에 들어갈 알맞은 값을 찾는 문제이다.
- 등차수열, 등비수열, 군수열, 피보나치수열 등의 개념을 익혀두고 적용하는 연습을 한다.

※ 일정한 규칙으로 수를 나열할 때, 빈칸에 들어갈 알맞은 수를 고르시오. [1~2]

01

-6	50	18	10	-54	( )	162	0.4

① 2 ② -1

③ 32 ④ -18

⑤ 50

순차적으로
적용되는
규칙 확인

~~1. 각 항에 어떤 수를 사칙연산($+, -, \times, \div$)하는 규칙~~
②. 홀수항, 짝수항 규칙
3. 피보나치수열과 같은 계차를 이용한 규칙
4. 군수열을 활용한 규칙
5. 항끼리 사칙연산을 하는 규칙
6. 기타

02

$$\underbrace{-13+\ 7+\ 9+\ -3}_{=0}\ /\ \underbrace{1\ +\ 5\ +\ -3\ +\ -3}_{=0}\ /\ \underbrace{6\ +\ -7\ +\ 5+\ (\ \ )}_{=0}$$

① -3

② 5

③ -4

④ 6

⑤ -8

 각 항에 어떤 수를 사칙연산$(+, -, \times, \div)$하는 규칙
 홀수항, 짝수항 규칙
 피보나치수열과 같은 계차를 이용한 규칙
④.군수열을 활용한 규칙
5. 항끼리 사칙연산을 하는 규칙
6. 기타

정답 해설

01
홀수항은 $\times(-3)$을 하는 수열이고, 짝수항은 $\div 5$를 적용하는 수열이다.
따라서 $(\ \ )=10\div 5=2$이다.

정답 ①

정답 해설

02
수를 앞부터 4개씩 끊어 A, B, C, D라고 하자.
$\underline{A\ B\ C\ D} \rightarrow A+B+C+D=0$
$\underline{6\ -7\ 5\ (\ \ )} \rightarrow 6-7+5+(\ \ )=0$
따라서 $(\ \ )=-4$이다.

정답 ③

이거 알면 30초 컷!
수열을 풀이할 때는 다음과 같은 규칙이 적용되는지를 순서대로 확인한다.
1. 각 항에 어떤 수를 사칙연산$(+, -, \times, \div)$하는 규칙
2. 홀수항, 짝수항 규칙
3. 피보나치수열과 같은 계차를 이용한 규칙
4. 군수열을 활용한 규칙
5. 항끼리 사칙연산을 하는 규칙
6. 기타

우리가 해야 할 일은 끊임없이 호기심을 갖고 새로운 생각을 시험해보고

새로운 인상을 받는 것이다.

– 월터 페이터 –

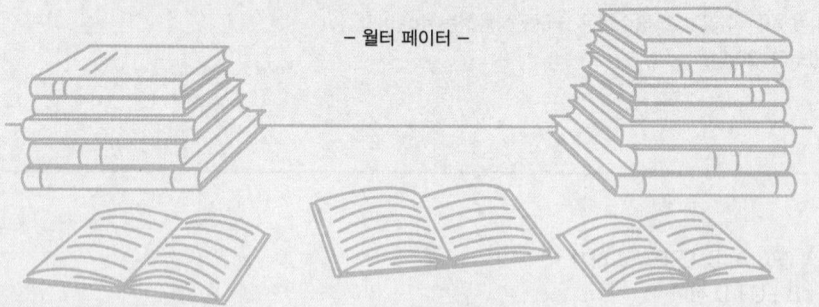

PART

기출복원문제

※ 2023년 하반기부터 출제 영역이 변경됨에 따라 이전 기출 모두 변경된 영역에 맞춰 반영했으니 참고하기 바랍니다.

01 2024년 상반기 기출복원문제

정답 및 해설 p.002

| 01 | 언어이해

Easy

01 다음 글을 읽고 추론할 수 있는 내용으로 적절하지 않은 것은?

> 한국인의 대표적 만성질환인 당뇨병은 소변을 통해 포도당이 대량으로 유출되는 병이다. 대한당뇨병학회가 공개한 자료에 따르면 2020년 기준 30세 이상 한국인 중 당뇨 유병자는 약 600만 명으로, 6명 중 1명이 당뇨병을 앓는 것으로 나타났다.
> 우리 몸은 식사와 소화를 통해 생산한 포도당을 세포에 저장하기 위해 췌장에서 인슐린을 분비한다. 인슐린은 세포의 겉에 있는 인슐린 수용체와 결합하여 포도당을 글리코겐으로 변환하게 된다. 이 과정에서 문제가 생기면 혈액 속의 포도당을 처리하지 못해 당뇨병에 걸리게 되는데, 췌장에 문제가 생겨 인슐린이 분비되지 않으면 1형 당뇨, 인슐린 수용체가 부족하거나 인슐린 저항성이 생겨 인슐린 작용에 문제가 생기면 2형 당뇨로 구분한다. 특히 대부분의 당뇨병 환자는 2형 당뇨로, 전체 당뇨병 환자의 약 90%를 차지한다.
> 유전적 요인이 크게 작용하는 1형 당뇨는 평생 인슐린 주사에 의존해야 하며, 비만, 운동부족 등 생활 습관적 요인이 크게 작용하는 2형 당뇨는 생활 습관 개선이나 경구 혈당강하제로 관리할 수 있지만 지속될 경우 인슐린 주사가 필요할 수 있다.

① 나쁜 생활 습관은 1형 당뇨를 유발할 수 있다.

② 2형 당뇨 초기에는 혈당강하제를 통해 혈당을 관리할 수 있다.

③ 당뇨병은 혈액 속에 남아있는 포도당이 소변을 통해 배출되는 병이다.

④ 2020년 당뇨 유병자 기준 2형 당뇨를 앓고 있는 사람은 약 540만 명이다.

⑤ 포도당이 글리코겐으로 세포에 저장되기 위해서는 인슐린과 인슐린 수용체가 결합해야 한다.

02 다음 글의 내용으로 적절하지 않은 것은?

> 스톡홀름 증후군은 납치나 인질 상황에서 피해자가 가해자에게 동정심이나 애정을 느끼는 심리적 현상으로, 1973년 8월 스웨덴 스톡홀름의 신용은행(Kreditbanken) 인질극 사건에서 유래하였다. 범인인 얀 에릭 올슨(Jan-Erik Olsson)은 은행에 침입하여 4명을 인질로 잡고 교도소에 복역 중인 친구의 석방, 300만 스웨덴 크로나, 권총 2정, 방탄 헬멧과 조끼, 탈출을 위한 차량을 요구하며 6일 동안 인질극을 벌였는데, 이 과정에서 인질에게 공포감을 주면서도 친절과 호의를 베풀어 그들을 정신적으로 사로잡게 된다. 납치범의 작은 호의에 당시 인질들은 6일간의 감금 동안 경찰들을 적대적으로 대하며 납치범을 경찰로부터 보호하거나 심지어 납치범이 검거된 후 납치범들을 변호하는 모습을 보였고, 이 사건을 계기로 스톡홀름 증후군이라는 용어가 널리 사용되기 시작하였다.
>
> 스톡홀름 증후군은 학술적으로 검증된 현상은 아니지만, 정신과 의사 등 관련 전문가들은 스톡홀름 증후군이 생존 본능에서 비롯된다고 주장한다. 인질극과 같이 극도로 위협적인 상황에서 피해자는 자신의 생명을 지키기 위해 가해자와 감정적 유대를 형성하려고 하며, 특히 위협적인 가해자가 피해자에게 친절을 베풀거나, 폭력을 행사하지 않을 때 더욱 두드러지게 나타난다. 피해자는 극한의 상황에서 가해자의 친절을 실제보다 크게 받아들이게 되고, 나아가 가해자를 긍정적으로 인식하게 된다. 이는 피해자가 자신이 현재 상황을 통제할 수 없다는 무력감을 덜기 위한 일종의 심리적 방어기제이다.
>
> 피해자가 가해자에게 동조하거나 연대하는 모습은 외부인의 입장에서 봤을 때는 역설적이고 비합리적으로 보인다. 그러나 스톡홀름 증후군은 심리적으로 궁지에 몰려 극단적인 스트레스를 받아 발생하는 복잡한 감정의 결과이다. 피해자의 입장에서는 자신이 처한 현실을 부정하지 않고 받아들이기 위해, 또는 생존을 위해 가해자에게 동조할 수밖에 없는 것이다.
>
> 이러한 스톡홀름 증후군은 인질극과 같은 범죄 현장에서만 발생하는 것이 아니다. 가정 폭력이나 학대 상황에서도 유사한 심리적 현상이 나타날 수 있다. 피해자는 자신보다 더 큰 힘을 가진 사람의 학대에서 벗어나기 어려운 경우, 학대가 덜 고통스럽게 느껴지도록 하기 위해 가해자와 감정적 유대를 형성하려 한다. 이는 피해자가 가해자의 학대에서 벗어나지 못하게 하는 심각한 문제로 이어지게 된다.
>
> 스톡홀름 증후군은 복잡하고 다층적인 심리적 현상이므로 이를 정확히 이해하고 접근하는 것이 중요하다. 특히 피해자들은 자신의 감정이 왜곡되었음을 인식하지 못하는 경우가 많기 때문에 반드시 외부의 도움이 필요하다. 피해자의 입장을 이해하고 심리 상담과 치료를 통해 피해자가 자신의 감정을 객관적으로 바라보고 건강한 인간관계를 회복할 수 있도록 도와주어야 한다.

① 피해자가 무기력한 상황일수록 스톡홀름 증후군 현상이 나타나기 쉽다.
② 스톡홀름 증후군은 위협적인 가해자로부터의 생존을 위한 심리적 현상이다.
③ 스톡홀름 증후군은 극한의 상황에서 일시적으로 발생하는 심리적 현상이다.
④ 스톡홀름 증후군은 피해자의 심리적 방어기제로 인한 감정 왜곡이 원인이다.
⑤ 스톡홀름 증후군을 치료하기 위해서는 피해자의 심리·환경적 상황을 면밀히 살펴보아야 한다.

03 다음 글에서 〈보기〉의 문장이 들어갈 위치로 가장 적절한 곳은?

베블런 효과는 가격이 오를수록 수요가 증가하는 비정상적인 소비 현상을 설명하는 경제학 이론이다. (가) 일반적인 수요 법칙과 달리 베블런 효과는 주로 사치품이나 명품에서 나타나며, 소비자가 높은 가격을 지불함으로써 사회적 지위나 부를 과시하려는 것이다. (나) 베블런 효과의 문제점은 경제적 불균형과 과도한 소비를 초래할 수 있다는 점이다. 고가의 사치품에 대한 과시적 소비는 소득 격차를 더욱 부각하고 사회적 불평등을 심화시킬 수 있다. (다) 또한, 이러한 소비 패턴은 실질적인 필요보다는 과시적 욕구에 기반하므로 자원의 비효율적 배분을 초래할 수 있다. (라) 기업 입장에서는 이러한 소비자 심리를 이용해 가격을 인위적으로 높이는 전략을 구사할 수 있지만, 이는 장기적으로 소비자 신뢰를 저하시킬 위험이 있다. (마) 베블런 효과는 소비자 행동 연구와 시장 전략 수립에 중요한 개념이지만, 그 부작용을 고려한 신중한 접근이 필요하다.

> **보기**
>
> 예를 들어 고가의 명품 가방이나 시계는 그 자체의 기능보다 소유자의 재력 등 우월의식을 드러내는 역할을 한다.

① (가)　　　　　　　　　　　② (나)
③ (다)　　　　　　　　　　　④ (라)
⑤ (마)

04 다음 글의 서술상 특징으로 가장 적절한 것은?

> 현대의 도시에서는 정말 다양한 형태를 가진 건축물들을 볼 수 있다. 형태뿐만 아니라 건물 외벽에 주로 사용된 소재 또한 유리나 콘크리트 등으로 다양하다. 이렇듯 현대에는 몇 가지로 규정하는 것이 아예 불가능할 만큼 다양한 건축양식이 존재한다. 그러나 다양하고 복잡한 현대의 건축양식에 비해 고대의 건축양식은 매우 제한적이었다.
>
> 그리스 시기에는 주주식, 주열식, 원형식 신전을 중심으로 몇 가지의 공통된 건축양식을 보인다. 이러한 신전 중심의 그리스 건축양식은 시기가 지나면서 다른 건축물에 영향을 주었다. 신전에만 쓰이던 건축양식이 점차 다른 건물들의 건축에도 사용이 되며 확대되었던 것이다. 대표적으로 그리스 연못은 신전에 쓰이던 기둥의 양식들을 바탕으로 회랑을 구성하기도 하였다.
>
> 헬레니즘 시기를 맞이하면서 건축양식을 포함하여 예술 분야가 더욱 발전하며 고대 그리스 시기에 비해 다양한 건축양식이 생겨났다. 뿐만 아니라 건축 기술이 발달하면서 조금 더 다양한 형태의 건축이 가능해졌다. 다층구조나 창문이 있는 벽을 포함한 건축양식 등 필요에 따라서 실용적이고 실측적인 건축양식이 나오기 시작한 것이다. 또한 연극의 유행으로 극장이나 무대 등의 건축양식도 등장하기 시작하였다.
>
> 로마 시대에 이르러서는 원형 경기장이나 온천, 목욕탕 등 특수한 목적을 가진 건축물에도 아름다운 건축양식이 적용되었다. 현재에도 많은 사람이 관광지로 찾을 만큼, 로마시민들의 위락시설들에는 다양하고 아름다운 건축양식들이 적용되었다.

① 시대별 건축양식의 장단점을 분석하고 있다.

② 전문가의 말을 인용하여 신뢰도를 높이고 있다.

③ 역사적 순서대로 주제의 변천에 대해서 서술하고 있다.

④ 비유적인 표현 방법을 사용하여 문학적인 느낌을 주고 있다.

⑤ 현대에서 찾을 수 있는 건축물의 예시를 들어 독자의 이해를 돕고 있다.

현재 우리나라의 진료비 지불제도는 여러 가지 종류를 시행하고 있지만 가장 주도적으로 시행되는 지불제도는 행위별수가제도이다. 행위별수가제는 의료기관에서 의료인이 제공한 의료서비스(행위, 약제, 치료 재료 등)에 대해 서비스 별로 가격(수가)을 정하여 사용량과 가격에 의해 진료비를 지불 하는 제도로 의료보험 도입 당시부터 채택하고 있는 지불제도이다. 그러나 최근 관련 전문가들로부 터 이러한 지불제도를 개선해야 한다는 목소리가 많이 나오고 있다.

조사에 의하면 우리나라의 국민의료비를 증대시키는 주요 원인은 고령화로 인한 진료비 증가와 행위별수가제로 인한 비용의 무한 증식이다. 현재 우리나라의 국민의료비는 OECD 회원국 중 최상위 를 기록하고 있으며 앞으로 더욱 심화될 것으로 예측된다. 특히 행위별수가제는 의료행위를 할수록 지불되는 진료비가 증가하므로 CT, MRI 등 영상검사 등을 중심으로 의료 남용이나 과다 이용 문제 가 발생하고 있고, 병원의 이익 증대를 위하여 환자에게는 의료비 부담을, 의사에게는 업무 부담을, 건강보험에는 재정 부담을 증대시키고 있다.

이러한 행위별수가제의 문제점을 개선하기 위해 일부 질병군에서는 환자가 입원해서 퇴원할 때까지 발생하는 진료에 대하여 질병마다 미리 정해진 금액을 내는 제도인 포괄수가제를 시행 중이며, 요양 병원, 보건기관에서는 입원 환자의 질병, 기능 상태에 따라 입원 1일당 정액수가를 적용하는 정액수 가제를 병행하여 실시하고 있지만 비용 산정의 경직성, 의사 비용과 병원 비용의 비분리 등 여러 가지 문제점이 있어 현실적으로 효과를 내지 못하고 있다는 지적이 나오고 있다.

기획재정부와 보건복지부는 시간이 지날수록 건강보험 적자는 계속 증대되어 머지않아 고갈될 위기 에 있다고 발표하였다. 당장 행위별수가제를 전면적으로 폐지할 수는 없으므로 기존의 다른 수가제 의 문제점을 개선하여 확대하는 등 의료비 지불방식의 다변화가 구조적으로 진행되어야 할 것이다.

① 신포괄수가제의 정의
② 건강보험의 재정 상황
③ 행위별수가제의 한계점
④ 의료비 지불제도의 역할
⑤ 다양한 의료비 지불제도 소개

| 02 | 자료해석

01 다음은 성별 국민연금 가입자 현황에 대한 자료이다. 이에 대한 설명으로 옳은 것은?

〈성별 국민연금 가입자 수〉

(단위 : 명)

구분	사업장 가입자	지역 가입자	임의 가입자	임의계속 가입자	합계
남성	8,059,994	3,861,478	50,353	166,499	12,138,324
여성	5,775,011	3,448,700	284,127	296,644	9,804,482
합계	13,835,005	7,310,178	334,480	463,143	21,942,806

① 여성 가입자 수는 전체 가입자 수의 40% 이상이다.

② 남성 사업장 가입자 수는 남성 지역 가입자 수의 2배 미만이다.

③ 전체 지역 가입자 수는 전체 사업장 가입자 수의 50% 미만이다.

④ 여성 사업장 가입자 수는 나머지 여성 가입자 수를 모두 합친 것보다 적다.

⑤ 가입자 수가 많은 순서대로 나열하면 '사업장 가입자 – 지역 가입자 – 임의 가입자 – 임의계속 가입자' 순서이다.

02 다음은 지역별 인구 및 인구밀도에 대한 자료이다. 이에 대한 〈보기〉의 설명 중 옳은 것을 모두 고르면?

<지역별 인구 및 인구밀도>

(단위 : 천 명, 명 / km^2)

구분	2021년		2022년		2023년	
	인구	인구밀도	인구	인구밀도	인구	인구밀도
서울	10,032	16,574	10,036	16,582	10,039	16,593
부산	3,498	4,566	3,471	4,531	3,446	4,493
대구	2,457	2,779	2,444	2,764	2,431	2,750
인천	2,671	2,602	2,645	2,576	2,655	2,586

※ (인구밀도)$=\dfrac{(인구)}{(면적)}$

보기

ㄱ. 2021년에서 2022년까지 감소한 인구가 2022년 전체 인구에서 차지하는 비율은 부산보다 대구가 더 크다.

ㄴ. 인천의 면적은 1,000km^{2}보다 넓다.

ㄷ. 부산의 면적은 대구의 면적보다 넓다.

① ㄱ

② ㄴ

③ ㄱ, ㄴ

④ ㄴ, ㄷ

⑤ ㄱ, ㄴ, ㄷ

03 다음은 전년 동월 대비 2023년 특허 심사건수 증감 및 등록률 증감 추이에 대한 자료이다. 이에 대한 〈보기〉의 설명 중 옳지 않은 것을 모두 고르면?

〈특허 심사건수 증감 및 등록률 증감 추이(전년 동월 대비)〉

(단위 : 건, %)

구분	2023년 1월	2023년 2월	2023년 3월	2023년 4월	2023년 5월	2023년 6월
심사건수 증감	125	100	130	145	190	325
등록률 증감	1.3	−1.2	−0.5	1.6	3.3	4.2

보기

ㄱ. 2023년 3월에 전년 동월 대비 등록률이 가장 많이 낮아졌다.
ㄴ. 2023년 6월의 심사건수는 325건이다.
ㄷ. 2023년 5월의 등록률은 3.3%이다.
ㄹ. 2022년 1월 심사건수가 100건이라면, 2023년 1월 심사건수는 225건이다.

① ㄱ
② ㄱ, ㄴ
③ ㄱ, ㄴ, ㄷ
④ ㄴ, ㄷ, ㄹ
⑤ ㄱ, ㄴ, ㄷ, ㄹ

Hard

04 다음은 2022년과 2023년 디지털 콘텐츠 제작 분야의 영역별 매출 현황에 대한 자료이다. 이에 대한 설명으로 옳지 않은 것은?

〈제작 분야의 영역별 매출 현황〉

(단위 : 억 원, %)

구분	정보	출판	영상	음악	캐릭터	애니메이션	게임	기타	합계
2022년	227 (10.8)	143 (6.8)	109 (5.2)	101 (4.8)	61 (2.9)	264 (12.6)	1,177 (56.0)	18 (0.9)	2,100 (100.0)
2023년	364 (13.0)	213 (7.6)	269 (9.6)	129 (4.6)	95 (3.4)	272 (9.7)	1,441 (51.5)	17 (0.6)	2,800 (100.0)

※ ( )는 총 매출액에 대한 비율임

① 2023년 총 매출액은 2022년 총 매출액보다 700억 원 더 많다.
② 2022년과 2023년 모두 게임 영역이 차지하는 비율이 50% 이상이다.
③ 기타 영역을 제외한 모든 영역에서 2022년보다 2023년이 매출액이 더 많다.
④ 2022년과 2023년 총 매출액에 대한 비율의 차이가 가장 적은 것은 기타 영역이다.
⑤ 음악, 애니메이션, 게임, 기타 영역은 2022년에 비해 2023년에 매출액 비율이 감소하였다.

다음은 휴대폰 A~D의 항목별 고객평가 점수에 대한 자료이다. 이에 대한 〈보기〉의 설명 중 옳은 것을 모두 고르면?

〈휴대폰 A~D의 항목별 고객평가 점수〉

(단위 : 점)

구분	A	B	C	D
디자인	8	7	4	6
가격	4	6	7	8
해상도	5	6	8	4
음량	6	4	7	5
화면크기·두께	7	8	3	4
내장·외장메모리	5	6	7	8

※ 각 항목의 최고점 : 10점
※ 기본점수 산정방법 : 각 항목에서 제일 높은 점수 순대로 5점, 4점, 3점, 2점 배점
※ 성능점수 산정방법 : 해상도, 음량, 내장·외장메모리 항목에서 제일 높은 점수 순대로 5점, 4점, 3점, 2점 배점

보기

ㄱ. 휴대폰 A~D 중 기본점수가 가장 높은 휴대폰은 C이다.
ㄴ. 휴대폰 A~D 중 성능점수가 가장 높은 휴대폰은 D이다.
ㄷ. 각 항목의 고객평가 점수를 단순 합산한 점수가 가장 높은 휴대폰은 B이다.
ㄹ. 성능점수 항목을 제외한 항목의 점수만을 단순 합산했을 때, B의 점수는 C의 점수의 1.5배이다.

① ㄱ, ㄷ
② ㄴ, ㄹ
③ ㄱ, ㄴ, ㄷ
④ ㄱ, ㄷ, ㄹ
⑤ ㄴ, ㄷ, ㄹ

| 03 | 창의수리

01 어떤 일을 A가 5시간, B가 8시간 동안 일하면 완료할 수 있고, 같은 일을 A가 6시간, B가 5시간 일하면 완료할 수 있다고 한다. 이 일을 B가 혼자서 일할 때 걸리는 시간은?

① 19시간
② 21시간
③ 23시간
④ 25시간
⑤ 27시간

02 S사 전체 신입사원의 남자와 여자의 비율은 55:45이고, 여자 신입사원 중에서 안경을 착용한 사원과 착용하지 않은 사원의 비율은 55:45였다. 신입사원을 1명 고를 때 그 사원이 안경을 착용했을 확률이 30%라면, 남자 신입사원 중에서 안경을 착용한 남자 신입사원의 비율은?

① $\dfrac{3}{110}$
② $\dfrac{21}{440}$
③ $\dfrac{7}{110}$
④ $\dfrac{21}{220}$
⑤ $\dfrac{21}{110}$

03 작년 S초등학교의 전교생 수는 480명이었다. 올해 남학생 수는 20% 증가하였고, 여학생 수는 10% 감소하여 올해 남학생 수와 여학생 수의 비율이 20:21이 되었다. 올해 전교생 수는?

① 488명
② 492명
③ 496명
④ 500명
⑤ 504명

04 S사에서 제조하는 A, B제품 각각 1개를 만드는 데 필요한 X, Y원료의 양 및 개당 이익이 다음과 같을 때, 공장에서 얻을 수 있는 최대 이익은?(단, X원료는 18kg, Y원료는 20kg까지 사용할 수 있다)

〈A, B제품의 제조 X, Y원료 필요량 및 개당 이익〉

구분	X원료 필요량	Y원료 필요량	개당 이익
A제품	600g	500g	6만 원
B제품	400g	500g	5만 원

① 210만 원   ② 220만 원

③ 230만 원   ④ 240만 원

⑤ 250만 원

05 다음과 같은 길에서 A지점에서 출발하여 B지점으로 도착하는 가장 짧은 경로의 경우의 수는?

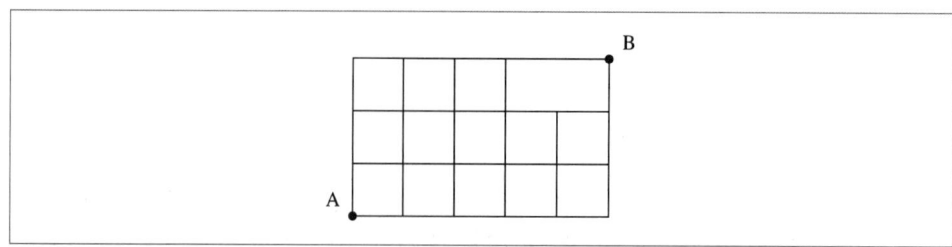

① 41가지   ② 44가지

③ 47가지   ④ 50가지

⑤ 53가지

06 S사는 3월 6일에 1차 전체회의를 진행하였다. 100일 후 2차 전체회의를 진행하고자 할 때, 2차 전체회의는 언제 진행되는가?

① 5월 31일   ② 6월 7일
③ 6월 14일   ④ 6월 21일
⑤ 6월 28일

`Easy`

07 S사가 자재를 보관하기 위해 가로 65m, 세로 55m인 건물을 매입하였다. 건물 보안을 위해 건물의 각 외벽으로부터 5m 떨어진 곳에 울타리를 설치할 때, 설치한 울타리의 길이는?

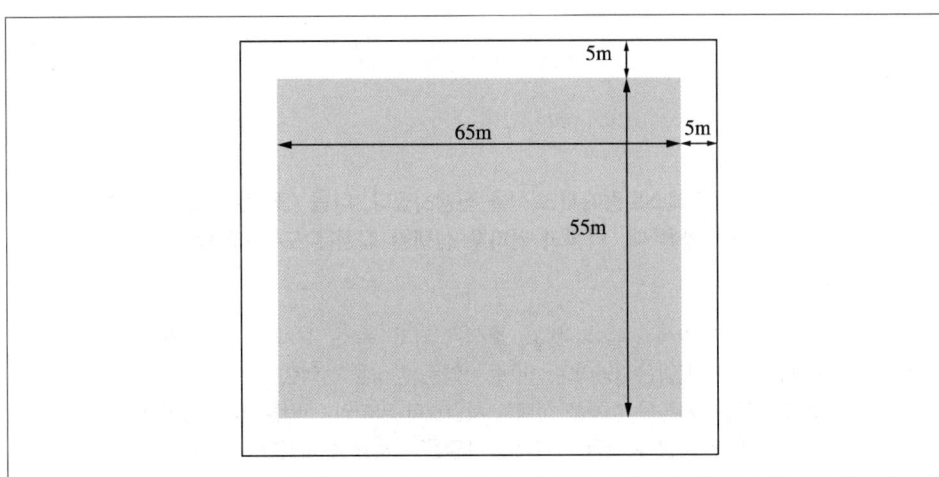

① 240m   ② 250m
③ 260m   ④ 270m
⑤ 280m

01 다음 〈조건〉을 바탕으로 A ~ F 6명을 일렬로 줄 세울 때, 가능한 경우의 수는?

> **조건**
> • A는 B의 바로 뒤쪽에 서야 한다.
> • C는 D와 붙어 있어야 한다.
> • E는 맨 앞이나 맨 뒤에 서야 한다.

① 10가지   ② 12가지

③ 24가지   ④ 48가지

⑤ 64가지

02 A팀 직원 10명은 S레스토랑에서 회식을 진행하였다. 다음 〈조건〉과 같이 10명 모두 식사와 후식을 하나씩 선택하였을 때, 양식과 커피를 선택한 직원은 모두 몇 명인가?

> **조건**
> • 식사는 한식과 양식 2종류가 있고, 후식은 커피, 녹차, 홍차 3종류가 있다.
> • 홍차를 선택한 사람은 3명이며, 이 중 2명은 한식을 선택했다.
> • 녹차를 선택한 사람은 홍차를 선택한 사람보다 많지만, 5명을 넘지 않았다.
> • 한식을 선택한 사람 중 2명은 커피를, 1명은 녹차를 선택했다.

① 1명   ② 2명

③ 3명   ④ 4명

⑤ 5명

03 A ~ F 여섯 명은 경기장에서 배드민턴 시합을 하기로 하였다. 경기장에 도착하는 순서대로 다음과 같은 토너먼트 배치표의 1 ~ 6에 한 명씩 배치한 후 모두 도착하면 토너먼트 경기를 하기로 하였다. 다음 〈조건〉을 바탕으로 할 때, 항상 거짓인 것은?

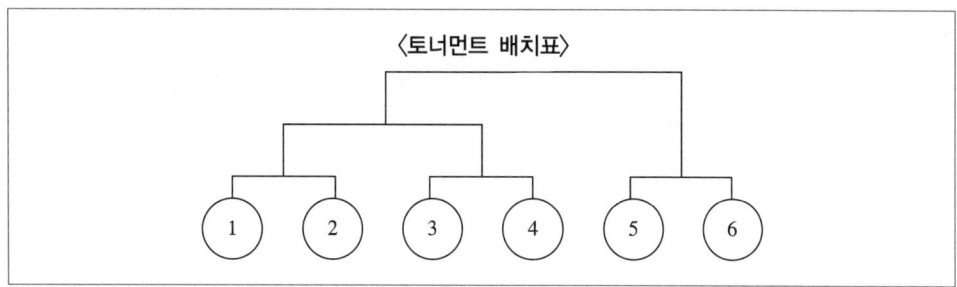

〈토너먼트 배치표〉

조건
- C는 A 바로 뒤에 도착하였다.
- F는 마지막으로 도착하였다.
- E는 D보다 먼저 도착하였다.
- B는 두 번째로 도착하였다.
- D는 C보다 먼저 도착하였다.

① A는 최대 두 번 경기를 하게 된다.
② B는 최대 세 번 경기를 하게 된다.
③ C는 다섯 번째로 도착하여 최대 두 번 경기를 하게 된다.
④ D는 첫 번째 경기에서 A와 승부를 겨룬다.
⑤ E는 가장 먼저 경기장에 도착하였다.

04 제시된 명제가 모두 참일 때, 반드시 참인 것은?

- 마포역 부근의 어떤 정형외과는 토요일이 휴진이다.
- 공덕역 부근의 어떤 치과는 토요일이 휴진이다.
- 공덕역 부근의 모든 치과는 화요일이 휴진이다.

① 마포역 부근의 어떤 정형외과는 화요일이 휴진이다.
② 모든 공덕역 부근의 치과는 토요일이 휴진이 아니다.
③ 마포역 부근의 모든 정형외과는 화요일이 휴진이 아니다.
④ 공덕역 부근의 어떤 치과는 토요일과 화요일이 모두 휴진이다.
⑤ 마포역 부근의 어떤 정형외과는 토요일과 화요일이 모두 휴진이다.

※ 일정한 규칙에 따라 수를 나열할 때, 빈칸에 들어갈 수로 가장 적절한 것을 고르시오. [1~5]

01

$$\frac{5}{12} \quad \frac{8}{15} \quad \frac{13}{18} \quad (\quad) \quad \frac{17}{12} \quad \frac{55}{27}$$

① $\dfrac{31}{21}$ ② $\dfrac{4}{3}$

③ $\dfrac{25}{21}$ ④ 1

⑤ $\dfrac{17}{21}$

Easy

02

$$0 \quad 0.01 \quad 0.05 \quad 0.14 \quad 0.3 \quad 0.55 \quad (\quad) \quad 1.4 \quad 2.04$$

① 0.72 ② 0.85

③ 0.91 ④ 1.04

⑤ 1.4

03

$$5 \quad 4 \quad 4\frac{1}{5} \quad 4\frac{4}{7} \quad 5 \quad (\quad) \quad 5\frac{12}{13} \quad 6\frac{2}{5}$$

① $5\dfrac{5}{11}$ ② $5\dfrac{6}{11}$

③ $5\dfrac{7}{11}$ ④ $5\dfrac{8}{11}$

⑤ $5\dfrac{9}{11}$

04

| $\dfrac{1,000}{33}$ | $\dfrac{994}{33}$ | $\dfrac{994}{35}$ | $\dfrac{988}{35}$ | $\dfrac{988}{37}$ | $\dfrac{982}{37}$ | $\dfrac{982}{39}$ | $\dfrac{976}{39}$ | $\dfrac{976}{41}$ | ( ) |

① $\dfrac{973}{41}$

② $\dfrac{970}{41}$

③ $\dfrac{973}{43}$

④ $\dfrac{970}{43}$

⑤ $\dfrac{970}{45}$

Hard

05

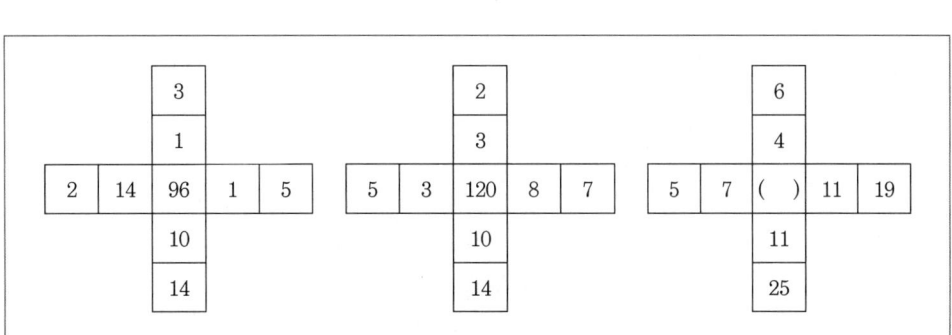

① 120

② 240

③ 360

④ 480

⑤ 600

02 2023년 하반기 기출복원문제

정답 및 해설 p.010

| 01 | 언어이해

01 다음 글의 내용으로 적절하지 않은 것은?

> '갑'이라는 사람이 있다고 하자. 이때 사회가 갑에게 강제적 힘을 행사하는 것이 정당화되는 근거는 무엇일까? 그것은 갑이 다른 사람에게 미치는 해악을 방지하려는 데 있다. 특정 행위가 갑에게 도움이 될 것이라든가, 이 행위가 갑을 더욱 행복하게 할 것이라든가 또는 이 행위가 현명하다든가 혹은 옳은 것이라든가 하는 이유를 들면서 갑에게 이 행위를 강제하는 것은 정당하지 않다. 이러한 이유는 갑에게 권고하거나 이치를 이해시키거나 무엇인가를 간청하거나 할 때는 충분한 이유가 된다. 그러나 갑에게 강제를 가하는 이유 혹은 어떤 처벌을 가할 이유는 되지 않는다. 이와 같은 사회적 간섭이 정당화되기 위해서는 갑이 행하려는 행위가 다른 어떤 이에게 해악을 끼칠 것이라는 점이 충분히 예측되어야 한다. 한 사람이 행하고자 하는 행위 중에서 그가 사회에 대해서 책임을 져야 할 유일한 부분은 다른 사람과 관계되는 부분이다.

① 개인에 대한 사회의 간섭은 어떤 조건이 필요하다.
② 행위 수행 혹은 행위 금지의 도덕적 이유와 법적 이유는 구분된다.
③ 한 사람의 행위는 타인에 대한 행위와 자신에 대한 행위로 구분된다.
④ 사회는 개인의 해악에 관해서는 관심이 있지만 그 해악을 방지할 강제성의 근거는 가지고 있지 않다.
⑤ 타인과 관계되는 행위는 사회적 책임이 따른다.

02 다음 글의 내용으로 가장 적절한 것은?

> 뉴턴은 빛이 눈에 보이지 않는 작은 입자라고 주장하였고, 이것은 그의 권위에 의지하여 오랫동안 정설로 여겨졌다. 그러나 19세기 초에 토머스 영의 겹실틈실험은 빛의 파동성을 증명하였다. 이 실험의 방법은 먼저 한 개의 실틈을 거쳐 생긴 빛이 다음에 설치된 두 개의 겹실틈을 지나가게 하여 스크린에 나타나는 무늬를 관찰하는 것이다.
>
> 이때 빛이 파동이냐 입자이냐에 따라 결괏값이 달라진다. 즉, 빛이 입자라면 일자 형태의 띠가 두 개 나타나야 하는데, 실험 결과 스크린에는 예상과 다른 무늬가 나타났다. 마치 두 개의 파도가 만나면 골과 마루가 상쇄와 간섭을 일으키듯이, 보강 간섭이 일어난 곳은 밝아지고 상쇄 간섭이 일어난 곳은 어두워지는 간섭무늬가 연속적으로 나타난 것이다. 그러나 19세기 말부터 빛의 파동성으로는 설명할 수 없는 몇 가지 실험적 사실이 나타났다. 1905년에 아인슈타인은 빛은 광량자라고 하는 작은 입자로 이루어졌다는 광량자설을 주장하였다. 빛의 파동성은 명백한 사실이었으므로 이것은 빛이 파동이면서 동시에 입자인 이중적인 본질을 가지고 있다는 것을 의미하는 것이었다.

① 뉴턴의 가설은 그의 권위에 의해 현재까지도 정설로 여겨진다.

② 겹실틈 실험은 한 개의 실틈을 거쳐 생긴 빛이 다음 설치된 두 개의 겹실틈을 지나가게 해서 그 틈을 관찰하는 것이다.

③ 겹실틈 실험 결과, 일자 형태의 띠가 두 개 나타났으므로, 빛은 입자이다.

④ 토머스 영의 겹실틈 실험은 빛의 파동성을 증명하였지만, 이는 아인슈타인에 의해서 거짓으로 판명 났다.

⑤ 아인슈타인의 광량자설은 뉴턴과 토머스 영의 가설을 모두 포함한다.

03 다음 글이 비판의 대상으로 삼는 주장으로 가장 적절한 것은?

경제 문제는 대개 해결이 가능하다. 대부분의 경제 문제에는 몇 개의 해결책이 있다. 그러나 모든 해결책은 누군가가 상당한 손실을 반드시 감수해야 한다는 특징을 갖고 있다. 하지만 누구도 이 손실을 자발적으로 감수하고자 하지 않으며, 우리의 정치제도는 누구에게도 이 짐을 짊어지라고 강요할 수 없다. 우리의 정치적·경제적 구조로는 실질적으로 제로섬(Zero-sum)적인 요소를 지니는 경제 문제에 전혀 대처할 수 없기 때문이다.

대개의 경제적 해결책은 대규모의 제로섬적인 요소를 갖기 때문에 큰 손실을 수반한다. 모든 제로섬 게임에는 승자가 있다면 반드시 패자가 있으며, 패자가 존재해야만 승자가 존재할 수 있다. 경제적 이득이 경제적 손실을 초과할 수도 있지만, 손실의 주체에게 손실의 의미란 상당한 크기의 경제적 이득을 부정할 수 있을 만큼 매우 중요하다. 어떤 해결책으로 인해 평균적으로 사회는 더 잘살게 될 수도 있지만, 이 평균이 훨씬 더 잘살게 된 수많은 사람과 훨씬 더 못살게 된 수많은 사람을 감춘다. 만약 당신이 더 못살게 된 사람 중 하나라면 내 수입이 줄어든 것보다 다른 누군가의 수입이 더 많이 늘었다고 해서 위안을 얻지는 않을 것이다. 결국 우리는 우리 자신의 수입을 보호하기 위해 경제적 변화가 일어나는 것을 막거나 혹은 사회가 우리에게 손해를 입히는 공공정책이 강제로 시행되는 것을 막기 위해 싸울 것이다.

① 빈부격차를 해소하는 것만큼 중요한 정책은 없다.
② 사회의 총생산량이 많아지게 하는 정책이 좋은 정책이다.
③ 경제문제에서 모두가 만족하는 해결책은 존재하지 않는다.
④ 경제적 변화에 대응하는 정치제도의 기능에는 한계가 존재한다.
⑤ 경제정책의 효율성을 높이는 방법은 일관성을 유지하는 것이다.

Easy

04 다음 글의 핵심 내용으로 가장 적절한 것은?

> 동양 사상이라 해서 언어와 개념을 무조건 무시하는 것은 결코 아니다. 만약 그렇다면 동양 사상은 경전이나 저술을 통해 언어화되지 않고 순전히 침묵 속에서 전수되어 왔을 것이다. 물론 이것은 사실이 아니다. 동양 사상도 끊임없이 언어적으로 다듬어져 왔으며 논리적으로 전개되어 왔다. 흔히 동양 사상은 신비주의적이라고 말하지만, 이것은 동양 사상의 한 면만을 특정 지우는 것이지 결코 동양의 철인(哲人)들이 사상을 전개함에 있어 논리를 무시했다거나 항시 어떤 신비적인 체험에 호소해서 자신의 주장들을 폈다는 것을 뜻하지는 않는다. 그러나 역시 동양 사상은 신비주의적임에 틀림없다. 거기서는 지고(至高)의 진리란 언제나 언어화될 수 없는 어떤 신비한 체험의 경지임이 늘 강조되어 왔기 때문이다. 최고의 진리는 언어 이전, 혹은 언어 이후의 무언(無言)의 진리이다. 엉뚱하게 들리겠지만, 동양 사상의 정수(精髓)는 말로써 말이 필요 없는 경지를 가리키려는 데에 있다고 해도 과언이 아니다. 말이 스스로를 부정하고 초월하는 경지를 나타내도록 사용된 것이다. 언어로써 언어를 초월하는 경지를 나타내고자 하는 것이야말로 동양 철학이 지닌 가장 특징적인 정신이다. 동양에서는 인식의 주체를 심(心)이라는 매우 애매하면서도 포괄적인 말로 이해해 왔다. 심(心)은 물(物)과 항시 자연스러운 교류를 하고 있으며, 이성은 단지 심(心)의 일면일 뿐인 것이다. 동양은 이성의 오만이라는 것을 모른다. 지고의 진리, 인간을 살리고 자유롭게 하는 생동적 진리는 언어적 지성을 넘어선다는 의식이 있었기 때문일 것이다. 언어는 언제나 마음을 못 따르며 둘 사이에는 항시 괴리가 있다는 생각이 동양인들의 의식 저변에 깔려 있는 것이다.

① 동양 사상은 신비주의적인 요소가 많다.
② 언어와 개념을 무시하면 동양 사상을 이해할 수 없다.
③ 동양 사상은 언어적 지식을 초월하는 진리를 추구한다.
④ 인식의 주체를 심(心)으로 표현하는 동양 사상은 이성적이라 할 수 없다.
⑤ 동양 사상에서는 언어는 마음을 따르므로 진리는 마음속에 있다고 주장한다.

05 다음 글을 읽고 〈보기〉의 내용으로부터 독립신문에 대해 추론할 수 있는 내용으로 가장 적절한 것은?

> 독립신문은 우리나라 최초의 민간 신문이다. 사장 겸 주필(신문의 최고 책임자)은 서재필 선생이, 국문판 편집과 교정은 최고의 국어학자로 유명한 주시경 선생이, 그리고 영문판 편집은 선교사 호머 헐버트가 맡았다. 창간 당시 독립신문은 이들 세 명에 기자 두 명 그리고 몇몇 인쇄공들이 합쳐 단출하게 시작했다.
>
> 신문은 우리가 흔히 사용하는 'A4 용지'보다 약간 큰 '국배판(218×304mm)' 크기로 제작됐고, 총 4면 중 3면은 순 한글판으로, 나머지 1면은 영문판으로 발행했다. 제1호는 '독닙신문'이며 영문판은 'Independent(독립)'로 조판했다. 내용을 살펴보면 제1면에는 대체로 논설과 광고가 실렸고, 제2면에는 관보・외국통신・잡보가, 제3면에는 물가・우체시간표・제물포 기선 출입항 시간표와 광고가 게재됐다.
>
> 독립신문은 민중을 개화시키고 교육하기 위해 발간된 것이지만, 그 이름에서부터 알 수 있듯 스스로 우뚝 서는 독립국을 만들고자 자주적 근대화 사상을 강조했다. 창간호 표지에는 '뎨일권 뎨일호. 조선 서울 건양 원년 사월 초칠일 금요일'이라고 표기했는데, '건양(建陽)'은 조선의 연호이고, 한성 대신 서울을 표기한 점과 음력 대신 양력을 쓴 점 모두 중국 사대주의에서 벗어난 자주독립을 꾀한 것으로 볼 수 있다.
>
> 독립신문이 발행되자 사람들은 모두 깜짝 놀랄 수밖에 없었다. 순 한글로 만들어진 것은 물론 유려한 편집 솜씨에 조판과 내용까지 완벽했기 때문이다. 무엇보다 제4면을 영어로 발행해 국내 사정을 외국에 알린다는 점은 호시탐탐 한반도를 노리던 일본 당국에 큰 부담을 안겨주었고, 더는 자기네들 마음대로 조선의 사정을 왜곡 보도할 수 없게 된 것이다.
>
> 날이 갈수록 독립신문을 구독하려는 사람은 늘어났고, 처음 300부씩 인쇄되던 신문이 곧 500부로, 나중에는 3,000부까지 확대되었다. 오늘날에는 한 사람이 신문 한 부를 읽으면 폐지 처리하지만, 과거에는 돌려가며 읽는 경우가 많았고 시장이나 광장에서 글을 아는 사람이 낭독해주는 일도 빈번했기에 한 부의 독자 수는 50명에서 100명에 달했다. 이런 점을 감안해보면 실제 독립신문의 독자 수는 10만 명을 넘어섰다고 가늠해 볼 수 있다.

보기

> 우리 신문이 한문은 아니 쓰고 다만 국문으로만 쓰는 것은 상하귀천이 다 보게 함이라. 또 국문을 이렇게 구절을 떼어 쓴즉 아무라도 이 신문을 보기가 쉽고 신문 속에 있는 말을 자세히 알아보게 함이라.

---

① 교통수단도 발달하지 않던 과거에는 활자 매체인 신문이 소식 전달에 있어 절대적인 역할을 차지했다.

② 민중을 개화시키고 교육하기 위해 발간된 것으로 역사적・정치적으로 큰 의의를 가진다.

③ 한글을 사용해야 누구나 읽을 수 있다는 점을 인식해 한문우월주의에 영향을 받지 않고, 소신 있는 행보를 했다.

④ 일본이 한반도를 집어삼키려 하던 혼란기 우리만의 신문을 펴낼 수 있었다는 것에 큰 의의가 있다.

⑤ 중국의 지배에서 벗어나 자주독립을 꾀하고 스스로 우뚝 서는 독립국을 만들고자 자주적 사상을 강조했다.

| 02 | 자료해석

01 다음은 A기업 지원자의 인턴 및 해외연수 경험과 합격여부에 대한 자료이다. 이에 대한 〈보기〉의 설명 중 옳은 것을 모두 고르면?

〈A기업 지원자의 인턴 및 해외연수 경험과 합격여부〉

(단위 : 명, %)

인턴 경험	해외연수 경험	합격여부		합격률
		합격	불합격	
있음	있음	53	414	11.3
	없음	11	37	22.9
없음	있음	0	16	0.0
	없음	4	139	2.8

※ $[합격률(\%)] = \dfrac{(합격자\ 수)}{(합격자\ 수) + (불합격자\ 수)} \times 100$

※ 합격률은 소수점 둘째 자리에서 반올림한 값임

> **보기**
>
> ㄱ. 해외연수 경험이 있는 지원자가 해외연수 경험이 없는 지원자보다 합격률이 높다.
> ㄴ. 인턴 경험이 있는 지원자가 인턴 경험이 없는 지원자보다 합격률이 높다.
> ㄷ. 인턴 경험과 해외연수 경험이 모두 있는 지원자 합격률은 인턴 경험만 있는 지원자 합격률의 2배 이상이다.
> ㄹ. 인턴 경험과 해외연수 경험이 모두 없는 지원자와 인턴 경험만 있는 지원자 간 합격률 차이는 30%p 이상이다.

① ㄱ, ㄴ
② ㄱ, ㄷ
③ ㄴ, ㄷ
④ ㄱ, ㄴ, ㄹ
⑤ ㄴ, ㄷ, ㄹ

02 다음은 임의로 표본 추출하여 조사한 S지역의 세대 간 직업이동성에 대한 자료이다. 직업은 편의상 A, B, C로 구분하였다. 이에 대한 〈보기〉의 설명 중 옳은 것을 모두 고르면?

〈세대 간 직업이동성 비율〉

(단위 : %)

부모의 직업 ＼ 자녀의 직업	A	B	C
A	45	48	7
B	5	70	25
C	1	50	49

※ 전체 부모 세대의 직업은 A가 10%, B가 40%, C가 50%이고, 조사한 부모당 자녀 수는 한 명임

보기

ㄱ. 자녀의 직업이 C일 확률은 $\frac{81}{100}$ 이다.

ㄴ. 자녀의 직업이 B인 경우에 부모의 직업이 C일 확률은 구할 수 없다.

ㄷ. 부모와 자녀의 직업이 모두 A일 확률은 $0.1 \times \frac{45}{100}$ 이다.

ㄹ. 자녀의 직업이 A일 확률은 부모의 직업이 A일 확률보다 낮다.

① ㄱ, ㄷ　　　　② ㄱ, ㄹ

③ ㄴ, ㄷ　　　　④ ㄴ, ㄹ

⑤ ㄷ, ㄹ

03 다음은 주요 5개국의 경제 및 사회 지표에 대한 자료이다. 이에 대한 설명으로 옳지 않은 것은?

〈주요 5개국의 경제 및 사회 지표〉

구분	1인당 GDP(달러)	경제성장률(%)	수출(백만 달러)	수입(백만 달러)	총인구(백만 명)
A국	27,214	2.6	526,757	436,499	50.6
B국	32,477	0.5	624,787	648,315	126.6
C국	55,837	2.4	1,504,580	2,315,300	321.8
D국	25,832	3.2	277,423	304,315	46.1
E국	56,328	2.3	188,445	208,414	24.0

※ (총 GDP)=(1인당 GDP)×(총인구)

① 경제성장률이 가장 큰 나라가 총 GDP는 가장 작다.
② 총 GDP가 가장 큰 나라의 GDP는 가장 작은 나라의 GDP보다 10배 이상 더 크다.
③ 5개국 중 수출과 수입에 있어서 규모에 따라 나열한 순위는 서로 일치한다.
④ A국이 E국보다 총 GDP가 더 크다.
⑤ 1인당 GDP에 따른 순위와 총 GDP에 따른 순위는 서로 일치한다.

Easy

04 S사는 최근 미세먼지와 황사로 인해 실내 공기질이 많이 안 좋아졌다는 건의가 들어와 내부 검토 후 예산 400만 원으로 공기청정기 40대를 구매하기로 하였다. 다음 두 업체 중 어느 곳에서 공기청정기를 구매하는 것이 유리하며, 얼마나 더 저렴한가?

〈업체별 공기청정기 가격 및 할인 정보〉

업체	할인 정보	가격
A전자	• 8대 구매 시 2대 무료 증정 • 구매 금액 100만 원당 2만 원 할인	8만 원/대
B마트	• 20대 이상 구매 : 2% 할인 • 30대 이상 구매 : 5% 할인 • 40대 이상 구매 : 7% 할인 • 50대 이상 구매 : 10% 할인	9만 원/대

※ 1,000원 단위 이하는 절사함

① A전자, 82만 원
② A전자, 148만 원
③ B마트, 12만 원
④ B마트, 20만 원
⑤ A전자, 120만 원

05 다음은 2013 ~ 2022년 물이용부담금 총액에 관한 자료이다. 이에 대한 〈보기〉의 설명 중 옳지 않은 것을 모두 고르면?

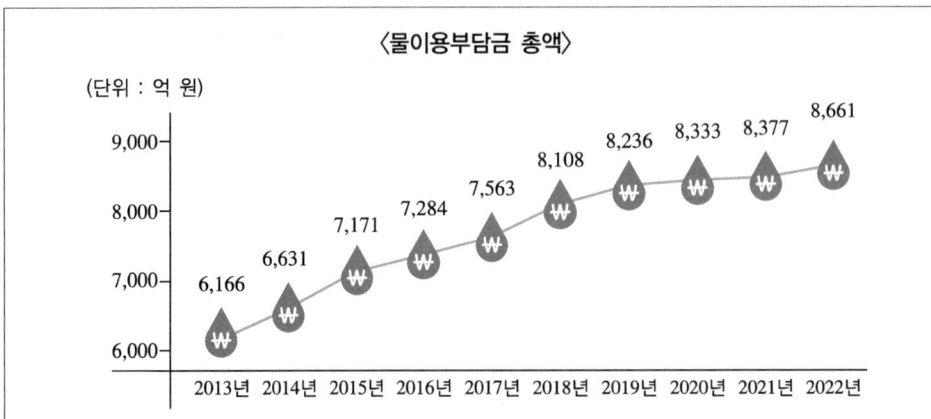

※ 상수원 상류지역에서의 수질개선 및 주민지원 사업을 효율적으로 추진하기 위한 재원 마련을 위해 최종수요 자에게 물 사용량에 비례하여 물이용부담금을 부과함
※ 한강, 낙동강, 영·섬유역의 물이용부담금 단가는 170원/m^3, 금강유역은 160원/m^3임

보기

ㄱ. 물이용부담금 총액은 지속적으로 증가하는 추세를 보이고 있다.
ㄴ. 2014 ~ 2022년 중 물이용부담금 총액이 전년 대비 가장 많이 증가한 해는 2015년이다.
ㄷ. 2022년 물이용부담금 총액에서 금강유역 물이용부담금 총액이 차지하는 비중이 20%라면, 2022년 금강유역에서 사용한 물의 양은 약 10.83억m^3이다.
ㄹ. 2022년 물이용부담금 총액은 전년 대비 3.2% 이상 증가했다.

① ㄱ   ② ㄴ
③ ㄷ   ④ ㄱ, ㄹ
⑤ ㄴ, ㄷ

| 03 | 창의수리

01 농도가 20%인 소금물 100g을 50g 덜어낸 뒤, 남아있는 소금물에 물을 더 넣어 농도 10%의 소금물을 만들려고 한다. 이때 필요한 물의 양은?

① 10g

② 20g

③ 30g

④ 40g

⑤ 50g

02 S회사 회계팀에는 A ~ E 다섯 명의 팀원이 일을 하고 있다. 이들은 다가오는 감사에 대비하기 위해 월요일부터 금요일에 한 명씩 돌아가면서 당직 근무를 하기로 하였다. D는 금요일에, E는 수요일에 당직 근무를 할 확률은?

① $\frac{1}{2}$

② $\frac{1}{4}$

③ $\frac{1}{5}$

④ $\frac{1}{10}$

⑤ $\frac{1}{20}$

03 보트를 타고 길이가 35km인 강을 왕복하려고 한다. 유속이 2km/h이고 보트의 속력이 12km/h일 때, 보트를 타고 강을 왕복하는 데 걸린 시간은?

① 7시간

② 6시간

③ 5시간

④ 4시간

⑤ 3시간

04 하이킹을 하는데 올라갈 때는 시속 10km로 달리고, 내려올 때는 올라갈 때보다 10km 더 먼 길을 시속 20km로 달렸다. 올라갔다가 내려오는 데 총 5시간이 걸렸다면, 올라갈 때 달린 거리는?

① 15km

② 20km

③ 25km

④ 30km

⑤ 35km

| 04 | 언어추리

01 S그룹의 A ~ D사원은 각각 홍보팀, 총무팀, 영업팀, 기획팀 소속으로 3 ~ 6층의 서로 다른 층에서 근무하고 있다. 이들 중 1명이 거짓을 말하고 있을 때, 다음 중 바르게 추론한 것은?(단, 각 팀은 서로 다른 층에 위치하며, A ~ D사원은 진실만을 말하거나 거짓만을 말한다)

- A사원 : 저는 홍보팀과 총무팀 소속이 아니며, 3층에서 근무하고 있지 않습니다.
- B사원 : 저는 영업팀 소속이며, 4층에서 근무하고 있습니다.
- C사원 : 저는 홍보팀 소속이며, 5층에서 근무하고 있습니다.
- D사원 : 저는 기획팀 소속이며, 3층에서 근무하고 있습니다.

---

① A사원은 홍보팀 소속이다.

② B사원은 6층에서 근무하고 있다.

③ 홍보팀은 3층에 위치한다.

④ 기획팀은 4층에 위치한다.

⑤ D사원은 5층에서 근무하고 있다.

02 S병원에는 현재 5명의 심리상담사가 근무 중이다. 얼마 전 시행한 감사 결과 이들 중 1명이 근무시간에 자리를 비운 것이 확인되었다. 5명의 심리상담사 중 3명이 진실을 말하고 2명이 거짓을 말한다고 할 때, 다음 중 거짓을 말하고 있는 심리상담사를 모두 고르면?

- A : B는 진실을 말하고 있어요.
- B : 제가 근무시간에 C를 찾아갔을 때, C는 자리에 없었어요.
- C : 근무시간에 자리를 비운 사람은 A입니다.
- D : 저는 C가 근무시간에 밖으로 나가는 것을 봤어요.
- E : D는 어제도 근무시간에 자리를 비웠어요.

---

① A, B

② A, D

③ B, C

④ B, D

⑤ C, E

03 다음 명제가 모두 참일 때, 반드시 참인 명제는?

- 서로 다른 음식을 판매하는 총 여섯 대의 푸드트럭이 이 사업에 신청하였고, 이들 중 세 대의 푸드트럭이 최종 선정될 예정이다.
- 치킨을 판매하는 푸드트럭이 선정되면, 핫도그를 판매하는 푸드트럭은 선정되지 않는다.
- 커피를 판매하는 푸드트럭이 선정되지 않으면, 피자를 판매하는 푸드트럭이 선정된다.
- 솜사탕을 판매하는 푸드트럭이 선정되면, 치킨을 판매하는 푸드트럭도 선정된다.
- 핫도그를 판매하는 푸드트럭이 최종 선정되었다.
- 피자를 판매하는 푸드트럭과 떡볶이를 판매하는 푸드트럭 중 하나만 선정된다.
- 솜사탕을 판매하는 푸드트럭이 선정되지 않으면, 떡볶이를 판매하는 푸드트럭이 선정된다.

① 치킨, 커피, 핫도그를 판매하는 푸드트럭이 선정될 것이다.

② 피자, 솜사탕, 핫도그를 판매하는 푸드트럭이 선정될 것이다.

③ 피자, 커피, 핫도그를 판매하는 푸드트럭이 선정될 것이다.

④ 핫도그, 커피, 떡볶이를 판매하는 푸드트럭이 선정될 것이다.

⑤ 핫도그, 피자, 떡볶이를 판매하는 푸드트럭이 선정될 것이다.

`Easy`

04 A ~ E는 S시에서 개최하는 마라톤에 참가하였다. 제시된 명제가 모두 참일 때, 다음 중 항상 참이 아닌 것은?

- A는 B와 C보다 앞서 달리고 있다.
- D는 A보다 뒤에 달리고 있지만, B보다는 앞서 달리고 있다.
- C는 D보다 뒤에 달리고 있지만, B보다는 앞서 달리고 있다.
- E는 C보다 뒤에 달리고 있지만, 다섯 명 중 꼴찌는 아니다.

① 현재 1등은 A이다.

② 현재 꼴찌는 B이다.

③ E는 C와 B 사이에서 달리고 있다.

④ D는 A와 C 사이에서 달리고 있다.

⑤ 현재 순위에 변동 없이 결승점까지 달린다면 C가 4등을 할 것이다.

| 05 | 수열추리

※ 일정한 규칙으로 수를 나열할 때, 빈칸에 들어갈 알맞은 수를 고르시오. [1~4]

01

| | 0.8 | 0.9 | 2.7 | 0.7 | 6.6 | 0.3 | 14.5 | ( ) |

① -0.5　　　　　　　　② -0.6

③ -0.7　　　　　　　　④ -0.8

⑤ -0.9

Easy

02

| | 1 | 2 | 3 | 5 | 8 | ( ) |

① 12　　　　　　　　② 13

③ 14　　　　　　　　④ 15

⑤ 16

03

| | 6 | 4 | 4 | 21 | 5 | 32 | 19 | ( ) | 10 |

① 18　　　　　　　　② 16

③ 14　　　　　　　　④ 12

⑤ 10

04

5	9	21	57	165	489	( )	

① 1,355　　　　　　　　　② 1,402

③ 1,438　　　　　　　　　④ 1,461

⑤ 11,476

05 다음 수열의 11번째 항의 값은?

4	5	10	11	22	23 ···	

① 174　　　　　　　　　② 178

③ 186　　　　　　　　　④ 190

⑤ 195

03 2023년 상반기 기출복원문제

정답 및 해설 p.016

| 01 | 언어이해

01 다음은 윤리적 소비에 대한 글이다. (가) ~ (다)와 관련된 사례를 〈보기〉에서 골라 바르게 짝지은 것은?

> 윤리적 소비란 무의식적으로 하는 단순한 소비 활동이 아닌 자신의 소비 활동의 결과가 사람과 동물, 사회와 환경에 어떠한 영향을 끼칠지 고려하여 행동하는 것을 말한다. 이와 같은 소비 행위는 그 이념에 따라 다음과 같이 나눌 수 있다.
> (가) 녹색소비 : 환경보호에 도움이 되거나, 환경을 고려하여 제품을 생산 및 개발하거나 서비스를 제공하는 기업의 제품을 구매하는 친환경적인 소비 행위를 말한다.
> (나) 로컬소비 : 자신이 거주하는 지역의 경제 활성화를 돕고, 운반 시 소비되는 연료나 배출되는 환경오염 물질을 줄이기 위해 자신이 거주하는 지역에서 만들어진 상품과 서비스를 소비하는 지속 가능한 소비 행위를 말한다.
> (다) 공정무역 소비 : 불공정 무역구조로 인하여 선진국에 비해 경제적 개발이 늦은 저개발국가에서 발생하는 노동력 착취, 환경파괴, 부의 편중 등의 문제를 해소하기 위한 사회적 소비 운동이다. 이를 위해 소비자는 저개발국가의 생산자가 경제적 자립을 이루고 지속 가능한 발전을 할 수 있도록 '가장 저렴한 가격'이 아닌 '공정한 가격'을 지불한다.
> 이와 같이 소비자는 자신의 소비 행위를 통해 사회적 정의와 평등을 촉진하고, 환경 보호에 기여하는 등 사회적 영향력을 행사할 수 있다.

> **보기**
> ㉠ A사는 비건 트렌드에 맞춰 기존에 사용해왔던 동물성 원료 대신 친환경 성분의 원료를 구입하여 화장품을 출시했다.
> ㉡ B레스토랑은 고객들에게 신선한 샐러드를 제공하고 지역 내 농가와의 상생을 위하여 인접 농가에서 갓 생산한 채소들을 구매한다.
> ㉢ C사는 해안가에 버려진 폐어망 및 폐페트병을 수집해 이를 원사로 한 가방 및 액세서리를 구매해 유통한다.
> ㉣ D카페는 제3세계에서 생산하는 우수한 품질의 원두를 직수입하여 고객들에게 합리적인 가격에 제공한다.
> ㉤ E사는 아시아 국가의 빈곤한 여성 생산자들의 경제적 자립을 돕기 위해 이들이 생산한 의류, 생활용품, 향신료 등을 국내에 수입 판매하고 있다.

	(가)	(나)	(다)
①	㉠, ㉢	㉡	㉣, ㉤
②	㉠, ㉣	㉡	㉢, ㉤
③	㉠, ㉡, ㉢	㉤	㉣
④	㉠, ㉢, ㉤	㉡	㉣
⑤	㉣, ㉤	㉡	㉠, ㉢

Easy

02 다음 글을 읽고 추론할 수 있는 내용으로 가장 적절한 것은?

> 레드와인이란 포도 과육을 압착하여 과즙을 만든 뒤, 여기에 포도 껍질과 씨를 넣고 양조통에서 일정시간 발효시켜 당분을 제거한 주류를 말한다. 이 과정에서 포도 껍질과 씨앗 등에 있던 탄닌 성분이 우러나게 되면서 레드와인은 특유의 떫고 신맛이 생긴다.
> 레드와인은 원재료인 포도의 품종에 따라 붉은색에서 보라색까지 색상에 차이가 생기며, 이는 특히 포도껍질과 관련이 있다. 또한 포도의 재배 환경에 따라서도 산도와 향, 와인 색상에도 차이가 생기는데, 날씨가 더울수록 산도가 약해지고 향은 진해진다.
> 이렇게 만들어진 레드와인은 적정량을 섭취하게 되면 항산화 성분을 얻을 수 있어 인체에 유익한 영향을 준다. 대표적인 효능으로는 레드와인의 섭취를 통해 얻은 항산화 성분의 영향으로 혈관질환의 개선, 인지기능의 향상, 호흡기관의 보호, 암 예방이 있다.
> 이외에도 지질 산화를 감소시키고 혈관 내벽을 두껍게 만들어 주기 때문에 고혈압과 관련된 심혈관계 질환에 도움이 되고, 세포의 노화를 감소시켜 치매와 세포 파괴 위험을 낮출 수 있다. 또한 소염 살균효과도 가지고 있어 호흡기에 환경 오염물질이 침투하지 않도록 보호하고, 폐에 악성 종양이 생기는 것도 예방한다.

① 레드와인은 포도에서 과육만을 추출하여 만든다.

② 기온이 높은 환경에서 재배한 포도로 만든 와인일수록 레드와인 특유의 신맛이 강해진다.

③ 진한 향의 레드와인을 선호할 경우 더운 지역의 포도로 제조한 것을 구매해야 한다.

④ 같은 품종의 포도로 만든 레드와인의 색상은 동일하다.

⑤ 심혈관질환이 있는 모든 환자에게 일정량의 레드와인 섭취는 유익한 영향을 준다.

03 다음 글의 논지를 강화하기 위한 내용으로 적절하지 않은 것은?

뉴턴은 이렇게 말했다. "플라톤은 내 친구이다. 아리스토텔레스는 내 친구이다. 하지만 진리야말로 누구보다 소중한 내 친구이다." 케임브리지에서 뉴턴에게 새로운 전환점을 준 사람이 있다. 수학자 이며 당대 최고의 교수였던 아이작 배로우(Isaac Barrow)였다. 배로우는 뉴턴에게 수학과 기하학 을 가르치고 그의 탁월함을 발견하여 후원자가 됐다. 이처럼 뉴턴은 타고난 천재가 아니라, 자신의 피나는 노력과 위대한 스승들의 도움을 통해 후천적으로 키워진 것이다.

뉴턴이 시대를 관통하는 천재로 여겨진 것은 "사과는 왜 땅에 수직으로 떨어질까?"라는 질문에서 시작했다. 이 질문을 던진 지 20여 년이 지나고 마침내 모든 물체가 땅으로 떨어지는 것은 지구 중 력에 의한 만유인력이라는 개념을 발견한 것이 계기가 되었다. 사과가 떨어지는 것을 관찰하여 온갖 질문을 던지고, 새로운 가설을 만든 후에 그것을 증명하기 위해 오랜 시간 연구하고 실험을 한 결과 가 위대한 발견으로 이어진 것이다. 위대한 발명이나 발견은 어느 한 순간 섬광처럼 오는 것이 아니 다. 시작 단계의 작은 아이디어가 질문과 논쟁을 통해 점차 다른 아이디어들과 충돌하고 합쳐지면서 숙성의 시간을 가진 후에야 세상에 유익한 발명이나 발견이 나오는 것이다.

이전부터 천재가 선천적인 것인지, 후천적인 것인지에 관한 논란은 계속되어 왔다. 과거에는 천재가 신적인 영감을 받아 선천적으로 탄생한다는 주장이 힘을 얻었다. 플라톤의 저서 『이온』에도 음유 시 인이 기술이나 지식이 아닌 신적인 힘과 영감을 받는 존재임이 언급된다. 그러나 아리스토텔레스의 『시학』은 『이온』과 조금 다른 관점을 취하고 있다. 기본적으로 시가 모방미학이라는 입장은 같지만, 아리스토텔레스는 이것이 신적인 힘을 모방한 것이 아닌 인간을 모방한 것이라고 믿었다.

최근 연구에 의하면 천재라 불리는 모든 사람들이 선천적으로 타고난 것이 아니고 후천적인 학습을 통해 수준을 점차 더 높은 단계로 발전시켰다고 한다. 선천적 재능과 후천적 학습을 모두 거친 절충 적 천재가 각광받는 것이다. 이것이 우리에게 주는 시사점은 비록 지금은 창의적이지 않더라도 꾸준 히 포기하지 않고 창의성을 개발하며 실현하는 방법을 배워서 실천한다면 모두가 창의적인 사람이 될 수 있다는 교훈이다. 타고난 천재가 아닌 훈련과 노력으로 새롭게 태어나는 창재(창의적인 인재) 로 거듭나야 한다.

① 칸트는 천재가 선천적인 것이라고 하였다.

② 세계적인 발레리나 강수진은 고된 연습으로 발이 기형적으로 변해버렸다.

③ 1만 시간의 법칙은 한 분야에서 전문가가 되기 위해서는 최소 1만 시간의 훈련이 필요하다는 것이다.

④ 뉴턴뿐만 아니라 아인슈타인 역시 끊임없는 연구와 노력을 통해 천재로 인정받았다.

⑤ 신적인 것보다 연습이 영감을 가져다주는 경우가 있다.

04 다음 글의 제목으로 가장 적절한 것은?

우리는 처음 만난 사람의 외모를 보고 그를 어떤 방식으로 대우해야 할지를 결정할 때가 많다. 그가 여자인지 남자인지, 얼굴색이 흰지 검은지, 나이가 많은지 적은지 혹은 그의 스타일이 조금은 상류층의 모습을 띠고 있는지 아니면 너무나 흔해서 별 특징이 드러나 보이지 않는 외모를 하고 있는지 등을 통해 그들과 나의 차이를 재빨리 감지한다. 일단 감지가 되면 우리는 둘 사이의 지위 차이를 인식하고 우리가 알고 있는 방식으로 그를 대하게 된다. 한 개인이 특정 집단에 속한다는 것은 단순히 다른 집단의 사람과 다르다는 것뿐만 아니라, 그 집단이 다른 집단보다는 지위가 높거나 우월하다는 믿음을 갖게 한다. 모든 인간은 평등하다는 우리의 신념에도 불구하고 왜 인간들 사이의 이러한 위계화(位階化)를 당연한 것으로 받아들일까? 위계화란 특정 부류의 사람들은 자원과 권력을 소유하고 다른 부류의 사람들은 낮은 사회적 지위를 갖게 되는 사회적이며 문화적인 체계이다. 다음에서 이러한 불평등이 어떠한 방식으로 경험되고 조직화되는지를 살펴보기로 하자.

인간이 불평등을 경험하게 되는 방식은 여러 측면으로 나눌 수 있다. 산업 사회에서의 불평등은 계층과 계급의 차이를 통해서 정당화되는데, 이는 재산, 생산 수단의 소유 여부, 학력, 집안 배경 등의 요소들의 결합에 의해 사람들 사이의 위계를 만들어낸다. 또한 모든 사회에서 인간은 태어날 때부터 얻게 되는 인종, 성, 종족 등의 생득적 특성과 나이를 통해 불평등을 경험한다. 이러한 특성들은 단순히 생물학적인 차이를 지칭하는 것이 아니라, 개인의 열등성과 우등성을 가늠하게 만드는 사회적 개념이 되곤 한다.

한편 불평등이 재생산되는 다양한 사회적 기제들이 때로는 관습이나 전통이라는 이름 아래 특정 사회의 본질적인 문화적 특성으로 간주되고 당연시되는 경우가 많다. 불평등은 체계적으로 조직되고 개인에 의해 경험됨으로써 문화의 주요 부분이 되었고, 그 결과 같은 문화권 내의 구성원들 사이에 권력 차이와 그에 따른 폭력이나 비인간적인 행위들이 자연스럽게 수용될 때가 많다.

문화 인류학자들은 사회 집단의 차이와 불평등, 사회의 관습 또는 전통이라고 얘기되는 문화 현상에 대해 어떤 입장을 취해야 할지 고민을 한다. 문화 인류학자가 이러한 문화 현상은 고유한 역사적 산물이므로 나름대로 가치를 지닌다는 입장만을 반복하거나 단순히 관찰자로서의 입장에 안주한다면, 이러한 차별의 형태를 제거하는 데 도움을 줄 수 없다. 실제로 문화 인류학 연구는 기존의 권력 관계를 유지시키는 다양한 문화적 이데올로기를 분석하고, 인간 간의 차이가 우등성과 열등성을 구분하는 지표가 아니라 동등한 다름일 뿐이라는 것을 일깨우는 데 기여해 왔다.

① 차이와 불평등
② 차이의 감지 능력
③ 문화 인류학의 역사
④ 위계화의 개념과 구조
⑤ 관습과 전통의 계승과 창조

05 다음 글의 내용으로 가장 적절한 것은?

미국 로체스터대 교수 겸 노화연구센터 공동책임자인 베라 고부노바는 KAIST 글로벌전략연구소가 '포스트 코로나, 포스트 휴먼 – 의료·바이오 혁명'을 주제로 개최한 제3차 온라인 국제포럼에서 "대다수 포유동물보다 긴 수명을 가진 박쥐는 바이러스를 체내에 보유하고 있으면서도 염증 반응이 일어나지 않는다."며 "박쥐의 염증 억제 전략을 생물학적으로 이해하면 코로나19는 물론 자가면역 질환 등 다양한 염증 질환 치료제에 활용할 수 있을 것"이라고 말했다.

박쥐는 밀도가 높은 군집 생활을 한다. 또한, 포유류 중 유일하게 날개를 지닌 생물로서 뛰어난 비행 능력과 비행 중에도 고온의 체온을 유지하는 것 등의 능력으로 먼 거리까지 무리를 지어 날아다니기 때문에 쉽게 질병에 노출되기도 한다. 그럼에도 오랜 기간 지구상에 존재하며 바이러스에 대항하는 면역 기능이 발달된 것으로 추정된다. 박쥐는 에볼라나 코로나 바이러스에 감염돼도 염증 반응이 일어나지 않기 때문에 대표적인 바이러스 숙주로 지목되고 있다.

고부노바 교수는 "인간이 도시에 모여 산 것도, 비행기를 타고 돌아다닌 것도 사실상 약 100년 정도로 오래되지 않아 박쥐만큼 바이러스 대항 능력이 강하지 않다."며 "박쥐처럼 약 6000 ~ 7000만 년에 걸쳐 진화할 수도 없다."라고 설명했다. 그러면서 "박쥐 연구를 통해 박쥐의 면역체계를 이해하고 바이러스에 따른 다양한 염증 반응 치료제를 개발하는 전략이 필요하다."라고 강조했다.

고부노바 교수는 "이 같은 비교생물학을 통해 노화를 억제하고 퇴행성 질환에 대응하기 위한 방법을 찾을 수 있다."며 "안전성이 확인된 연구 결과물들을 임상에 적용해 더욱 발전해 나가는 것이 필요하다."라고 밝혔다.

① 박쥐의 수명은 긴 편이지만 평균적인 포유류 생물의 수명보다는 짧다.
② 박쥐는 날개가 있는 유일한 포유류지만 짧은 거리만 날아서 이동이 가능하다.
③ 박쥐는 현재까지도 바이러스에 취약한 생물이지만 긴 기간 지구상에 존재할 수 있었다.
④ 박쥐가 많은 바이러스를 보유하고 있는 것은 무리생활과 더불어 수명과도 관련이 있다.
⑤ 박쥐의 면역은 인간에 직접 적용할 수 없기에 연구가 무의미하다.

06 다음 글의 내용으로 적절하지 않은 것은?

> 헌법의 개정이 어느 정도까지 가능한가에 대해서는 학자들마다 입장이 다른데, 이는 대체로 개정 무한계설과 개정 한계설로 나뉜다. 개정 무한계설은 헌법에 규정된 개정 절차를 밟으면 어떠한 조항이나 사항이더라도 개정할 수 있다는 입장이다. 개정 무한계설에서는 헌법 규범과 헌법 현실 사이의 틈을 해소할 수 있는 유일한 방법은 헌법 개정을 무제한 허용하는 것이라고 주장한다. 또한 헌법 제정 권력과 헌법 개정 권력의 구별을 부인하여 헌법 최고의 법적 권력은 헌법 개정 권력이라고 주장한다. 그리고 현재의 헌법 규범이나 가치에 의해 장래의 세대를 구속하는 것은 부당하다는 점을 밝힌다. 그러나 개정 무한계설은 법 규범이 가지는 실질적인 규범력의 차이는 외면한 채 헌법 개정에 있어서 형식적 합법성만을 절대시한다는 비판을 받는다.
>
> 개정 한계설은 헌법에 규정된 개정 절차를 따를지라도 특정한 조항이나 사항은 개정할 수 없다는 입장이다. 개정 한계설에서는 헌법 제정 권력과 헌법 개정 권력을 다른 것으로 구별하여 헌법 개정 권력은 헌법 제정 권력의 소재(所在)를 변경하거나 헌법 제정 당시의 국민적 합의인 헌법의 기본적 가치 질서를 변경할 수 없다고 주장한다. 또 헌법 제정자가 내린 근본적 결단으로서의 헌법은 개정 대상이 될 수 없다거나, 헌법 위에 존재하는 자연법*의 원리에 어긋나는 헌법 개정은 허용되지 않는다고 본다. 예를 들어 대한민국 헌법의 국민 주권 원리, 인간으로서의 존엄과 가치 보장은 헌법 개정 절차에 의해서도 개정할 수 없다는 것이다.
>
> *자연법 : 인간 이성을 통하여 발견한 자연적 정의 또는 자연적 질서를 사회 질서의 근본 원리로 생각하는 보편 타당한 법

① 개정 무한계설은 절차를 지킬 경우 국민 주권 원리도 개정 가능하다고 본다.
② 개정 무한계설은 헌법 개정을 통해 규범과 현실 사이의 격차를 줄일 수 있다고 본다.
③ 개정 무한계설은 형식적인 절차는 무시한 채 실질적인 규범력의 차이만 강조한다.
④ 개정 한계설은 제정 권력과 개정 권력을 구별한다.
⑤ 개정 한계설은 인간으로서의 존엄과 가치 보장을 개정하는 것은 자연법의 원리에 어긋난다고 본다.

01 다음은 S사 여사원 150명과 남사원 100명이 한 달 평균 점심식사 비용을 조사하여 나타낸 상대도
    수분포 그래프이다. 이에 대한 설명으로 옳은 것은?

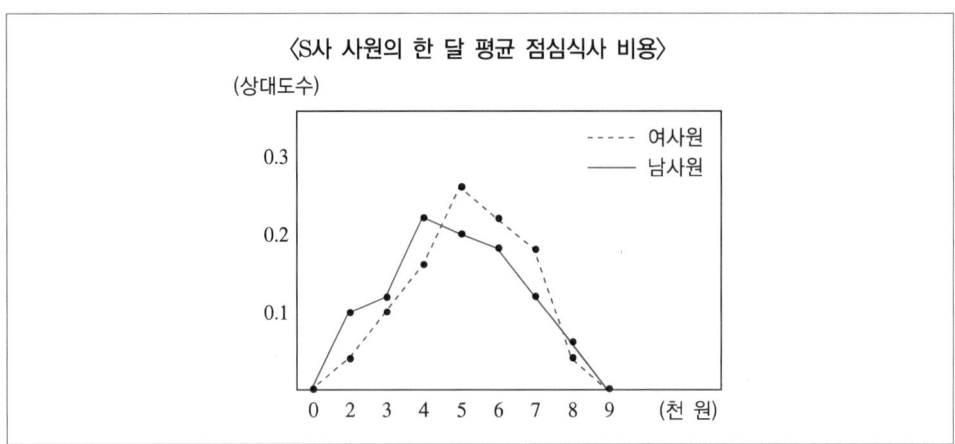

① 남사원이 여사원보다 식비를 더 많이 썼다.

② 식비가 6천 원 이상인 남사원 수는 30명 이하이다.

③ 식비가 4천 원 미만인 사원의 비율은 남사원이 여사원보다 낮다.

④ 식비가 5천 원 이상 7천 원 미만인 여사원 수는 여사원 전체의 40% 미만이다.

⑤ 상대도수의 분포다각형 모양의 그래프와 가로축으로 둘러싸인 부분의 넓이는 남사원과 여사원이
   서로 같다.

02 다음은 S대학교 학생 2,500명을 대상으로 진행한 인터넷 쇼핑 이용 현황에 대한 자료이다. 이에 대한 설명으로 옳지 않은 것은?(단, 매년 조사 인원수는 동일하다)

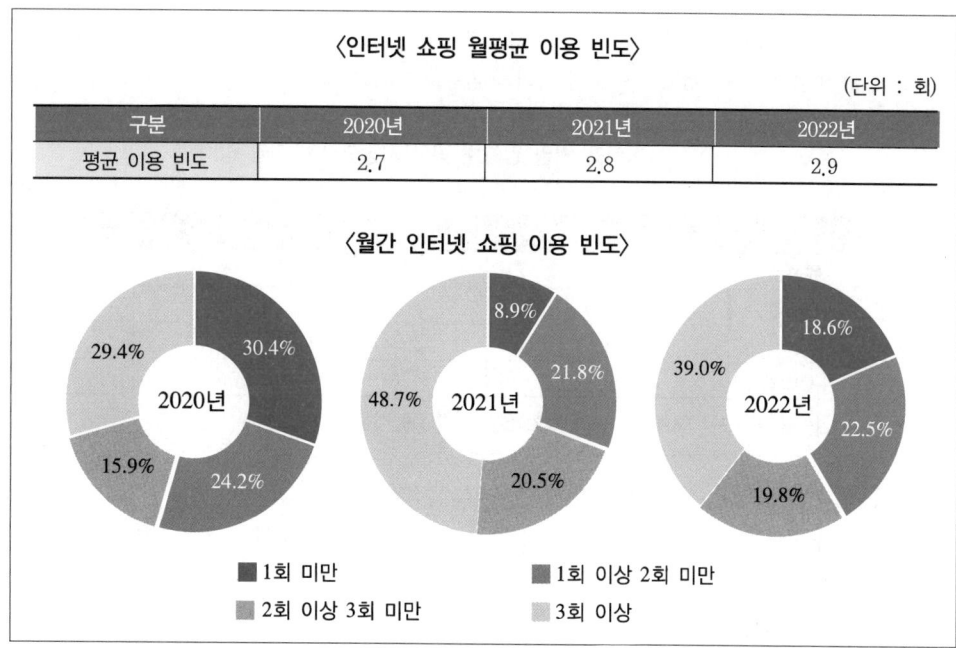

〈인터넷 쇼핑 월평균 이용 빈도〉

(단위 : 회)

구분	2020년	2021년	2022년
평균 이용 빈도	2.7	2.8	2.9

〈월간 인터넷 쇼핑 이용 빈도〉

■ 1회 미만　　　■ 1회 이상 2회 미만
■ 2회 이상 3회 미만　　　■ 3회 이상

① 인터넷 쇼핑 월평균 이용 빈도는 지속적으로 증가했다.

② 2021년 월간 인터넷 쇼핑을 3회 이상 이용했다고 응답한 사람은 1,210명 이상이다.

③ 3년간의 인터넷 쇼핑 이용 빈도수를 누적했을 때, 두 번째로 많이 응답한 인터넷 쇼핑 이용 빈도수는 1회 미만이다.

④ 2022년 월간 인터넷 쇼핑을 2회 이상 3회 미만 이용했다고 응답한 사람은 2021년 1회 미만으로 이용했다고 응답한 사람보다 2배 이상 많다.

⑤ 1회 이상 2회 미만 쇼핑했다고 응답한 사람은 2021년 대비 2022년에 3% 이상 증가했다.

03 국내의 유통업체 S사는 몽골 시장으로 진출하기 위해 현지에 진출해 있는 기업들이 경험한 진입 장벽에 대하여 다음과 같이 조사하였다. 이에 대한 설명으로 옳은 것은?

> S사는 몽골 시장의 진입 장벽에 해당하는 주요 요인 4가지를 선정하였고, 현지 진출 기업들은 경험을 바탕으로 요인별로 0 ~ 10점 사이의 점수를 부여하였다.
>
> 〈진출 기업 업종별 몽골 시장으로의 진입 장벽〉
>
> (단위 : 점)
>
> | 업종 | 몽골 기업의 시장 점유율 | 초기 진입 비용 | 현지의 엄격한 규제 | 문화적 이질감 |
> |---|---|---|---|---|
> | 유통업 | 7 | 5 | 9 | 2 |
> | 제조업 | 5 | 3 | 8 | 4 |
> | 서비스업 | 4 | 2 | 6 | 8 |
> | 식·음료업 | 6 | 7 | 5 | 6 |
>
> ※ 점수가 높을수록 해당 요인이 강력한 진입 장벽으로 작용함

① 유통업의 경우, 타 업종에 비해 높은 초기 진입 비용이 강력한 진입 장벽으로 작용한다.

② S사의 경우, 현지의 엄격한 규제가 몽골 시장의 진입을 방해하는 요소로 작용할 가능성이 크다.

③ 제조업의 경우, 타 업종에 비해 높은 몽골 기업의 시장 점유율이 강력한 진입 장벽으로 작용한다.

④ 문화적 이질감이 가장 강력한 진입 장벽으로 작용하는 업종은 식·음료업이다.

⑤ 서비스업의 경우, 타 업종에 비해 시장으로의 초기 진입 비용이 가장 많이 든다.

| 03 | 창의수리

01 A ~ C사원이 P지점에서 동시에 출발하여 Q지점을 지나 R지점까지 가려고 한다. A사원은 P지점에서 R지점까지 시속 4km의 속도로 걷고, B사원은 P지점에서 Q지점까지는 시속 5km, Q지점에서 R지점까지는 시속 3km의 속도로 걸으면 A사원보다 12분 늦게 R지점에 도착한다. C사원이 P지점에서 Q지점까지는 시속 2km, Q지점에서 R지점까지는 시속 5km의 속도로 걸을 때 도착 시간을 A사원과 바르게 비교한 것은?(단, P지점에서 R지점까지 거리는 4km이다)

① A사원보다 3분 늦게 도착한다.

② A사원보다 3분 빠르게 도착한다.

③ A사원보다 5분 빠르게 도착한다.

④ A사원보다 6분 늦게 도착한다.

⑤ A사원보다 6분 빠르게 도착한다.

Hard

02 다음과 같은 바둑판 도로망이 있다. 갑은 A지점에서 출발하여 B지점까지 최단 거리로 이동하고 을은 B지점에서 출발하여 A지점까지 최단 거리로 이동한다. 갑과 을이 동시에 출발하여 같은 속력으로 이동할 때, 갑과 을이 만나는 경우의 수는?

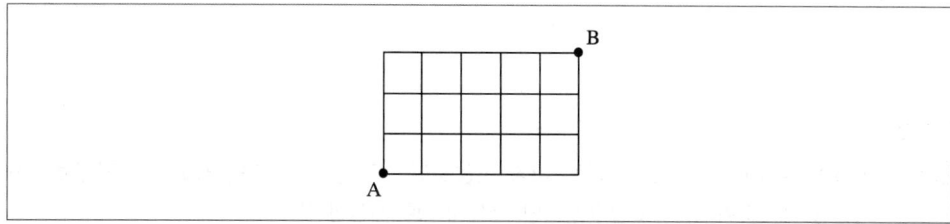

① 244가지   ② 574가지

③ 867가지   ④ 1,184가지

⑤ 1,342가지

03 민솔이네 가족은 S통신사를 이용한다. 민솔이는 79분을 사용하여 20,950원, 아빠는 90분을 사용하여 21,390원의 요금을 청구받았다. S통신사의 요금 부과 규칙이 다음과 같을 때, 101분을 사용한 엄마의 통화 요금은?

> - 60분 이하 사용 시 기본요금 x원이 부과됩니다. ··· (1)
> - 60분 초과 사용 시 (1)요금에 초과한 시간에 대한 1분당 y원이 추가로 부과됩니다. ··· (2)
> - 100분 초과 시 (2)요금에 초과한 시간에 대한 1분 당 $2y$원이 추가로 부과됩니다.

① 21,830원 　　　　② 21,870원
③ 21,900원 　　　　④ 21,930원
⑤ 21,960원

04 A, B 두 종목의 경기를 하여 각각에 대하여 상을 주는데 A종목은 50,000원을 주고 B종목는 30,000원을 주었다. 상을 받은 사람은 모두 30명이며, A, B 두 종목 모두에서 상을 받은 사람은 10명이다. 또, A종목에서 상을 받은 사람은 B종목에서 상을 받은 사람보다 8명이 많았다. 이때 A종목에서 상을 받은 사람들이 받은 상금의 총합은?

① 1,100,000원 　　　　② 1,200,000원
③ 1,300,000원 　　　　④ 1,400,000원
⑤ 1,500,000원

Easy

05 지름이 30cm인 원 모양의 바퀴 자를 이용하여 어떤 건물 복도의 길이를 측정해보니 930cm이 나왔을 때, 바퀴 자의 회전수는?(단, $\pi = 3.1$로 계산한다)

① 6회 　　　　② 8회
③ 10회 　　　　④ 12회
⑤ 14회

01 제시된 명제가 모두 참일 때, 다음 중 참이 아닌 것은?

> • 비가 많이 내리면 습도가 높아진다.
> • 겨울보다 여름에 비가 더 많이 내린다.
> • 습도가 높으면 먼지가 잘 나지 않는다.
> • 습도가 높으면 정전기가 잘 일어나지 않는다.

① 겨울은 여름보다 습도가 낮다.
② 먼지는 여름이 겨울보다 잘 난다.
③ 여름에는 겨울보다 정전기가 잘 일어나지 않는다.
④ 비가 많이 오면 정전기가 잘 일어나지 않는다.
⑤ 정전기가 잘 일어나면 비가 적게 온 것이다.

Hard

02 매주 금요일은 마케팅팀 동아리 모임이 있는 날이다. 동아리 회비를 담당하고 있는 F팀장은 점심시간 후, 회비가 감쪽같이 사라진 것을 발견했다. 점심시간 동안 사무실에 있었던 사람은 A ~ E 5명이고, 이들 중 2명은 범인, 3명은 범인이 아니다. 범인은 거짓말을 하고, 범인이 아닌 사람은 진실을 말한다. 〈보기〉를 참고할 때, 다음 중 옳은 것은?

> **보기**
> • A는 B, D 중 1명이 범인이라고 주장한다.
> • B는 C가 범인이라고 주장한다.
> • C는 B가 범인이라고 주장한다.
> • D는 A가 범인이라고 주장한다.
> • E는 A와 B가 범인이 아니라고 주장한다.

① A와 D 중 범인이 있다.
② B가 범인이다.
③ C와 E가 범인이다.
④ D는 범인이 아니다.
⑤ 범인이 누구인지 주어진 조건만으로는 알 수 없다.

04 2022년 하반기 기출복원문제

정답 및 해설 p.021

| 01 | 언어이해

※ 다음 글의 내용으로 가장 적절한 것을 고르시오. [1~2]

Easy

01

> 아파트를 분양받을 경우 전용면적, 공용면적, 공급면적, 계약면적, 서비스면적이라는 용어를 자주 접하게 된다.
>
> 전용면적은 아파트의 방이나 거실, 주방, 화장실 등을 모두 포함한 면적으로, 개별 세대 현관문 안쪽의 전용 생활공간을 말한다. 다만 발코니 면적은 전용면적에서 제외된다.
>
> 공용면적은 주거공용면적과 기타공용면적으로 나뉜다. 주거공용면적은 세대가 거주를 위하여 공유하는 면적으로 세대가 속한 건물의 공용계단, 공용복도 등의 면적을 더한 것을 말한다. 기타공용면적은 주거공용면적을 제외한 지하층, 관리사무소, 노인정 등의 면적을 더한 것이다.
>
> 공급면적은 통상적으로 분양에 사용되는 용어로 전용면적과 주거공용면적을 더한 것이다. 계약면적은 공급면적과 기타공용면적을 더한 것이다. 서비스면적은 발코니 같은 공간의 면적으로 전용면적과 공용면적에서 제외된다.

① 발코니 면적은 계약면적에 포함된다.

② 관리사무소 면적은 공급면적에 포함된다.

③ 계약면적은 전용면적, 주거공용면적, 기타공용면적을 더한 것이다.

④ 공용계단과 공용복도의 면적은 공급면적에 포함되지 않는다.

⑤ 개별 세대 내 거실과 주방의 면적은 주거공용면적에 포함된다.

02

보름달 중에 가장 크게 보이는 보름달을 슈퍼문이라고 한다. 이때 보름달이 크게 보이는 이유는 달이 평소보다 지구에 가까이 있기 때문이다. 슈퍼문이 되려면 보름달이 되는 시점과 달이 지구에 가장 가까워지는 시점이 일치하여야 한다. 달의 공전 궤도가 완벽한 원이라면 지구에서 달까지의 거리가 항상 똑같을 것이다. 하지만 실제로는 타원 궤도여서 달이 지구에 가까워지거나 멀어지는 현상이 생긴다. 유독 달만 그런 것은 아니고 태양계의 모든 행성이 태양을 중심으로 타원 궤도로 돈다. 이것이 바로 그 유명한 케플러의 행성운동 제1법칙이다.

지구와 달의 평균 거리는 약 38만km인 반면 슈퍼문일 때는 그 거리가 35만 7,000km 정도로 가까워진다. 달의 반지름은 약 1,737km이므로, 지구와 달의 거리가 평균 정도일 때 지구에서 보름달을 바라보는 시각도*는 0.52도 정도인 반면, 슈퍼문일 때는 시각도가 0.56도로 커진다. 반대로 보름달이 가장 작게 보일 때, 다시 말해 보름달이 지구에서 제일 멀 때는 그 거리가 약 40만km여서 보름달을 보는 시각도가 0.49도로 작아진다.

밀물과 썰물이 생기는 원인은 지구에 작용하는 달과 태양의 중력 때문인데, 달이 태양보다는 지구에 훨씬 더 가깝기 때문에 더 큰 영향을 미친다. 달이 지구에 가까워지면 평소 달이 지구를 당기는 힘보다 더 강하게 지구를 당긴다. 그리고 달의 중력이 더 강하게 작용하면 달을 향한 쪽의 해수면은 평상시보다 더 높아진다. 실제 우리나라에서도 슈퍼문일 때 제주도 등 해안가에 바닷물이 평소보다 더 높게 밀려 들어와서 일부 지역이 침수 피해를 겪기도 했다.

한편 달의 중력 때문에 높아진 해수면이 지구와 함께 자전을 하다보면 지구의 자전을 방해하게 된다. 일종의 브레이크가 걸리는 셈이다. 이 때문에 지구의 자전 속도가 느려지게 되고 그 결과 하루의 길이에 미세하게 차이가 생긴다. 실제 연구 결과에 따르면 100만 년에 17초 정도씩 길어지는 효과가 생긴다고 한다.

*시각도 : 물체의 양끝에서 눈의 결합점을 향하여 그은 두 선이 이루는 각을 의미함

① 지구에서 태양까지의 거리는 1년 동안 항상 일정하다.
② 해수면의 높이는 지구와 달의 거리와 관계가 없다.
③ 달이 지구에서 멀어지면 궤도에서 벗어나지 않기 위해 평소보다 더 강하게 지구를 잡아당긴다.
④ 지구와 달의 거리가 36만km 정도인 경우, 지구에서 보름달을 바라보는 시각도는 0.49도보다 크다.
⑤ 달의 중력 때문에 지구가 자전하는 속도는 점점 빨라지고 있다.

03 다음 글을 읽고 추론할 수 있는 내용으로 가장 적절한 것은?

> 사람들은 단순히 공복을 채우기 위해서가 아니라 다른 많은 이유로 '먹는다.'는 행위를 행한다. 먹는다는 것에 대한 비생리학적인 동기에 관해서 연구하고 있는 과학자들에 따르면 비만인 사람들과 표준체중인 사람들은 식사 패턴에서 꽤나 차이를 보이는 것을 알 수 있다고 한다. 한 연구에서는 비만인 사람들에 대해 식사 전에 그 식사에 대한 상세한 설명을 하면 설명을 하지 않은 경우에 비해서 식사량이 늘었지만, 표준체중인 사람들에게서는 그런 현상이 보이지 않았다. 또한 표준체중인 사람들은 밝은 색 접시에 담긴 견과류와 어두운 색 접시에 담긴 견과류를 먹은 개수의 차가 거의 없는 것에 비해, 비만인 사람들은 밝은 색 접시에 담긴 견과류를 어두운 색 접시에 담긴 견과류보다 2배 더 많이 먹었다는 연구도 있다.

① 비만인 사람들은 표준체중인 사람들에 비해 외부 자극에 의해 식습관에 영향을 받기 쉽다.
② 표준체중인 사람들은 비만체중인 사람들에 비해 식사량이 적다.
③ 비만인 사람들은 생리학적인 필요성이라기보다 감정적 또는 심리적인 필요성에 쫓겨서 식사를 하고 있다.
④ 비만인 사람들은 표준체중인 사람들보다 감각이 예민하다.
⑤ 표준체중인 사람들은 음식에 대한 욕구를 절제할 수 있다.

Easy

04 다음 글을 읽고 추론할 수 있는 내용으로 적절하지 않은 것은?

> 리플리 증후군이란 허구의 세계를 진실이라 믿고 거짓말과 거짓된 행동을 상습적으로 반복하는 반사회적 인격장애를 뜻한다. 리플리 증후군은 극단적인 감정의 기복을 보이는 등 불안정한 정신상태를 갖고 있는 사람에게서 잘 나타나는 것으로 알려져 있다. 자신의 욕구를 충족시킬 수 없어 열등감과 피해의식에 시달리다가 상습적이고 반복적인 거짓말을 일삼으면서 이를 진실로 믿고 행동하게 된다. 거짓말을 반복하다가 본인이 한 거짓말을 스스로 믿어 버리는 증후군으로서 현재 자신의 상황에 만족하지 못하는 경우에 발생한다. 이는 '만족'이라는 상대적인 개념을 개인이 어떻게 받아들이고 느끼느냐에 따라 달라진다고 할 수 있다.

① 상대적으로 자신에게 만족감을 갖지 못한 사람에게 리플리 증후군이 나타난다.
② 리플리 증후군 환자는 거짓말을 통해 만족감을 얻고자 한다.
③ 열등감과 피해의식은 리플리 증후군의 원인이 된다.
④ 리플리 증후군 환자는 자신의 거짓말을 거짓말로 인식하지 못한다.
⑤ 자신의 상황에 불만족하는 모든 사람은 불안정한 정신 상태를 갖게 된다.

※ 다음 글의 내용으로 적절하지 않은 것을 고르시오. [5~6]

Hard

05

> 연방준비제도(이하 연준)가 고용 증대에 주안점을 둔 정책을 입안한다 해도 정책이 분배에 미치는 영향을 고려하지 않는다면 그 정책은 거품과 불평등만 부풀릴 것이다. 기술 산업의 거품 붕괴로 인한 경기 침체에 대응하여 2000년대 초에 연준이 시행한 저금리 정책이 이를 잘 보여준다.
>
> 특정한 상황에서는 금리 변동이 투자와 소비의 변화를 통해 경기와 고용에 영향을 줄 수 있다. 하지만 다른 수단이 훨씬 더 효과적인 상황도 많다. 가령 부동산 거품에 대한 대응책으로는 금리 인상보다 주택 담보 대출에 대한 규제가 더 합리적이다. 생산적 투자를 위축시키지 않으면서 부동산 거품을 가라앉힐 수 있기 때문이다.
>
> 경기 침체기라 하더라도 금리 인하는 은행의 비용을 줄여주는 것 말고는 경기 회복에 별다른 도움이 되지 않을 수 있다. 대부분의 부문에서 설비 가동률이 낮은 상황이라면 대출 금리가 낮아져도 생산적인 투자가 별로 증대하지 않는다. 2000년대 초가 바로 그런 상황이었기 때문에 당시의 저금리 정책은 생산적인 투자 증가 대신에 주택 시장의 거품만 초래한 것이다.
>
> 금리 인하는 국공채에 투자했던 퇴직자들의 소득을 감소시켰다. 노년층에서 정부로, 정부에서 금융업으로 부의 대규모 이동이 이루어져 불평등이 심화되었다. 이에 따라 금리 인하는 다양한 경로로 소비를 위축시켰다. 은퇴 후의 소득을 확보하기 위해 혹은 자녀의 학자금을 확보하기 위해 사람들은 저축을 늘렸다. 연준은 금리 인하가 주가 상승으로 이어질 것이므로 소비가 늘어날 것이라고 주장했다. 하지만 2000년대 초 연준의 금리 인하 이후 주가 상승에 따라 발생한 이득은 대체로 부유층에 집중되었으므로 대대적인 소비 증가로 이어지지 않았다.
>
> 2000년대 초 고용 증대를 기대하고 시행한 연준의 저금리 정책은 노동을 자본으로 대체하는 투자를 증대시켰다. 인위적인 저금리로 자본 비용이 낮아지자 이런 기회를 이용하려는 유인이 생겨났다. 노동력이 풍부한 상황인데도 노동을 절약하는 방향의 혁신이 강화되었고, 미숙련 노동자들의 실업률이 높은 상황인데도 가게들은 계산원을 해고하고 자동화 기계를 들여놓았다. 경기가 회복되더라도 실업률이 떨어지지 않는 구조가 만들어진 것이다.

① 2000년대 초 연준의 금리 인하로 국공채에 투자한 퇴직자의 소득이 줄어들어 금융업으로부터 정부로 부가 이동하였다.

② 2000년대 초 연준은 고용 증대를 기대하고 금리를 인하했지만, 결과적으로 고용 증대가 더 어려워지도록 만들었다.

③ 2000년대 초 기술 산업 거품의 붕괴로 인한 경기 침체기에 설비 가동률은 대부분의 부문에서 낮은 상태였다.

④ 2000년대 초 연준이 금리 인하 정책을 시행한 후 주택 가격과 주식 가격은 상승하였다.

⑤ 금리 인상은 부동산 거품 대응 정책 가운데 가장 효과적인 정책이 아닐 수 있다.

06

모든 동물은 생리적 장치들이 제대로 작동하기 위해서 체액의 농도를 어느 정도 일정하게 유지해야
한다. 이를 위해 수분의 획득과 손실의 균형을 조절하는 작용을 삼투 조절이라 한다. 동물은 서식지
와 체액의 농도, 특히 염도 차이가 있을 경우, 삼투 현상에 따라 체내 수분의 획득과 손실이 발생하
기 때문에 이러한 상황에서 체액의 농도를 일정하게 유지하는 것이 중요한 생존 과제이다.
삼투 현상이란 반(半)투과성 막을 사이에 두고 농도가 다른 양쪽의 용액 중 농도가 낮은 쪽의 용매
가 농도가 높은 쪽으로 옮겨 가는 현상이다. 소금물에서는 물에 녹아 있는 소금을 용질, 그 물을
용매라고 할 수 있는데, 반투과성 막의 양쪽에 농도가 다른 소금물이 있다면 농도가 낮은 쪽의 물이
높은 쪽으로 이동하게 된다. 이때 양쪽의 농도가 같다면 용매의 순이동은 없다고 한다.
동물들은 이러한 삼투 현상에 대응하여 수분 균형을 어떻게 유지하느냐에 따라 삼투 순응형과 삼투
조절형으로 분류된다. 먼저 삼투 순응형 동물은 모두 해수(海水) 동물로, 체액과 해수의 염분 농도,
즉 염도가 같기 때문에 수분의 순이동은 없다. 게나 홍합, 갯지네 등이 여기에 해당한다. 이와 달리
삼투 조절형 동물은 체액의 염도와 서식지의 염도가 달라 체액의 염도가 변하지 않도록 삼투 조절을
하며 살아간다.
삼투 조절형 동물 중 해수에 사는 대다수 어류의 체액은 해수에 비해 염도가 낮기 때문에 체액의
수분이 빠져나갈 수 있다. 그래서 표피는 비투과성이지만 아가미의 상피세포를 통해 물을 쉽게 빼앗
긴다. 이렇게 삼투 현상에 의해 빼앗긴 수분을 보충하기 위하여 이들은 계속 바닷물을 마시게 된다.
이로 인해 이들의 창자에서 바닷물의 70 ~ 80%가 혈관 속으로 흡수되는데, 이때 염분도 혈관 속으
로 들어간다. 그러면 아가미의 상피 세포에 있는 염분 분비 세포를 작동시켜 과도해진 염분을 밖으
로 내보낸다.
담수에 사는 동물들이 직면한 삼투 조절의 문제는 해수 동물과 정반대이다. 담수 동물의 체액은 담
수에 비해 염도가 높기 때문에 아가미를 통해 수분이 계속 유입될 수 있다. 그래서 담수 동물들은
물을 거의 마시지 않고 많은 양의 오줌을 배출하여 문제를 해결하고 있다. 이들의 비투과성 표피는
수분의 유입을 막기 위한 것이다.
한편 육상에 사는 동물들 또한 다양한 경로를 통해 수분이 밖으로 빠져나간다. 오줌, 대변, 피부,
가스교환 기관의 습한 표면 등을 통해 수분을 잃기 때문이다. 그래서 육상 동물들은 물을 마시거나
음식을 통해 그리고 세포호흡으로 물을 생성하여 부족한 수분을 보충한다.

① 동물들은 체액의 농도가 크게 달라지면 생존하기 어렵다.
② 동물들이 삼투 현상에 대응하는 방법은 서로 다를 수 있다.
③ 동물의 체액과 서식지 물의 농도가 같으면 삼투 현상에 의한 수분의 순이동은 없다.
④ 담수 동물은 육상 동물과 마찬가지로 많은 양의 오줌을 배출하여 체내 수분을 일정하게 유지한다.
⑤ 육상 동물은 세포호흡을 통해서도 수분을 보충할 수 있다.

| 02 | 자료해석

01 다음은 2017 ~ 2021년 S사의 경제 분야 투자규모에 대한 자료이다. 이에 대한 설명으로 옳지 않은 것은?

<S사의 경제 분야 투자규모>

(단위 : 억 원, %)

구분	2017년	2018년	2019년	2020년	2021년
경제 분야 투자규모	20	24	23	22	21
총지출 대비 경제 분야 투자규모 비중	6.5	7.5	8	7	6

① 2021년 총지출은 320억 원 이상이다.
② 2018년 경제 분야 투자규모의 전년 대비 증가율은 25% 이하이다.
③ 2017 ~ 2021년 동안 경제 분야에 투자한 금액은 110억 원이다.
④ 2018 ~ 2021년 동안 경제 분야 투자규모와 총지출 대비 경제 분야 투자규모 비중의 전년 대비 증감추이는 동일하지 않다.
⑤ 2019년에는 2020년보다 경제 분야 투자규모가 전년 대비 큰 비율로 감소하였다.

02 다음은 농·축·수산물 안전성 조사결과에 대한 자료이다. 이에 대한 설명으로 옳지 않은 것은? (단, 비율은 소수점 셋째 자리에서 반올림한다)

<단계별 농·축·수산물 안전성 조사결과>

(단위 : 건)

구분	농산물		축산물		수산물	
	조사 건수	부적합건수	조사 건수	부적합건수	조사 건수	부적합건수
생산단계	91,211	1,209	418,647	1,803	12,922	235
유통단계	55,094	516	22,927	106	8,988	49
합계	146,305	1,725	441,574	1,909	21,910	284

※ [부적합건수 비율(%)] $= \dfrac{(\text{부적합건수})}{(\text{조사 건수})} \times 100$

① 농·축·수산물의 부적합건수의 평균은 1천 3백 건 이상이다.
② 농·축·수산물별 부적합건수 비율이 가장 높은 것은 농산물이다.
③ 유통단계의 부적합건수 중 농산물 건수는 수산물 건수의 10배 이상이다.
④ 생산단계에서의 수산물 부적합건수 비율은 농산물 부적합건수 비율보다 높다.
⑤ 부적합건수가 가장 많은 건수의 비율과 부적합건수가 가장 적은 건수의 비율의 차이는 0.12%p이다.

03 다음은 2017년부터 2021년까지의 생활 폐기물 처리 현황에 대한 자료이다. 이에 대한 설명으로 적절하지 않은 것은?(단, 비율은 소수점 둘째 자리에서 반올림한다)

〈생활 폐기물 처리 현황〉

(단위 : 톤)

구분	2017년	2018년	2019년	2020년	2021년
매립	9,471	8,797	8,391	7,613	7,813
소각	10,309	10,609	11,604	12,331	12,648
재활용	31,126	29,753	28,939	29,784	30,454
합계	50,906	49,159	48,934	49,728	50,915

① 전년 대비 소각 증가율은 2019년이 2020년의 2배 이상이다.
② 매년 생활 폐기물 처리량 중 재활용 비율이 가장 높다.
③ 매년 소각량 대비 매립량은 60% 이상이다.
④ 생활 폐기물 처리방법 중 매립은 2017년부터 2020년까지 계속 감소하고 있다.
⑤ 생활 폐기물 처리 현황에서 2021년 재활용 비율은 2017년 소각량 비율의 3배보다 작다.

Hard

04 다음은 한국과 미국의 소방직 및 경찰직 공무원의 현황에 대한 자료이다. 이에 대한 설명으로 적절하지 않은 것은?(단, 비율은 소수점 둘째 자리에서 반올림한다)

〈한국과 미국의 소방직·경찰직 공무원 현황〉

(단위 : 명)

국가	구분	2019년	2020년	2021년
한국	전체 공무원	875,559	920,291	955,293
	소방직 공무원	39,582	42,229	45,520
	경찰직 공무원	66,523	72,392	79,882
미국	전체 공무원	1,882,428	2,200,123	2,586,550
	소방직 공무원	220,392	282,329	340,594
	경찰직 공무원	452,482	490,220	531,322

① 한국의 전년 대비 전체 공무원의 증가 인원수는 2020년이 2021년보다 많다.
② 한국의 소방직 공무원과 경찰직 공무원의 인원수 차이는 매년 감소하고 있다.
③ 미국의 경찰직 공무원이 미국 전체 공무원에서 차지하는 비율은 매년 감소하고 있다.
④ 미국의 소방직 공무원의 전년 대비 증가율은 2020년이 2021년보다 7.0% 이상 더 높다.
⑤ 2019년 대비 2021년 증가 인원수는 한국은 소방직 공무원이 경찰직보다 적지만, 미국은 그 반대이다.

|03| 창의수리

01 농도가 14%로 오염된 물 50g이 있다. 깨끗한 물을 채워서 오염농도를 4%p 줄이기 위해 넣어야 하는 깨끗한 물의 양은?

① 5g   ② 10g

③ 15g   ④ 20g

⑤ 25g

02 어떤 자연수로 245를 나누면 5가 남고, 100을 나누면 4가 남는다고 한다. 이러한 어떤 자연수 중 가장 큰 수는?

① 12   ② 24

③ 36   ④ 48

⑤ 60

03 철도 길이가 720m인 터널이 있다. A기차는 이 터널을 완전히 빠져나갈 때까지 56초가 걸리고, 길이가 A기차보다 40m 짧은 B기차는 160초가 걸렸다. 두 기차가 터널 양 끝에서 동시에 출발하면 $\frac{1}{4}$ 지점에서 만난다고 할 때, B기차의 길이는?(단, 기차 속력은 일정하다)

① 50m   ② 60m

③ 70m   ④ 80m

⑤ 90m

04 어떤 두 소행성 간의 거리는 150km이다. 이 두 소행성이 서로를 향하여 각각 초속 10km와 5km로 접근한다면, 두 소행성은 몇 초 후에 충돌하겠는가?

① 5초   ② 10초

③ 15초   ④ 20초

⑤ 25초

| 04 | 언어추리

Easy

01 제시된 명제가 모두 참일 때 다음 중 항상 참인 것은?

- 바나나의 열량은 방울토마토의 열량보다 높다.
- 딸기의 열량은 사과의 열량보다 낮다.
- 사과의 열량은 바나나의 열량보다 낮다.

① 딸기의 열량이 가장 낮다.
② 방울토마토의 열량이 가장 낮다.
③ 사과의 열량이 가장 높다.
④ 바나나의 열량이 가장 높다.
⑤ 방울토마토는 딸기보다 열량이 높다.

02 다음 다섯 사람 중 오직 한 사람만이 거짓말을 하고 있다. 거짓말을 하고 있는 사람은?

- A : C는 거짓말을 하고 있다.
- B : C의 말이 참이면 E의 말도 참이다.
- C : B는 거짓말을 하고 있지 않다.
- D : A의 말이 참이면 내 말은 거짓이다.
- E : C의 말은 참이다.

① A   ② B
③ C   ④ D
⑤ E

정답 및 해설 p.026

| 01 | 언어이해

Easy

01   다음 글의 논지를 이끌 수 있는 첫 문장으로 가장 적절한 것은?

> 사람과 사람이 직접 얼굴을 맞대고 하는 접촉이 라디오나 텔레비전 등의 매체를 통한 접촉보다 결정적인 영향력을 미친다는 것이 일반적인 견해로 알려져 있다. 매체는 어떤 마음의 자세를 준비하게 하는 구실을 하여, 나중에 직접 어떤 사람에게서 새 어형을 접했을 때 그것이 텔레비전에서 자주 듣던 것이면 더 쉽게 그쪽으로 마음의 문을 열게 하는 면에서 영향력을 행사하기는 하지만, 새 어형이 전파되는 것은 매체를 통해서보다 상면하는 사람과의 직접적인 접촉에 의해서라는 것이 더 일반화된 견해이다. 사람들은 한두 사람의 말만 듣고 언어 변화에 가담하지는 않고, 주위의 여러 사람들이 다 같은 새 어형을 쓸 때 비로소 그것을 받아들이게 된다고 한다. 매체를 통해서보다 자주 접촉하는 사람들을 통해 언어 변화가 진전된다는 사실은 언어 변화의 여러 면을 바로 이해하는 하나의 핵심적인 내용이라 해도 좋을 것이다.

① 일반적으로 젊은 층이 언어 변화를 주도한다.
② 언어 변화는 결국 접촉에 의해 진행되는 현상이다.
③ 접촉의 형식도 언어 변화에 영향을 미치는 요소로 지적되고 있다.
④ 매체의 발달이 언어 변화에 중요한 영향을 미치는 것으로 알려져 있다.
⑤ 언어 변화는 외부와의 접촉이 극히 제한되어 있는 곳일수록 속도가 느리다.

02 다음 글에 대한 반론으로 가장 적절한 것은?

> 어떤 경제 주체의 행위가 자신과 거래하지 않는 제3자에게 의도하지 않게 이익이나 손해를 주는 것을 '외부성'이라 한다. 과수원의 과일 생산이 인접한 양봉업자에게 벌꿀 생산과 관련한 이익을 주는 것, 공장의 제품 생산이 강물을 오염시켜 주민들에게 피해를 주는 것 등이 대표적인 사례이다.
> 외부성은 사회 전체로 보면 이익이 극대화되지 않는 비효율성을 초래할 수 있다. 개별 경제 주체가 제3자의 이익이나 손해까지 고려하여 행동하지는 않을 것이기 때문이다. 예를 들어, 과수원의 이윤을 극대화하는 생산량이 Qa라고 할 때, 생산량을 Qa보다 늘리면 과수원의 이윤은 줄어든다. 하지만 이로 인한 과수원의 이윤 감소보다 양봉업자의 이윤 증가가 더 크다면, 생산량을 Qa보다 늘리는 것이 사회적으로 바람직하다. 하지만 과수원이 자발적으로 양봉업자의 이익까지 고려하여 생산량을 Qa보다 늘릴 이유는 없다.
> 전통적인 경제학은 이러한 비효율성의 해결책이 보조금이나 벌금과 같은 정부의 개입이라고 생각한다. 보조금을 받거나 벌금을 내게 되면 제3자에게 주는 이익이나 손해가 더 이상 자신의 이익과 무관하지 않게 되므로, 자신의 이익에 충실한 선택이 사회적으로 바람직한 결과로 이어진다는 것이다.

① 일반적으로 과수원은 양봉업자의 입장을 고려하지 않는다.
② 과수원 생산자는 자신의 의도와 달리 다른 사람들에게 손해를 끼칠 수 있다.
③ 과수원자에게 보조금을 지급한다면 생산량을 Qa보다 늘리려 할 것이다.
④ 정부의 개입을 통해 외부성으로 인한 비효율성을 줄일 수 있다.
⑤ 정부의 개입 과정에서 시간과 노력이 많이 들게 되면 비효율성이 늘어날 수 있다.

Easy

03 다음 글의 빈칸에 들어갈 내용으로 가장 적절한 것은?

> 1979년 경찰관 출신이자 샌프란시스코 시의원이었던 화이트씨는 시장과 시의원을 살해했다는 이유로 1급 살인죄로 기소되었다. 화이트의 변호인은 피고인이 스낵을 비롯해 컵케이크, 캔디 등을 과다 섭취해서 당분 과다로 뇌의 화학적 균형이 무너져 정신에 장애가 왔다고 주장하면서 책임 경감을 요구하였다. 재판부는 변호인의 주장을 인정하여 계획 살인죄보다 약한 일반 살인죄를 적용하여 7년 8개월의 금고형을 선고했다. 이 항변은 당시 미국에서 인기 있던 스낵의 이름을 따 '트윙키 항변'이라 불렸고 사건의 사회성이나 의외의 소송 전개 때문에 큰 화제가 되었다.
> 이를 계기로 1982년 슈엔달러는 교정시설에 수용된 소년범 276명을 대상으로 섭식과 반사회 행동의 상관관계에 대해 실험을 하였다. 기존의 식단에서 각설탕을 꿀로 바꾸어 보고, 설탕이 들어간 음료수에서 천연 과일 주스를 주는 등으로 변화를 주었다. 이처럼 정제한 당의 섭취를 원천적으로 차단한 결과 시설 내 폭행, 절도, 규율 위반, 패싸움 등이 실험 전에 비해 무려 45%나 감소했다는 것을 알게 되었다. 따라서 이 실험을 통해 _____

① 과다한 영양 섭취가 범죄 발생에 영향을 미친다는 것을 알 수 있다.
② 과다한 정제당 섭취는 반사회적 행동을 유발할 수 있다는 것을 알 수 있다.
③ 가공 식품의 섭취가 일반적으로 폭력 행위를 증가시킨다는 것을 알 수 있다.
④ 정제당 첨가물로 인한 범죄 행위는 그 책임이 경감되어야 한다는 것을 알 수 있다.
⑤ 범죄 예방을 위해 교정시설 내에 정제당을 제공하지 말아야 한다는 것을 알 수 있다.

04 다음 글의 내용으로 가장 적절한 것은?

> 2009년 미국의 설탕, 옥수수 시럽, 기타 천연당의 1인당 연평균 소비량은 140파운드로, 독일·프랑스보다 50%가 많았고 중국보다는 9배가 많았다. 그런데 설탕이 비만을 야기하고 당뇨병 환자의 건강에 해롭다는 인식이 확산되면서 사카린과 같은 인공 감미료의 수요가 증가하였다.
> 세계 최초의 인공 감미료인 사카린은 1879년 미국 존스홉킨스대학에서 화학 물질의 산화 반응을 연구하다가 우연히 발견됐다. 당도가 설탕보다 약 500배 높은 사카린은 대표적인 인공 감미료로, 체내에서 대사되지 않고 그대로 배출된다는 특징이 있다. 그런데 1977년 캐나다에서 쥐를 대상으로 한 사카린 실험 이후 유해성 논란이 촉발되었다. 사카린을 섭취한 쥐가 방광암에 걸렸기 때문이다. 그러나 사카린의 무해성을 입증한 다양한 연구 결과로 인해 2001년 미국 FDA는 사카린을 다시 안전한 식품 첨가물로 공식 인정하였고, 현재도 설탕의 대체재로 사용되고 있다.
> 아스파탐은 1965년 위궤양 치료제를 개발하던 중 우연히 발견된 인공 감미료로, 당도가 설탕보다 약 200배 높다. 그러나 아스파탐도 발암성 논란이 끊이지 않았다. 미국 암협회가 안전하다고 발표했지만, 이탈리아의 한 과학자가 쥐를 대상으로 한 실험에서 아스파탐이 암을 유발한다고 결론내렸기 때문이다.

① 사카린과 아스파탐은 설탕보다 당도가 높고, 사카린은 아스파탐보다 당도가 높다.

② 사카린과 아스파탐은 모두 설탕을 대체하기 위해 거액을 투자해 개발한 인공 감미료이다.

③ 사카린은 유해성 논란으로 현재 미국에서는 더이상 식품 첨가물로 사용되지 않고 있다.

④ 2009년 기준 중국의 설탕, 옥수수 시럽, 기타 천연당의 1인당 연평균 소비량은 20파운드 이상이 었을 것이다.

⑤ 아스파탐은 암 유발 논란에 휩싸였지만, 2001년 미국 FDA로부터 안전한 식품 첨가물로 처음 공식 인정받았다.

05 다음 제시된 문단을 논리적 순서대로 바르게 나열한 것은?

> (가) 문화재(문화유산)는 옛 사람들이 남긴 삶의 흔적이다. 그 흔적에는 유형의 것과 무형의 것이
>   모두 포함된다. 문화재 가운데 가장 가치 있는 것으로 평가받는 것은 다름 아닌 국보이며, 현행
>   문화재보호법 체계상 국보에 무형문화재는 포함되지 않는다. 즉 국보는 유형문화재만을 대상
>   으로 한다.
>
> (나) 국보 선정 기준에 따라 우리의 전통 문화재 가운데 최고의 명품으로 꼽힌 문화재로는 국보 1호
>   숭례문이 있다. 숭례문은 현존 도성 건축물 중 가장 오래된 건물이다. 다음으로 온화하고 해맑
>   은 백제의 미소로 유명한 충남 서산 마애여래삼존상은 국보 84호이다. 또한 긴 여운의 신비하
>   고 그윽한 종소리로 유명한 선덕대왕신종은 국보 29호, 유네스코 세계유산으로도 지정된 석굴
>   암은 국보 24호이다. 이렇듯 우리나라 전통문화의 상징인 국보는 다양한 국보 선정의 기준으
>   로 선발된 것이다.
>
> (다) 문화재보호법에 따르면 국보는 특히 '역사적·학술적·예술적 가치가 큰 것, 제작 연대가 오래
>   되고 그 시대를 대표하는 것, 제작 의장이나 제작 기법이 우수해 그 유례가 적은 것, 형태 품질
>   용도가 현저히 특이한 것, 저명한 인물과 관련이 깊거나 그가 제작한 것' 등을 대상으로 한다.
>   이것이 국보 선정의 기준인 셈이다.
>
> (라) 이처럼 국보 선정의 기준으로 선발된 문화재는 지금 우리 주변에서 여전히 숨쉬고 있다. 우리
>   와 늘 만나고 우리와 늘 교류한다. 우리에게 감동과 정보를 주기도 하고, 때로는 이 시대의 사
>   람들과 갈등을 겪기도 한다. 그렇기에 국보를 둘러싼 현장은 늘 역동적이다. 살아있는 역사라
>   할 수 있다. 문화재는 그 스스로 숨쉬면서 이 시대와 교류하기에 우리는 그에 어울리는 시선으
>   로 국보를 바라볼 필요가 있다.

① (가) – (나) – (라) – (다)　　　　② (가) – (다) – (나) – (라)
③ (가) – (다) – (라) – (나)　　　　④ (다) – (나) – (가) – (라)
⑤ (다) – (나) – (라) – (가)

06 다음 글의 중심 내용으로 가장 적절한 것은?

> 전국의 많은 근대건축물은 그동안 제도적 지원과 보호로부터 배제되고 대중과 소유주의 무관심 등으로 방치되어 왔다. 일부를 제외한 다수의 근대건축물이 철거와 멸실의 위기에 처해 있는 것이 사실이다.
>
> 국민이 이용하기 편리한 공간으로 용도를 바꾸면서도, 물리적인 본 모습은 유지하려는 노력을 일반적으로 '보전 가치'로 규정한다. 근대건축물의 보전 가치를 높이기 위해서는 자산의 상태를 합리적으로 진단하고, 소유자 및 이용자가 건물을 효율적으로 활용할 수 있도록 지원하는 관리체계가 필수적이다.
>
> 하지만 지금까지 건축자산의 등록, 진흥계획 수립 등을 통해 관리주체를 공공화하려는 노력은 있었으나 구체적인 관리 기법이나 모니터링에 대한 고민은 부족했다. 즉, 기초조사를 통해 현황을 파악하고 기본적인 관리를 하는 수준에만 그치고 있었던 것이다. 그중에는 오랜 시간이 지나 기록도 없이 건물만 존재하는 경우가 많다.
>
> 근대건축물은 현대 건물과는 다른 건축양식과 특성을 지니고 있어 단순 정보의 수집으로는 건물의 현황을 제대로 관리하기가 어렵다. 그렇다면 보전 가치를 높이기 위해서는 어떤 대책이 필요할까? 먼저 일반인이 개별 소유하고 있는 건축물의 현황정보를 통합하여 관리하기 위해서는 중립적이고 객관적인 공공의 참여와 지속적인 지원이 전제되어야 한다. 특히, 근대건축물은 현행 건축·도시 관련 법률 등과 관련되어 다양한 민원과 행정업무가 수반되므로 법률 위반과 재정 지원 여부 등을 판단하는데 있어 객관성과 중립성이 요구된다. 또한 근대건축물 관리는 도시재생, 문화관광 등의 분야에서 개별 사업으로 추진될 가능성이 높아 일원화된 관리기준도 필요하다. 만약 그렇지 못하면 사업이 일회성으로 전개될 우려가 크기 때문이다. 근대건축물이 그 정체성을 유지하고 가치를 증진하기 위해서는 공공이 주축이 된 체계화·선진화된 관리방법론이 요구되는 이유이다.

① 근대건축물의 정의와 종류
② 근대건축물을 공공에 의해 체계적으로 관리해야 하는 이유
③ 근대건축물의 가치와 중요성
④ 현대 시민에게 요구되는 근대건축물에 대한 태도
⑤ 현시대에 근대건축물이 지니고 있는 문제점

07 다음 중 A의 주장에 대해 반박할 수 있는 내용으로 가장 적절한 것은?

> A : 우리나라의 장기 기증률은 선진국에 비해 너무 낮아. 이게 다 부모로부터 받은 신체를 함부로 훼손해서는 안 된다는 전통적 유교 사상 때문이야.
>
> B : 맞아. 그런데 장기 기증 희망자로 등록이 돼 있어도 유족들이 장기 기증을 반대하여 기증이 이뤄지지 않는 경우도 많아.
>
> A : 유족들도 결국 유교 사상으로 인해 신체 일부를 다른 사람에게 준다는 방식을 잘 이해하지 못 하는 거야.
>
> B : 글쎄. 유족들이 동의해서 기증이 이뤄지더라도 보상금을 받고 '장기를 팔았다.'는 죄책감을 느 끼는 유족들도 있다고 들었어. 또 아직은 장기 기증에 대한 생소함 때문일 수도 있어.

① 캠페인을 통해 장기 기증에 대한 사람들의 인식을 변화시켜야 한다.

② 유족에게 지급하는 보상금 액수가 증가하면 장기 기증률도 높아질 것이다.

③ 장기 기증 희망자는 반드시 가족들의 동의를 미리 받아야 한다.

④ 장기 기증률이 낮은 이유에는 유교 사상 외에도 여러 가지 원인이 있을 수 있다.

⑤ 제도 변화만으로는 장기 기증률을 높이기 어렵다.

01 다음은 A고등학교 3학년 월별 모의고사 평균점수에 대한 자료이다. 빈칸에 들어갈 수치로 알맞은 것은?(단, 각 수치는 매월 일정한 규칙으로 변화한다)

〈3학년 월별 모의고사 평균점수 현황〉

(단위 : 점)

구분	3월	4월	5월	6월	7월	8월	9월	10월
1반	350	345	340	340	347	366	378	365
2반	320	335		347	344	359	356	371
3반	297	312	327	330	346	361	378	375
4반	299	324	325	342	347	371	360	365
5반	316	327	358	369	358	367	374	370
6반	320	345	344	357	345	355	382	364

① 330

② 331

③ 332

④ 333

⑤ 334

02 다음은 S사의 A, B기계 생산량에 대한 자료이다. 2025년 두 기계의 총 생산량은?

〈A, B기계 생산량〉

(단위 : 대)

구분	2015년	2016년	2017년	2018년	2019년	2020년
A기계	20	23	26	29	32	35
B기계	10	11	14	19	26	35

① 130대

② 140대

③ 150대

④ 160대

⑤ 170대

03 다음은 엔화 대비 원화 환율과 달러화 대비 원화 환율 추이에 대한 자료이다. 이에 대한 〈보기〉의 설명 중 옳은 것을 모두 고르면?

〈원/엔 환율 추이〉

〈원/달러 환율 추이〉

보기

ㄱ. 원/엔 환율은 3월 한 달 동안 1,200원을 상회하는 수준에서 등락을 반복했다.

ㄴ. 2월 21일의 원/달러 환율은 지난주보다 상승하였다.

ㄷ. 3월 12일부터 3월 19일까지 달러화의 강세가 심화되는 추세를 보였다.

ㄹ. 3월 27일의 달러/엔 환율은 3월 12일보다 상승하였다.

① ㄱ, ㄴ   ② ㄱ, ㄷ

③ ㄴ, ㄷ   ④ ㄴ, ㄹ

⑤ ㄷ, ㄹ

| 03 | 창의수리

Easy

01 같은 헤어숍에 다니고 있는 A와 B는 일요일에 헤어숍에서 마주쳤다. 서로 마주친 이후 A는 10일 간격으로 헤어숍에 방문했고, B는 16일마다 헤어숍에 방문했다. 두 사람이 다시 헤어숍에서 만났을 때의 요일은?

① 월요일   ② 화요일

③ 수요일   ④ 목요일

⑤ 금요일

02 가로의 길이가 5m, 세로의 길이가 12m인 직사각형 모양의 농구코트가 있다. 철수는 농구코트의 모서리에 서 있으며, 농구공은 농구코트 안에서 철수로부터 가장 멀리 떨어진 곳에 존재하고 있다. 최단거리로 농구공을 가지러 간다면 철수의 이동거리는?

① 5m   ② 6m

③ 12m   ④ 13m

⑤ 15m

03 농도가 서로 다른 소금물 A, B가 있다. 소금물 A를 200g, 소금물 B를 300g 섞으면 농도가 9%인 소금물이 되고, 소금물 A를 300g, 소금물 B를 200g 섞으면 농도가 10%인 소금물이 될 때, 소금물 B의 농도는?

① 7%   ② 10%

③ 13%   ④ 20%

⑤ 25%

| 04 | 언어추리

`Easy`

01 S마트는 4층짜리 매대에 과일들을 진열해 놓았다. 매대의 각 층에 서로 다른 과일이 한 종류씩 진열되어 있을 때, 다음에 근거하여 추론한 내용으로 가장 적절한 것은?

> • 정리된 과일은 사과, 귤, 감, 배의 네 종류이다.
> • 사과 위에는 아무 과일도 존재하지 않는다.
> • 배는 감보다 아래쪽에 올 수 없다.
> • 귤은 감보다는 높이 위치해 있지만, 배보다 높이 있는 것은 아니다.

① 사과는 3층 매대에 있을 것이다.
② 귤이 사과 바로 아래층에 있을 것이다.
③ 배는 감 바로 위층에 있을 것이다.
④ 귤은 배와 감 사이에 있다.
⑤ 귤은 가장 아래층에 있을 것이다.

02 S사는 회사 내 A ～ E팀이 사용하는 사무실을 회사 건물의 1층부터 5층에 배치하고 있다. 각 팀의 배치는 2년에 한 번씩 새롭게 배치하며, 올해가 새롭게 배치될 해이다. 다음 〈조건〉을 참고할 때, 항상 참인 것은?

> **조건**
> • 한 번 배치된 층에는 같은 부서가 배치되지 않는다.
> • A팀과 C팀은 1층과 3층을 사용한 적이 있다.
> • B팀과 D팀은 2층과 4층을 사용한 적이 있다.
> • E팀은 2층을 사용한 적이 있고, 5층에 배정되었다.
> • B팀은 1층에 배정되었다.

① E팀은 3층을 사용한 적이 있을 것이다.
② A팀은 2층을 사용한 적이 있을 것이다.
③ E팀은 이전에 5층을 사용한 적이 있을 것이다.
④ 2층을 쓸 가능성이 있는 것은 총 세 팀이다.
⑤ D팀은 이번에 확실히 3층에 배정될 것이다.

03 S백화점 명품관에서 도난 사건이 발생했다. CCTV 확인을 통해 그 시각 백화점 명품관에 있던 6명의 용의자 A ～ F가 검거됐다. 이들 중 범인인 2명이 거짓말을 하고 있다면, 거짓말을 한 사람은?

> • A : F가 성급한 모습으로 나가는 것을 봤어요.
> • B : C가 가방 속에 무언가 넣는 모습을 봤어요.
> • C : 나는 범인이 아닙니다.
> • D : B 혹은 A가 훔치는 것을 봤어요.
> • E : F가 범인인 게 확실해요. CCTV를 자꾸 신경 쓰고 있었거든요.
> • F : 얼핏 봤는데, 제가 본 도둑은 C 아니면 E예요.

① A, C
② B, C
③ B, F
④ D, E
⑤ F, C

※ 제시된 명제가 모두 참일 때, 빈칸에 들어갈 명제로 가장 적절한 것을 고르시오. [4~5]

04

> • _____
> • 선영이는 경식이보다 나이가 많다.
> • 그러므로 재경이가 나이가 가장 많다.

① 재경이는 선영이보다 나이가 많다.
② 재경이는 경식이보다 나이가 많다.
③ 경식이는 재경이보다 나이가 많다.
④ 재경이는 선영이와 나이가 같다.
⑤ 선영이는 나이가 제일 적다.

Hard

05

> • 어떤 키가 작은 사람은 농구를 잘한다.
> • _____
> • 어떤 순발력이 좋은 사람은 농구를 잘한다.

① 어떤 키가 작은 사람은 순발력이 좋다.
② 농구를 잘하는 어떤 사람은 키가 작다.
③ 순발력이 좋은 사람은 모두 키가 작다.
④ 키가 작은 사람은 모두 순발력이 좋다.
⑤ 어떤 키가 작은 사람은 농구를 잘하지 못한다.

06 2021년 하반기 기출복원문제

정답 및 해설 p.031

|01| 언어이해

Easy

01 다음 글의 밑줄 친 ⊙의 사례로 보기 어려운 것은?

> 디지털 이미지는 사용자가 가장 손쉽게 정보를 전달할 수 있는 멀티미디어 객체이다. 일반적으로 디지털 이미지는 화소에 의해 정보가 표현되는데, M×N개의 화소로 이루어져 있다. 여기서 M과 N은 각각 가로와 세로의 화소 수를 의미하며, M과 N을 곱한 값을 해상도라 한다.
>
> 무선 네트워크와 모바일 기기의 사용이 보편화되면서 다양한 스마트 기기의 보급이 진행되고 있다. 스마트 기기는 그 사용 목적이나 제조 방식, 가격 등의 요인에 의해 각각의 화면 표시 장치들이 서로 다른 해상도와 화면 비율을 가진다. 이에 대응하여 동일한 이미지를 다양한 화면 표시 장치 환경에 맞출 필요성이 발생했다. 하나의 멀티미디어의 객체를 텔레비전용, 영화용, 모바일 기기용 등 표준적인 화면 표시 장치에 맞추어 각기 독립적인 이미지 소스로 따로 제공하는 것이 아니라, 하나의 이미지 소스를 다양한 화면 표시 장치에 맞도록 적절히 변환하는 기술을 요구하고 있다.
>
> 이러한 변환 기술을 '이미지 리타겟팅'이라고 한다. 이는 A×B의 이미지를 C×D 화면에 맞추기 위해 해상도와 화면 비율을 조절하거나 이미지의 일부를 잘라내는 방법 등으로 이미지를 수정하는 것이다. 이러한 수정에서 입력 이미지에 있는 콘텐츠 중 주요 콘텐츠는 그대로 유지되어야 한다. 즉, 리타겟팅 처리 후에도 원래 이미지의 중요한 부분을 그대로 유지하면서 동시에 왜곡을 최소화하는 형태로 주어진 화면에 맞게 이미지를 변형하여야 한다. 이러한 조건을 만족하기 위해 ⊙ <u>다양한 접근</u>이 일어나고 있는데, 이미지의 주요한 콘텐츠 및 구조를 분석하는 방법과 분석된 주요 사항을 바탕으로 어떤 식으로 이미지 해상도를 조절하느냐가 주요 연구 방향이다.

① 광고 사진에서 화면 전반에 걸쳐 흩어져 있는 콘텐츠를 무작위로 추출하여 화면을 재구성하는 방법

② 풍경 사진에서 전체 풍경에 대한 구도를 추출하고 구도가 그대로 유지될 수 있도록 해상도를 조절하는 방법

③ 인물 사진에서 얼굴 추출 기법을 사용하여 인물의 주요 부분을 왜곡하지 않고 필요 없는 부분을 잘라내는 방법

④ 정물 사진에서 대상물의 영역은 그대로 두고 배경 영역에 대해서는 왜곡을 최소로 하며 이미지를 축소하는 방법

⑤ 상품 사진에서 상품을 충분히 인지할 수 있을 정도의 범위 내에서 가로와 세로의 비율을 화면에 맞게 조절하는 방법

02 다음 글을 읽고 추론할 수 있는 내용으로 적절하지 않은 것은?

> 현재 다양한 종류의 라이프로그가 있으며, 개인의 생활방식 변화와 새로운 기술의 출현에 따라 새로운 종류의 라이프로그가 계속 생겨나고 있다. 기본적인 라이프로그에는 사진, 비디오, 문서, 이메일, 일정 등이 있으며, 대화나 모임의 내용, 컴퓨터 사용 내역 등을 기록한 라이프로그도 있다. 또한 센서 기술의 발달로 다양한 센서에서 측정한 값이나 건강상태의 기록 같은 라이프로그도 생겨나고 있다. 개인 정보기기와 저장 기술이 발전하면서 개인 콘텐츠를 손쉽게 생성할 수 있게 되었고, 유비쿼터스 컴퓨팅 기술의 발달로 지속적인 라이프로그 생성이 가능해졌다. 이러한 라이프로그는 효과적인 관리를 통해 개인의 생산성 향상, 소셜 릴레이션십 강화, 문화 수준의 증진, 삶의 질 향상, 개인화된 비즈니스 창출 등 다양한 효과를 기대할 수 있다. 이렇게 라이프로그 관리의 중요성에 대한 인식이 확산되면서 라이프로그를 효과적으로 관리하기 위한 라이프로그 관리 시스템들이 제안되었다.
>
> 기존 라이프로그 관리 시스템들은 기반 데이터 모델에 따라 크게 세 가지 부류로 나눌 수 있다. 먼저, 관계 데이터 모델 기반 라이프로그 관리 시스템은 라이프로그를 관계 데이터 모델로 모델링하고, 라이프로그에 관한 질의를 *SQL로 변환해 처리한다. 이러한 시스템은 질의 처리 성능이 뛰어난 반면 라이프로그 간 복잡한 관계에 기반한 관계 질의 처리를 제대로 지원하지 못한다. 반면, 온톨로지 기반 라이프로그 관리 시스템은 라이프로그를 자유로운 구조를 가지는 그래프로 모델링함으로써 복잡한 관계 질의를 가능하게 한다. 하지만, 이러한 시스템은 질의 작성이 어렵고 질의 처리 성능이 떨어진다. 마지막으로 구글 데스크톱이나 SIS와 같이 PC에 있는 모든 파일의 메타 데이터와 콘텐츠에 대해 텍스트 인덱스를 생성하고, 이를 기반으로 키워드 질의를 지원하는 파일 기반 라이프로그 관리 시스템도 존재한다. 이러한 시스템들은 라이프로그에 대한 키워드 검색만을 지원할 뿐, 관계 질의를 지원하지는 못한다.
>
> 개별 라이프로그들이 관리되는 상황에서 사람들이 더욱 관심을 가지게 되는 것은 여행, 결혼식, 돌잔치 등 기억에 남는 사건들일 것이다. 라이프로그 관리 시스템은 사용자의 이러한 요구사항을 충족시키기 위해 개별 라이프로그 관리에서 한발 더 나아가 라이프로그 그룹인 라이프 이벤트를 생성·편집·검색·플레이·공유할 수 있는 기능을 제공해야 한다. 기존 라이프로그 관리 시스템들은 라이프로그 그룹을 생성하고 브라우징하기 위한 간단한 기능만을 제공할 뿐, 총체적인 라이프 이벤트 관리와 관계 데이터 모델 기반의 라이프로그 관리 시스템과 그 응용 기능을 제공하지 못하고 있다. 사용자 질의에 대해 풍부한 결과를 제공하기 위해서는 수집된 라이프로그에 충분한 정보가 태깅(Tagging)되어 있어야 한다. 또한 라이프로그에 태깅된 정보가 잘못되었을 경우 이를 수정할 수 있어야 한다. 그러나 기존 라이프로그 관리 시스템에서는 라이프로그에 추가 정보를 간단히 태깅하는 기능만을 제공할 뿐, 기존 태그 정보를 수정하는 방법은 제공하고 있지 않거나 편리한 태깅 인터페이스를 제공하지 못하고 있다.
>
> *SQL(Structured Query Language, 구조화 질의어) : 관계형 데이터베이스 관리 시스템에서 자료의 검색과 관리, 데이터베이스 스키마 생성과 수정, 데이터베이스 객체 접근 조정 관리를 위해 고안된 컴퓨터 언어

① 라이프로그는 헬스케어 분야에서 활용될 수 있다.

② 기존의 라이프로그 관리 시스템은 라이프로그 그룹 생성 기능을 갖추지 못했다.

③ 많은 사람들이 라이프로그 관리의 중요성을 인식하고 있다.

④ 기존 라이프로그 관리 시스템은 태깅된 정보 수정에 한계가 있다.

⑤ 라이프로그 간의 관계에 대한 관리가 중요해지고 있다.

03 다음 글의 내용으로 적절하지 않은 것은?

스마트 시티란 크게는 첨단 정보통신기술을 이용해 도시 생활 속에서 유발되는 교통 문제, 환경 문제, 주거 문제, 시설 비효율 등을 해결하여 시민들이 편리하고 쾌적한 삶을 누릴 수 있도록 한 '똑똑한 도시'를 뜻한다. 하지만 각국의 경제 및 발전 수준, 도시 상황과 여건에 따라 매우 다양하게 정의 및 활용되고, 접근 전략에도 차이가 있다.

스페인의 경우, 2013년 초부터 노후된 바르셀로나 도시 중심지 본 지구를 재개발하면서 곳곳에 사물 인터넷 기술을 기반으로 한 '스마트 시티' 솔루션을 시범 운영했다. 이 경험을 바탕으로 바르셀로나 곳곳이 스마트 환경으로 변화하고 있다. 가장 성공적인 프로젝트 중 하나는 센서가 움직임을 감지하여 에너지를 절약하는 스마트 LED 조명을 광범위하게 설치한 것이다. 이 스마트 가로등은 무선 인터넷의 공유기 역할을 하는 동시에 소음 수준과 공기 오염도를 분석하여 인구 밀집도까지 파악할 수 있다. 아울러 바르셀로나는 원격 관개 제어를 설치해 분수를 원격으로 제어하고, 빌딩을 스마트화해 에너지 모니터링을 시행하고 있다. 또 주차 공간에 차가 있는지 여부를 감지하는 센서를 설치한 '스마트 주차'를 도입하기도 했다.

또 항저우를 비롯한 중국의 여러 도시들은 블록체인 기술을 사물인터넷과 디지털 월렛 등에 적용하여 페이퍼리스 사회를 구현하고 있다. 알리바바의 알리페이를 통해 항저우 택시의 98%, 편의점의 95% 정도에서 모바일 결제가 가능하며, 정부 업무, 차량, 의료 등 60여 종에 달하는 서비스를 이용할 수 있다.

우리나라도 2021년 입주를 목표로 세종과 부산에 스마트 시티 국가 시범도시를 조성하고 있다. 세종에서는 인공지능, 블록체인 기술을 기반으로 한 도시를 조성해 모빌리티, 헬스케어, 교육, 에너지 환경, 거버넌스, 문화쇼핑, 일자리 등 7대 서비스를 구현한다. 이곳에서는 자율주행 셔틀버스, 전기 공유차 등을 이용할 수 있고 개인 맞춤형 의료 서비스 등을 받을 수 있다. 또 부산에서는 고령화, 일자리 감소 등의 도시문제에 대응하기 위해 로봇, 물 관리 관련 신사업을 육성한다. 로봇이 주차를 하거나 물류를 나르는 등 일상생활에서 로봇 서비스를 이용할 수 있고 첨단 스마트 물 관리 기술을 적용해 한국형 물 특화 도시모델을 구축한다.

① 나라마다 스마트 시티에서 활용되는 기능은 다를 수 있다.
② 스페인의 스마트 시티에서는 직접 인구조사를 하지 않더라도 인구 밀집도를 파악할 수 있다.
③ 스페인의 스마트 시티에서는 '스마트 주차' 기능을 통해 대리주차가 가능하다.
④ 중국의 스마트 시티에서는 지갑을 가지고 다니지 않더라도 일부 서비스를 이용할 수 있다.
⑤ 맞춤형 의료 서비스가 필요한 환자의 경우 부산보다는 세종 스마트 시티가 더 적절하다.

04 다음 글을 읽고 추론할 수 있는 내용으로 적절한 것을 〈보기〉에서 모두 고르면?

> 대선후보 경선 여론조사에서 후보에 대한 지지 정도에 따라 피조사자들은 세 종류로 분류된다. 특정 후보를 적극적으로 지지하는 사람들과 소극적으로 지지하는 사람들 그리고 기타에 해당하는 사람들이다.
>
> 후보가 두 명인 경우로 한정해서 생각해 보자. 여론조사 방식은 설문 문항에 따라 두 가지로 분류된다. 하나는 선호도 방식으로 "차기 대통령 후보로 누구를 더 선호하느냐?"라고 묻는다. 선호도 방식은 적극적으로 지지하는 사람들과 소극적으로 지지하는 사람들을 모두 지지자로 계산하는 방식이다. 이 여론조사 방식에서 적극적 지지자들과 소극적 지지자들은 모두 지지 의사를 답한다.
>
> 다른 한 방식은 지지도 방식으로 "내일(혹은 오늘) 투표를 한다면 누구를 지지하겠느냐?"라고 묻는다. 특정 후보를 적극적으로 지지하는 지지자들은 두 경쟁 후보를 놓고 두 물음에서 동일한 반응을 보일 것이다. 문제는 어느 한 후보를 적극적으로 지지하지 않는 소극적 지지자들이다. 이들은 특정 후보가 더 낫다고 생각하기 때문에 선호도를 질문할 경우에는 특정 후보를 선호한다고 대답하지만, 지지 여부를 질문할 경우에는 지지하는 후보가 없다는 '무응답'을 선택한다. 따라서 지지도 방식은 적극적 지지자만 지지자로 분류하고 나머지는 기타로 분류하는 방식에 해당한다.

보기

ㄱ. A후보가 B후보보다 적극적 지지자의 수가 많고 소극적 지지자의 수는 적을 경우, 지지도 방식을 사용할 때 A후보가 B후보보다 더 많은 지지를 받을 것이다.

ㄴ. A후보가 B후보보다 적극적 지지자의 수는 적고 소극적 지지자의 수가 많을 경우, 선호도 방식을 사용할 때 A후보가 B후보보다 더 많은 지지를 받을 것이다.

ㄷ. A후보가 B후보보다 적극적 지지자와 소극적 지지자의 수가 각각 더 많다면, 선호도 방식에 비해 지지도 방식에서 A후보와 B후보 사이의 지지자 수의 격차가 더 클 것이다.

① ㄱ
② ㄷ
③ ㄱ, ㄴ
④ ㄱ, ㄷ
⑤ ㄴ, ㄷ

01 다음은 S시 및 전국의 복지종합지원센터, 노인복지관, 자원봉사자, 등록노인 현황에 대한 자료이다. 이에 대한 〈보기〉의 설명 중 옳은 것을 모두 고르면?

〈S시 및 전국 복지종합지원센터, 노인복지관, 자원봉사자, 등록노인 현황〉

(단위 : 개소, 명)

구분	복지종합지원센터	노인복지관	자원봉사자	등록노인
A지역	20	1,336	8,252	397,656
B지역	2	126	878	45,113
C지역	1	121	970	51,476
D지역	2	208	1,388	69,395
E지역	1	164	1,188	59,050
F지역	1	122	1,032	56,334
G지역	2	227	1,501	73,825
H지역	3	363	2,185	106,745
I지역	1	60	529	27,256
전국	69	4,377	30,171	1,486,980

보기

ㄱ. A지역의 노인복지관, 자원봉사자가 전국에서 차지하는 비중은 각각 25% 이상이다.
ㄴ. A~I지역 중 복지종합지원센터 1개소당 노인복지관 수가 100개소 이하인 지역은 A, B, D, I지역이다.
ㄷ. A~I지역 중 복지종합지원센터 1개소당 자원봉사자 수가 가장 많은 지역과 복지종합지원센터 1개소당 등록노인 수가 가장 많은 지역은 동일하다.
ㄹ. 노인복지관 1개소당 자원봉사자 수는 H지역이 C지역보다 많다.

① ㄱ, ㄴ
② ㄱ, ㄷ
③ ㄱ, ㄹ
④ ㄴ, ㄷ
⑤ ㄴ, ㄹ

02 다음은 산업분야별 신입사원에게 필요한 10개 직무역량 중요도에 대한 자료이다. 이에 대한 〈보기〉의 설명 중 옳은 것을 모두 고르면?

〈산업분야별 신입사원의 직무역량 중요도〉

(단위 : 점)

직무역량＼산업분야	신소재	게임	미디어	식품
의사소통능력	4.34	4.17	4.42	4.21
수리능력	4.46	4.06	3.94	3.92
문제해결능력	4.58	4.52	4.45	4.50
자기개발능력	4.15	4.26	4.14	3.98
자원관리능력	4.09	3.97	3.93	3.91
대인관계능력	4.35	4.00	4.27	4.20
정보능력	4.33	4.09	4.27	4.07
기술능력	4.07	4.24	3.68	4.00
조직이해능력	3.97	3.78	3.88	3.88
직업윤리	4.44	4.66	4.59	4.39

※ 중요도 만점 : 5점

보기

ㄱ. 신소재 산업분야에서 중요도 상위 2개 직무역량은 '문제해결능력'과 '수리능력'이다.
ㄴ. 산업분야별 직무역량 중요도의 최댓값과 최솟값 차이가 가장 큰 것은 '미디어'이다.
ㄷ. 각 산업분야에서 중요도가 가장 낮은 직무역량은 '조직이해능력'이다.
ㄹ. 4개 산업분야 직무역량 중요도의 평균값이 가장 높은 직무역량은 '문제해결능력'이다.

① ㄱ, ㄴ
② ㄱ, ㄷ
③ ㄷ, ㄹ
④ ㄱ, ㄴ, ㄹ
⑤ ㄴ, ㄷ, ㄹ

03 다음은 A발전회사의 연도별 발전량 및 신재생에너지 공급 현황에 대한 자료이다. 이에 대한 〈보기〉의 설명 중 옳은 것을 모두 고르면?

〈A발전회사의 연도별 발전량 및 신재생에너지 공급 현황〉

구분		2019년	2020년	2021년
발전량(GWh)		55,000	51,000	52,000
신재생 에너지	공급의무율(%)	1.4	2.0	3.0
	자체공급량(GWh)	75	380	690
	인증서구입량(GWh)	15	70	160

※ [공급의무율(%)] $= \dfrac{(공급의무량)}{(발전량)} \times 100$

※ [이행량(GWh)] = (자체공급량) + (인증서구입량)

보기

ㄱ. 공급의무량은 매년 증가한다.

ㄴ. 2019년 대비 2021년 자체공급량의 증가율은 2019년 대비 2021년 인증서구입량의 증가율보다 작다.

ㄷ. 공급의무량과 이행량의 차이는 매년 증가한다.

ㄹ. 이행량에서 자체공급량이 차지하는 비중은 매년 감소한다.

① ㄱ, ㄴ 　　　　　　　② ㄱ, ㄷ

③ ㄷ, ㄹ 　　　　　　　④ ㄱ, ㄴ, ㄹ

⑤ ㄴ, ㄷ, ㄹ

| 03 | 창의수리

01 올해의 매출액과 순이익에 대한 내용이 다음과 같을 때, 올해 순이익은?[단, (순이익)＝(매출액)－(원가)이다]

- 작년 순이익보다 올해 순이익은 100% 증가했다.
- 올해의 원가는 작년 원가보다 1천만 원 감소했고, 올해 매출액은 2억 9천만 원이다.
- 작년 원가는 작년 순이익과 같다.

① 2억 원
② 2억 4천만 원
③ 2억 8천만 원
④ 3억 원
⑤ 3억 2천만 원

Hard

02 S사의 체육대회에서 올해 운영을 위한 임원진(운영위원장 1명, 운영위원 2명)을 새롭게 선출하려고 한다. 추천받은 인원은 20명이며, 임원진으로 남자와 여자가 1명 이상씩 선출되어야 한다. 추천받은 인원의 남녀 성비가 6 : 4일 때, 올해 임원을 선출할 수 있는 경우의 수는?

① 916가지
② 1,374가지
③ 1,568가지
④ 2,464가지
⑤ 2,592가지

| 04 | 언어추리

01 세계 여러 나라가 참가하는 축구 경기가 개최되었다. 조별로 예선전이 진행되었으며 S조인 A ~ D국의 예선 결과가 발표되었다. 전산 오류로 D국의 정보가 누락되었을 때, 다음 중 S조 예선 결과에 대한 설명으로 옳지 않은 것은?

〈S조 예선 결과〉

(단위 : 회, 점)

구분	경기	승	무	패	득점	실점	승점
A국	3	2	0	1	8	7	6
B국	3	0	1	2	5	7	1
C국	3	1	0	2	4	6	3

※ 득점 : 경기에서 얻은 점수
※ 실점 : 경기에서 잃은 점수
※ 승점 : 경기에서 승리 시 3점, 무승부 시 1점, 패배 시 0점을 부여하여 합산한 점수
※ 각 조에서 승점이 가장 높은 국가가 본선에 진출할 수 있음

① D국은 예선전에서 2회 승리하였다.
② B국과 D국의 경기는 무승부로 끝났다.
③ A국은 예선전에서 1회 패하였지만 본선에 진출하였다.
④ D국은 A국과의 경기에서 승리하였다.
⑤ D국의 승점은 A국의 승점보다 1점이 높다.

02 다음 글의 내용이 참일 때, 반드시 참인 것을 〈보기〉에서 모두 고르면?

A부서에서는 새로운 프로젝트인 '하늘'을 진행할 예정이다. 이 부서에는 남자 사무관 가훈, 나훈, 다훈, 라훈 4명과 여자 사무관 모연, 보연, 소연 3명이 소속되어 있다. 아래의 조건을 지키면서 이들 가운데 4명을 뽑아 '하늘' 전담팀을 꾸리고자 한다.

- 남자 사무관 가운데 적어도 1명은 뽑아야 한다.
- 여자 사무관 가운데 적어도 1명은 뽑지 말아야 한다.
- 가훈, 나훈 중 적어도 1명을 뽑으면, 라훈과 소연도 뽑아야 한다.
- 다훈을 뽑으면, 모연과 보연은 뽑지 말아야 한다.
- 소연을 뽑으면, 모연도 뽑아야 한다.

보기
ㄱ. 남녀 동수로 팀이 구성된다.
ㄴ. 다훈과 보연 둘 다 팀에 포함되지 않는다.
ㄷ. 라훈과 모연 둘 다 팀에 포함된다.

① ㄱ   ② ㄷ
③ ㄱ, ㄴ   ④ ㄴ, ㄷ
⑤ ㄱ, ㄴ, ㄷ

03 다음 중 제시문 A를 읽고 제시문 B를 판단한 것으로 옳은 것은?

[제시문 A]
- 오이보다 토마토가 더 비싸다.
- 토마토보다 참외가 더 비싸다.
- 파프리카가 가장 비싸다.

[제시문 B]
- 참외가 두 번째로 비싸다.

① 항상 참이다.   ② 항상 거짓이다.   ③ 알 수 없다.

정답 및 해설 p.036

| 01 | 언어이해

Easy

01 다음 글을 읽고 추론할 수 있는 내용으로 가장 적절한 것은?

> 한복(韓服)은 한민족 고유의 옷이다. 삼국시대의 사람들은 저고리, 바지, 치마, 두루마기를 기본적으로 입었다. 저고리와 바지는 남녀 공용이었으며, 상하 귀천에 관계없이 모두 저고리 위에 두루마기를 덧입었다. 삼국시대 이후인 남북국시대에는 서민과 귀족이 모두 우리 고유의 두루마기인 직령포(直領袍)를 입었다. 그런데 귀족은 직령포를 평상복으로만 입었고, 서민과 달리 의례와 같은 공식적인 행사에는 입지 않았다. 고려시대에는 복식 구조가 크게 변했다. 특히 귀족층은 중국옷을 그대로 받아들여 입었지만, 서민층은 우리 고유의 복식을 유지하여 복식의 이중 구조가 나타났다. 조선시대에도 한복의 기본 구성은 지속되었다. 중기나 후기에 들어서면서 한복 디자인은 한층 단순해졌고, 띠 대신 고름을 매기 시작했다. 조선 후기에는 마고자와 조끼를 입기 시작했는데, 조끼는 서양 문물의 영향을 받은 것이었다.
> 한편 조선시대 관복에는 여러 종류가 있었다. 곤룡포(袞龍袍)는 임금이 일반 집무를 볼 때 입었던 집무복[상복 : 常服]으로, 그 *흉배(胸背)에는 금색 실로 용을 수놓았다. 문무백관의 상복도 곤룡포와 모양은 비슷했다. 그러나 무관 상복의 흉배에는 호랑이를, 문관 상복의 흉배에는 학을 수놓았다. 무관들이 주로 대례복으로 입었던 구군복(具軍服)은 무관 최고의 복식이었다. 임금도 전쟁 시에는 구군복을 입었는데, 임금이 입었던 구군복에만 흉배를 붙였다.
> *흉배 : 왕을 비롯한 문무백관이 입던 관복의 가슴과 등에 덧붙였던 사각형의 장식품

① 남북국시대의 서민들은 직령포를 공식적인 행사에도 입었다.
② 고려시대에는 복식 구조가 크게 변하여 모든 계층에서 중국옷을 그대로 받아들여 입는 현상이 나타났다.
③ 조선시대 중기에 들어서면서 고름을 매기 시작했고, 후기에는 서양 문물의 영향으로 인해 마고자를 입기 시작했다.
④ 조선시대 무관이 입던 구군복의 흉배에는 호랑이가 수놓아져 있었다.
⑤ 조선시대 문관의 경우 곤룡포와 비슷한 모양의 상복에 호랑이가 수놓아진 흉배를 붙였다.

02 다음 글을 읽고 추론할 수 있는 내용으로 적절하지 않은 것은?

> '장가간다'와 '시집간다' 두 용어를 시간 순서대로 살펴보면 후자가 나중에 생겼다. 이것은 문화 변동의 문제로 볼 수 있다. 두 용어 다 '결혼한다'의 의미이다. 전자는 남자가 여자의 집으로, 후자는 여자가 남자의 집으로 가는 것을 말한다.
>
> 우리나라는 역사적으로 거주율(居住律)에 있어서 처거제를 오랫동안 유지하였다. 즉, 신혼부부가 부인의 본가에 거주지를 정하고 살림을 하면서 자녀를 키웠다. 이와 같은 거주율의 영향을 받아 고려시대까지 혈통률(血統律)에 있어서 모계제를 유지하는 삶의 방식을 취하였다.
>
> 조선시대 들어 유교적 혈통률의 영향을 받아 삶의 모습은 처거제 – 부계제로 변화하였다. 이러한 체제는 조선 전기까지 대부분 유지되었다. 친척관계 자료들을 수집하기 위해 마을을 방문할 경우, '처가로 장가를 든 선조가 이 마을의 입향조가 되었다.'는 얘기를 듣곤 하는데, 이것이 바로 처거제 – 부계제의 원리가 작동한 결과라고 말할 수 있다. 거주율과 혈통률을 결합할 경우, 혼인에 있어서는 남자의 뿌리를 뽑아서 여자의 거주지로 이전하고, 집안 계승의 측면에서는 남자 쪽을 선택하도록 한 것이다. 거주율에서는 여자의 입장을 유리하게 하고, 혈통률에서는 남자의 입장이 유리하도록 하는 균형적인 모습을 보여주고 있다.
>
> 삶의 진화선상에서 생각한다면 어떤 시점에 처거제 – 모계제를 유지하는 가족제에서 '남자의 반란'이 있었다는 가설을 제기할 수 있다. 처거제에서 부거제로 전환된 시점을 정확하게 지목하기는 힘들지만 조선 후기에 부거제가 시행된 점에 대해서는 이론의 여지가 없다. 거주율이 바뀌었다는 것은 대단한 사회변동이다. 혁명 이상의 것이라고도 할 수 있다.

① 조선 전기와 후기 사이에 커다란 사회변동이 있었다.
② 우리나라에서 부계제가 부거제보다 먼저 등장하였다.
③ 고려시대의 남성은 외가에서 어린 시절을 보냈을 것이다.
④ 조선 전기에 이르러 가족관계에서 남녀 간 힘의 균형이 무너졌다.
⑤ 우리나라의 거주율과 혈통률은 모두 남자 위주로 변화하였다.

03 다음 글의 내용으로 가장 적절한 것은?

어떤 사람이 러시아 여행을 가려고 하는데 러시아어를 전혀 모른다. 그래서 그는 러시아 여행 시 의사소통을 하기 위해 특별한 그림책을 이용할 계획을 세웠다. 그 책에는 어떠한 언어적 표현도 없고 오직 그림만 들어 있다. 그는 그 책에 있는 사물의 그림을 보여줌으로써 의사소통을 하려고 한다. 예를 들어 빵이 필요하면 상점에 가서 빵 그림을 보여주는 것이다. 그 책에는 다양한 종류의 빵 그림뿐 아니라 여행할 때 필요한 것들의 그림이 빠짐없이 담겨 있다. 과연 이 여행자는 러시아 여행을 하면서 의사소통을 성공적으로 할 수 있을까? 유감스럽게도 그럴 수 없을 것이다. 예를 들어 그가 자전거 상점에 가서 자전거 그림을 보여준다고 해보자. 자전거 그림을 보여주는 게 자전거를 사겠다는 의미로 받아들여질 것인가, 아니면 자전거를 팔겠다는 의미로 받아들여질 것인가? 결국 그는 자신이 뭘 원하는지 분명하게 전달할 수 없는 곤란한 상황에 처하게 될 것이다.

구매자를 위한 그림과 판매자를 위한 그림을 간단한 기호로 구별하여 이런 곤란을 극복하려고 해볼 수도 있다. 예컨대 자전거 그림 옆에 화살표 기호를 추가로 그려서 오른쪽을 향한 화살표는 구매자를 위한 그림을, 왼쪽을 향한 화살표는 판매자를 위한 그림임을 나타내는 것이다. 하지만 이런 방법은 의사소통에 여전히 도움이 되지 않는다. 왜냐하면 기호가 무엇을 의미하는지는 약속에 의해 결정되기 때문이다. 상대방은 어떤 것이 판매를 의미하는 화살표이고, 어떤 것이 구매를 의미하는 화살표인지 전혀 알 수 없을 것이다. 설령 상대방에게 화살표가 의미하는 것을 전달했다 하더라도 자전거를 사려는 사람이 책을 들고 있는 여행자의 바로 옆에 있는 사람이 아니라 바로 여행자 자신이라는 것은 또 무엇을 통해 전달할 수 있을까? 여행자가 사고 싶어 하는 물건이 자전거를 그린 그림이 아니라 진짜 자전거라는 것은 또 어떻게 전달할 수 있을까?

① 언어적 표현의 의미는 확정될 수 없다.
② 약속에 의해서도 기호의 의미는 결정될 수 없다.
③ 한 사물에 대한 그림은 여러 의미로 이해될 수 있다.
④ 의미가 확정된 표현이 없어도 성공적인 의사소통은 가능하다.
⑤ 상이한 사물에 대한 그림들은 동일한 의미로 이해될 수 없다.

Hard

01 다음은 지역별로 조사한 연령별 3월 및 4월 코로나 신규 확진자 수 현황에 대한 자료이다. 이에 대한 설명으로 옳은 것은?(단, 비율은 소수점 둘째 자리에서 반올림한다)

〈연령별 코로나 신규 확진자 수 현황〉

(단위 : 명)

구분		10대 미만	10대	20대	30대	40대	50대	60대	70대 이상	합계
지역	기간									
A	3월	7	29	34	41	33	19	28	35	226
	4월	5	18	16	23	21	2	22	14	121
B	3월	6	20	22	33	22	35	12	27	177
	4월	1	5	10	12	18	14	5	13	78
C	3월	2	26	28	25	17	55	46	29	228
	4월	2	14	22	19	2	15	26	22	122
D	3월	3	11	22	20	9	21	54	19	159
	4월	1	2	21	11	5	2	41	12	95
E	3월	4	58	30	37	27	41	22	57	276
	4월	2	14	15	21	13	22	11	44	142
F	3월	9	39	38	59	44	45	54	32	320
	4월	2	29	33	31	22	31	36	12	196
G	3월	0	8	10	29	48	22	29	39	185
	4월	0	3	2	22	11	8	2	13	61
H	3월	4	15	11	52	21	31	34	48	216
	4월	3	9	4	14	9	20	12	22	93
I	3월	2	11	18	35	4	33	21	19	143
	4월	0	4	4	12	4	21	7	2	54

① 각 지역의 10대 미만 4월 신규 확진자 수는 전월 대비 감소하였다.

② 20대 신규 확진자 수가 10대 신규 확진자 수보다 적은 지역 수는 3월과 4월이 동일하다.

③ 3월 신규 확진자 수가 세 번째로 많은 지역의 4월 신규 확진자 수가 가장 많은 연령대는 20대이다.

④ H지역의 4월 신규 확진자 수가 4월 전체 지역의 신규 확진자 수에서 차지하는 비율은 10% 이상 이다.

⑤ 3월 대비 4월 신규 확진자 수의 비율은 F지역이 G지역의 2배 이상이다.

| 03 | 창의수리

Easy

01 A대리는 집에서 거리가 14km 떨어진 회사에 출근할 때 자전거를 이용해 1시간 30분 동안 이동하고, 퇴근할 때는 회사에서 6.8km 떨어진 가죽공방을 들렀다가 취미활동 후 10km 거리를 이동하여 집에 도착한다. 퇴근할 때 회사에서 가죽공방까지 18분, 가죽공방에서 집까지 1시간이 걸린다면 A대리가 출·퇴근할 때의 평균속력은?

① 10km/h   ② 11km/h

③ 12km/h   ④ 13km/h

⑤ 14km/h

02 농도가 14%인 A설탕물 300g, 18%인 B설탕물 200g, 12%인 C설탕물 150g이 있다. A와 B설탕물을 합친 후 100g의 물을 더 담고, 여기에 C설탕물을 합친 후 200g만 남기고 버렸다. 이때, 마지막 설탕물 200g에 녹아있는 설탕의 양은?

① 25.6g   ② 28.7g

③ 30.8g   ④ 32.6g

⑤ 34.8g

Hard

03 S사는 이번 분기 실적에 따라 총 5천만 원의 성과급을 직원들에게 지급하려 한다. 이번 성과급을 정보에 따라 지급할 때 1급에 지급되는 성과급의 총액은?

〈정보〉

- 직원의 실적에 따라 1 ~ 4급으로 나누어 지급한다.
- 개인당 성과급은 1급은 2급의 2배, 2급은 3급의 $\frac{3}{2}$배, 3급은 4급의 $\frac{4}{3}$배의 성과급을 지급받는다.
- 1급은 3명, 2급은 12명, 3급은 18명, 4급은 20명이 성과급 지급 대상이다.

---

① 2,500,000원   ② 4,000,000원
③ 6,500,000원   ④ 7,500,000원
⑤ 8,000,000원

04 초콜릿을 3명이 나눠 먹었을 때 2개가 남고, 4명이 나눠 먹었을 때도 2개가 남는다. 초콜릿이 25개 이하일 때, 이 초콜릿을 7명이 나눠 먹을 경우 남는 초콜릿의 개수는?

① 0개   ② 1개
③ 2개   ④ 3개
⑤ 4개

| 04 | 언어추리

※ 다음 제시문을 읽고 각 문장이 항상 참이면 ①, 거짓이면 ②, 알 수 없으면 ③을 고르시오. [1~2]

- 6명의 친구가 달리기를 했다.
- A는 3등으로 들어왔다.
- B는 꼴찌로 들어왔다.
- C는 E 바로 앞에 들어왔다.
- D는 F 바로 앞에 들어왔다.

01 D가 4등이라면 E는 2등일 것이다.

① 참 　　　　　　　 ② 거짓 　　　　　　　 ③ 알 수 없음

02 C는 1등으로 들어왔다.

① 참 　　　　　　　 ② 거짓 　　　　　　　 ③ 알 수 없음

Hard

03 하경이는 A ~ C 3종류의 과자를 총 15개 구매하였다. 3종류의 과자를 다음 주어진 정보에 맞게 구매했을 때, 항상 옳은 것을 〈보기〉에서 모두 고르면?

〈정보〉
- A ~ C과자는 각각 2개 이상 구매하였다.
- B과자는 A과자 개수의 2배 이상 구매하였다.
- C과자는 B과자 개수보다 같거나 많았다.
- A과자와 B과자 개수 합은 6개를 넘었다.

보기
ㄱ. 하경이는 B과자를 7개 이상 구매하지 않았다.
ㄴ. 하경이는 C과자를 7개 이상 구매했다.
ㄷ. 하경이는 A과자를 2개 구매했다.

① ㄱ 　　　　　　　　　　　　 ② ㄴ
③ ㄱ, ㄴ 　　　　　　　　　　 ④ ㄷ
⑤ ㄴ, ㄷ

정답 및 해설 p.040

| 01 | 언어이해

01 다음 글을 읽고 추론할 수 있는 내용으로 적절하지 않은 것은?

> 개발도상국으로 흘러드는 외국자본은 크게 원조, 부채, 투자가 있다. 원조는 다른 나라로부터 지원받는 돈으로, 흔히 해외 원조 혹은 공적개발원조라고 한다. 부채는 은행 융자와 정부 혹은 기업이 발행한 채권으로, 투자는 포트폴리오 투자와 외국인 직접투자로 이루어진다. 포트폴리오 투자는 경영에 대한 영향력보다는 경제적 수익을 추구하기 위한 투자이고, 외국인 직접투자는 회사 경영에 일상적으로 영향력을 행사하기 위한 투자이다.
> 개발도상국에 유입되는 이러한 외국자본은 여러 가지 문제점을 보이고 있다. 해외 원조는 개발도상국에 대한 경제적 효과가 있다고 여겨져 왔으나 최근 경제학자들 사이에서는 그러한 경제적 효과가 없다는 주장이 점차 힘을 얻고 있다.
> 부채는 변동성이 크다는 단점이 지적되고 있다. 특히 은행 융자는 변동성이 큰 것으로 유명하다. 예컨대 1998년 개발도상국에 대하여 이루어진 은행 융자 총액은 500억 달러였다. 하지만 1998년 러시아와 브라질, 2002년 아르헨티나에서 일어난 일련의 금융 위기가 개발도상국을 강타하여 1999 ~ 2002년의 4개년 동안에는 은행 융자 총액이 연평균 −65억 달러가 되었다가, 2005년에는 670억 달러가 되었다. 은행 융자만큼 변동성이 큰 것은 아니지만 채권을 통한 자본 유입 역시 변동성이 크다. 외국인은 1997년에 380억 달러의 개발도상국 채권을 매수했다. 그러나 1998 ~ 2002년에는 연평균 230억 달러로 떨어졌고, 2003 ~ 2005년에는 연평균 440억 달러로 증가했다.
> 한편 포트폴리오 투자는 은행 융자만큼 변동성이 크지는 않지만 채권에 비하면 변동성이 크다. 개발도상국에 대한 포트폴리오 투자는 1997년의 310억 달러에서 1998 ~ 2002년에는 연평균 90억 달러로 떨어졌고, 2003 ~ 2005년에는 연평균 410억 달러에 달했다.

① 개발도상국에 대한 투자는 경제적 수익뿐만 아니라 회사 경영에 영향력을 행사하기 위해서도 이루어질 수 있다.

② 해외 원조는 개발도상국에 대한 경제적 효과가 없다고 주장하는 경제학자들이 있다.

③ 개발도상국에 유입되는 외국자본에는 해외 원조, 은행 융자, 채권, 포트폴리오 투자, 외국인 직접투자가 있다.

④ 개발도상국에 대한 2005년의 은행 융자 총액은 1998년의 수준을 회복하지 못하였다.

⑤ 1998 ~ 2002년과 2003 ~ 2005년의 연평균 금액을 비교할 때, 개발도상국에 대한 포트폴리오 투자가 채권보다 증감액이 크다.

> 두뇌 연구는 지금까지 뉴런을 중심으로 진행되어 왔다. 뉴런 연구로 노벨상을 받은 카알은 뉴런이 '생각의 전화선'이라는 이론을 확립하여 사고와 기억 등 두뇌에서 일어나는 모든 현상을 뉴런의 연결망과 뉴런 간의 전기 신호로 설명했다. 그러나 두뇌에는 뉴런 외에도 신경교 세포가 존재한다. 신경교 세포는 뉴런처럼 그 수가 많지만 전기 신호를 전달하지 못한다. 이 때문에 과학자들은 신경교 세포가 단지 두뇌 유지에 필요한 영양 공급과 두뇌 보호를 위한 전기 절연의 역할만을 가진다고 여겼다.
>
> 최근 과학자들은 신경교 세포에서 그 이상의 기능을 발견했다. 신경교 세포 중에도 '성상세포'라 불리는 별 모양의 세포는 자신만의 화학적 신호를 가진다는 것이 밝혀졌다. 성상세포는 뉴런처럼 전기를 이용하지는 않지만, '뉴런송신기'라고 불리는 화학물질을 방출하고 감지한다. 과학자들은 이러한 화학적 신호의 연쇄반응을 통해 신경교 세포가 전체 뉴런을 조정한다고 추론했다.
>
> A연구팀은 신경교 세포가 전체 뉴런을 조정하면서 기억력과 사고력을 향상시킨다고 예상하고서, 이를 확인하기 위해 인간의 신경교 세포를 갓 태어난 생쥐의 두뇌에 주입했다. 쥐가 자라면서 주입된 인간의 신경교 세포도 성장했다. 이 세포들은 쥐의 뉴런들과 완벽하게 결합되어 쥐의 두뇌 전체에 걸쳐 퍼지게 되었다. 심지어 어느 두뇌 영역에서는 쥐의 뉴런의 숫자를 능가하기도 했다. 뉴런과 달리 쥐와 인간의 신경교 세포는 비교적 쉽게 구별된다. 인간의 신경교 세포는 매우 길고 무성한 섬유질을 가지기 때문이다. 쥐에 주입된 인간의 신경교 세포는 그 기능을 그대로 간직한다. 그렇게 성장한 쥐들은 다른 쥐들과 잘 어울렸고, 다른 쥐들의 관심을 끄는 것에 흥미를 보였다. 이 쥐들은 미로를 통과해 치즈를 찾는 테스트에서 더 뛰어났다. 보통의 쥐들은 네다섯 번의 시도 끝에 올바른 길을 배웠지만, 인간의 신경교 세포를 주입받은 쥐들은 두 번 만에 학습했다.

① 인간의 신경교 세포를 쥐에게 주입하면, 쥐의 뉴런은 전기 신호를 전달하지 못할 것이다.
② 인간의 뉴런 세포를 쥐에게 주입하면, 쥐의 두뇌에는 화학적 신호의 연쇄 반응이 더 활발해질 것이다.
③ 인간의 뉴런 세포를 쥐에게 주입하면, 그 뉴런 세포는 쥐의 두뇌 유지에 필요한 영양을 공급할 것이다.
④ 인간의 신경교 세포를 쥐에게 주입하면, 그 신경교 세포는 쥐의 뉴런을 보다 효과적으로 조정할 것이다.
⑤ 인간의 신경교 세포를 쥐에게 주입하면, 그 신경교 세포는 쥐의 신경교 세포의 기능을 갖도록 변화할 것이다.

03 다음 글에서 알 수 있는 내용으로 가장 적절한 것은?

국내에서 벤처버블이 발생한 1999 ~ 2000년 동안 한국뿐 아니라 미국, 유럽 등 전세계 주요 국가에서 벤처버블이 나타났다. 미국 나스닥의 경우 1999년 초 이후에 주가가 급상승하여 2000년 3월을 전후해서 정점에 이르렀는데, 이는 한국의 주가 흐름과 거의 일치한다. 또한 한국에서는 1998년 5월부터 외국인의 종목별 투자한도를 완전 자유화하였는데, 외환위기 이후 해외투자를 유치하기 위한 이런 주식시장의 개방은 주가 상승에 영향을 미쳤다. 외국인 투자자들은 벤처버블이 정점에 이르렀던 1999년 12월에 벤처기업으로 구성되어 있는 코스닥 시장에서 투자금액을 이전 달의 1조 4천억 원에서 8조 원으로 늘렸으며 투자비중도 늘렸다.

또한 벤처버블 당시 국내에서는 인터넷이 급속히 확산되고 있었다. 초고속 인터넷 서비스는 1998년 첫 해에 1만 3천 가구에 보급되었지만 1999년에는 34만 가구로 확대되었다. 또한 1997년 163만 명이던 인터넷 이용자는 1999년에 천만 명으로 폭발적으로 증가하였다. 이처럼 초고속 인터넷의 보급과 인터넷 사용인구의 급증은 뚜렷한 수익모델이 없는 업체라 할지라도 인터넷을 활용한 비즈니스를 내세우면 투자자들 사이에서 높은 잠재력을 가진 기업으로 인식되는 효과를 낳았다.

한편 1997년 8월에 시행된 벤처기업 육성에 관한 특별조치법은 다음과 같은 상황으로 인해 제정되었다. 법 제정 당시 우리 경제는 혁신적 기술이나 비즈니스 모델에 의한 성장보다는 설비확장에 토대한 외형성장에 주력해 왔다. 그러나 급격한 임금상승, 공장용지와 물류 및 금융 관련 비용 부담증가, 후발국가의 추격 등은 우리 경제가 하루빨리 기술과 지식을 경쟁력의 기반으로 하는 구조로 변화해야 할 필요성을 높였다. 게다가 1997년 말 외환위기로 30대 재벌의 절반이 부도 또는 법정관리에 들어가게 되면서 재벌을 중심으로 하는 경제성장 방식의 한계가 지적되었고, 이에 따라 우리 경제는 고용창출과 경제성장을 주도할 새로운 기업군을 필요로 하게 되었다. 이로 인해 시행된 벤처기업 육성 정책은 벤처기업에 세제 혜택은 물론, 기술개발, 인력공급, 입지공급까지 다양한 지원을 제공하면서 벤처기업의 폭증에 많은 영향을 주게 되었다.

① 해외 주식시장의 주가 상승은 국내 벤처버블 발생의 주요 원인이 되었다.
② 벤처버블은 한국뿐 아니라 전 세계 모든 국가에서 거의 비슷한 시기에 발생했다.
③ 국내의 벤처기업 육성 정책 실행은 한국 경제구조 변화의 필요성과 관련을 맺고 있다.
④ 국내 초고속 인터넷 서비스 확대는 벤처기업을 활성화시켰으나 대기업 침체의 요인이 되었다.
⑤ 외환위기는 새로운 기업과 일자리 창출의 필요성을 불러왔고, 해외 주식을 대규모로 매입하는 계기가 되었다.

| 02 | 자료해석

Hard

01 추 5개 A ~ E가 있다. 다음 조합에 따른 추의 무게를 참고하였을 때 가장 무거운 추와 그 무게는 얼마인가?

〈조합별 추 무게〉

구분	추	무게
조합 1	A+B+C	10kg
조합 2	B+C+E	15kg
조합 3	A+D+E	13kg
조합 4	B+C+D	12kg
조합 5	B+D+E	14kg

① A, 6kg
② C, 7kg
③ D, 6kg
④ E, 6kg
⑤ E, 7kg

Easy

02 S사는 사무실을 새롭게 꾸미기 위해 바닥에 붙일 타일을 구매하려고 한다. 타일을 붙일 사무실 바닥의 크기는 가로 8m, 세로 10m이며, 다음 3개의 타일 중 하나를 선택하여 구매하려고 한다. 가장 저렴한 타일을 구매한다면 어느 타일을 선택하며, 선택된 타일의 가격은 얼마인가?

〈업체별 타일 정보〉

구분	크기(가로×세로)	단가(원)	배송비
A타일	20cm×20cm	1,000	50,000원
B타일	250mm×250mm	1,500	30,000원
C타일	25cm×20cm	1,250	75,000원

① A타일, 1,950,000원
② A타일, 2,050,000원
③ B타일, 1,950,000원
④ B타일, 2,050,000원
⑤ C타일, 1,950,000원

| 03 | 창의수리

Easy

01 며칠 전 S씨는 온라인 쇼핑몰 S마켓에서 1개당 7,500원인 A상품을 6개, 1개당 8,000원인 B상품을 5개를 구매하였고 배송비는 무료였다. 오늘 두 물건을 받아본 S씨는 두 물건을 모두 반품하고 회수되는 금액으로 한 개당 5,500원인 C상품을 사려고 한다. A상품과 B상품을 함께 반품할 때 반품 배송비는 총 5,000원이며, C상품을 구매할 때에는 3,000원의 배송비가 발생한다. C상품을 몇 개 구매할 수 있는가?

① 14개 　　　　　　　　　　　　② 15개
③ 16개 　　　　　　　　　　　　④ 17개
⑤ 18개

02 S사의 회의실 기존 비밀번호는 862#이다. T부장은 기존 비밀번호에서 첫 번째에서 세 번째 자리까지는 0 ~ 9의 숫자를 사용하고, 마지막 네 번째 자리는 특수기호 #, *을 사용하여 비밀번호를 변경하였다. 이때 S사 회의실의 변경된 비밀번호가 기존 비밀번호 네 자리 중 한 자리와 그 문자가 같을 확률(예 726#)은?(단, 0 ~ 9의 숫자는 중복하여 사용할 수 있다)

① $\dfrac{972}{1,000}$ 　　　　　　　　② $\dfrac{486}{1,000}$

③ $\dfrac{376}{1,000}$ 　　　　　　　　④ $\dfrac{243}{1,000}$

⑤ $\dfrac{154}{1,000}$

A와 B는 주사위 두 개를 던져서 나온 눈의 합에 따라 게임판에 적힌 점수를 얻는 게임을 하였다. A와 B가 각각 한 번씩 주사위 두 개를 던지는 것을 한 판으로 하여 총 두 판을 진행하게 되며, 두 판의 점수 합이 큰 사람이 이기게 된다. A가 첫 판에 던진 두 주사위 눈의 합이 4였을 때, B가 이길 확률은?

주사위 눈의 합(점수)	2 (0점)	3 (2점)	4 (1점)
12 (0점)			5 (2점)
11 (0점)			6 (0점)
10 (2점)	9 (0점)	8 (1점)	7 (1점)

① $\dfrac{8,310}{36^3}$

② $\dfrac{9,310}{36^3}$

③ $\dfrac{14,310}{36^3}$

④ $\dfrac{15,310}{36^3}$

⑤ $\dfrac{16,310}{36^3}$

| 04 | 언어추리

01 S사의 배터리개발부, 생산기술부, 전략기획부, 품질보증부는 지원자의 전공에 따라 신입사원을 뽑았다. 다음 〈조건〉을 참고할 때, 항상 참인 것은?

> **조건**
>
> • S사의 배터리개발부, 생산기술부, 전략기획부, 품질보증부에서 순서대로 각각 2명, 1명, 1명, 3명의 신입사원을 뽑는다.
> • 배터리개발부는 재료공학을, 생산기술부는 화학공학, 전략기획부는 경영학, 품질보증부는 정보통신학과 졸업생을 뽑았다.
> • A, B, C, D, E, F, G지원자가 S사 신입사원으로 합격하였으며, A, B, E지원자만 복수전공을 하였고 가능한 부서에 모두 지원하였다.
> • A지원자는 복수전공을 하여 배터리개발부와 생산기술부에 지원하였다.
> • B지원자는 경영학과 정보통신학을 전공하였다.
> • E지원자는 화학공학과 경영학을 전공하였다.
> • C지원자는 품질보증부에 지원하였다.
> • D지원자는 배터리개발부의 신입사원으로 뽑혔다.
> • F와 G지원자는 같은 학과를 졸업하였다.

① A지원자는 배터리개발부의 신입사원으로 뽑히지 않았다.
② B지원자는 품질보증부의 신입사원으로 뽑혔다.
③ E지원자는 생산기술부의 신입사원으로 뽑혔다.
④ F지원자는 품질보증부의 신입사원으로 뽑히지 않았다.
⑤ G지원자는 배터리개발부의 신입사원으로 뽑혔다.

09 2020년 상반기 기출복원문제

정답 및 해설 p.044

| 01 | 언어이해

Easy

01 다음 글을 읽고 레드 와인의 효능으로 보기에 적절하지 않은 것을 고르면?

> 알코올이 포함된 술은 무조건 건강에 좋지 않다고 생각하는 사람들이 많다. 그러나 포도를 이용하여 담근 레드 와인은 의외로 건강에 도움이 되는 성분들을 다량으로 함유하고 있어 적당량을 섭취할 경우 건강에 효과적일 수 있다.
>
> 레드 와인은 심혈관 질환을 예방하는 데 특히 효과적이다. 와인에 함유된 식물성 색소인 플라보노이드 성분은 나쁜 콜레스테롤의 수치를 떨어트리고, 좋은 콜레스테롤의 수치를 상대적으로 향상시킨다. 이는 결국 혈액 순환 개선에 도움이 되어 협심증이나 뇌졸중 등의 심혈관 질환 발병률을 낮출 수 있다.
>
> 레드 와인은 노화 방지에도 효과적이다. 레드 와인은 항산화 물질인 폴리페놀 성분을 다량 함유하고 있는데, 활성산소를 제거하는 항산화 성분이 몸속에 쌓여 노화를 빠르게 촉진시키는 활성산소를 내보냄으로써 노화를 자연스럽게 늦출 수 있는 것이다.
>
> 또한 레드 와인을 꾸준히 섭취할 경우 섭취하기 이전보다 뇌의 활동량과 암기력이 높아지는 것으로 알려져 있다. 레드 와인에 함유된 레버라트롤이란 성분이 뇌의 노화를 막아주고 활동량을 높이는 데 도움을 주기 때문이다. 이를 통해 인지력과 기억력이 향상되고 나아가 노인성 치매와 편두통 등의 뇌와 관련된 질병을 예방할 수 있다.
>
> 레드 와인은 면역력을 상승시켜주기도 한다. 면역력이란 외부의 바이러스나 세균 등의 침입을 방어하는 능력을 말하는데, 레드 와인에 포함된 쿼르세틴과 갈산이 체온을 상승시켜 체내의 면역력을 높인다.
>
> 이외에도 레드 와인은 위액의 분비를 촉진하여 소화를 돕고 식욕을 촉진시키기도 한다. 그러나 와인을 마실 때 상대적으로 떫은맛이 강한 레드 와인부터 마시게 되면 탄닌 성분이 위벽에 부담을 주고 소화를 방해할 수 있다. 따라서 단맛이 적고 신맛이 강한 스파클링 와인이나 화이트 와인부터 마신 후 레드 와인을 마시는 것이 좋다.

① 위벽 보호   ② 식욕 촉진

③ 노화 방지   ④ 기억력 향상

⑤ 면역력 강화

02 다음 글의 밑줄 친 (가)와 (나)에 대해 추론할 수 있는 내용으로 가장 적절한 것은?

> 최근 경제신문에는 기업의 사회적 책임을 반영한 마케팅 용어들이 등장하고 있다. 그중 하나인 코즈 마케팅(Cause Marketing)은 기업이 환경, 보건, 빈곤 등과 같은 사회적인 이슈, 즉 코즈(Cause)를 기업의 이익 추구를 위해 활용하는 마케팅 기법으로, 기업이 추구하는 사익과 사회가 추구하는 공익을 동시에 얻는 것을 목표로 한다. 소비자는 사회적인 문제들을 해결하려는 기업의 노력에 호의적인 반응을 보이게 되고, 결국 기업의 선한 이미지가 제품 구매에 영향을 미치는 것이다.
>
> 미국의 카드 회사인 (가) <u>아메리칸 익스프레스</u>는 1850년 설립 이후 전 세계에 걸쳐 개인 및 기업에 대한 여행이나 금융 서비스를 제공하고 있다. 1983년 아메리칸 익스프레스사는 기존 고객이 자사의 신용카드로 소비할 때마다 1센트씩, 신규 고객이 가입할 때마다 1달러씩 '자유의 여신상' 보수 공사를 위해 기부하기로 하였다. 해당 기간 동안 기존 고객의 카드 사용률은 전년 동기 대비 28% 증가하였고, 신규 카드의 발급 규모는 45% 증가하였다.
>
> 현재 코즈 마케팅을 활발하게 펼치고 있는 대표적인 사회적 기업으로는 미국의 신발 회사인 (나) <u>탐스(TOMS)</u>가 있다. 탐스의 창업자는 여행을 하던 중 가난한 아이들이 신발을 신지도 못한 채로 거친 땅을 밟으면서 각종 감염에 노출되는 것을 보고 그들을 돕기 위해 신발을 만들었고, 신발 하나를 구매하면 아프리카 아이들에게도 신발 하나를 선물한다는 'One for One' 마케팅을 시도했다. 이를 통해 백만 켤레가 넘는 신발이 기부되었고, 소비자는 만족감을 얻는 동시에 어려운 아이들을 도왔다는 충족감을 얻게 되었다. 전 세계의 많은 소비자들이 동참하면서 탐스는 3년 만에 4,000%의 매출을 올렸다.

① (가)는 기업의 사익보다 공익을 우위에 둔 마케팅을 펼침으로써 신규 고객을 확보할 수 있었다.

② (가)가 큰 이익을 얻을 수 있었던 이유는 소비자의 니즈(Needs)를 정확히 파악했기 때문이다.

③ (나)는 기업의 설립 목적과 어울리는 코즈(Cause)를 연계시킴으로써 높은 매출을 올릴 수 있었다.

④ (나)는 높은 매출을 올렸으나, 기업의 일방적인 기부 활동으로 인해 소비자의 공감을 이끌어 내는 데 실패하였다.

⑤ (나)는 기업의 사회적 책임을 강조하기 위해 기업의 실익을 포기하였지만, 오히려 반대의 효과를 얻을 수 있었다.

01 다음은 중성세제 브랜드별 용량 및 가격에 대한 자료이다. 각 브랜드가 용량에 대한 가격을 조정했을 때, 브랜드별 판매 가격 및 용량 변경 전과 변경 후의 판매 가격 차이가 바르게 연결된 것은?

〈브랜드별 중성세제 판매 가격 및 용량〉

(단위 : 원, L)

구분	변경 전	1L당 가격	용량	변경 후	1L당 가격	용량
A브랜드		8,000	1.3		8,200	1.2
B브랜드		7,000	1.4		6,900	1.6
C브랜드		3,960	2.5		4,000	2.0
D브랜드		4,300	2.4		4,500	2.5

	A브랜드	B브랜드	C브랜드	D브랜드
①	550원 증가	1,220원 감소	2,000원 증가	930원 증가
②	560원 감소	1,240원 증가	1,900원 감소	930원 증가
③	550원 감소	1,240원 증가	1,900원 증가	930원 증가
④	560원 증가	1,240원 감소	2,000원 감소	900원 감소
⑤	560원 감소	1,220원 증가	1,900원 감소	900원 감소

02 서울에서 사는 S씨는 휴일에 가족들과 경기도 맛집에 가기 위해 오후 3시에 집 앞으로 중형 콜택시를 불렀다. 집에서 맛집까지 거리는 12.56km이며, 집에서 맛집으로 출발하여 4.64km 이동하면 경기도에 진입한다. 맛집에 도착할 때까지 교통신호로 인해 택시가 멈췄던 시간은 8분이며, 택시의 속력은 이동 시 항상 60km/h 이상이었다. 다음 자료를 참고할 때, S씨가 지불하게 될 택시요금은 얼마인가?(단, 콜택시의 예약비용은 없으며, 교통신호로 인해 멈춘 시간은 모두 경기도 진입 후이다)

〈서울시 택시요금 계산표〉

구분			신고요금
중형택시	주간	기본요금	2km까지 3,800원
		거리요금	100원 당 132m
		시간요금	100원 당 30초
	심야	기본요금	2km까지 4,600원
		거리요금	120원 당 132m
		시간요금	120원 당 30초
	공통사항		− 시간·거리 부분 동시병산(15.33km/h 미만 시) − 시계 외 할증 20% − 심야(00:00 ~ 04:00)할증 20% − 심야·시계 외 중복할증 40%

※ 시간요금은 속력이 15.33km/h 미만이거나 멈춰 있을 때 적용됨
※ 서울시에서 다른 지역으로 진입 후 시계 외 할증(심야 거리 및 시간요금)이 적용됨

① 13,800원

② 14,000원

③ 14,220원

④ 14,500원

⑤ 14,920원

| 03 | 창의수리

01 다음과 같은 〈조건〉을 만족하는 100 이하의 자연수를 7로 나눴을 때의 나머지로 옳은 것은?

> **조건**
> • 3으로 나누면 1이 남는다.
> • 4로 나누면 2가 남는다.
> • 5로 나누면 3이 남는다.
> • 6으로 나누면 4가 남는다.

① 1   ② 2
③ 3   ④ 4
⑤ 5

Easy

02 다음 〈조건〉에 따라 여섯 개의 문자 A, B, C, 1, 2, 3으로 여섯 자리의 문자조합을 만든다고 할 때, 가능한 여섯 자리 조합의 경우의 수는?

> **조건**
> • 1~3번째 자리에는 알파벳, 4~6번째 자리에는 숫자가 와야 한다.
> • 각 문자는 중복 사용이 가능하지만 동일한 알파벳은 연속으로 배치할 수 없다.
>   예 11A(○), 1AA(×), ABA(○)

① 225가지   ② 256가지
③ 300가지   ④ 324가지
⑤ 365가지

Hard

03 S회사에 있는 에스컬레이터는 일정한 속력으로 올라간다. A사원과 B사원은 동시에 에스컬레이터를 타고 올라가면서 서로 일정한 속력으로 한 걸음에 한 계단씩 걸어 올라간다. A사원의 걷는 속력이 B사원의 속력보다 2배 빠르고, A사원은 30걸음으로, B사원은 20걸음으로 에스컬레이터를 올라갔을 때, 이 에스컬레이터에서 항상 일정하게 보이는 계단의 수는?

① 38개   ② 40개
③ 56개   ④ 60개
⑤ 52개

04 S팀의 A~F 6명은 모여서 회의를 하기로 했다. 회의실의 여섯 자리에는 A, B, C, D, E, F의 순으로 자리가 지정되어 있었는데 이 사실을 모두 모른 채 각자 앉고 싶은 곳에 앉았다. 이때 E를 포함한 4명은 지정석에 앉지 않았고 나머지 2명은 지정석에 앉았을 확률은?

① $\dfrac{1}{2}$ ② $\dfrac{1}{3}$

③ $\dfrac{1}{4}$ ④ $\dfrac{1}{8}$

⑤ $\dfrac{1}{9}$

05 S사 필기시험에 합격한 9명의 신입사원 중 7명의 점수는 78점, 86점, 61점, 74점, 62점, 67점, 76점이었다. 50점 이상만이 합격하였고 9명의 평균 점수는 72점이었으며 모두 자연수였다. 9명 중 최고점과 중앙값의 차이가 가장 클 때, 그 차이는?

① 18점   ② 20점

③ 22점   ④ 24점

⑤ 26점

정답 및 해설 p.047

|01| 언어이해

01 다음 (A)와 (B)를 종합하여 추론할 수 있는 내용으로 가장 적절한 것은?

> (A) 집적 인자란 생산이 일정 장소에서 어느 수준 이상 집중함으로써 얻어지는 생산 내지 판매상의
>   이익을 뜻한다. 공장이 서로 모여서 접촉함으로써 비용을 줄여 이익을 얻을 수 있는 것이므로
>   이를 집적 이익이라고 불렀다. 이러한 집적을 순수 집적이라고 하는데, 순수 집적에는 경영의
>   규모가 확대되어 이익을 얻는 규모 집적과 경영 단위 수가 많이 모여서 이익을 얻는 사회적 집
>   적이 있다.
> (B) 운송비 최소점에서의 집적을 살펴보면 아래 그림에서 최소 규모의 세 개의 공장이 각각 운송비
>   최소점 P_1, P_2, P_3에 분산 입지하며 각 최소 운송비가 같다고 할 때 집적이 성립하기 위해서는
>   두 개 이상의 공장이 운송비 최소점에 입지해야 한다. 또 세 개의 공장이 집적하기 위해서는
>   각 공장의 a_3의 등비용선이 교차하는 면에서 집적 이익이 얻어질 수 있기 때문에 이 교차 면이
>   집적지로 성립하게 된다. 이때 등비용선이란 노동 공급 지점에서 절약되는 노동비와 최소 운송
>   비 지점에서 그곳까지 이동할 때 투입되는 운송비 상승액이 동일한 지점을 연결한 선을 말한다.
>
>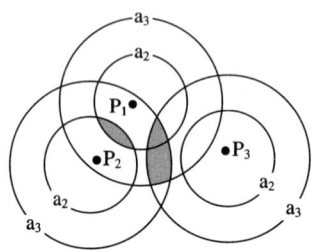

① 공장의 집적을 통해 이익을 얻을 수 있지만, 그에 따른 문제점이 발생할 수 있다.
② 사회적 집적보다 규모 집적을 통해 더 많은 이익을 얻을 수 있다.
③ 집적 이익을 최대화하기 위해서는 같은 업종의 공장을 집적시켜야 한다.
④ 두 공장이 집적하는 것보다 세 개의 공장이 집적하는 것이 더 많은 이익을 얻을 수 있다.
⑤ 공장의 집중으로 인해 이익보다 손해가 커질 경우 분산을 통해 문제를 해결할 수 있다.

Hard

02

> 비만 환자의 경우 식사 조절을 통한 섭취량 감소가 중요하므로 적절한 식이요법이 필요하다. 먼저 환자의 표준 체중에 대한 기초대사량과 활동대사량을 파악하고, 이에 따라 3대 영양소인 단백질과 지방, 탄수화물의 섭취량을 조절해야 한다.
>
> 표준 체중은 남성의 경우 $[키(m)]^2 \times 22kg$으로 계산하고, 여성의 경우에는 $[키(m)]^2 \times 21kg$으로 계산한다. 성인의 하루 기초대사량은 $1kcal \times (표준 체중) \times 24$로 계산하고, 활동대사량은 활동의 정도에 따라 기초대사량에 0.2배(정적 활동), 0.4배(보통 활동), 0.8배(격심한 활동)를 곱한다. 기초대사량에 활동대사량을 합한 값이 성인이 하루에 필요로 하는 칼로리가 된다.
>
> 필요한 칼로리가 정해지면 우선 단백질의 섭취량을 계산하고, 나머지를 지방과 탄수화물로 배분한다. 성인의 하루 단백질 섭취량은 표준 체중을 기준으로 0.8 ~ 1.2g/kg(평균 1.13g/kg)이며, 비만 환자가 저열량 식이 조절을 하는 경우에는 1.2 ~ 1.5g/kg(평균 1.35g/kg)으로 계산한다. 지방은 전체 필요 칼로리 중 20% 이하로 섭취하는 것이 좋으며, 콜레스테롤은 하루 300mg 이하로 제한하는 것이 좋다. 탄수화물의 경우 섭취량이 부족하면 단백질을 분해하여 포도당을 생성하게 되므로 케톤산증을 유발할 수 있다. 따라서 총 섭취 칼로리의 55 ~ 60% 정도의 섭취를 권장하며, 반드시 최소 100g 정도의 탄수화물을 섭취해야 한다.

① 신장 178cm인 성인 남성의 표준 체중은 약 69.7kg이 된다.

② 주로 정적 활동을 하는 남성의 표준 체중이 73kg이라면 하루에 필요한 칼로리는 2,102.4kcal 이다.

③ 표준 체중이 55kg인 성인 여성의 경우 하루 평균 62.15g의 단백질을 섭취하는 것이 좋다.

④ 주로 보통 활동을 하는 비만 환자의 경우에도 하루에 반드시 최소 100g 정도의 탄수화물을 섭취해야 한다.

⑤ 주로 보통 활동을 하는 성인 남성의 하루 기초대사량이 1,728kcal라면 하루 300g 이하의 지방을 섭취하는 것이 좋다.

03

평생 소득 이론에 따르면 가계는 현재의 소득뿐 아니라 평생 동안의 소득을 계산하여 효용이 극대화되도록 각 기간의 소비를 배분한다. 이때 평생 소득이란 평생 동안 소비에 사용할 수 있는 소득으로, 이는 근로 소득과 같은 인적 자산뿐만 아니라 금융 자산이나 실물 자산과 같은 비인적 자산을 모두 포함한다.

다음은 평생 소득 이론을 이해하기 위한 식이다. ㉠은 어떤 개인이 죽을 때까지 벌어들이는 소득인 평생 소득을 보여준다. ㉡은 평생 소득을 남은 생애 기간으로 나눈 값으로, 연간 평균 소득에 해당한다. 이때 남은 생애 기간은 사망 나이에서 현재 나이를 뺀 기간이다.

㉠ (평생 소득)=(비인적 자산)+[(은퇴 나이)−(현재 나이)]×(근로 소득)

㉡ (연간 평균 소득)=α×(비인적 자산)+β×(근로 소득)

※ $\alpha=\dfrac{1}{(\text{사망 나이})-(\text{현재 나이})}$, $\beta=\dfrac{(\text{은퇴 나이})-(\text{현재 나이})}{(\text{사망 나이})-(\text{현재 나이})}$

㉡의 양변을 현재의 근로 소득으로 나누면 평균 소비 성향이 되는데, 이를 이용하면 근로 소득이 증가함에 따라 단기 평균 소비 성향이 감소하지만 장기 평균 소비 성향에는 큰 영향을 미치지 않는 이유를 설명할 수 있다. 즉, 근로 소득은 경기 변동에 민감하게 반응하기 때문에 경기가 좋아지면 단기간에 상승하지만, 비인적 자산은 경기에 민감하게 반응하지 않으므로 근로 소득이 상승하는 만큼 단기간에 상승하지 않는다. 하지만 장기적으로는 근로 소득과 비인적 자산이 거의 비슷한 속도로 성장하므로 소득의 증가에도 불구하고 평균 소비 성향은 일정하게 유지된다.

① 개인이 근로를 통해 벌어들인 소득 외에 주식이나 부동산, 자동차 등도 평생 소득에 포함된다.

② 평생 소득은 근로 소득에 은퇴 시점까지의 기간을 곱한 값에 비인적 자산을 합한 값이다.

③ 소비는 근로 소득뿐만 아니라 현재 보유하고 있는 비인적 자산의 규모에 의해서도 결정된다.

④ 평균 기대 수명의 증가로 정년이 증가한다면 평생 소득도 증가한다.

⑤ 연봉 상승으로 인해 근로 소득이 계속해서 증가한다면 평생 동안 평균 소비 성향은 계속해서 감소하게 된다.

04 다음 글을 읽고 추론할 수 있는 내용으로 가장 적절한 것은?

> 세계대전이 끝난 후 미국의 비행기 산업이 급속도로 성장하기 시작하자 영국과 프랑스 정부는 미국을 견제하기 위해 초음속 여객기인 콩코드를 함께 개발하기로 결정했다. 양국의 지원을 받으며 탄생한 콩코드는 일반 비행기보다 2배 빠른 마하 2의 속도로 비행하면서 평균 8시간 걸리는 파리 ~ 뉴욕 구간을 3시간대에 주파할 수 있게 되었다. 그러나 콩코드의 낮은 수익성이 문제가 되었다. 콩코드는 일반 비행기에 비해 많은 연료가 필요했고, 몸체가 좁고 길어 좌석 수도 적었다. 일반 비행기에 300명 정도를 태울 수 있었다면 콩코드는 100명 정도만 태울 수 있었다. 연료 소비량은 많은데 태울 수 있는 승객 수는 적으니 당연히 항공권 가격은 비싸질 수밖에 없었다. 좁은 좌석임에도 불구하고 가격은 일반 항공편의 퍼스트클래스보다 3배 이상 비쌌고 이코노미석 가격의 15배에 달했다. 게다가 2000년 7월 파리발 뉴욕행 콩코드가 폭발하여 100명의 승객과 9명의 승무원 전원이 사망하면서 큰 위기가 찾아왔다. 수많은 고위층과 부자들이 한날한시에 유명을 달리함으로써 세계 언론의 관심이 쏠렸고 콩코드의 안정성에 대한 부정적인 시각이 팽창했다. 이후 어렵게 운항을 재개했지만, 승객 수는 좀처럼 늘지 않았다. 결국 유지비를 감당하지 못한 영국과 프랑스의 항공사는 27년 만에 운항을 중단하게 되었다.

① 영국과 프랑스는 전쟁에서 사용하기 위해 초음속 여객기 콩코드를 개발했다.

② 일반 비행기가 파리 ~ 뉴욕 구간을 1번 왕복하는 동안 콩코드는 최대 4번 왕복할 수 있다.

③ 콩코드의 탑승객 수가 늘어날수록 많은 연료가 필요하다.

④ 결국 빠른 비행 속도가 콩코드 폭발의 원인이 되었다.

⑤ 콩코드는 주로 돈이 많은 고위층이나 시간이 부족한 부유층이 이용했다.

01 다음은 연령별 선물환거래 금액 비율에 대한 자료이다. 이에 대한 설명으로 옳은 것은?

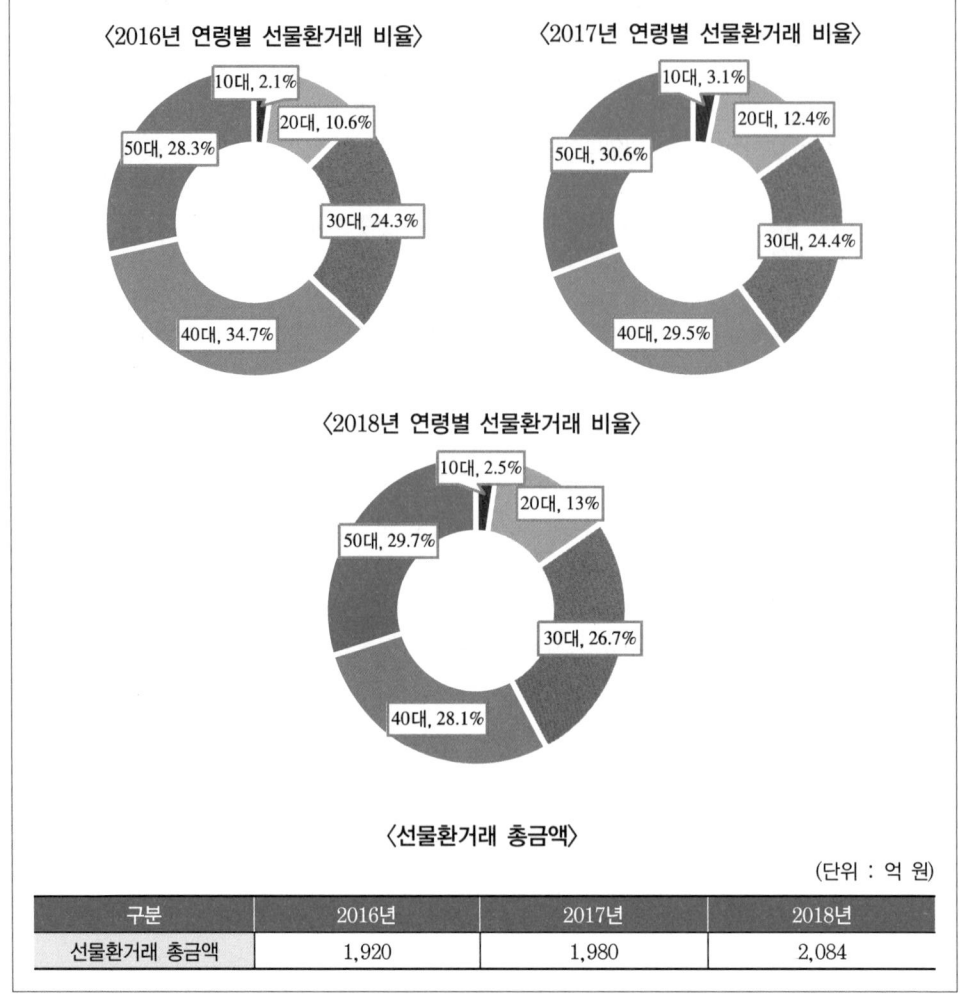

〈2016년 연령별 선물환거래 비율〉

10대, 2.1%
20대, 10.6%
50대, 28.3%
30대, 24.3%
40대, 34.7%

〈2017년 연령별 선물환거래 비율〉

10대, 3.1%
20대, 12.4%
50대, 30.6%
30대, 24.4%
40대, 29.5%

〈2018년 연령별 선물환거래 비율〉

10대, 2.5%
20대, 13%
50대, 29.7%
30대, 26.7%
40대, 28.1%

〈선물환거래 총금액〉

(단위 : 억 원)

구분	2016년	2017년	2018년
선물환거래 총금액	1,920	1,980	2,084

① 2017 ~ 2018년의 전년 대비 10대와 20대의 선물환거래 금액 비율 증감 추이는 같다.

② 2017년 대비 2018년 50대 선물환거래 금액 증가량은 13억 원 이상이다.

③ 2017 ~ 2018년 동안 전년 대비 매년 40대 선물환거래 금액은 지속적으로 감소하고 있다.

④ 2018년 10 ~ 40대 선물환거래 금액 총비율은 2017년 50대 비율의 2.5배 이상이다.

⑤ 2018년 30대의 선물환거래 비율은 2016년 30대 선물환거래 비율에 비해 2.6%p 높다.

|03| 창의수리

Easy

01 S사는 직원 휴게실의 앞문과 뒷문에 화분을 각각 1개씩 배치하려고 한다. 가지고 있는 화분을 배치하는 방법이 총 30가지일 때, 전체 화분의 개수는?(단, 화분의 종류는 모두 다르다)

① 6개   ② 7개

③ 8개   ④ 9개

⑤ 10개

Hard

02 야구장 티켓 창구에는 N명의 손님이 대기 중이고, 1분에 x명의 손님이 지속적으로 증가하고 있다. 티켓 창구를 1개만 운영했을 때는 손님을 받는 데 40분이 걸렸고, 2개를 운영했을 때는 16분이 걸렸다. 만약 창구를 3개 운영한다면 몇 분이 걸리겠는가?(단, 모든 창구의 업무 능력은 동일하며, 손님을 기다리지 않고 남은 손님이 없으면 업무를 종료한다)

① 6분   ② 7분

③ 8분   ④ 9분

⑤ 10분

03 서로 다른 5개의 A ~ E용액이 있다. 이 중 3개의 용액을 각각 10g씩 섞어서 30g의 혼합물을 만들었을 때 가격이 다음과 같을 때, 가장 비싼 용액은?

• A+B+C=1,720원	• A+B+E=1,570원
• B+C+D=1,670원	• B+C+E=1,970원
• B+D+E=1,520원	• C+D+E=1,800원

① A   ② B

③ C   ④ D

⑤ E

04 S대학교에서 인원을 모집하여 A지역과 B지역으로 여행을 가려고 한다. 여행으로 사용할 수 있는 예산은 최대 100만 원이고, 숙소비로 최소 17만 원 이상, 교통비로 12만 원 이상 사용해야 한다. A지역과 B지역의 인당 숙소비와 교통비가 다음과 같다고 할 때, A지역으로 여행갈 수 있는 최대 인원수는?(단, 각 지역에는 최소 2명 이상이 가야 한다)

〈지역별 숙박비 및 교통비〉

구분	숙박비	교통비
A지역	7만 원	5,000원
B지역	5만 원	2만 원

① 9명   ② 10명
③ 11명   ④ 12명
⑤ 13명

Hard

05 S사원은 인사평가에서 A∼D 네 가지 항목의 점수를 받았다. 이 점수를 각각 1 : 1 : 1 : 1의 비율로 평균을 구하면 82.5점이고, 2 : 3 : 2 : 3의 비율로 평균을 구하면 83점, 2 : 2 : 3 : 3의 비율로 평균을 구하면 83.5점이다. 각 항목의 만점은 100점이라고 할 때, S사원이 받을 수 있는 최고점과 최저점의 차는?

① 45점   ② 40점
③ 30점   ④ 25점
⑤ 20점

06 처음 생산된 물건을 도매업자가 구입하여 1.2배의 가격으로 판매하고, 이를 소매업자가 구입하여 2배의 가격으로 판매한다. 소매업자가 온라인으로 판매하는 데에는 100개당 3,000원의 배송비가 발생한다. 500개를 온라인으로 구입했을 때의 가격이 447,000원이라고 하면 이 물건의 원가는?

① 360원   ② 380원
③ 400원   ④ 420원
⑤ 440원

| 04 | 언어추리

01 제시된 명제가 모두 참일 때, 빈칸에 들어갈 명제로 가장 적절한 것은?

> • 아이스크림을 좋아하면 피자를 좋아하지 않는다.
> • 갈비탕을 좋아하지 않으면 피자를 좋아한다.
> • _____
> • 그러므로 아이스크림을 좋아하면 짜장면을 좋아한다.

① 피자를 좋아하면 짜장면을 좋아한다.
② 짜장면을 좋아하면 갈비탕을 좋아한다.
③ 갈비탕을 좋아하면 짜장면을 좋아한다.
④ 짜장면을 좋아하지 않으면 피자를 좋아하지 않는다.
⑤ 피자와 갈비탕을 좋아하면 짜장면을 좋아한다.

Hard

02 S휴게소의 물품 보관함에는 자물쇠로 잠긴 채 오랫동안 방치되고 있는 보관함 네 개가 있다. 휴게소 관리 직원인 L씨는 방치 중인 보관함을 정리하기 위해 사무실에서 보유하고 있는 1~6번까지의 열쇠로 네 개의 자물쇠를 모두 열어 보았다. 다음과 같이 정리했을 때 항상 참인 것은?(단, 하나의 자물쇠는 정해진 하나의 열쇠로만 열린다)

> • 첫 번째 자물쇠는 1번 또는 2번 열쇠로 열렸다.
> • 두 번째 자물쇠와 네 번째 자물쇠는 3번 열쇠로 열리지 않았다.
> • 6번 열쇠로는 어떤 자물쇠도 열지 못했다.
> • 두 번째 또는 세 번째 자물쇠는 4번 열쇠로 열렸다
> • 세 번째 자물쇠는 4번 또는 5번 열쇠로 열렸다.

① 첫 번째 자물쇠는 반드시 1번 열쇠로 열린다.
② 두 번째 자물쇠가 2번 열쇠로 열리면, 세 번째 자물쇠는 5번 열쇠로 열린다.
③ 세 번째 자물쇠가 5번 열쇠로 열리면, 네 번째 자물쇠는 2번 열쇠로 열린다.
④ 네 번째 자물쇠가 5번 열쇠로 열리면, 두 번째 자물쇠는 2번 열쇠로 열린다.
⑤ 3번 열쇠로는 어떤 자물쇠도 열지 못한다.

11 2019년 상반기 기출복원문제

정답 및 해설 p.052

| 01 | 언어이해

`Easy`

01 다음 글을 읽고 추론할 수 있는 내용으로 적절하지 않은 것은?

> 헝가리 출신의 철학자인 마이클 폴라니 교수는 지식(Knowledge)을 크게 명시적 지식(Explicit Knowledge)과 암묵적 지식(Tacit Knowledge) 두 가지로 구분했다. 이러한 구분은 흔히 자전거를 타는 아이에 비유되어, 이론과 실제로 간단히 나뉘어 소개되기도 한다. 하지만 암묵적 지식, 즉 암묵지를 단순히 '말로는 얻어지지 않는 지식'으로 단순화하여 이해하는 것은 오해를 낳을 소지가 있다. 암묵지는 지식의 배후에 반드시 '안다.'는 차원이 있음을 보여주는 개념이다. 이는 학습과 체험으로 습득되지만 겉으로 드러나지 않고 타인에게 말로 설명하기 힘들며, 무엇보다 본인이 지닌 지식이 얼마나 타인에게 유용한지 자각하지 못하는 일도 부지기수다.
>
> 일본의 경영학자 노나카 이쿠지로는 이러한 암묵지를 경영학 분야에 적용했다. 그는 암묵지를 크게 기술적 기능(Technical Skill)과 인지적 기능(Cognitive Skill)으로 나누었는데, 이 중 기술적 기능은 몸에 체화된 전문성으로 수없이 많은 반복과 연습을 통해 습득된다. 반대로 인지적 기능은 개인의 정신적 틀로 기능하는 관점이나 사고방식으로 설명할 수 있다. 즉, 기업의 입장에서 암묵지는 직원 개개인의 경험이나 육감이며, 이것들이 언어의 형태로 명시화(Articulation)됨으로써 명시적 지식, 즉 형식지로 변환하고, 다시 이를 내면화하는 과정에서 새로운 암묵지가 만들어지는 상호순환 작용을 통해 조직의 지식이 증대된다고 보았다.

① 암묵지를 통해 지식에도 다양한 층위의 앎이 존재함을 확인할 수 있다.

② 암묵지를 통해 책만으로 지식을 완전히 습득하기 어려운 이유를 설명할 수 있다.

③ 암묵지를 습득하기 위해선 수없이 많은 반복과 연습이 필수적이다.

④ 암묵지를 통해 장인의 역할이 쉽게 대체될 수 없는 이유를 설명할 수 있다.

⑤ 암묵지와 형식지의 상순환작용을 통해 지식이 발전해왔음을 알 수 있다.

02 다음 글의 밑줄 친 ㉠과 ㉡에 대해 추론할 수 있는 내용으로 가장 적절한 것은?

권리금(權利金)이란 흔히 상가 등을 빌리는 사람, 즉 ㉠ <u>차주(借主)</u>가 빌려주는 사람, 다시 말해 ㉡ <u>대주(貸主)</u>에게 내는 임차료 외에, 앞서 대주에게 빌렸던 사람인 전차주(前借主)에게 내는 관행상의 금전을 의미한다. 전차주가 해당 임대상가에 투자한 설비나 상가 개량비용, 기존 고객들과의 인지도, 유대관계 등 유무형의 대가를 차주가 고스란히 물려받는 경우의 가치가 포함된 일종의 이용대가인 것이다. 하지만 이는 어디까지나 차주와 전차주의 사이에서 발생한 금전 관계로, 대주는 해당 권리금과 관련이 없으며 특별히 법률로 지정된 사항 또한 존재하지 않는다. 2001년, 상가건물임대차보호법이 제정되기 전에 대주의 횡포에 대한 차주의 보호가 이루어지지 않았고, 이에 임차인들이 스스로 자신의 권리를 찾기 위해 새 차주에게 금전을 받았는데, 이것이 권리금의 시작이다. 권리금이 높은 상가일수록 좋은 상가라고 볼 수 있는 지표로 작용하는 데다 여전히 전차주의 입장에서는 자신의 권리를 지키기 위한 하나의 방안으로 관습처럼 이용되고 있어 이에 대한 평가를 섣불리하기 힘든 것이 사실이다. 그러나 권리금이 임대료보다 높아지는 경우가 종종 발생하고 계약기간 만료 후 대주와 차주 사이의 금전적인 문제가 발생하기도 하면서 악습이라고 주장하는 사람도 있다.

① ㉠은 ㉡의 계약불이행으로 인하여 발생한 손해를 보장받을 수 없다.

② 권리금은 본래 상대적 약자인 ㉡이 ㉠으로부터 손해를 보호받기 위해 시작된 관행이다.

③ 장기적으로 권리금은 ㉠과 ㉡이 모두 요구할 수 있다.

④ 상대적으로 적은 권리금을 지불한 상가에서 높은 매출을 기록했다면 ㉡은 직접적으로 이득을 본 셈이다.

⑤ ㉡이 계약기간 만료 후 자신의 권리를 이행할 때 ㉠은 ㉡에게 손해를 보장받을 수 없다.

03 다음 글의 빈칸에 들어갈 내용으로 가장 적절한 것은?

미세먼지와 황사는 여러모로 비슷하면서도 뚜렷한 차이점을 지니고 있다. 삼국사기에도 기록되어 있는 황사는 중국 내륙 내몽골 사막에 강풍이 불면서 날아오는 모래와 흙먼지를 일컫는데, 장단점이 존재했던 과거와 달리 중국 공업지대를 지난 황사에 미세먼지와 중금속 물질이 더해지며 심각한 환경문제로 대두되었다. 이와 달리 미세먼지는 일반적으로는 대기오염물질이 공기 중에 반응하여 형성된 황산염이나 질산염 등 이온 성분, 석탄·석유 등에서 발생한 탄소화합물과 검댕, 흙먼지 등 금속화합물의 유해성분으로 구성된다.

미세먼지의 경우 통념적으로는 먼지를 미세먼지와 초미세먼지로 구분하고 있지만, 대기환경과 환경 보전을 목적으로 하는 환경정책기본법에서는 미세먼지를 PM(Particulate Matter)이라는 단위로 구분한다. 즉, 미세먼지(PM_{10})의 경우 입자의 크기가 $10\mu m$ 이하인 먼지이고, 미세먼지($PM_{2.5}$)는 입자의 크기가 $2.5\mu m$ 이하인 먼지로 정의하고 있다. 이에 비해 황사는 통념적으로는 입자 크기로 구분하지 않으나 주로 지름 $20\mu m$ 이하의 모래로 구분하고 있다. 때문에 _____

① 황사 문제를 해결하기 위해서는 근본적으로 황사의 발생 자체를 억제할 필요가 있다.

② 황사와 미세먼지의 차이를 입자의 크기만으로 구분 짓긴 어렵다.

③ 미세먼지의 역할 또한 분명히 존재함을 기억해야 할 것이다.

④ 황사와 미세먼지의 근본적인 구별법은 그 역할에서 찾아야 할 것이다.

⑤ 초미세먼지를 차단할 수 있는 마스크라 해도 황사와 초미세먼지를 동시에 차단하긴 어렵다.

04 다음 글의 내용으로 적절하지 않은 것은?

> 경제학자인 사이먼 뉴컴이 소개한 화폐와 실물 교환의 관계식인 '교환방정식'을 경제학자인 어빙 피셔가 발전시켜 재소개한 것이 바로 '화폐수량설'이다. 사이먼 뉴컴의 교환방정식은 'MV=PQ'로 나타나는데, M(Money)은 화폐의 공급, V(Velocity)는 화폐유통속도, P(Price)는 상품 및 서비스의 가격, Q(Quantity)는 상품 및 서비스의 수량이다. 즉 화폐 공급과 화폐유통속도의 곱은 상품의 가격과 거래된 상품 수의 곱과 같다는 항등식이다.
>
> 어빙 피셔는 이러한 교환방정식을 인플레이션율과 화폐공급의 증가율 간 관계를 나타내는 이론인 화폐수량설로 재탄생시켰다. 이중 기본 모형이 되는 피셔의 거래모형에 따르면 교환방정식은 'MV=PT'로 나타나는데, M은 명목화폐수량, V는 화폐유통속도, P는 상품 및 서비스의 평균가격, T(Trade)는 거래를 나타낸다. 다만 거래의 수를 측정하기 어렵기 때문에 최근에는 총거래 수인 T를 총생산량인 Y로 대체하여 소득모형인 'MV=PY'로 사용되고 있다.

① 사이먼 뉴컴의 교환방정식 'MV=PQ'에서 Q는 상품 및 서비스의 수량을 의미한다.

② 어빙 피셔의 화폐수량설은 최근 총거래 수를 총생산량으로 대체하여 사용되고 있다.

③ 교환방정식 'MV=PT'은 화폐수량설의 기본 모형이 된다.

④ 어빙 피셔의 교환방정식 'MV=PT'의 V는 교환방정식 'MV=PY'에서 Y와 함께 대체되어 사용되고 있다.

⑤ 어빙 피셔는 사이먼 뉴컴의 교환방정식을 인플레이션율과 화폐공급의 증가율 간 관계를 나타내는 이론으로 재탄생시켰다.

Hard

01 다음은 연도별 제주도 감귤 생산량 및 면적에 대한 자료이다. 이를 바르게 나타낸 그래프를 〈보기〉에서 모두 고르면?(단, 그래프의 면적 단위가 만 ha일 때, 백의 자리에서 반올림한다)

〈연도별 제주도 감귤 생산량 및 면적〉

(단위 : 톤, ha)

구분	생산량	면적
2008년	19,725	536,668
2009년	19,806	600,511
2010년	19,035	568,920
2011년	18,535	677,770
2012년	18,457	520,350
2013년	18,279	655,046
2014년	17,921	480,556
2015년	17,626	500,106
2016년	17,389	558,942
2017년	17,165	554,007
2018년	16,941	573,442

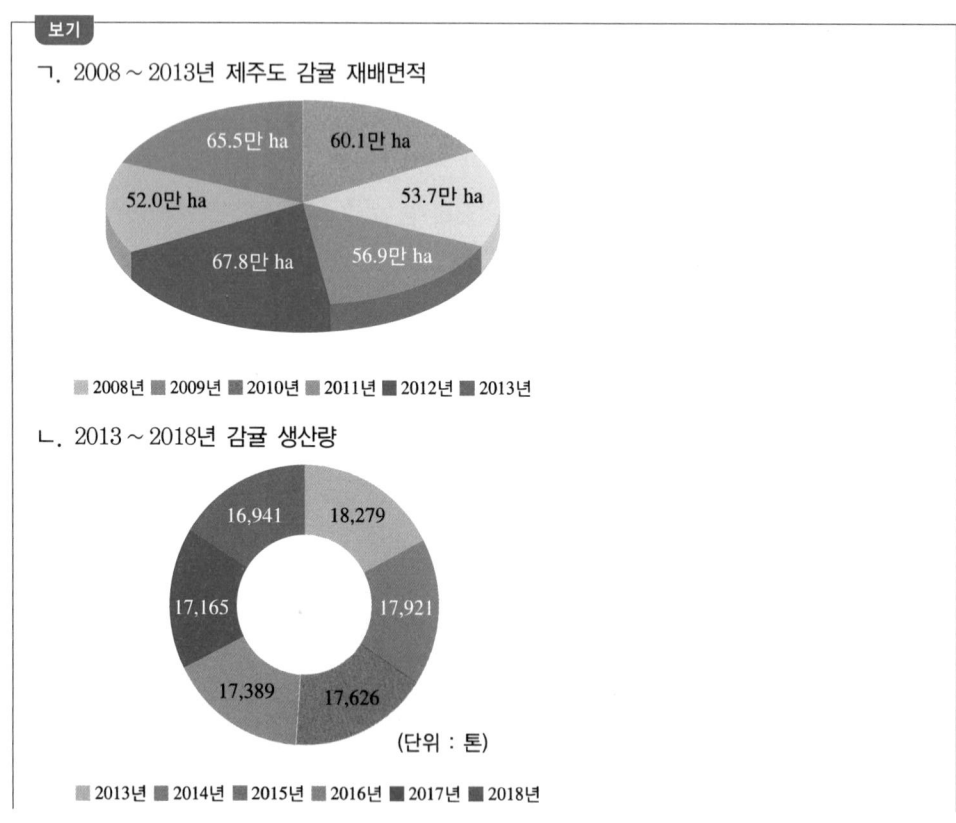

보기

ㄱ. 2008 ~ 2013년 제주도 감귤 재배면적

■2008년 ■2009년 ■2010년 ■2011년 ■2012년 ■2013년

ㄴ. 2013 ~ 2018년 감귤 생산량

(단위 : 톤)

■2013년 ■2014년 ■2015년 ■2016년 ■2017년 ■2018년

ㄷ. 2008 ~ 2018년 감귤 생산량과 면적 변화

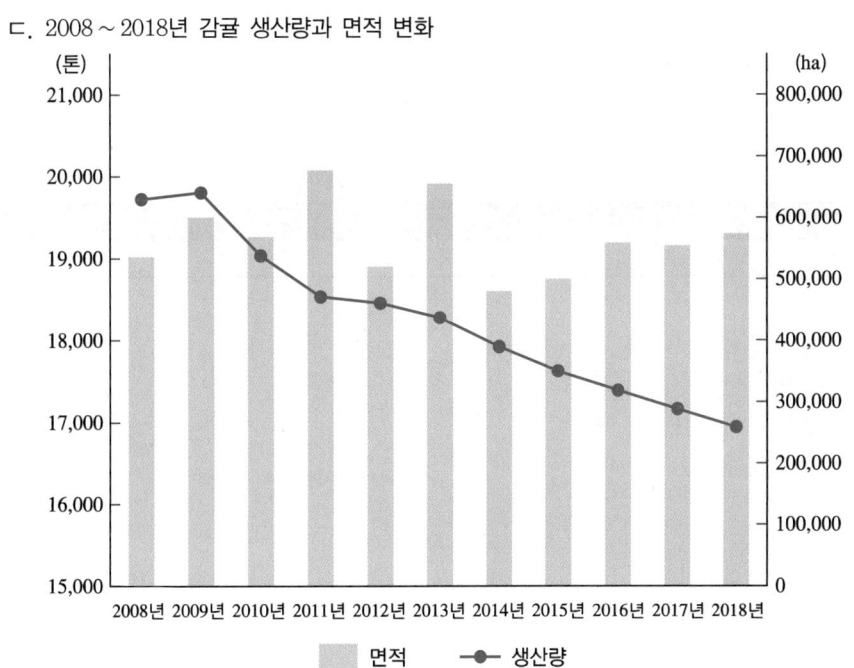

ㄹ. 2010 ~ 2018년 감귤 생산량 전년 대비 감소량

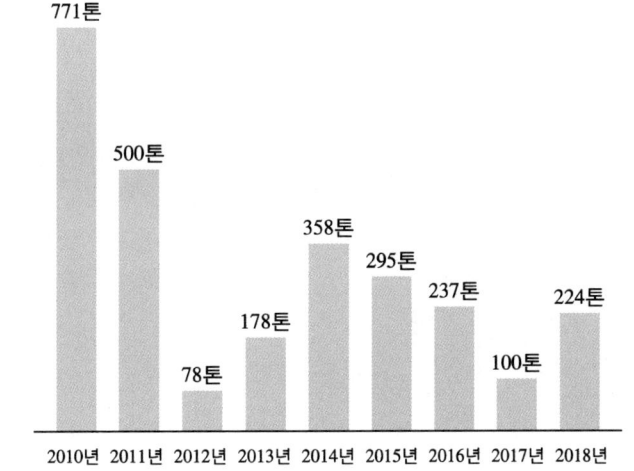

① ㄱ, ㄴ   ② ㄱ, ㄷ

③ ㄴ, ㄷ   ④ ㄴ, ㄹ

⑤ ㄷ, ㄹ

S사는 회사 복지 프로그램인 A ~ C안에 대한 투표를 진행했다. 총 50명의 직원이 1표씩 행사했고, 지금까지의 개표 결과는 다음과 같다. 무효표 없이 모두 정상적으로 투표했다고 할 때, A, B안의 득표수와 상관없이 C안이 선정되려면 최소 몇 표가 더 필요한가?

〈개표 중간 결과〉

A안	B안	C안
15표	8표	6표

① 12표 ② 13표
③ 14표 ④ 15표
⑤ 16표

| 03 | 창의수리

01 길이가 1cm씩 일정하게 길어지는 사각형 n개의 넓이를 모두 더하면 255cm^2이 된다. n개의 사각형을 연결했을 때 전체 둘레는?(단, 정사각형 한 변의 길이는 자연수이다)

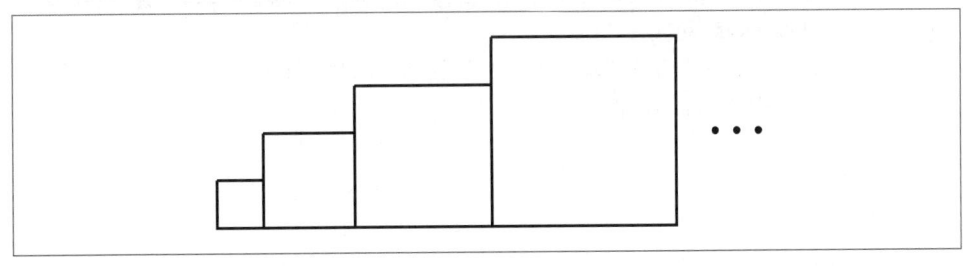

① 80cm
② 84cm
③ 88cm
④ 92cm
⑤ 96cm

02 회사 직원 중 1,000명에게 사내 복지제도에 대한 설문조사를 하였다. 조사 결과 30%는 만족, 30%는 보통, 40%는 불만족을 선택했고, 불만족을 선택한 인원의 70%가 여직원이었다. 불만족을 선택한 여직원의 수는 회사 전체 여직원 수의 20%이고, 남직원의 수는 회사 전체 남직원의 10%라고 할 때, 전체 직원 수는?

① 2,440명
② 2,480명
③ 2,530명
④ 2,570명
⑤ 2,600명

03 S회사의 감사팀은 과장 2명, 대리 3명, 사원 3명으로 구성되어 있다. A∼D 4지역의 지사로 2명씩 나눠서 출장을 간다고 할 때, 각 출장 지역에 대리급 이상이 1명 이상 포함되어 있어야 하고 과장 2명이 각각 다른 지역으로 가야한다. 과장과 대리가 같은 조로 출장을 갈 확률은?

① $\dfrac{1}{2}$
② $\dfrac{1}{3}$
③ $\dfrac{2}{3}$
④ $\dfrac{3}{4}$
⑤ $\dfrac{3}{8}$

04 비밀번호가 4자리인 자물쇠의 비밀번호를 설정하려고 한다. 다음 〈조건〉과 같이 정할 때, 비밀번호로 가장 적절한 것은?

> **조건**
> - 월을 분자로, 일을 분모로 하여 나오는 소수점 첫 번째, 두 번째 자리의 수를 비밀번호 첫 번째, 두 번째 자리로 한다.
> - 소수점 세 번째 자리 숫자와 월의 최소공배수를 세 번째, 네 번째 자리에 넣는다.
> - 주어진 날짜는 7월 12일이다.

① 1821
② 5821
③ 5801
④ 8521
⑤ 8101

05 다음과 같이 a_1, a_2, a_3, $\cdots$, a_{100}까지의 수가 나열되어 있다. $a_{20} + a_{86}$의 값은?

> - $a_1 + a_2 + a_3 + a_4 + a_5 + a_6 + a_7 = a_2 + a_3 + a_4 + a_5 + a_6 + a_7 + a_8$
> $= a_3 + a_4 + a_5 + a_6 + a_7 + a_8 + a_9$
> $\vdots$
> $= a_{94} + a_{95} + a_{96} + a_{97} + a_{98} + a_{99} + a_{100}$
> - $a_{11} = 11$, $a_{22} = 22$, $a_{33} = 33$, $a_{44} = 44$, $a_{55} = 55$, $a_{66} = 66$, $a_{77} = 77$

① 66
② 77
③ 88
④ 99
⑤ 110

06 S사는 연구소를 A ~ D팀으로 나눠서 운영하고 있다. 작년 한 해 동안 A, B팀의 인원을 합하여 20% 감소하였고, C, D팀의 인원을 합하여 50% 감소해서 총인원 수가 205명이 되었다. 올해는 A, B팀의 인원을 합하여 80% 증가하였고, C팀의 인원이 20% 감소, D팀의 인원이 20% 증가하여 총 인원수가 390명이 되었다. 재작년 총 인원수가 350명이었다고 하면, 당시 D팀의 인원수는 몇 명인가?(단, 연구소에는 A ~ D팀 외의 인원은 없다)

① 25명
② 30명
③ 40명
④ 45명
⑤ 50명

| 04 | 언어추리

01 S기업의 홍보팀에서 근무하고 있는 강대리, 김대리, 박사원, 유사원, 이사원 중 1명은 이번 회사 워크숍에 참석하지 않았다. 이들 중 2명이 거짓말을 한다고 할 때, 다음 중 워크숍에 참석하지 않은 사람은?(단, 5명은 모두 진실만을 말하거나 거짓만을 말한다)

- 강대리 : 나와 김대리는 워크숍에 참석했다. 나는 누가 워크숍에 참석하지 않았는지 알지 못한다.
- 박사원 : 유사원은 이번 워크숍에 참석하였다. 강대리님의 말은 모두 사실이다.
- 유사원 : 워크숍 불참자의 불참 사유를 세 사람이 들었다. 이사원은 워크숍에 참석했다.
- 김대리 : 나와 강대리만 워크숍 불참자의 불참 사유를 들었다. 이사원의 말은 모두 사실이다.
- 이사원 : 워크숍에 참석하지 않은 사람은 유사원이다. 유사원이 개인 사정으로 인해 워크숍에 참석하지 못한다고 강대리님에게 전했다.

① 강대리　　　　　　　　　　② 박사원
③ 유사원　　　　　　　　　　④ 김대리
⑤ 이사원

12 2018년 하반기 기출복원문제

정답 및 해설 p.057

| 01 | 언어이해

01 다음 글의 내용을 읽고 추론할 수 있는 내용으로 적절하지 않은 것은?

> 공유와 경제가 합쳐진 공유경제는 다양한 맥락에서 정의되는 용어이지만, 공유경제라는 개념은 '소유권(Ownership)'보다는 '접근권(Accessibility)'에 기반을 둔 경제모델을 의미한다. 전통경제에서는 생산을 담당하는 기업들이 상품이나 서비스를 생산하기 위해서 원료, 부품, 장비 등을 사거나 인력을 고용했던 것과 달리, 공유경제에서는 기업뿐만 아니라 개인들도 자산이나 제품이 제공하는 서비스에 대한 접근권의 거래를 통해서 자원을 효율적으로 활용하여 가치를 창출할 수 있다. 소유권의 거래에 기반한 기존 자본주의 시장경제와는 다른 새로운 게임의 법칙이 대두한 것이다.
> 공유경제에서는 온라인 플랫폼이라는 조직화된 가상공간을 통해서 접근권의 거래가 이루어진다. 온라인 플랫폼은 인터넷의 연결성을 기반으로 유휴자산(遊休資産)을 보유하거나 필요로 하는 수많은 소비자와 공급자가 모여서 소통할 수 있는 기반이 된다. 다양한 선호를 가진 이용자들이 거래 상대를 찾는 작업을 사람이 일일이 처리하는 것은 불가능한 일인데, 공유경제 기업들은 고도의 알고리즘을 이용하여 검색, 매칭, 모니터링 등의 거래 과정을 자동화하여 처리한다.
> 공유경제에서 거래되는 유휴자산의 종류는 자동차나 주택에 국한되지 않는다. 개인이나 기업들이 소유한 물적·금전적·지적 자산에 대한 접근권을 온라인 플랫폼을 통해서 거래할 수만 있다면 거의 모든 자산의 거래가 공유경제의 일환이 될 수 있다. 가구, 가전 등의 내구재, 사무실, 공연장, 운동장 등의 물리적 공간, 전문가나 기술자의 지식, 개인들의 여유 시간이나 여유 자금 등이 모두 접근권 거래의 대상이 될 수 있다.

① 기존의 시장경제는 접근권(Accessibility)보다 소유권(Ownership)에 기반을 두었다.
② 공유경제의 등장에는 인터넷의 발달이 중요한 역할을 하였다.
③ 인터넷 등장 이전에는 이용자와 그에 맞는 거래 상대를 찾는 작업을 일일이 처리할 수 없었다.
④ 공유경제에서는 온라인 플랫폼을 통해 자신의 집에 대한 접근권(Accessibility)을 거래할 수 있다.
⑤ 온라인 플랫폼을 통해 자신이 타던 자동차를 판매하는 것도 공유경제의 일환이 될 수 있다.

02 다음 글의 빈칸에 들어갈 내용으로 가장 적절한 것은?

중세 이전에는 예술가와 장인의 경계가 분명치 않았다. 화가들도 당시에는 왕족과 귀족의 주문을 받아 제작하는 일종의 장인 취급을 받아왔다. 근대에 접어들면서 예술은 독창적인 창조 활동으로 존중받게 되었고, 아름다움의 가치를 만들어내는 예술가들의 독창성이 인정받게 된 것이다. 이 가치의 중심에 작가가 있다. 작가가 담려 했던 의도, 그것이 바로 아름다움을 창조하는 예술의 가치인 셈이다. 예술작품은 작가의 의도를 담고 있고, 작가의 의도가 없다면 작품은 만들어질 수 없다. 이것이 작품에 포함된 작가의 권위를 인정해야 하는 이유이다.

또한 예술은 예술가가 표현하고자 하는 것을 창작해내는 그 과정 자체로 완성되는 것이지 독자의 해석으로 완성되는 게 아니다. 설사 작품을 감상하고 해석해 줄 독자가 없어도 예술은 그 자체로 가치있는 법이다. 예술가는 독자를 위해 작품을 창작하는 것이 아니라 자신의 열정과 열망으로 표현하고자 하는 바를 표현해내는 것이다. 물론 예술작품을 해석하고 이해하는 데에 독자의 역할도 분명 존재하고 필요한 것이 사실이다. 하지만 그렇다고 해도 이는 예술적 가치가 있는 작품에서 파생된 2차적인 활동이지 작품을 새롭게 완성하는 창조적 활동이라고 보기 어렵다. 따라서 독자의 수용과 이해는 _____

① 독자가 가지고 있는 작품에 대한 사전 정보에 따라 다르게 나타날 것이다.
② 작품에 담긴 아름다움의 가치를 독자가 나름대로 해석하는 활동으로 볼 수 있다.
③ 권위가 높은 작가의 작품에서 더욱 다양하게 나타난다.
④ 작가의 의도와 작품을 왜곡하지 않는 범위에서 이루어져야 한다.
⑤ 작품이 만들어진 시대적 배경과 문화적 배경을 고려하여야 한다.

03 다음 글의 밑줄 친 ㉠과 ㉡에 대한 설명으로 적절하지 않은 것은?

동영상 플랫폼 유튜브(Youtube)에는 'Me at the zoo'라는 제목으로, 한 남성이 캘리포니아 동물원의 코끼리 우리 앞에 서서 18초 남짓한 시간 동안 코끼리 코를 칭찬하는 다소 평범한 내용의 영상이 게재돼 있다. 이 영상은 유튜브 최초의 동영상으로 누구나, 언제, 어디서나, 손쉽게 소통이 가능하다는 비디오 콘텐츠의 장점을 여실히 보여주고 있다. 국내 온라인 커머스에서도 이러한 비디오 콘텐츠에 주목한다.

스마트폰 보급률이 높아짐에 따라 모바일을 이용해 상품을 구매하는 소비자층이 늘어났다. 날이 갈수록 모바일 체류 시간이 늘고 있는 소비자들을 잡기 위해서는 최적화된 마케팅이 필요하다. 모바일을 활용한 마케팅은 기존 PC보다 작은 화면 안의 면밀하고 계획적인 공간 활용과 구성이 필요하다. 제품을 소개하는 글을 줄여 스크롤 압박을 최소화해야 하고, 재미와 즐거움을 줌으로써 고객들을 사로잡아야 한다. 이런 부분에서 비디오 콘텐츠가 가장 효과적인 마케팅으로 볼 수 있다. 모든 것을 한 화면 안에서 보여줄 뿐만 아니라 시각과 청각을 자극해 시선을 끌기 쉽고, 정보를 효과적으로 전달하는 장점이 있기 때문이다.

비디오 콘텐츠를 활용한 ㉠ 비디오 커머스(V-commerce)는 기존 ㉡ 홈쇼핑과 유사한 맥락을 가지지만, 전달 형식에서 큰 차이가 있다. 홈쇼핑이 제품의 상세 설명이라면, 비디오 커머스는 제품의 사용 후기에 보다 집중된 모습을 보여준다. 또한 홈쇼핑을 정형화되고 깔끔하게 정리된 A급 콘텐츠라고 본다면, 비디오 커머스의 콘텐츠는 일상생활에서 흔하게 접할 수 있는 에피소드를 바탕으로 영상을 풀어나가는 B급 콘텐츠가 주를 이룬다. 주요 이용자가 40~50대인 홈쇼핑과 달리 모바일의 주요 이용자는 20~30대로, 이들의 눈높이에 맞추다 보니 쉽고 가벼운 콘텐츠가 많이 등장하고 있는 것이다. 향후 비디오 커머스 시장이 확대되면 재미는 물론 더욱 다양한 상품정보와 소비욕구를 충족시키는 콘텐츠가 많이 등장할 것이다.

일반 중소상인들에게 홈쇼핑 채널을 통한 입점과 판매는 진입장벽이 높지만, 비디오 커머스는 진입장벽이 낮고 SNS와 동영상 플랫폼을 잘 이용하면 전 세계 어디에나 진출할 수 있다는 장점이 있다. 동영상 콘텐츠 하나로 채널과 국가, 나아가 모든 영역을 넘나드는 새로운 비즈니스 모델의 창출이 가능한 셈이다.

① 소비자에게 ㉠은 제품 사용 후기를, ㉡은 제품에 대한 상세 설명을 전달한다.

② ㉠과 ㉡은 주로 이용하는 대상이 각각 다르기 때문에 콘텐츠 내용에서 차이가 나타난다.

③ ㉠은 ㉡과 달리 일반 중소상인들에게 진입장벽이 낮다.

④ 모바일을 이용하는 소비자가 늘어남에 따라 ㉡이 효과적인 마케팅으로 주목받고 있다.

⑤ ㉠의 콘텐츠는 누구나, 언제, 어디서나, 손쉽게 소통이 가능하다.

04 다음 글의 제목으로 가장 적절한 것은?

> '100세 시대' 노인의 큰 고민거리 중 하나가 바로 주변의 도움 없이도 긴 세월을 잘 버텨낼 주거 공간이다. 이미 많은 언론에서 보도되었듯이 우리나라는 '노인이 살기 불편한 나라'인 것이 사실이다. 일본이 고령화 시대의 도시 모델로 의(醫)·직(職)·주(住) 일체형 주거 단지를 도입하고 있는데 비해 우리나라는 아직 노인을 위한 공용 주택도 변변한 게 없는 실정이다.
>
> 일본은 우리보다 30년 빠르게 고령화 사회에 당면했다. 일본 정부는 개인 주택을 노인 친화적 구조로 개조하도록 전문 컨설턴트를 붙이고 보조금까지 주고 있다. 또한 사회 전반에는 장애 없는 '유니버설 디자인'을 보편화하도록 노력해 왔다. 그 결과 실내에 휠체어 작동 공간이 확보되고, 바닥에는 턱이 없으며, 손잡이와 미끄럼 방지 장치도 기본적으로 설치되었다. 이 같은 준비는 노쇠해 거동이 불편해져도 익숙한 집, 익숙한 마을에서 끝까지 살고 싶다는 노인들의 바람을 존중했기 때문이다. 그러나 이 정책의 이면에는 기하급수적으로 증가하는 사회 복지 비용을 절감하자는 목적도 있었다. 고령자 입주시설을 설치하고 운영하는 비용이 재가 복지 비용보다 몇 배나 더 들기 때문이다.
>
> 우리나라의 경우 공동 주택인 아파트를 잘 활용하면 의외로 문제를 쉽게 풀 수 있을 것이다. 대규모 주거 단지의 일부를 고령 친화형으로 설계해서 노인 공유 동(棟)을 의무적으로 공급하는 것이다. 그곳에 식당, 욕실, 스포츠센터, 독서실, 오락실, 세탁실, 요양실, 게스트하우스, 육아 시설 등 노인들이 선호하는 시설을 넣으면 된다. 이러한 공유 공간은 가구당 전용 면적을 줄이고 공유 면적을 넓히면 해결된다. 이런 공유 경제가 확산되면 모든 공동 주택이 작은 공동체로 바뀌어갈 것이다. 공유 공간에서의 삶은 노인들만 모여 사는 실버타운과 달리 전체적인 활력도 높아질 것이다.

① 더욱더 빨라지는 고령화 속도를 줄이는 방법
② '유니버설 디자인'의 노인 친화적 주택
③ 노인 주거 문제, 소유에서 공유로 바꿔 해결하자.
④ 증가하는 사회 복지 비용, 그 해결 방안은?
⑤ 일본과 한국의 노인 주거 정책 비교

01 각기 다른 무게의 다섯 개의 추 A~E가 있다. 이 중 세 개의 추를 골라 무게를 재었을 때 무게가 다음과 같았다. A~E 중 가장 무거운 추의 무게는?

- A+B+C=46kg
- A+B+D=37kg
- A+B+E=39kg
- A+C+D=29kg
- A+C+E=31kg
- B+C+D=41kg
- B+C+E=43kg
- B+D+E=34kg
- A+D+E=22kg
- C+D+E=26kg

① 20kg
② 21kg
③ 22kg
④ 23kg
⑤ 24kg

`Hard`

02 갑, 을, 병, 정 4명의 학생이 퀴즈대회에 참가했다. 퀴즈는 총 36문제로 1문제를 맞히면 10점을 얻고, 틀리면 5점이 감점된다. 학생들은 버저를 누르고 문제를 맞혀야 한다. 다음 4명의 퀴즈 점수 결과와 〈조건〉을 참고할 때, 학생들이 버저를 누른 횟수의 총합은?

〈퀴즈 점수 결과〉

(단위 : 점)

구분	갑	을	병	정
점수	65	70	30	35

조건
- 학생들은 각각 1문제에 1번씩 버저를 누를 수 있다.
- 갑과 정은 버저를 누른 총 횟수가 같다.
- 정은 문제를 맞힌 개수와 틀린 개수가 같다.
- 을과 병은 문제를 틀린 개수가 같다.
- 버저를 안 누른 경우, 점수 변동은 없다.
- 4명이 모두 틀린 문제는 없다.

① 66번
② 68번
③ 70번
④ 72번
⑤ 74번

| 03 | 창의수리

01 정사각형의 색종이를 가로·세로로 번갈아 가면서 반으로 접은 후 다시 펼쳤을 때 정사각형이 64개가 나오려면 몇 번을 접어야 하는가?

① 5번   ② 6번

③ 7번   ④ 8번

⑤ 9번

02 새로 얻은 직장의 가까운 곳에 자취를 시작하게 된 한별이는 도어 록의 비밀번호를 새로 설정하려고 한다. 한별이의 도어 록 번호판은 다음과 같이 0을 제외한 1 ~ 9 숫자로 되어 있다. 비밀번호를 서로 다른 4개의 숫자로 구성한다고 할 때, 5와 6을 제외하고, 1과 8이 포함된 4자리 숫자로 만들 확률은?

〈도어 록 비밀번호〉

1 2 3
4 5 6
7 8 9

① $\dfrac{5}{63}$ ② $\dfrac{2}{21}$

③ $\dfrac{1}{7}$ ④ $\dfrac{10}{63}$

⑤ $\dfrac{13}{63}$

03 S음료회사는 음료수의 병 디자인을 리뉴얼하려고 한다. 기존에는 2.0L 용량의 음료수 병에 75%를 채워 판매하였는데, 다음 달부터는 새로 만든 1.8L 용량의 음료수 병에 80%를 채워 판매할 예정이다. 기존의 음료수 병으로 48병 채울 수 있는 양을 새로운 병에 넣는다면, 새로운 음료수 병은 몇 병이 필요한가?

① 50병
② 52병
③ 54병
④ 56병
⑤ 58병

04 S회사에서 100명의 임직원들이 워크샵으로 제주도를 방문했다. 일정 중 방문한 기념품 가게에서 감귤초콜릿과 오메기떡을 판매하고 있었는데, 임직원들 중 감귤초콜릿을 구입한 사람은 44명, 오메기떡을 구입한 사람은 47명이었다. 둘 다 구매하지 않은 인원이 모두 구매한 인원보다 2배 많다면, 100명 중 감귤초콜릿만 구입한 임직원은 몇 명인가?

① 31명
② 32명
③ 33명
④ 34명
⑤ 35명

| 04 | 언어추리

01 세미나에 참석한 A사원, B사원, C주임, D주임, E대리는 각자 숙소를 배정받았다. A사원, D주임은 여성이고, B사원, C주임, E대리는 남성이다. 다음 〈조건〉에 따라 숙소가 배정되었을 때, 다음 중 옳지 않은 것은?

> **조건**
> • 숙소는 5층이며 각 층에 1명씩 배정한다.
> • E대리의 숙소는 D주임의 숙소보다 위층이다.
> • 1층에는 주임을 배정한다.
> • 1층과 3층에는 남직원을 배정한다.
> • 5층에는 사원을 배정한다.

① D주임은 2층에 배정된다.
② 5층에 A사원이 배정되면 4층에 B사원이 배정된다.
③ 5층에 B사원이 배정되면 4층에 A사원이 배정된다.
④ C주임은 1층에 배정된다.
⑤ 5층에 B사원이 배정되면 3층에 E대리가 배정된다.

02 S기업은 일주일 동안 매일 한 명씩 당직 근무를 한다. A ~ G 일곱 명은 다음 주 당직 근무 순서를 정하기 위해 모였다. 다음 〈조건〉에 따라 근무 순서를 정할 때, D가 근무하는 전날과 다음날의 당직 근무자를 순서대로 나열한 것은?(단, 한 주의 시작은 월요일이다)

> **조건**
> • A가 가장 먼저 근무한다.
> • F는 E보다 먼저 근무한다.
> • G는 A가 근무하는 다음날에 근무한다.
> • F가 근무하고 3일 뒤에 C가 근무한다.
> • C가 B보다 먼저 근무한다.
> • E는 목요일에 근무한다.

① A, G
② C, F
③ E, C
④ F, B
⑤ G, C

03 아름이는 연휴를 맞아 유럽 일주를 할 계획이다. 하지만 시간 관계상 벨기에, 프랑스, 영국, 독일, 오스트리아, 스페인 중 4개 국가만 방문하고자 한다. 다음 〈조건〉에 따라 방문할 국가를 고를 때, 아름이가 방문하지 않을 국가는?

> **조건**
> • 스페인은 반드시 방문한다.
> • 프랑스를 방문하면 영국은 방문하지 않는다.
> • 오스트리아를 방문하면 스페인은 방문하지 않는다.
> • 벨기에를 방문하면 영국도 방문한다.
> • 오스트리아, 벨기에, 독일 중 적어도 2개 국가를 방문한다.

① 영국, 프랑스　　　　　　　　　② 벨기에, 독일
③ 영국, 벨기에　　　　　　　　　④ 오스트리아, 프랑스
⑤ 독일, 오스트리아

※ 다음과 같이 일정한 규칙에 따라 수가 나열되어 있다고 할 때, 이어지는 질문에 답하시오. [1~2]

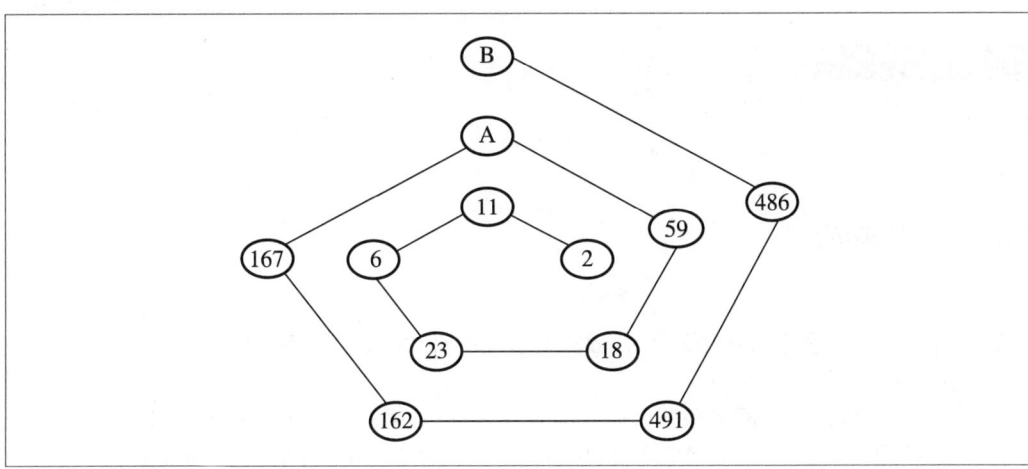

01 A에 들어갈 알맞은 수는?

① 50   ② 51

③ 52   ④ 53

⑤ 54

02 A부터 B까지 나열된 모든 수의 합은?

① 2,817   ② 2,820

③ 2,823   ④ 2,826

⑤ 2,829

13 2018년 상반기 기출복원문제

정답 및 해설 p.063

| 01 | 언어이해

Hard

01 다음 글의 내용을 읽고 추론할 수 있는 내용으로 적절하지 않은 것은?

> 언어는 배우는 아이들이 있어야 지속된다. 그러므로 성인들만 사용하는 언어가 있다면 그 언어의 운명은 어느 정도 정해진 셈이다. 언어학자들은 이런 방식으로 추리하여 인류 역사에 드리워진 비극에 대해 경고한다. 한 언어학자는 현존하는 북미 인디언 언어의 약 80%인 150개 정도가 빈사 상태에 있다고 추정한다. 알래스카와 시베리아 북부에서는 기존 언어의 90%인 40개 언어, 중앙아메리카와 남아메리카에서는 23%인 160개 언어, 오스트레일리아에서는 90%인 225개 언어, 그리고 전 세계적으로는 기존 언어의 50%인 3,000개의 언어들이 소멸해 가고 있다고 한다. 이중 사용자 수가 10만 명을 넘는 약 600개의 언어들은 비교적 안전한 상태에 있지만, 그 밖의 언어는 21세기가 끝나기 전에 소멸할지도 모른다.
>
> 언어가 이처럼 대규모로 소멸하는 원인은 중첩적이다. 토착 언어 사용자들의 거주지가 파괴되고, 종족 말살과 동화(同化)교육이 이루어지며, 사용 인구가 급격히 감소하는 것 외에 '문화적 신경가스'라고 불리는 전자 매체가 확산되는 것도 그 원인이 된다. 물론 우리는 소멸을 강요하는 사회적, 정치적 움직임들을 중단시키는 한편, 토착어로 된 교육 자료나 문학작품, 텔레비전 프로그램 등을 개발함으로써 언어 소멸을 어느 정도 막을 수 있다. 나아가 소멸 위기에 처한 언어라도 20세기의 히브리어처럼 지속적으로 공식어로 사용할 의지만 있다면 그 언어를 부활시킬 수도 있다.
>
> 합리적으로 보자면, 우리가 지구상의 모든 동물이나 식물종을 보존할 수 없는 것처럼 모든 언어를 보존할 수는 없으며, 어쩌면 그래서는 안 되는지도 모른다. 가령, 어떤 언어 공동체가 경제적 발전을 보장해 주는 주류 언어로 돌아설 것을 선택할 때, 그 어떤 외부 집단이 이들에게 토착 언어를 유지하도록 강요할 수 있겠는가? 또한, 한 공동체 내에서 이질적인 언어가 사용되면 사람들 사이에 심각한 분열을 초래할 수도 있다. 그러나 이러한 문제가 있더라도 전 세계 언어의 50% 이상이 빈사 상태에 있다면 이를 보고만 있을 수는 없다.

① 현재 소멸해 가고 있는 전 세계 언어 중 약 2,400여 개의 언어들은 사용자 수가 10만 명 이하이다.

② 소멸 위기에 있는 언어라도 사용자들의 의지에 따라 유지될 수 있다.

③ 소멸 위기 언어 사용자가 처한 현실적인 문제는 언어의 다양성을 보존하기 어렵게 만들 수 있다.

④ 언어 소멸은 지구상의 동물이나 식물종 수의 감소와 같이 자연스럽고 필연적인 현상이다.

⑤ 타의적·물리적 압력에 의해서만 언어 소멸이 이루어지는 것은 아니다.

02 다음 글의 빈칸에 들어갈 내용으로 가장 적절한 것은?

> 오늘날 인류가 왼손보다 오른손을 선호하는 경향은 어디서 비롯되었을까? 오른손을 귀하게 여기고 왼손을 천대하는 현상은 어쩌면 산업화 이전 사회에서 배변 후 사용할 휴지가 없었다는 사실과 관련이 있을 법하다. 맨손으로 배변 뒤처리를 하는 것은 불쾌할 뿐더러 병균을 옮길 위험을 수반하는 일이었다. 이런 위험성을 낮추는 간단한 방법은 음식을 먹거나 인사할 때 다른 손을 사용하는 것이었다. 기술 발달 이전의 사회는 대개 왼손을 배변 뒤처리에, 오른손을 먹고 인사하는 일에 사용했다. 나는 이런 배경이 인간 사회에 널리 나타나는 '오른쪽'에 대한 긍정과 '왼쪽'에 대한 반감을 어느 정도 설명해 줄 수 있으리라고 생각했다. 그러나 이 설명은 왜 애초에 오른손이 먹는 일에, 그리고 왼손이 배변 처리에 사용되었는지 설명해주지 못한다. _____ 따라서 근본적인 설명은 다른 곳에서 찾아야 할 것 같다.
>
> 한쪽 손을 주로 쓰는 경향은 뇌의 좌우반구의 기능 분화와 관련되어 있는 것으로 보인다. 보고된 증거에 따르면, 왼손잡이는 읽기와 쓰기, 개념적·논리적 사고 같은 좌반구 기능에서 오른손잡이보다 상대적으로 미약한 대신 상상력, 패턴 인식, 창의력 등 전형적인 우반구 기능에서는 상대적으로 기민한 경우가 많다.
>
> 나는 이성 대 직관의 힘겨루기, 뇌의 두 반구 사이의 힘겨루기가 오른손과 왼손의 힘겨루기로 표면화된 것이 아닐까 생각한다. 즉 오른손이 원래 왼손보다 더 능숙했기 때문이 아니라 뇌의 좌반구가 인간의 행동을 지배하는 권력을 갖게 되었기 때문에 오른손 선호에 이르렀다는 생각이다.

① 동서양을 막론하고 왼손잡이 사회는 확인된 바 없기 때문이다.
② 기능적으로 왼손이 오른손보다 섬세하기 때문이다.
③ 모든 사람들이 오른쪽을 선호하는 것이 아니기 때문이다.
④ 양손의 기능을 분담시키지 않는 사람이 존재할 수도 있기 때문이다.
⑤ 현대사회에 들어서 왼손잡이가 늘어나고 있기 때문이다.

03 다음 글의 밑줄 친 ⑤과 ⓒ에 대한 설명으로 가장 적절한 것은?

> 동물실험을 옹호하는 여러 입장은 인간이 동물은 가지고 있지 않은 언어 능력, 도구 사용 능력, 이성 능력 등을 가졌다는 점을 근거로 삼는 경우가 많지만, 동물들도 지능과 문화를 가진다는 점을 들어 인간과 동물의 근본적 차이를 부정하는 이들도 있다. 현대의 ⑤ <u>공리주의 생명윤리학자들</u>은 이성이나 언어 능력에서 인간과 동물이 차이가 있더라도 동물실험이 정당화되는 것은 아니라고 주장한다. 이들에게 도덕적 차원에서 중요한 기준은 고통을 느낄 수 있는지 여부이다. 인종이나 성별과 무관하게 고통은 최소화되어야 하듯, 동물이 겪고 있는 고통도 마찬가지이다. 이들이 문제 삼는 것은 동물실험 자체라기보다는 그것이 초래하는 복지의 감소에 있다. 따라서 동물에 대한 충분한 배려 속에서 전체적인 복지를 증대시킬 수 있다면 일부 동물실험은 허용될 수 있다.
>
> 이와 달리, 현대 철학자 ⓒ <u>리건</u>은 몇몇 포유류의 경우 각 동물 개체가 삶의 주체로서 갖는 가치가 있다고 주장하면서, 이 동물에게는 실험에 이용되지 않을 권리가 있다고 본다. 이러한 고유한 가치를 지닌 존재는 존중되어야 하며 결코 수단으로 취급되어서는 안 된다. 따라서 개체로서의 가치와 동물권을 지니는 대상은 그 어떤 실험에도 사용되지 않아야 한다.

① ⑤은 언어와 이성 능력에서 인간과 동물이 차이가 있음을 부정한다.

② ⓒ은 동물이 고통을 느낄 수 있는 존재이기 때문에 각 동물 개체가 삶의 주체로서 가치를 지닌다고 본다.

③ ⑤은 동물의 고통을 유발하지 않는다는 조건 하에 동물실험을 할 수 있다고 주장한다.

④ ⓒ은 인간과 동물의 근본적 차이가 있기 때문에 동물을 인간과 다르게 대우해야 한다고 생각한다.

⑤ ⑤은 인간과 동물의 생물학적 차이에, ⓒ은 인간과 동물의 이성이나 언어 능력의 차이에 집중한다.

04 다음 글의 제목으로 가장 적절한 것은?

> 일반적으로 소비자들은 합리적인 경제 행위를 추구하기 때문에 최소 비용으로 최대 효과를 얻으려 한다는 것이 소비의 기본 원칙이다. 그들은 '보이지 않는 손'이라고 일컬어지는 시장 원리 아래에서 생산자와 만난다. 그러나 이러한 일차적 의미의 합리적 소비가 언제나 유효한 것은 아니다. 생산보다는 소비가 화두가 된 소비 자본주의 시대에 소비는 단순히 필요한 재화, 그리고 경제학적으로 유리한 재화를 구매하는 행위에 머물지 않는다. 최대 효과 자체에 정서적이고 사회 심리학적인 요인이 개입하면서, 이제 소비는 개인이 세계와 만나는 다분히 심리적인 방법이 되어버린 것이다. 곧 인간의 기본적인 생존 욕구를 충족시켜 주는 합리적 소비 수준에 머물지 않고, 자신을 표현하는 상징적 행위가 된 것이다. 이처럼 오늘날의 소비문화는 물질적 소비 차원이 아닌 심리적 소비 형태를 띠게 된다.
>
> 소비 자본주의의 화두는 과소비가 아니라 '과시 소비'로 넘어간 것이다. 과시 소비의 중심에는 신분의 논리가 있다. 신분의 논리는 유용성의 논리, 나아가 시장의 논리로 설명되지 않는 것들을 설명해 준다. 혈통으로 이어지던 폐쇄적 계층 사회는 소비 행위에 대해 계급에 근거한 제한을 부여했다. 먼 옛날 부족 사회에서 수장들만이 걸칠 수 있었던 장신구에서부터, 제아무리 권문세가의 정승이라도 아흔아홉 칸을 넘을 수 없던 집이 좋은 예이다. 권력을 가진 자는 힘을 통해 자기의 취향을 주위 사람들과 분리시킴으로써 경외감을 강요하고, 그렇게 자기 취향을 과시함으로써 잠재적 경쟁자들을 통제한 것이다.
>
> 가시적 신분 제도가 사라진 현대 사회에서도 이러한 신분의 논리는 여전히 유효하다. 이제 개인은 소비를 통해 자신의 물질적 부를 표현함으로써 신분을 과시하려 한다.

① '보이지 않는 손'에 의한 합리적 소비의 필요성
② 소득을 고려하지 않은 무분별한 과소비의 폐해
③ 계층별 소비 규제의 필요성
④ 신분사회에서 의복 소비와 계층의 관계
⑤ 소비가 곧 신분이 되는 과시 소비의 원리

| 02 | 자료해석

Hard

01 다음은 A, B 기계의 투입량에 따른 생산량에 대한 자료이다. 두 기계를 동시에 가동하고 투입량을 1만 개 이상 2만 개 이하로 제한하여 두 기계에 같은 양을 투입하였을 때, 최대 총생산량은?

<table>
<tr><th colspan="3">〈A, B기계 투입량 및 생산량〉</th></tr>
<tr><td colspan="3" align="right">(단위 : 천 개)</td></tr>
<tr><th>구분</th><th>투입량</th><th>생산량</th></tr>
<tr><td>A기계</td><td>x</td><td>$\frac{1}{4}x+5$</td></tr>
<tr><td>B기계</td><td>x'</td><td>$\frac{1}{20}(x'-10)^2+5$</td></tr>
</table>

① 6만 개   ② 5만 개

③ 4만 개   ④ 3만 개

⑤ 2만 개

| 03 | 창의수리

Hard

01 같은 회사에서 근무하는 A와 B의 보폭은 60cm로 같다. 퇴근 후 회사에서 출발하여 A는 동쪽으로 8걸음/9초의 속력으로, B는 북쪽으로 6걸음/9초의 속력으로 21분 동안 직진하였다. 두 사람이 업무를 위해 이전과 같은 속력으로 같은 시간 동안 최단 거리로 움직여 다시 만난다고 할 때, A는 얼마나 이동해야 하는가?

① 480m

② 490m

③ 500m

④ 510m

⑤ 520m

Hard

02 1 ~ 9 사이의 자연수가 적힌 카드 7장과 0이 적힌 카드 1장이 있다. 이 8장의 카드를 숫자가 안 보이도록 뒤집어 펼쳐놓고 7장의 카드를 선택하였다. 이때 선택한 7장의 카드에 적혀있는 수를 모두 더하여 기록하기를 8번 반복하여 다음과 같은 숫자를 얻었다. 8장의 카드에 기입된 정수 중 중복되는 숫자가 적힌 카드가 있다면 그 카드는 무엇인가?(단, 합하여 기록된 값 중 중복된 값은 1번만 기입하였다)

24 25 26 28 30 31 32

① 1

② 2

③ 3

④ 4

⑤ 5

Hard

01 남자 2명과 여자 2명, 총 4명이 다음 〈조건〉에 따라 원탁에 앉았을 때, 다음 중 항상 참인 것은?

> **조건**
> - 네 사람의 직업은 각각 교사, 변호사, 자영업자, 의사이다.
> - 네 사람은 각각 검은색 원피스, 파란색 재킷, 하얀색 니트, 밤색 티셔츠를 입고 있으며, 이 중 원피스는 여성용, 재킷은 남성용이다.
> - 남자는 남자끼리, 여자는 여자끼리 인접해서 앉아있다.
> - 변호사는 하얀색 니트를 입고 있다.
> - 자영업자는 남자이다.
> - 의사의 바로 왼쪽 자리에 앉은 사람은 검은색 원피스를 입었다.
> - 교사는 밤색 티셔츠를 입은 사람과 원탁을 사이에 두고 마주보고 있다.

① 교사와 의사는 원탁을 사이에 두고 마주보고 있다.
② 변호사는 남자이다.
③ 밤색 티셔츠를 입은 사람은 여자이다.
④ 의사는 파란색 재킷을 입고 있다.
⑤ 검은색 원피스를 입은 여자는 자영업자의 바로 오른쪽에 앉아있다.

Easy

02 다음 명제가 모두 참이라고 할 때, 결론으로 가장 적절한 것은?

> - 티라노사우르스는 공룡이다.
> - 곤충을 먹으면 공룡이 아니다.
> - 곤충을 먹지 않으면 직립보행을 한다.

① 직립보행을 하지 않으면 공룡이다.
② 직립보행을 하면 티라노사우르스이다.
③ 곤충을 먹지 않으면 티라노사우르스이다.
④ 티라노사우르스는 직립보행을 하지 않는다.
⑤ 티라노사우르스는 직립보행을 한다.

※ S기업 영업팀 팀원 6명이 회식을 하기 위해 이탈리안 레스토랑에 갔다. 주문한 결과가 다음과 같았다고 할 때, 이어지는 질문에 답하시오. [3~4]

- 영업팀은 토마토 파스타 2개, 크림 파스타 1개, 토마토 리소토 1개, 크림 리소토 2개, 콜라 2잔, 사이다 2잔, 주스 2잔을 주문했다.
- 영업팀은 K부장, L과장, M대리, S대리, H사원, J사원으로 구성되어 있는데, 같은 직급끼리는 같은 소스(토마토, 크림)가 들어가는 요리를 주문하지 않았고, 같은 음료도 주문하지 않았다.
- 각자 좋아하는 요리가 있으면 그 요리를 주문하고, 싫어하는 요리나 재료가 있으면 주문하지 않았다.
- K부장은 토마토 파스타를 좋아하고, S대리는 크림 리소토를 좋아한다.
- L과장과 H사원은 파스타 종류를 싫어한다.
- 대리들 중에 콜라를 주문한 사람은 없다.
- 크림 파스타를 주문한 사람은 사이다도 주문했다.
- 토마토와 주스는 궁합이 안 맞는다고 하여 함께 주문하지 않았다.

03 다음 중 옳지 않은 것은?

① 사원들은 둘 다 파스타를 주문했다.
② L과장은 크림 리소토를 주문했다.
③ K부장은 콜라를 주문했다.
④ 토마토 리소토를 주문한 사람은 콜라를 주문했다.
⑤ 부장과 과장 모두 사이다를 주문하지 않았다.

04 다음 중 같은 요리나 음료를 주문한 사람끼리 바르게 짝지어진 것은?

① J사원, S대리
② H사원, L과장
③ L과장, S대리
④ M대리, H사원
⑤ K부장, J사원

교육은 우리 자신의 무지를 점차 발견해 가는 과정이다.

– 윌 듀란트 –

PART

III

3개년 주요기업
기출복원문제

정답 및 해설 p.070

|01| 언어

※ 다음 제시된 문단 또는 문장을 논리적 순서대로 바르게 나열한 것을 고르시오. [1~9]

| 2024년 상반기 삼성그룹

01

> (가) 이 전위차에 의해 전기장이 형성되어 전자가 이동하게 된다. 일반적으로 전자가 이동하더라도 얇은 산화물에 이동이 막힐 것으로 생각하기 쉽지만, 이 경우에는 전자 터널링 현상이 발생하여 전자가 얇은 산화물을 통과하게 된다. 이 전자들은 플로팅 게이트로 전자가 모이게 되고, 이러한 과정을 거쳐 데이터가 저장되게 된다.
>
> (나) 어떻게 NAND 플래시 메모리에 데이터가 저장될까? 플로팅 게이트에 전자가 없는 상태의 NAND 플래시 메모리의 컨트롤 게이트에 높은 전압을 가하면 수직 방향으로 컨트롤 게이트는 높은 전위, 기저 상태는 낮은 전위를 갖게 되어 전위차가 발생한다.
>
> (다) 반대로 플로팅 게이트에 전자가 저장된 상태에서 컨트롤 게이트에 0V를 가하면 전위차가 반대로 발생하고, 전자 터널링 현상에 의해 플로팅 게이트에 저장된 전자가 얇은 산화물을 통과하여 기저상태로 되돌아간다. 이런 과정을 거쳐 데이터가 지워지게 된다.
>
> (라) NAND 플래시 메모리는 MOSFET 구조 위에 얇은 산화물, 플로팅 게이트, 얇은 산화물, 컨트롤 게이트를 순서대로 쌓은 구조이며, 데이터의 입력 및 삭제를 반복하여 사용할 수 있는 비휘발성 메모리의 한 종류이다.

① (나) – (가) – (라) – (다)　　　　② (나) – (다) – (가) – (라)
③ (나) – (라) – (가) – (다)　　　　④ (라) – (가) – (다) – (나)
⑤ (라) – (나) – (가) – (다)

02

> (가) 이러한 특징은 구엘 공원에 잘 나타나 있는데, 산의 원래 모양을 최대한 유지하기 위해 지면을 받치는 돌기둥을 만드는가 하면, 건축물에 식물을 심어 그 뿌리로 하여금 무너지지 않게 했다.
>
> (나) 스페인을 대표하는 천재 건축가 가우디가 만든 건축물의 대표적인 특징을 꼽자면, 먼저 곡선을 들 수 있다. 그의 여러 건축물 중 곡선미가 가장 잘 나타나는 것은 바로 1984년 유네스코 세계 문화유산으로 지정된 카사 밀라이다.
>
> (다) 또 다른 특징으로는 자연과의 조화로, 그는 건축 역시 사람들이 살아가는 공간이자 자연의 일부라고 생각하여 가능한 자연을 훼손하지 않고 건축하는 것을 원칙으로 삼았다.
>
> (라) 이 건축물의 표면에는 일렁이는 파도를 연상시키는 곡선이 보이는데, 이는 당시 기존 건축양식과는 거리가 매우 멀어 처음엔 조롱거리가 되었다. 하지만 훗날 비평가들은 그의 창의성을 인정하게 됐고 현대 건축의 출발점으로 지금까지 평가되고 있다.

① (가) – (나) – (라) – (다)   ② (가) – (다) – (나) – (라)
③ (나) – (다) – (가) – (라)   ④ (나) – (라) – (가) – (다)
⑤ (나) – (라) – (다) – (가)

03

> (가) 이글루가 따뜻해지는 원리를 과정에 따라 살펴보면 먼저 눈 벽돌로 이글루를 만든 후에 이글루 안에서 불을 피워 온도를 높이는 것을 알 수 있다.
>
> (나) '에스키모'라고 하면 연상되는 것 중의 하나가 이글루이다.
>
> (다) 이 과정을 반복하여 눈 벽돌집은 얼음집으로 변하며, 눈 사이에 들어 있던 공기는 빠져나가지 못하고 얼음 속에 갇히면서 내부가 따뜻해진다.
>
> (라) 이글루는 눈을 벽돌 모양으로 잘라 만든 집임에도 불구하고 사람이 거주할 수 있을 정도로 따뜻하다.
>
> (마) 온도가 올라감에 따라 눈이 녹으면서 벽의 빈틈을 메워 주고, 어느 정도 눈이 녹으면 출입구를 열어 물이 얼도록 한다.

① (가) – (다) – (나) – (라) – (마)
② (나) – (라) – (가) – (마) – (다)
③ (나) – (라) – (다) – (마) – (가)
④ (라) – (나) – (다) – (마) – (가)
⑤ (라) – (다) – (나) – (가) – (마)

04

(가) 덕후에 대한 사회의 시선도 달라졌다. 과거의 덕후는 이해할 수 없는 자기들만의 세계에 빠져 사는 소통 능력이 부족한 잉여 인간이라는 이미지가 강했다. 하지만 이제는 특정 분야에 해박한 지식을 가진 전문가, 독특한 취향을 지닌 조금 특이하지만 멋있는 존재로 받아들여진다. 전문가들은 이제 한국의 덕후는 단어의 어원이었던 일본의 오타쿠와는 완전히 다른 존재로 진화하고 있다고 진단한다.

(나) 현재 진화한 덕후들은 자신만의 취미에 더욱 몰입한다. 취향에 맞는다면 아낌없이 지갑을 연다. 좋아하는 대상도 다양해지고 있다. 립스틱이나 매니큐어 같은 화장품, 스타벅스 컵까지도 덕질(덕후+질)의 대상이 된다. 이른바 취향 소비를 덕후들이 이끌고 있는 것이다. 덕후들은 자신이 좋아하는 대상을 위해 댓글을 달며 기업이 내놓는 상품에 입김을 발휘하기도 한다. 아예 스스로 좋아하는 대상과 관련된 상품을 제작해 판매하기도 하고, 파생산업까지 나오고 있다.

(다) 덕후는 일본의 오타쿠(御宅)를 한국식으로 발음한 인터넷 신조어 오덕후를 줄인 말이다. 얼마 전까지 덕후 이미지는 사회성이 부족하거나 우스꽝스럽다는 식으로 그다지 긍정적이지 않았다. 하지만 최근 들어 인터넷과 SNS는 물론 일상생활에서도 자신이 덕후임을 만천하에 드러내며 덕밍아웃(덕후+커밍아웃)하는 사례가 늘고 있다.

① (가) - (나) - (다)   ② (가) - (다) - (나)

③ (나) - (가) - (다)   ④ (다) - (가) - (나)

⑤ (다) - (나) - (가)

(가) 동아시아의 문명 형성에 가장 큰 영향력을 끼친 책을 꼽을 때, 『논어』가 빠질 수 없다. 『논어』는 공자(B,C 551 ~ 479)가 제자와 정치인 등을 만나서 나눈 이야기를 담고 있다. 공자의 활동 기간으로 따져보면 『논어』는 지금으로부터 대략 2,500년 전에 쓰인 것이다. 지금의 우리는 한 나절에 지구 반대편으로 날아다니고, 여름에 겨울 과일을 먹는, 그야말로 공자는 상상할 수도 없는 세상에 살고 있다.

(나) 2,500년 전의 공자와 그가 대화한 사람 역시 우리와 마찬가지로 '호모 사피엔스'이기 때문이다. 2,500년 전의 사람도 배고프면 먹고, 졸리면 자고, 좋은 일이 있으면 기뻐하고, 나쁜 일이 있으면 화를 내는 오늘날의 사람과 다름없었다. 불의를 보면 공분하고, 전쟁보다 평화가 지속되기를 바라고, 예술을 보고 들으며 즐거워했는데, 오늘날의 사람도 마찬가지이다.

(다) 물론 2,500년의 시간으로 인해 달라진 점도 많고 시대와 문화에 따라 '사람다움이 무엇인가?'에 대한 답은 다를 수 있지만, 사람은 돌도 아니고 개도 아니고 사자도 아니라 여전히 사람일 뿐인 것이다. 즉 현재의 인간이 과거보다 자연의 힘에 두려워하지 않고 자연을 합리적으로 설명할 수는 있지만, 인간적 약점을 극복하고 신적인 존재가 될 수는 없는 그저 인간일 뿐인 것이다.

(라) 『논어』의 일부는 여성과 아동, 이민족에 대한 당시의 편견을 드러내고 있어 이처럼 달라진 시대의 흐름에 따라 폐기될 수밖에 없지만, 이를 제외한 부분은 '오래된 미래'로서 읽을 가치가 있는 것이다.

(마) 이론의 생명 주기가 짧은 학문의 경우, 2,500년 전의 책은 역사적 가치가 있을지언정 이론으로서는 폐기 처분이 당연시된다. 그런데 왜 21세기의 우리가 2,500년 전의 『논어』를 지금까지도 읽고, 또 읽어야 할 책으로 간주하고 있는 것일까?

① (가) – (마) – (나) – (다) – (라)
② (가) – (마) – (나) – (라) – (다)
③ (가) – (마) – (다) – (나) – (라)
④ (나) – (다) – (가) – (마) – (라)
⑤ (마) – (가) – (나) – (다) – (라)

06

(가) '인력이 필요해서 노동력을 불렀더니 사람이 왔더라.'라는 말이 있다. 인간을 경제적 요소로만 단순하게 생각했으나, 이에 따른 인권문제, 복지문제, 내국인과 이민자와의 갈등 등이 수반된다는 말이다. 프랑스처럼 우선 급하다고 이민자를 선별하지 않고 받으면 인종 갈등과 이민자의 빈곤화 등 많은 사회비용이 발생한다.

(나) 이제 다문화정책의 패러다임을 전환해야 한다. 한국에 들어온 다문화가족을 적극적으로 지원해야 한다. 다문화가족과 더불어 살면서 다양성과 개방성을 바탕으로 상생의 발전을 도모해야 한다. 그리고 결혼이민자만 다문화가족으로 볼 것이 아니라 외국인 근로자와 유학생, 북한이탈주민까지 큰 틀에서 함께 보는 것도 필요하다.

(다) 다문화정책의 핵심은 두 가지이다. 첫째, 새로운 사회에 적응하려는 의지가 강해서 언어 배우기, 일자리, 문화 이해에 매우 적극적인 태도를 지닌 좋은 인력을 선별해서 입국하도록 하는 것이다. 둘째, 이민자가 새로운 사회에 잘 정착할 수 있도록 사회통합에 주력해야 하는 것이다. 해외 인구 유입 초기부터 사회 비용을 절약할 수 있는 사람들을 들어오게 하는 것이 중요하기 때문이다.

(라) 또한 이미 들어온 이민자에게는 적극적인 지원을 해야 한다. 언어와 문화, 환경이 모두 낯선 이민자에게는 이민 초기에 세심한 배려가 필요하다. 특히 중요한 것은 다문화가족이 그들이 가지고 있는 강점을 활용하여 취약 계층이 아닌 주류층으로 설 수 있도록 지원해야 한다. 뿐만 아니라 이민자에 대한 지원 시기를 놓치거나 차별과 편견으로 내국인에게 증오감을 갖게 해서는 안 된다.

① (가) – (다) – (라) – (나)
② (다) – (가) – (라) – (나)
③ (다) – (나) – (라) – (가)
④ (라) – (나) – (다) – (가)
⑤ (라) – (다) – (나) – (가)

(가) 칸트의 '무관심성'에 대한 논의에서 이에 대한 단서를 얻을 수 있다. 칸트는 미적 경험의 주체가 '객체가 존재한다.'는 사실성 자체로부터 거리를 둔다고 주장한다. 이에 따르면, 영화관에서 관객은 영상의 존재 자체에 대해 '무관심한' 상태에 있다. 영상의 흐름을 냉정하고 분석적인 태도로 받아들이는 것이 아니라, 영상의 흐름이 자신에게 말을 걸어오는 듯이 자신이 미적 경험의 유희에 초대된 듯이 공감하며 체험하고 있다. 미적 거리 두기와 공감적 참여의 상태를 경험하는 것이다. 주체와 객체가 엄격하게 분리되거나 완전히 겹쳐지는 것으로 이해하는 통상적인 동일시 이론과 달리, 칸트는 미적 지각을 지각 주체와 지각 대상 사이의 분리와 융합의 긴장감 넘치는 '중간 상태'로 본 것이다.

(나) 관객은 영화를 보면서 영상의 흐름을 어떻게 지각하는 것일까? 그토록 빠르게 변화하는 앵글, 인물, 공간, 시간 등을 어떻게 별 어려움 없이 흥미진진하게 따라가는 것일까? 흔히 영화의 수용에 대해 설명할 때 관객의 눈과 카메라의 시선 사이에 일어나는 동일시 과정을 내세운다. 그러나 '동일시 이론'은 어떠한 조건을 기반으로 어떠한 과정을 거쳐서 동일시가 일어나는지, 영상의 흐름을 지각할 때 일어나는 동일시의 고유한 방식이 어떤 것인지에 대해 의미 있는 설명을 제시하지 못하고 있다.

(다) 이렇게 볼 때 영화 관객은 자신의 눈을 단순히 카메라의 시선과 직접적으로 동일시하는 것이 아니다. 관객은 영화를 보면서 영화 속 공간, 운동의 양상 등을 유희적으로 동일시하며, 장소 공간이나 방향 공간 등 다양한 공간의 층들을 동시에 인지할 뿐만 아니라 감정 공간에서 나오는 독특한 분위기의 힘을 감지하고, 이를 통해 영화 속의 공간과 공감하며 소통하고 있는 것이다.

(라) 관객이 영상의 흐름을 생동감 있게 체험할 수 있는 이유는, 영화 속의 공간이 단순한 장소로서의 공간이라기보다는 '방향 공간'이기 때문이다. 카메라의 다양한 앵글 선택과 움직임, 자유로운 시점 선택이 방향 공간적 표현을 용이하게 해 준다. 두 사람의 대화 장면을 보여 주는 장면을 생각해 보자. 관객은 단지 대화에 참여한 두 사람의 존재와 위치만 확인하는 것이 아니라, 두 사람의 시선 자체가 지닌 방향성의 암시, 즉 두 사람의 얼굴과 상반신이 서로를 향하고 있는 방향 공간적 상황을 함께 지각하고 있는 것이다.

(마) 영화의 매체적 강점은 방향 공간적 표현이라는 데에만 그치지 않는다. 영상의 흐름에 대한 지각은 언제나 생생한 느낌을 동반한다. 관객은 영화 속 공간과 인물의 독특한 감정에서 비롯된 분위기의 힘을 늘 느끼고 있다. 따라서 영화 속 공간은 근본적으로 이러한 분위기의 힘을 느끼도록 해 주는 '감정 공간'이라 할 수 있다.

① (가) – (라) – (나) – (마) – (다)

② (나) – (가) – (라) – (마) – (다)

③ (나) – (다) – (가) – (라) – (마)

④ (다) – (라) – (마) – (나) – (가)

⑤ (라) – (가) – (다) – (나) – (마)

(가) 나무를 가꾸기 위해서는 처음부터 여러 가지를 고려해 보아야 한다. 심을 나무의 생육조건, 나무의 형태, 성목이 되었을 때의 크기, 꽃과 단풍의 색, 식재지역의 기후와 토양 등을 종합적으로 생각하고 심어야 한다. 나무의 생육조건은 저마다 다르기 때문에 지역의 환경조건에 적합한 나무를 선별하여 환경에 적응하도록 해야 한다. 동백나무와 석류, 홍가시나무는 남부지방에 키우기 적합한 나무로 알려져 있지만 지구온난화로 남부수종의 생육한계선이 많이 북상하여 중부지방에서도 재배가 가능한 나무도 있다. 부산의 도로 중앙분리대에서 보았던 잎이 붉은 홍가시나무는 여주의 시골집 마당 양지바른 곳에서 3년째 잘 적응하고 있다.

(나) 더불어 나무의 특성을 외면하고 주관적인 해석에 따라 심었다가는 훗날 낭패를 보기 쉽다. 물을 좋아하는 수국 곁에 물을 싫어하는 소나무를 심었다면 둘 중 하나는 살기 어려운 환경이 조성된다. 나무를 심고 가꾸기 위해서는 전체적인 밑그림을 그려보고 생태적 특징을 살펴본 후에 심는 것이 바람직하다.

(다) 나무들이 밀집해있으면 나무들끼리의 경쟁은 물론 바람길과 햇빛의 방해로 성장은 고사하고 병충해에 시달리기 쉽다. 또한 나무들은 성장속도가 다르기 때문에 항상 다 자란 나무의 모습을 상상하며 나무들 사이의 공간 확보를 염두에 두어야 한다. 그러나 묘목을 심고 보니 듬성듬성한 공간을 메꾸기 위하여 자꾸 나무를 심게 되는 실수를 저지른다.

(라) 식재계획의 시작은 장기적인 안목으로 적재적소의 원칙을 염두에 두고 나무를 선정해야 한다. 식물은 햇빛, 물, 바람의 조화를 이루면 잘 산다고 하지 않는가. 그래서 나무의 특성 중에서 햇볕을 좋아하는지 그늘을 좋아하는지, 물을 좋아하는지 여부를 살펴보는 것이 중요하다. 어린 묘목을 심을 경우 주로 저지르는 실수는 나무가 자랐을 때의 생육공간을 생각하지 않고 촘촘하게 심는 것이다.

① (가) – (나) – (다) – (라) ② (가) – (나) – (라) – (다)
③ (가) – (다) – (나) – (라) ④ (가) – (라) – (나) – (다)
⑤ (가) – (라) – (다) – (나)

(가) 심리학자 와이너는 부정적인 경험을 한 상황을 어떻게 해석하느냐에 따라 이러한 공포증이 생길 수도 있고 그렇지 않을 수도 있다고 한다.

(나) 일반적인 사람들도 공포증을 유발하는 대상을 접하면서 부정적인 경험을 할 수 있지만 공포증으로까지 이어지는 경우는 드물다.

(다) 부정적인 경험을 하더라도 상황을 가변적으로 해석하는 사람보다 고정적으로 해석하는 사람은 공포증이 생길 확률이 높다.

(라) '공포증'이란 특정 대상에 대한 과도한 두려움으로 그 대상을 계속해서 피하게 되는 증세를 말한다.

① (가) – (나) – (다) – (라)
② (나) – (라) – (가) – (다)
③ (다) – (가) – (나) – (라)
④ (다) – (나) – (라) – (가)
⑤ (라) – (나) – (가) – (다)

10 다음 제시문 뒤에 이어질 문장을 논리적 순서대로 바르게 나열한 것은?

어떤 문화의 변동은 결코 외래문화의 압도적 영향이나 이식에 의해 이루어지는 것이 아니라, 수용 주체의 창조적·능동적 측면과 관련되어 이루어지는 매우 복합적인 성격의 것이다.

(가) 그리하여 외래문화 중에서 이러한 결핍 부분의 충족에 유용한 부분만을 선별해서 선택적으로 수용하게 된다.

(나) 이러한 수용 주체의 창조적·능동적 측면은 문화 수용과 변동에서 무엇보다도 우선하는 것인데, 이것이 외래문화 요소의 수용을 결정짓는다.

(다) 즉, 어떤 문화의 내부에 결핍 요인이 있을 때, 그 문화의 창조적·능동적 측면은 이를 자체적으로 극복하려 노력하지만, 이러한 극복이 내부에서 성취될 수 없을 때 그것은 외래 요소의 수용을 통해 이를 이루고자 한다.

다시 말해, 외래문화는 수용 주체의 내부 요인에 따라 수용 또는 거부되는 것이다.

① (가) – (나) – (다)
② (가) – (다) – (나)
③ (나) – (가) – (다)
④ (나) – (다) – (가)
⑤ (다) – (나) – (가)

11 다음 글의 중심 내용으로 가장 적절한 것은?

> 쇼펜하우어에 따르면 우리가 살고 있는 세계의 진정한 본질은 의지이며 그 속에 있는 모든 존재는 맹목적인 삶에의 의지에 의해서 지배당하고 있다. 쇼펜하우어는 우리가 일상적으로 또는 학문적으로 접근하는 세계는 단지 표상의 세계일 뿐이라고 주장하는데, 인간의 이성은 단지 이러한 표상의 세계만을 파악할 수 있을 뿐이다. 그에 따르면 존재하는 세계의 모든 사물은 우선적으로 표상으로서 드러나게 된다. 시간과 공간 그리고 인과율에 의해서 파악되는 세계가 나의 표상인데, 이러한 표상의 세계는 오직 나에 의해서, 즉 인식하는 주관에 의해서만 파악되는 세계이다. 쇼펜하우어에 따르면 이러한 주관은 모든 현상의 세계, 즉 표상의 세계에서 주인의 역할을 하는 '나'이다.
>
> 이러한 주관을 이성이라고 부를 수도 있는데, 이성은 표상의 세계를 이끌어가는 주인공의 역할을 하는 것이다. 그러나 쇼펜하우어는 여기서 한발 더 나아가 표상의 세계에서 주인의 역할을 하는 주관 또는 이성은 의지의 지배를 받는다고 주장한다. 즉, 쇼펜하우어는 이성에 의해서 파악되는 세계의 뒤편에는 참된 본질적 세계인 의지의 세계가 있으므로 표상의 세계는 제한적이며 표면적인 세계일 뿐, 결코 이성에 의해서 또는 주관에 의해서 결코 파악될 수 없다고 주장한다. 오히려 그는 그동안 인간이 진리를 파악하는 데 최고의 도구로 칭송받던 이성이나 주관을 의지에 끌려 다니는 피지배자일 뿐이라고 비판한다.

① 세계의 본질로서 의지의 세계
② 표상 세계의 극복과 그 해결 방안
③ 의지의 세계와 표상의 세계 간의 차이
④ 표상 세계 안에서의 이성의 역할과 한계

12 다음 글의 제목으로 가장 적절한 것은?

중세 유럽에서는 토지나 자원을 왕실이 소유하고 있었다. 사람들은 이러한 토지나 자원을 이용하려면 일정한 비용을 지불해야 했다. 예를 들어 광산을 개발하거나 수산물을 얻는 사람들은 해당 자원의 이용에 대한 비용을 왕실에 지불하였고 이는 왕실의 권력과 부의 유지를 돕는 동시에 국가의 재정을 보충하는 역할을 하였는데 이때 지불한 비용이 바로 로열티이다.

로열티의 개념은 산업 혁명과 함께 발전하였다. 산업 혁명을 통해 특허, 상표 등의 지적 재산권이 보호되기 시작하면서 기업들은 이러한 권리를 보유한 개인이나 조직에게 사용에 대한 보상을 지불하게 되었다. 지적 재산권은 기업이 특정한 기술, 디자인, 상표 등을 보유하고 있을 때 그들에게 독점적인 권리를 제공하고 이러한 권리의 보호와 보상을 위해 로열티 제도가 도입되었다.

로열티는 기업과 지적 재산권 소유자 간의 계약에 의해 설정되는 형태로 발전하였다. 기업이 특정 제품을 판매하거나 특정 기술을 이용하는 경우 지적 재산권 소유자에게 계약에 따라 정해진 로열티를 지불하게 된다. 이로써 지적 재산권을 보유한 개인이나 조직은 자신들의 창작물이나 기술의 사용에 대한 보상을 받을 수 있으며, 기업들은 이러한 지적 재산의 이용을 허가받아 경쟁 우위를 확보할 수 있게 되었다.

현재 로열티는 제품 판매나 라이선스, 저작물의 이용 등 다양한 형태로 나타나며 지적 재산권의 보호와 경제적 가치를 확보하는 중요한 수단으로 작용하고 있다. 로열티는 지식과 창조성의 보상으로서의 역할을 수행하며 기업들의 연구 개발을 촉진하고 혁신을 격려한다. 이처럼 로열티 제도는 기업과 지적 재산권 소유자 간의 상호 협력과 혁신적인 경제 발전에 기여하는 중요한 구조적 요소이다.

① 지적 재산권을 보호하는 방법
② 로열티 지급 시 유의사항
③ 지적 재산권의 정의
④ 로열티 제도의 유래와 발전
⑤ 로열티 제도의 모순

※ 다음 글의 내용으로 가장 적절한 것을 고르시오. [13~14]

Hard

13

무선으로 전력을 주고받으면, 전원을 직접 연결하는 유선보다 효율은 떨어지지만 전자 제품을 자유롭게 이동하며 사용할 수 있는 장점이 있다. 이처럼 무선으로 전력을 주고받을 수 있도록 전자기를 활용하여 전기를 공급하거나 이용하는 기술이 무선 전력 전송 방식인데 대표적으로 '자기 유도 방식'과 '자기 공명 방식' 두 가지를 들 수 있다.

자기 유도 방식은 변압기의 원리와 유사하다. 변압기는 네모 모양의 철심 좌우에 코일을 감아 1차 코일에 '+, −' 극성이 바뀌는 교류 전류를 보내면 마치 자석을 운동시켜서 자기장을 형성하는 것처럼 1차 코일에서도 자기장을 형성한다. 이 자기장에 의해 2차 코일에 전류가 만들어지는데 이 전류를 유도전류라 한다. 변압기는 자기장의 에너지를 잘 전달할 수 있는 철심이 있으나, 자기 유도 방식은 철심이 없이 무선 전력 전송을 하는 것이다.

이러한 자기 유도 방식은 전력 전송 효율이 90% 이상으로 매우 높다는 장점이 있다. 하지만 1차 코일에 해당하는 송신부와 2차 코일에 해당하는 수신부가 수 센티미터 이상 떨어지거나 송신부와 수신부의 중심이 일치하지 않게 되면 전력 전송 효율이 급격히 저하된다는 문제점이 있다. 휴대전화 같은 경우, 충전 패드에 휴대전화를 올려놓는 방식으로 거리 문제를 해결하고 충전 패드 전체에 코일을 배치하여 송수신부 간 전송 효율을 높임으로써 무선 충전이 가능하도록 하였다. 다만 휴대전화는 직류 전류를 사용하기 때문에 1차 코일로부터 2차 코일에 유도된 교류 전류를 직류 전류로 변환해 주는 정류기가 충전 단계 전에 필요하다.

두 번째 전송 방식은 자기 공명 방식이다. 다양한 소리굽쇠 중에 하나를 두드리면 동일한 고유 진동수를 가지는 소리굽쇠가 같이 진동하는 물리적 현상이 공명이다. 자기장에 공명이 일어나도록 1차 코일과 공진기를 설계하여 공진 주파수를 만든다. 이후 2차 코일과 공진기를 설계하여 공진 주파수가 전달되도록 하는 것이 자기 공명 방식의 원리이다.

이러한 특성으로 인해 자기 공명 방식은 자기 유도 방식과 달리 수 미터 가량 근거리 전력 전송이 가능하다는 장점이 있다. 이 방식이 상용화된다면, 송신부와 공명되는 여러 전자 제품을 전원을 연결하지 않아도 사용할 수 있거나 충전할 수 있다. 그러나 실험 단계의 코일 크기로는 일반 가전제품에 적용할 수 없으므로 코일을 소형화해야 할 필요가 있다. 따라서 이를 해결하기 위한 연구가 필요하다.

① 자기 유도 방식은 변압기의 핵심인 유도 전류와 철심을 이용한 방식이다.

② 자기 유도 방식을 사용하면 무선 전력 전송임에도 어떠한 환경에서든 유실되는 전력이 많이 없다는 장점이 있다.

③ 휴대전화와 자기 유도 방식의 2차 코일은 모두 직류 전류 방식이다.

④ 자기 공명 방식에서 2차 코일은 공진 주파수를 생성하는 역할을 한다.

⑤ 자기 공명 방식에서 해결이 시급한 것은 전력을 생산하는 데 필요한 코일의 크기가 너무 크다는 것이다.

14

통증은 조직 손상이 일어나거나 일어나려고 할 때 의식적인 자각을 주는 방어적 작용으로 감각의 일종이다. 통증을 유발하는 자극에는 강한 물리적 충격에 의한 기계적 자극, 높은 온도에 의한 자극, 상처가 나거나 미생물에 감염되었을 때 세포에서 방출하는 화학 물질에 의한 화학적 자극 등이 있다. 이러한 자극은 온몸에 퍼져 있는 감각 신경의 말단에서 받아들이는데, 이 신경 말단을 통각 수용기라 한다. 통각 수용기는 피부에 가장 많아 피부에서 발생한 통증은 위치를 확인하기 쉽지만, 통각 수용기가 많지 않은 내장 부위에서 발생한 통증은 위치를 정확히 확인하기 어렵다. 후각이나 촉각 수용기 등에는 지속적인 자극에 대해 수용기의 반응이 감소되는 감각 적응 현상이 일어난다. 하지만 통각 수용기에는 지속적인 자극에 대해 감각 적응 현상이 거의 일어나지 않는다. 그래서 우리 몸은 위험한 상황에 대응할 수 있게 된다.

대표적인 통각 수용 신경 섬유에는 Aδ섬유와 C섬유가 있다. Aδ섬유에는 기계적 자극이나 높은 온도 자극에 반응하는 통각 수용기가 분포되어 있으며, C섬유에는 기계적 자극이나 높은 온도 자극뿐만 아니라 화학적 자극에도 반응하는 통각 수용기가 분포되어 있다. Aδ섬유를 따라 전도된 통증 신호가 대뇌 피질로 전달되면, 대뇌 피질에서는 날카롭고 쑤시는 듯한 짧은 초기 통증을 느끼고 통증이 일어난 위치를 파악한다. C섬유를 따라 전도된 통증 신호가 대뇌 피질로 전달되면, 대뇌 피질에서는 욱신거리고 둔한 지연 통증을 느낀다. 이는 두 신경 섬유의 특징과 관련이 있다. Aδ섬유는 직경이 크고 전도 속도가 빠르며, C섬유는 직경이 작고 전도 속도가 느리다.

① Aδ섬유를 따라 전도된 통증 신호가 대뇌 피질로 전달되면, 대뇌 피질에서는 욱신거리고 둔한 지연 통증을 느낀다.

② 통각 수용기는 수용기의 반응이 감소되는 감각 적응 현상이 거의 일어나지 않는다.

③ Aδ섬유는 C섬유보다 직경이 작고 전도 속도가 빠르다.

④ 통각 수용기가 적은 부위일수록 통증 위치를 확인하기 쉽다.

⑤ 기계적 자극이나 높은 온도 자극에 반응하는 통각 수용기는 Aδ섬유에만 분포되어 있다.

| 2024년 상반기 삼성그룹

15

지난해 충청남도에서 청년농업인의 맞춤형 스마트팜인 '온프레시팜 1호'가 문을 열었다. 이는 청년 농업인이 안정적으로 농업을 경영하여 자리 잡고 살아갈 수 있는 영농 터전을 마련하기 위한 맞춤형 사업이다. 이를 통해 이제 막 농업에 뛰어든 농작물 재배 능력이 낮고 영농 기반이 부족한 청년농업 인들이 농촌 안에서 안정적으로 농작물을 생산하고, 경제적으로 정착할 수 있을 것으로 기대되고 있다.

온프레시팜은 에어로포닉스와 수열에너지를 접목시켜 토양 없이 식물 뿌리와 줄기에 영양분이 가득 한 물을 분사해 농작물을 생산하는 방식이다. 이는 화석연료 대비 경제적으로 우수할 뿐만 아니라 병해충의 발생이 적고 시설적으로도 쾌적하다. 또한 토양이 없어 공간 활용에 유리하며, 재배 관리 자동화가 가능해 비교적 관리도 수월하다. 하지만 초기 시설비용이 많이 들고 재배 기술의 확보가 어려워 접근이 쉽지 않다.

① 온프레시팜 사업은 청년농업인들이 영농 활동을 지속할 수 있도록 지원하는 사업이다.

② 온프레시팜은 기존 농업인이 아닌 농촌에 새로 유입되고 있는 청년농업인을 위한 사업이다.

③ 온프레시팜 방식으로 농작물을 재배할 경우 흙 속에 살고 있는 병해충으로 인해 발생하는 피해를 예방할 수 있다.

④ 온프레시팜 방식은 같은 재배 면적에서 기존 농업방식보다 더 많은 농작물의 재배를 가능하게 한다.

⑤ 청년농업인들은 기존의 농업방식보다는 재배 관리 자동화가 가능한 온프레시팜 방식의 접근이 더 수월하다.

인체의 면역 시스템은 면역 효과를 보이는 특별한 세포와 물질로 구성되어 있다. 면역 세포와 면역 물질들은 체내로 침입하는 이물질이나 세균 등의 반응으로 발생하는 염증 및 암세포를 억제한다. 대표적인 면역 세포로 항원을 직접 공격할 수 있는 항체를 분비하는 B세포와 이 B세포를 돕거나 종류에 따라 항원을 직접 공격하는 T세포가 있다.

하지만 암세포는 이런 몸의 면역 시스템을 회피할 수 있다. 면역 시스템은 암세포를 인지하고 직접 공격하여 암세포의 확산을 억제하지만, 몇몇 암세포는 이 면역 시스템을 피하여 성장하고 다른 부분으로 전이 및 확산하여 암 발병의 원인이 된다. 면역 항암제는 이러한 암세포의 면역 시스템 회피 작용을 억제하고 면역 세포가 암세포를 효과적으로 공격할 수 있도록 보조한다.

면역 항암제는 면역관문억제제, 치료용 항체, 항암백신 등이 있다. 면역관문억제제는 체내 과도한 면역반응을 억제하기 위한 T세포의 면역관문을 억제하고 T세포의 공격 기능을 활성화하여 암세포를 공격하도록 하는 방식이며, 치료용 항체는 암세포가 스스로 사멸되도록 암세포에 항체를 직접 투여하는 방식이다. 또한 항암백신은 암세포의 특이적인 항원이나 체내 면역반응을 향상시킬 수 있는 항원을 투입하여 체내 면역 시스템을 활성화하는 방법이다.

현재 대표적인 면역 항암제로는 CAR(Chimeric Antigen Receptors)-T세포 치료제가 있으며, 림프종 백혈병 치료의 한 방법으로 이용되고 있다. CAR-T세포 치료제는 먼저 환자의 T세포를 추출하여 CAR을 발현하도록 설계된 RNA 바이러스를 주입하여 증식시킨 후 재조합한다. 이후에 증식시킨 T세포를 환자에게 주입하여 환자에게 주입한 T세포가 환자의 체내 암세포를 제거하도록 하는 방법이다. 다시 말하면, 환자의 T세포를 추출하여 T세포의 암세포를 공격하는 기능을 강화 후 재투여하여 환자의 체내 암세포를 더욱 효과적으로 제거할 수 있는 치료제이다. 이는 체내 면역기능을 활용한 새로운 암 치료 방법으로 주목받고 있다.

하지만 CAR-T세포 치료제 투여 시 부작용에 큰 주의를 기울여야 한다. CAR-T세포 치료제를 투여하면 T세포가 면역 활성물질을 과도하게 분비하여 신체 이상 증상이 발현될 가능성이 높으며, 심한 경우 환자에게 치명적인 사이토카인 폭풍을 일으키기도 한다.

① 면역 세포에는 B세포와 T세포가 있다.

② 면역 시스템이 암세포를 억제하기 힘들 때, 암이 발병할 수 있다.

③ 치료용 항체는 면역 세포가 암세포를 직접 공격할 수 있도록 돕는 항암제이다.

④ CAR-T세포 치료제는 T세포의 암세포 공격 기능을 적극 활용한 항암제이다.

⑤ 과다한 면역 활성물질은 도리어 신체에 해를 가할 수 있다.

17

과거에는 공공 서비스가 경합성과 배제성이 모두 약한 사회 기반 시설 공급을 중심으로 제공되었다. 이런 경우 서비스 제공에 드는 비용은 주로 세금을 비롯한 공적 재원으로 충당을 한다. 하지만 복지와 같은 개인 단위 공공 서비스에 대한 사회적 요구가 증가함에 따라 관련 공공 서비스의 다양화와 양적 확대가 이루어지고 있다. 이로 인해 정부의 관련 조직이 늘어나고 행정 업무의 전문성 및 효율성이 떨어지는 문제점이 나타나기도 한다. 이 경우 정부는 정부 조직의 규모를 확대하지 않으면서 서비스의 전문성을 강화할 수 있는 민간 위탁 제도를 도입할 수 있다. 민간 위탁이란 공익성을 유지하기 위해 서비스의 대상이나 범위에 대한 결정권과 서비스 관리의 책임을 정부가 갖되, 서비스 생산은 민간 업체에게 맡기는 것이다.

민간 위탁은 주로 다음과 같은 몇 가지 방식으로 운용되고 있다. 가장 일반적인 것은 '경쟁 입찰 방식'이다. 이는 일정한 기준을 충족하는 민간 업체 간 경쟁 입찰을 거쳐 서비스 생산자를 선정, 계약하는 방식이다. 공원과 같은 공공 시설물 관리 서비스가 이에 해당한다. 이 경우 정부가 직접 공공 서비스를 제공할 때보다 서비스의 생산 비용이 절감될 수 있고 정부의 재정 부담도 경감될 수 있다. 다음으로는 '면허 발급 방식'이 있다. 이는 서비스 제공을 위한 기술과 시설이 기준을 충족하는 민간 업체에게 정부가 면허를 발급하는 방식이다. 자동차 운전면허 시험, 산업 폐기물 처리 서비스 등이 이에 해당한다. 이 경우 공공 서비스가 갖춰야 할 최소한의 수준은 유지하면서도 공급을 민간의 자율에 맡겨 공공 서비스의 수요와 공급이 탄력적으로 조절되는 효과를 얻을 수 있다. 또한 '보조금 지급 방식'이 있는데, 이는 민간이 운영하는 종합 복지관과 같이 안정적인 공공 서비스 제공이 필요한 기관에 보조금을 주어 재정적으로 지원하는 것이다.

① 과거 공공 서비스는 주로 공적 재원에 의해 운영됐다.
② 공공 서비스의 양적 확대에 따라 행정 업무 전문성이 떨어지는 부작용이 나타난다.
③ 서비스 생산을 민간 업체에게 맡김으로써 공공 서비스의 전문성을 강화할 수 있다.
④ 경쟁 입찰 방식은 정부의 재정 부담을 줄여준다.
⑤ 정부로부터 면허를 받은 민간 업체는 보조금을 지급받을 수 있다.

18

> 혐기성 미생물은 산소에 비해 에너지 대사 효율이 낮은 질소산화물로 에너지를 만든다.
> 혐기성 미생물이 에너지 대사 효율이 높은 산소를 사용하지 않는 이유는 무엇일까? 생물체가 체내
> 에 들어온 영양분을 흡수하기 위해서는 산소를 매개로 한 여러 가지 화학 반응을 수행해야 한다.
> 영양분이 산화 반응을 통해 세포 안으로 흡수되면 전자가 나오는데, 이 전자가 체내에서 퍼지는 과
> 정에서 ATP가 생긴다. 그리고 에너지를 생산하기 위해 산소를 이용하는 호흡 과정에서 독성 물질인
> 과산화물과 과산화수소와 같은 활성산소가 생긴다.
> 이 두 물질은 DNA나 단백질 같은 세포 속 물질을 산화시켜 손상시킨다. 일반 미생물은 활성산소로
> 부터 자신을 보호하는 메커니즘이 발달했다. 사람도 몸속에 독성 산소화합물을 해독하는 메커니즘
> 이 있어 활성산소로 인해 죽지는 않는다. 단지 주름살이 늘거나 신체기관이 서서히 노화될 뿐이다.
> 인체 내에서 '슈퍼 옥사이드 분해효소(SOD)'가 과산화물 분자를 과산화수소와 산소로 바꾸고, 카탈
> 리아제가 과산화수소를 물과 산소로 분해하기 때문이다. 그러나 혐기성 미생물에는 활성산소를 해
> 독할 기관이 없다. 그렇기 때문에 혐기성 미생물은 활성산소를 피하는 방향으로 진화해 왔다고 할
> 수 있다.

① 산소는 일반 생물체에 이로움과 함께 해로움을 주기도 한다.
② 체내 활성산소의 농도가 증가되면 생물체의 생명이 연장된다.
③ 혐기성 미생물은 활성산소를 분해하는 메커니즘을 갖지 못했다.
④ 활성산소가 생물체의 죽음을 유발하는 직접적인 원인은 아니다.
⑤ 혐기성 미생물은 활성산소를 피하는 방향으로 진화해 왔다.

Hard

19

> 수소와 산소는 H_2와 O_2의 분자 상태로 존재한다. 수소와 산소가 화합해서 물 분자가 되려면 이 두
> 분자가 충돌해야 하는데, 충돌하는 횟수가 많으면 많을수록 물 분자가 생기는 확률은 높아진다. 또
> 한 반응하기 위해서는 분자가 원자로 분해되어야 한다. 좀 더 정확히 말하면, 각각의 분자에서 산소
> 원자끼리 그리고 수소 원자끼리의 결합력이 약해져야 한다. 높은 온도는 분자 간의 충돌 횟수를 증
> 가시킬 뿐 아니라 분자를 강하게 진동시켜 분자의 결합력을 약하게 한다. 그리하여 수소와 산소는
> 이전까지 결합하고 있던 자신과 동일한 원자와 떨어져, 산소 원자 하나에 수소 원자 두 개가 결합한
> 물(H_2O)이라는 새로운 화합물이 되는 것이다.

① 수소 분자와 산소 분자가 충돌해야 물 분자가 생긴다.
② 수소 분자와 산소 분자가 원자로 분해되어야 반응을 할 수 있다.
③ 높은 온도는 분자를 강하게 진동시켜 결합력을 약하게 한다.
④ 산소 분자와 수소 분자가 각각 물(H_2O)이라는 새로운 화합물이 된다.
⑤ 산소 분자와 수소 분자의 충돌 횟수가 많아지면 물 분자가 될 확률이 높다.

20

위기지학(爲己之學)이란 15세기의 사림파 선비들이 『소학(小學)』을 강조하면서 내세운 공부 태도를 가리킨다. 원래 이 말은 위인지학(爲人之學)과 함께 『논어(論語)』에 나오는 말이다. '옛날에 공부하던 사람들은 자기를 위해 공부했는데, 요즘 사람들은 남을 위해 공부한다.' 즉, 공자는 공부하는 사람의 관심이 어디에 있느냐를 가지고 학자를 두 부류로 구분했다. 어떤 학자는 '위기(爲己)란 자아가 성숙하는 것을 추구하며, 위인(爲人)이란 남들에게서 인정받기를 바라는 태도'라고 했다.

조선 시대를 대표하는 지식인 퇴계 이황(李滉)은 이렇게 말했다. '위기지학이란, 우리가 마땅히 알아야 할 바가 도리이며, 우리가 마땅히 행해야 할 바가 덕행이라는 것을 믿고, 가까운 데서부터 착수해 나가되 자신의 이해를 통해서 몸소 실천하는 것을 목표로 삼는 공부이다. 반면 위인지학이란, 내면의 공허함을 감추고 관심을 바깥으로 돌려 지위와 명성을 취하는 공부이다.' 위기지학과 위인지학의 차이는 공부의 대상이 무엇이냐에 있다기보다 공부를 하는 사람의 일차적 관심과 태도가 자신을 내면적으로 성숙시키는 데 있느냐 아니면 다른 사람으로부터 인정을 받는 데 있느냐에 있다는 것이다.

이것은 학문의 목적이 외재적 가치에 의해서가 아니라 내재적 가치에 의해서 정당화된다는 사고방식이 나타났음을 뜻한다. 이로써 당시 사대부들은 출사(出仕)를 통해 정치에 참여하는 것 외에 학문과 교육에 종사하면서도 자신의 사회적 존재 의의를 주장할 수 있다고 믿었다. 더 나아가 학자 또는 교육자로서 사는 것이 관료 또는 정치가로서 사는 것보다 훌륭한 것이라고 주장할 수 있게 되었다. 또한 위기지학의 출현은 종래 과거제에 종속되어 있던 교육에 독자적 가치를 부여했다는 점에서 역사적 사건으로 평가받아 마땅하다.

① 국가가 위기지학을 권장함으로써 그 위상이 높아졌다.
② 위인지학을 추구하는 사람들은 체면과 인정을 중시했다.
③ 위기적 태도를 견지한 사람들은 자아의 성숙을 추구했다.
④ 공자는 학문을 대하는 태도를 기준으로 삼아 학자들을 나누었다.

Easy

21

사회 구성원들이 경제적 이익을 추구하는 과정에서 불법 행위를 감행하기 쉬운 상황일수록 이를 억제하는 데에는 금전적 제재 수단이 효과적이다.

현행법상 불법 행위에 대한 금전적 제재 수단에는 민사적 제재인 손해 배상, 형사적 제재인 벌금, 행정적 제재인 과징금이 있으며, 이들은 각각 피해자의 구제, 가해자의 징벌, 법 위반 상태의 시정을 목적으로 한다. 예를 들어 기업들이 담합하여 제품 가격을 인상했다가 적발된 경우, 그 기업들은 피해자에게 손해 배상 소송을 제기당하거나 법원으로부터 벌금형을 선고받을 수 있고 행정 기관으로부터 과징금도 부과받을 수 있다. 이처럼 하나의 불법 행위에 대해 세 가지 금전적 제재가 내려질 수 있지만 제재의 목적이 서로 다르므로 중복 제재는 아니라는 것이 법원의 판단이다.

그런데 우리나라에서는 기업의 불법 행위에 대해 손해 배상 소송이 제기되거나 벌금이 부과되는 사례는 드물어서, 과징금 등 행정적 제재 수단이 억제 기능을 수행하는 경우가 많다. 이런 상황에서는 과징금 등 행정적 제재의 강도를 높임으로써 불법 행위의 억제력을 끌어올릴 수 있다. 그러나 적발 가능성이 매우 낮은 불법 행위의 경우에는 과징금을 올리는 방법만으로는 억제력을 유지하는 데 한계가 있다. 또한 피해자에게 귀속되는 손해 배상금과는 달리 벌금과 과징금은 국가에 귀속되므로 과징금을 올려도 피해자에게는 직접적인 도움이 되지 못한다.

① 금전적 제재 수단은 불법 행위를 억제하기 위해서 사용된다.
② 기업의 불법 행위에 대해 벌금과 과징금 모두 부과 가능하다.
③ 과징금은 가해자를 징벌하기 위해 부과된다.
④ 우리나라에서 주로 사용하는 방법은 행정적 제재이다.
⑤ 행정적 제재는 피해자에게 직접적인 도움이 되지 못한다.

PART 3

주요기업 기출복원문제

22

『북학의』는 18세기 후반 사회적 위기에 직면한 조선을 개혁하려는 의도로 쓰인 책이다. 당시까지 조선 사회는 외국 문물에 대해 굳게 문을 닫고 있었고 지식인은 자아도취에 빠져 백성들의 현실을 외면한 채 성리학 이론에만 깊이 매몰되어 있었다. 북경 사행길에서 새로운 세계를 접한 박제가는 후진 상태에 머물러 있는 조선 사회와 백성의 빈곤을 해결할 수 있는 대책을 정리하여 『북학의』를 완성했다.

『북학의』는 이후 '북학'이라는 학문이 조선의 시대사상으로 자리 잡는 데 기반이 되는 역할을 하였다. 박제가 외에도 박지원, 홍대용, 이덕무 등 북학의 중요성을 강조하는 학자그룹이 나타나면서 북학은 시대사상으로 자리 잡았다. 폐쇄적인 사회의 문을 활짝 열고 이용후생(利用厚生)을 통한 백성들의 생활 안정과 부국을 강조했기 때문에 북학파 학자들을 일컬어 '이용후생 학파'라고도 부른다.

이들은 청나라 사행에서 견문한 내용을 국가 정책으로 발전시키고자 하였다. 건축 자재로서 벽돌의 이용, 교통수단으로서 선박과 수레의 적극적 활용, 비활동적인 한복의 개량, 대외무역 확대 등이 이들이 제시한 주요 정책들이었다. 그 바탕에는 사농공상으로 서열화된 직업의 귀천을 최대한 배제하고 상공업의 중흥을 강조해야 한다는 생각이 자리 잡고 있었다.

① 18세기 후반 조선 사회는 외국 문화에 대해 폐쇄적이었다.

② 『북학의』의 저자는 박제가이다.

③ 이용후생 학파는 농업의 중요성을 강조하였다.

④ 이용후생 학파는 청나라에서 보고 들은 내용을 국가 정책으로 발전시키고자 했다.

⑤ 『북학의』를 통해 후진 상태의 조선에서 벗어날 수 있는 대책을 제시하였고 이는 시대적 공감을 얻었다.

23

운전자 10명 중 3명은 내년 4월부터 전면 시행되는 '안전속도 5030' 정책을 모르는 것으로 나타났다. 한국교통안전공단은 지난 7월 전국 운전자 3,922명을 대상으로 '안전속도 5030 정책 인지도'를 조사한 결과 이를 인지하고 있는 운전자는 68.1%에 그쳤다고 밝혔다. 안전속도 5030 정책은 전국 도시 지역 일반도로의 제한속도를 시속 50km로, 주택가 등 이면도로는 시속 30km 이하로 하향 조정하는 정책이다. 이는 지난해 4월 도로교통법 시행규칙 개정에 따라 내년 4월 17일부터 본격적으로 시행된다. 교통안전공단에 따르면 예기치 못한 사고가 발생하더라도 차량의 속도를 30km로 낮추면 중상 가능성은 15.4%로 크게 낮아진다. 이번 조사에서 특히 20대 이하 운전자의 정책 인지도는 59.7%, 30대 운전자는 66.6%로 전체 평균보다 낮은 것으로 나타났다. 반면 40대(70.2%), 50대(72.1%), 60대 이상(77.3%) 등 연령대가 높아질수록 안전속도 도입을 알고 있다고 응답한 비율이 높았다.

한국교통안전공단은 내년 4월부터 전면 시행되는 안전속도 5030의 성공적 정착을 위해 정책 인지도가 가장 낮은 2030 운전자를 대상으로 온라인 중심의 언택트(Untact) 홍보를 시행할 예정이다. 2030세대가 운전 시 주로 이용하는 모바일 내비게이션사와 협업하여 5030 속도 관리구역 음성안내 및 이미지 표출 등을 통해 제한속도 인식률 향상 및 속도 준수를 유도하고, 유튜브와 SNS 등을 활용한 대국민 참여 이벤트와 공모전 등을 통해 제한속도 하향에 대한 공감대 확산 및 자발적인 속도 하향을 유도할 예정이다.

① 운전자 10명 중 6명 이상은 안전속도 5030 정책을 알고 있다.
② 안전속도 5030 정책에 대한 인지도가 가장 낮은 연령대는 20대 이하이다.
③ 연령대가 높을수록 안전속도 5030 정책에 대한 인지도가 높다.
④ 안전속도 5030 정책에 대한 연령대별 인식률의 평균은 68.1%이다.
⑤ 안전속도 5030 정책이 시행되면 주택가에서의 주행속도는 시속 30km 이하로 제한된다.

※ 다음 글을 토대로 〈보기〉를 바르게 해석한 것을 고르시오. [24~25]

▎2023년 하반기 삼성그룹

Hard

24

반도체 및 디스플레이 제조공정에서 사용되는 방법인 포토리소그래피(Photolithography)는 그 이름처럼 사진 인쇄 기술과 비슷하게 빛을 이용하여 복잡한 회로 패턴을 제조하는 공정이다. 포토리소그래피는 디스플레이에서는 TFT(Thin Film Transistor, 박막 트랜지스터) 공정에 사용되는데, 먼저 세정된 기판(Substrate) 위에 TFT 구성에 필요한 증착 물질과 이를 덮을 PR(Photo Resist, 감광액) 코팅을 올리고, 빛과 마스크, 그리고 현상액과 식각 과정으로 PR 코팅과 증착 물질을 원하는 모양대로 깎아 내린 다음, 다시 그 위에 층을 쌓는 것을 반복하여 원하는 형태를 패터닝하는 것이다.

한편 포토리소그래피 공정에 사용되는 PR 물질은 빛의 반응에 따라 포지티브와 네거티브 두 가지 방식으로 분류되는데, 포지티브 방식은 마스크에 의해 빛에 노출된 부분이 현상액에 녹기 쉽게 화학 구조가 변하는 것으로, 노광(Exposure) 과정에서 빛을 받은 부분을 제거한다. 반대로 네거티브 방식은 빛에 노출된 부분이 더욱 단단해지는 것으로 빛을 받지 못한 부분을 현상액으로 제거한다. 이후 원하는 패턴만 남은 PR층은 식각(Etching) 과정을 거쳐 PR이 덮여 있지 않은 부분의 증착 물질을 제거하고, 이후 남은 증착 물질이 원하는 모양으로 패터닝 되면 그 위의 도포되어 있던 PR층을 마저 제거하여 증착 물질만 남도록 하는 것이다.

보기

창우와 광수는 각각 포토리소그래피 공정을 통해 디스플레이 회로 패턴을 완성시키기로 하였다. 창우는 포지티브 방식을, 광수는 네거티브 방식을 사용하기로 하였는데, 광수는 실수로 포지티브 방식의 PR 코팅을 사용해 공정을 진행했음을 깨달았다.

① 창우의 디스플레이 회로는 증착, PR 코팅, 노광, 현상, 식각까지의 과정을 반복하여 완성되었을 것이다.

② 광수가 포토리소그래피의 매 공정을 검토했을 경우 최소 식각 과정을 확인하면서 자신의 실수를 알아차렸을 것이다.

③ 포토리소그래피 공정 중 현상 과정에서 문제가 발생했다면 창우의 디스플레이 기판에는 PR층과 증착 물질이 남아있지 않을 것이다.

④ 원래 의도대로라면 노광 과정 이후 창우가 사용한 감광액은 용해도가 높아지고, 광수가 사용한 감광액은 용해도가 매우 낮아졌을 것이다.

⑤ 광수가 원래 의도대로 디스플레이 회로를 완성시키기 위해서는 최소한 노광 과정까지는 공정을 되돌릴 필요가 있다.

25

1930년대 대공황 상황에서 케인스는 당시 영국과 미국에 만연한 실업의 원인을 총수요의 부족이라고 보았다. 그는 총수요가 증가하면 기업의 생산과 고용이 촉진되고 가계의 소득이 늘어 경기를 부양할 수 있다고 주장했다. 따라서 정부의 재정정책을 통해 총수요를 증가시킬 필요성을 제기하였다. 케인스는 총수요를 늘리기 위해서 총수요 중 많은 부분을 차지하는 가계의 소비에 주목하였고, 소비는 소득과 밀접한 관련이 있다고 생각하였다. 케인스는 절대소득가설을 내세워 소비를 결정하는 요인들 중에서 가장 중요한 것은 현재의 소득이라고 하였다. 그리고 소득이 없더라도 생존을 위해 꼭 필요한 소비인 기초소비가 존재하며, 소득이 증가함에 따라 일정 비율로 소비도 증가한다고 주장하였다. 이러한 절대소득가설은 1950년대까지 대표적인 소비결정이론으로 사용되었다.

그러나 쿠즈네츠는 절대소득가설로는 설명하기 어려운 소비 행위가 이루어지고 있음에 주목하였다. 쿠즈네츠는 미국에서 장기간에 걸쳐 일어난 각 가계의 실제 소비 행위를 분석한 결과 저소득층의 소득 중 소비가 차지하는 비율이 고소득층보다 높다는 것을 발견하였다. 이러한 실증 분석 결과는 절대소득가설로는 명확히 설명하기 어려운 것이었다.

이러한 현상을 설명하기 위해 프리드먼은 소비는 장기적인 기대소득으로서의 항상소득에 의존한다는 항상소득가설을 내세웠다. 프리드먼은 실제로 측정되는 소득을 실제소득이라 하고, 실제소득은 항상소득과 임시소득으로 구성된다고 보았다. 항상소득이란 평생 동안 벌어들일 것으로 기대되는 소득의 매기 평균 또는 장기적 평균 소득이다. 임시소득은 장기적으로 예견되지 않은 일시적인 소득으로서 양(+)일 수도, 음(−)일 수도 있다. 프리드먼은 소비가 임시소득과는 아무런 상관관계가 없고 오직 항상소득에만 의존한다고 보았으며, 임시소득의 대부분은 저축된다고 설명했다. 사람들은 월급과 같이 자신이 평균적으로 벌어들이는 돈을 고려하여 소비를 하지, 예상치 못한 복권 당첨이나 주가 하락에 의한 손실을 고려하여 소비하지는 않는다는 것이다.

항상소득가설을 바탕으로 프리드먼은 쿠즈네츠가 발견한 현상을 단기적인 소득의 증가는 임시소득이 증가한 것에 해당하므로 소비가 늘어나지 않은 것이라고 설명하였다. 항상소득가설에 따른다면 소비를 늘리기 위해서는 단기적인 재정 정책보다 장기적인 재정 정책을 펴는 것이 바람직하다. 가령 정부가 일시적으로 세금을 줄여 가계의 소득을 증가시키고 그에 따른 소비 진작을 기대한다 해도 가계는 일시적인 소득의 증가를 항상소득의 증가로 받아들이지 않아 소비를 늘리지 않기 때문이다.

보기

코로나로 인해 위축된 경제 상황을 극복하기 위해 정부는 소득 하위 80% 국민에게 1인당 25만 원의 재난지원금을 지급하기로 하였다.

① 케인스에 따르면, 재난지원금은 일시적 소득으로 대부분 저축될 것이다.

② 케인스에 따르면, 재난지원금과 같은 단기적 재정정책보다는 장기적인 재정정책을 펴야 한다고 주장할 것이다.

③ 프리드먼에 따르면, 재난지원금을 받은 국민들은 늘어난 소득만큼 소비를 늘릴 것이다.

④ 프리드먼에 따르면, 재난지원금은 생존에 꼭 필요한 기초소비 비중을 늘릴 것이다.

⑤ 프리드먼에 따르면, 재난지원금은 항상소득이 아니기 때문에 소비에 영향을 주지 않을 것이다.

26 다음 글을 읽고 알 수 있는 내용으로 적절하지 않은 것은?

전 세계적인 과제로 탄소중립이 대두되자 친환경적 운송수단인 철도가 주목받고 있다. 특히 국제에너지기구는 철도를 에너지 효율이 가장 높은 운송수단으로 꼽으며, 철도 수송을 확대하면 세계 수송 부문에서 온실가스 배출량이 그렇지 않을 때보다 약 6억 톤이 줄어든다고 하였다.

특히 철도의 에너지 소비량은 도로의 22분의 1이고, 온실가스 배출량은 9분의 1에 불과하기에 탄소 배출이 높은 도로 운행의 수요를 친환경 수단인 철도로 전환한다면 수송 부문 총배출량이 획기적으로 감소할 것으로 전망하고 있다.

이에 발맞추어 우리나라의 S철도공단 역시 '녹색교통'인 철도 중심 교통체계를 구축하기 위해 박차를 가하고 있다. 정부 또한 '2050 탄소중립 실현' 목표에 맞춰 저탄소 철도 인프라 건설·관리로 탄소를 지속적으로 감축하고자 노력하고 있다.

S철도공단은 철도 인프라 생애주기 관점에서 탄소를 감축하기 위해 먼저 철도 건설 단계에서부터 친환경·저탄소 자재를 적용해 탄소 배출을 줄이고 있다. 실제로 중앙선 안동 ~ 영천 간 궤도 설계 당시 철근 대신에 저탄소 자재인 유리섬유 보강근을 콘크리트 궤도에 적용했으며, 이를 통한 탄소 감축효과는 약 6,000톤으로 추정된다. 이 밖에도 저탄소 철도 건축물 구축을 위해 2025년부터 모든 철도 건축물을 에너지 자립률 60% 이상(3등급)으로 설계하기로 결정했으며, 도심의 철도 용지는 지자체와의 협업을 통해 도심 속 철길 숲 등 탄소 흡수원이자 지역민의 휴식처로 철도부지 특성에 맞게 조성되고 있다.

S철도공단은 이와 같은 철도로의 수송 전환으로 약 20%의 탄소 감축 목표를 내세웠으며, 이를 위해서는 정부의 노력도 필요하다고 강조하였다. 특히 수송 수단 간 공정한 가격 경쟁이 이루어질 수 있도록 도로 차량에 집중된 보조금 제도를 화물차의 탄소배출을 줄이기 위한 철도 전환교통 보조금으로 확대하는 등 실질적인 방안의 필요성을 제기하고 있다.

① 녹색교통으로 철도 수송이 대두된 배경
② 철도 수송 확대를 통해 기대할 수 있는 효과
③ 국내의 탄소 감축 방안이 적용된 설계 사례
④ 정부가 철도 중심 교통체계 구축을 위해 시행한 조치
⑤ S철도공단의 철도 중심 교통체계 구축을 위한 방안

27 다음 중 '브레히트'가 〈보기〉의 입장을 가진 '아리스토텔레스'에게 제기할 만한 의문으로 가장 적절한 것은?

> 오페라는 이른바 수준 있는 사람들이 즐기는 고상한 예술이라고 생각하는 사람들이 많다. 그런데 오페라 앞에 '거지'라든가 '서 푼짜리' 같은 단어를 붙인 '거지 오페라', '서 푼짜리 오페라'라는 것이 있다. 이렇게 어울리지 않는 단어들로 제목을 억지로 조합해 놓은 의도는 무엇일까?
>
> 영국 작가 존 게이는 당시 런던 오페라 무대를 점령했던 이탈리아 오페라에 반기를 들고, 1782년에 이와는 완전히 대조적인 성격의 거지 오페라를 만들었다. 그는 이탈리아 오페라가 일반인의 삶과 거리가 먼 신화나 왕, 귀족들의 이야기를 소재로 한데다가 영국 관객들이 이해하지 못하는 이탈리아어로 불린다는 점에 불만을 품었다. 그는 등장인물의 신분을 과감히 낮추고 음악 형식도 당시의 민요와 유행가를 곁들여 사회의 부패상을 통렬하게 풍자하였다. 이렇게 만들어진 거지 오페라는 이탈리아 오페라에 대항하는 서민 오페라로 런던에서 선풍적인 인기를 끌었다.
>
> 1928년에 독일의 극작가 브레히트는 작곡가 쿠르트 바일과 손잡고 거지 오페라를 번안한 서 푼짜리 오페라를 만들었다. 그는 형식과 내용 면에서 훨씬 적극적이고 노골적으로 당시 사회를 비판한다. 이 극은 밑바닥 사람들의 삶을 통해 위정자들의 부패와 위선을 그려 계급적 갈등과 사회적 모순을 드러내고 있다. 브레히트는 감정이입과 동일시에 근거를 둔 종래의 연극에 반기를 들고 낯선 기법의 서사극을 만들었다. 등장인물이 극에서 빠져나와 갑자기 해설자의 역할을 하게 함으로써 관객들이 극에 몰입하지 않고 지금 연극을 보고 있다는 사실을 자각하도록 한 것이다.
>
> 이처럼 존 게이와 브레히트는 종전의 극과는 다른 형식과 내용의 극을 지향했다. 제목을 서로 어울리지 않는 단어들로 조합하고 새로운 형식을 도입한 이유는 기존의 관점을 뒤집어 보게 하려는 의도였다. 그 이면에는 사회의 부조리를 풍자하고자 하는 의도가 깔려 있었다.

보기

아리스토텔레스는 예술을 통한 관객과 극중 인물의 감정 교류와 공감을 강조했다. 그는 관객들이 연극을 통해 타인의 경험과 감정, 상황을 받아들이고 나아가 극에 이입하고 몰두함으로써 쌓여 있던 감정을 분출하며 느끼는, 이른바 카타르시스를 경험하게 된다고 주장하였다.

① 극과 거리를 두고 보아야 오히려 카타르시스를 경험할 수 있지 않나요?

② 관객이 몰입하게 되면 사건을 객관적으로 바라보기 어려운 것 아닌가요?

③ 해설자 역할을 하는 인물이 있어야 관객의 몰입을 유도할 수 있지 않나요?

④ 낯선 기법을 쓰면 관객들이 극중 인물과 더 쉽게 공감할 수 있지 않을까요?

⑤ 동일시를 통해야만 풍자하고 있는 사회의 모습을 더 잘 알 수 있지 않을까요?

28 다음 글의 주장에 대한 비판으로 적절하지 않은 것은?

> 동물실험이란 교육, 시험, 연구 및 생물학적 제제의 생산 등 과학적 목적을 위해 동물을 대상으로 실시하는 실험 또는 그 과학적 절차를 말한다. 전 세계적으로 매년 약 6억 마리의 동물들이 실험에 쓰이고 있다고 추정되며, 대부분의 동물들은 실험이 끝난 뒤 안락사를 시킨다.
>
> 동물실험은 대개 인체실험의 전 단계로 이루어지는데, 검증되지 않은 물질을 바로 사람에게 주입하여 발생하는 위험을 줄일 수 있다는 점에서 필수적인 실험이라고 말할 수 있다. 물론 살아있는 생물을 대상으로 하는 실험이기 때문에 대체(Replacement), 감소(Reduction), 개선(Refinement)으로 요약되는 3R 원칙에 입각하여 실험하는 것이 당연하다. 다른 방법이 있다면 그 방법을 채택할 것이며, 희생이 되는 동물의 수를 최대한 줄이고, 필수적인 실험 조건 외에는 자극을 주지 않아야 한다. 하지만 그럼에도 보다 안전한 결과를 도출해내기 위한 동물실험은 필요악이며, 이러한 필수적인 의약실험조차 금지하려 한다는 것은 기술 발전 속도를 늦춰 약이 필요한 누군가의 고통을 감수하자는 이기적인 주장과 같다고 할 수 있다.

① 3R 원칙과 같은 윤리적 강령이 법적인 통제력을 지니지 않은 이상 실제로 얼마나 엄격하게 지켜질 것인지는 알 수 없다.

② 화장품 업체들의 동물실험과 같은 사례를 통해, 생명과 큰 연관이 없는 실험은 필요악이라고 주장할 수 없다.

③ 아무리 엄격하게 통제된 실험이라고 해도 동물 입장에서 바라본 실험이 비윤리적이며 생명체의 존엄성을 훼손하는 행위라는 사실을 벗어날 수는 없다.

④ 과거와 달리 현대에서는 인공 조직을 배양하여 실험의 대상으로 삼을 수 있으므로 동물실험 자체를 대체하는 것이 가능하다.

⑤ 동물실험에서 안전성을 검증받은 이후 인체에 피해를 준 약물의 사례가 존재한다.

29 다음 글의 주장에 대한 비판으로 가장 적절한 것은?

사회 현상을 볼 때는 돋보기로 세밀하게, 그리고 때로는 멀리 떨어져서 전체 속에 어떻게 위치하고 있는가를 동시에 봐야 한다. 숲과 나무는 서로 다르지만 따로 떼어 생각할 수 없기 때문이다. 현대 사회 현상의 최대 쟁점인 과학 기술에 대해 평가할 때도 마찬가지이다. 로봇 탄생의 숲을 보면, 그 로봇 개발에 투자한 사람과 로봇을 개발한 사람들의 의도가 드러난다. 그리고 나무인 로봇을 세밀히 보면, 그 로봇이 생산에 이용되는지 아니면 감옥의 죄수들을 감시하기 위한 것인지 그 용도를 알 수가 있다. 이 광범한 기술의 성격을 객관적이고 물질적이어서 가치관이 없다고 쉽게 생각하면 로봇 에 당하기 십상이다.

자동화는 자본주의의 실업을 늘려 실업자에 대해 생계의 위협을 가하는 측면뿐 아니라, 기존 근로자 에 대한 감시를 더욱 효율적으로 해내는 역할도 수행한다. 자동화를 적용하는 기업 측에서는 자동화 가 인간의 삶을 증대시키는 이미지로 일반 사람들에게 인식되기를 바란다. 그래야 자동화 도입에 대한 노동자의 반발을 무마하고 기업가의 구상을 관철시킬 수 있기 때문이다. 그러나 자동화나 기계 화 도입으로 인해 실업을 두려워하고, 업무 내용이 바뀌는 것을 탐탁해 하지 않았던 유럽의 노동자 들은 자동화 도입에 대해 극렬히 반대했던 경험들을 갖고 있다.

지금도 자동화 · 기계화는 좋은 것이라는 고정관념을 가진 사람들이 많고, 현실에서 이러한 고정관 념이 가져오는 파급 효과는 의외로 크다. 예를 들어 은행에 현금을 자동으로 세는 기계가 등장하면 은행원들이 현금을 세는 작업량은 줄어든다. 손님들도 기계가 현금을 재빨리 세는 것을 보고 감탄해 하면서 행원이 세는 것보다 더 많은 신뢰를 보낸다. 그러나 현금 세는 기계의 도입에는 이익 추구라 는 의도가 숨어 있다. 현금 세는 기계는 행원의 수고를 덜어 준다. 그러나 현금 세는 기계를 들여옴 으로써 실업자가 생기고 만다. 사람이 잘만 이용하면 잘 써먹을 수 있을 것만 같은 기계가 엄청나게 혹독한 성품을 지닌 프랑켄슈타인으로 돌변하는 것이다.

자동화와 정보화를 추진하는 핵심 조직이 기업이란 것에서도 알 수 있듯이 기업은 이윤 추구에 도움 이 되지 않는 행위는 무가치하다고 판단한다. 그러므로 자동화는 그 계획 단계에서부터 기업의 의도 가 스며들어가 탄생된다. 또한 그 의도대로 자동화나 정보화가 진행되면 다른 한편으로 의도하지 않은 결과를 초래한다. 자동화와 같은 과학 기술이 풍요를 생산하는 수단이라고 생각하는 것은 하나 의 고정관념에 불과하다.

채플린이 제작한 영화 「모던 타임즈」에 나타난 것처럼 초기 산업화 시대에는 기계에 종속된 인간의 모습이 가시적으로 드러날 수밖에 없었다. 그래서 이러한 종속에 저항하고자 하는 인간의 노력도 적극적인 모습을 보였다. 그러나 현대의 자동화기기는 그 첨병이 정보 통신기기로 바뀌면서 문제는 질적으로 달라진다. 무인 생산까지 진전된 자동화나 정보 통신화는 인간에게 단순 노동을 반복시키 는 그런 모습을 보이지 않는다. 그래서인지는 몰라도 정보 통신은 별 무리 없이 어느 나라에서나 급격하게 개발 · 보급되고 보편화되어 있다. 그런데 문제는 이 자동화기기가 생산에만 이용되는 것 이 아니라, 노동자를 감시하거나 관리하는 데도 이용될 수 있다는 것이다. 오히려 정보 통신의 발달 로 이전보다 사람들은 더 많은 감시와 통제를 받게 되었다.

① 기업의 이윤 추구가 사회 복지 증진과 직결될 수 있음을 간과하고 있다.

② 기계화 · 정보화가 인간의 삶의 질 개선에 기여하고 있음을 경시하고 있다.

③ 기계화를 비판하는 주장만 되풀이할 뿐, 구체적인 근거를 제시하지 않고 있다.

④ 화제의 부분적 측면에 관계된 이론을 소개하여 편향적 시각을 갖게 하고 있다.

⑤ 현대의 기술 문명이 가져다 줄 수 있는 긍정적인 측면을 과장하여 강조하고 있다.

30 다음 글에 대한 반론으로 가장 적절한 것은?

> 어느 관현악단의 연주회장에서 연주가 한창 진행되는 도중에 휴대 전화의 벨 소리가 울려 음악의
> 잔잔한 흐름과 고요한 긴장이 깨져버렸다. 청중들은 객석 여기저기를 둘러보았다. 그런데 황급히
> 호주머니에서 휴대 전화를 꺼내 전원을 끄는 이는 다름 아닌 관현악단의 바이올린 연주자였다. 연주
> 는 계속되었지만 연주회의 분위기는 엉망이 되었고, 음악을 감상하던 많은 사람에게 찬물을 끼얹었
> 다. 이와 같은 사고는 극단적인 사례이지만 공공장소의 소음이 심각한 사회 문제가 될 수 있다는
> 사실을 보여주고 있다.
>
> 소음 문제는 물질문명의 발달과 관련이 있다. 산업화가 진행됨에 따라 우리의 생활 속에는 '개인적
> 도구'가 증가하고 있다. 그러한 도구들 덕분에 우리의 생활은 점점 편리해지고 합리적이며 효율적으
> 로 변해가고 있다. 그러나 그러한 이득은 개인과 그가 소유하고 있는 물건 사이의 관계에서 성립하
> 는 것으로 그 관계를 넘어서면 전혀 다른 문제가 된다. 제한된 공간 속에서 개인적 도구가 넘쳐남에
> 따라, 개인과 개인, 도구와 도구, 그리고 자신의 도구와 타인과의 관계 등이 모순을 일으키는 것이
> 다. 소음 문제도 마찬가지이다. 개인의 차원에서는 편리와 효율을 제공하는 도구들이 전체의 차원에
> 서는 불편과 비효율을 빚어내는 것이다. 그래서 많은 사회에서 개인적 도구가 타인의 권리를 침해하
> 는 것을 방지하기 위하여 공공장소의 소음을 규제하고 있다.

① 사람들은 소음을 통해 자신의 권리를 침해받기도 한다.
② 문명이 발달함에 따라 소음 문제도 대두되고 있다.
③ 소음 문제는 보통 제한된 공간 속에서 개인적 도구가 과도함에 따라 발생한다.
④ 엿장수의 가위 소리와 같이 소리는 단순한 물리적 존재가 아닌 문화적 가치를 담은 존재가 될
   수 있다.
⑤ 개인 차원에서 효율적인 도구들이 전체 차원에서는 문제가 될 수도 있다.

31 다음 글의 전개 방식으로 적절하지 않은 것은?

나는 집이 가난해서 말이 없기 때문에 간혹 남의 말을 빌려서 탔다. 그런데 노둔하고 야윈 말을 얻었을 경우에는 일이 아무리 급해도 감히 채찍을 대지 못한 채 금방이라도 쓰러지고 넘어질 것처럼 전전긍긍하기 일쑤요, 개천이나 도랑이라도 만나면 또 말에서 내리곤 한다. 그래서 후회하는 일이 거의 없다. 반면에 발굽이 높고 귀가 쫑긋하며 잘 달리는 준마를 얻었을 경우에는 의기양양하여 방자하게 채찍을 갈기기도 하고 고삐를 놓기도 하면서 언덕과 골짜기를 모두 평지로 간주한 채 매우 유쾌하게 질주하곤 한다. 그러나 간혹 위험하게 말에서 떨어지는 환란을 면하지 못한다.

아, 사람의 감정이라는 것이 어쩌면 이렇게까지 달라지고 뒤바뀔 수가 있단 말인가. 남의 물건을 빌려서 잠깐 동안 쓸 때에도 오히려 이와 같은데, 하물며 진짜로 자기가 가지고 있는 경우야 더 말해 무엇 하겠는가.

그렇긴 하지만 사람이 가지고 있는 것 가운데 남에게 빌리지 않은 것이 또 뭐가 있다고 하겠는가. 임금은 백성으로부터 힘을 빌려서 존귀하고 부유하게 되는 것이요, 신하는 임금으로부터 권세를 빌려서 총애를 받고 귀한 신분이 되는 것이다. 그리고 자식은 어버이에게서, 지어미는 지아비에게서, 비복(婢僕)은 주인에게서 각각 빌리는 것이 또한 심하고도 많은데, 대부분 자기가 본래 가지고 있는 것처럼 여기기만 할 뿐 끝내 돌이켜 보려고 하지 않는다. 이 어찌 미혹된 일이 아니겠는가.

그러다가 혹 잠깐 사이에 그동안 빌렸던 것을 돌려주는 일이 생기게 되면, 만방(萬邦)의 임금도 독부(獨夫)가 되고 백승(百乘)의 대부(大夫)도 고신(孤臣)이 되는 법인데, 더군다나 미천한 자의 경우야 더 말해 무엇 하겠는가.

맹자(孟子)가 말하기를 "오래도록 차용하고서 반환하지 않았으니, 그들이 자기의 소유가 아니라는 것을 어떻게 알았겠는가."라고 하였다. 내가 이 말을 접하고서 느껴지는 바가 있기에, 차마설을 지어서 그 뜻을 부연해 보노라.

— 이곡, 『차마설』

① 유추의 방법을 통해 개인의 경험을 보편적 깨달음으로 일반화한다.
② 예화와 교훈의 2단으로 구성하였다.
③ 주관적인 사실에 대한 보편적인 의견을 제시한다.
④ 성인의 말을 인용하여 자신의 주장을 뒷받침한다.
⑤ 자신의 견해를 먼저 제시하고, 그에 맞는 사례를 제시한다.

32 다음 글에 사용된 설명 방식으로 적절하지 않은 것은?

> 집단사고는 강한 응집력을 보이는 집단의 의사결정과정에서 나타나는 비합리적인 사고방식이다. 이는 소수의 우월한 엘리트들이 모여서 무언가를 결정하는 과정에서 흔히 발생한다. 이것의 폐해는 반대 시각의 부재, 다시 말해 원활하지 못한 소통에서 비롯된다. 그 결과 '이건 아닌데…….' 하면서도 서로 아무 말을 못 해서 일이 파국으로 치닫곤 한다.
>
> 요즘 각광받는 집단지성은 집단사고와 비슷한 것 같지만 전혀 다른 개념이다. 집단지성이란 다수의 개체들이 협력하거나 경쟁함으로써 얻어지는 고도의 지적 능력을 말한다. 이는 1910년대 한 곤충학자가 개미의 사회적 행동을 관찰하면서 처음 제시한 개념인데, 사회학자 피에르레비가 사이버공간에서의 집단지성의 개념을 제시한 이후 여러 분야에서 활발히 연구되고 있다. 위키피디아는 집단지성의 대표적인 사례이다. 위키피디아는 참여자 모두에게 편집권이 있고, 다수에 의해 수정되며, 매일 업데이트되는 '살아 있는 백과사전'이다. 서로 이해와 입장이 다른 수많은 참여자가 콘텐츠를 생산하거나 수정하고 다시 그것을 소비하면서 지식의 빈자리를 함께 메워 가는 소통의 과정 그 자체가 위키피디아의 본질이다. 이처럼 집단지성은 참여와 소통의 수준 면에서 집단사고와는 큰 차이가 있다.

① 정의

② 대조

③ 예시

④ 인용

⑤ 비유

33 다음 글의 밑줄 친 ⊙~ⓒ에 대한 설명으로 적절하지 않은 것은?

> 국내 연구팀이 반도체 집적회로에 일종의 ⊙ '<u>고속도로</u>'를 깔아 신호의 전송 속도를 높이는 신개념 반도체 소재 기술을 개발했다. 탄소 원자를 얇은 막 형태로 합성한 2차원 신소재인 그래핀을 반도체 회로에 깔아 기존 금속 선로보다 많은 양의 전자를 빠르게 운송하는 것이다.
>
> 최근 반도체 내에 많은 소자가 집적되면서 소자 사이의 신호를 전송하는 ⓛ '<u>도로</u>'인 금속 재질의 선로에 저항이 기하급수적으로 증가하는 문제가 발생했다. 이러한 집적화의 한계를 극복하기 위해 연구팀은 금속 재질 대신 그래핀을 신호 전송용 길로 활용했다.
>
> 그래핀은 탄소 원자가 육각형으로 결합한, 두께 0.3나노미터의 얇은 2차원 물질로, 전선에 널리 쓰이는 구리보다 전기 전달 능력이 뛰어나며 전자 이동속도도 100배 이상 빨라 이상적인 반도체용 물질로 꼽힌다. 그러나 너무 얇다 보니 전류나 신호를 전달하는 데 방해가 되는 저항이 높고, 전하 농도가 낮아 효율이 떨어진다는 단점이 있었다.
>
> 연구팀은 이런 단점을 해결하고자 그래핀에 불순물을 얇게 덮는 방법을 생각했다. 그래핀 표면에 비정질 탄소를 흡착시켜 일종의 ⓒ '<u>코팅</u>'처럼 둘러싼 것이다. 연구 결과 이 과정에서 신호 전달을 방해하던 저항은 기존 그래핀 선로보다 60% 감소했고, 신호 손실은 약 절반 정도로 줄어들었으며, 전달할 수 있는 전하의 농도는 20배 이상 증가했다. 이를 통해 연구팀은 금속 선로의 수백분의 1 크기로 작으면서도 효율성은 그대로인 고효율, 고속 신호 전송 선로를 완성하였다.

① 연구팀은 ⓛ을 ⊙으로 바꾸었다.

② 반도체 내에 많은 소자가 집적될수록 ⓛ에 저항이 증가한다.

③ ⊙은 구리보다 전기 전달 능력과 전자 이동속도가 뛰어나다.

④ 연구팀은 전자의 이동속도를 높이기 위해 ⊙에 ⓒ을 하였다.

⑤ ⊙은 그래핀, ⓛ은 금속 재질, ⓒ은 비정질 탄소를 의미한다.

34 다음 글의 밑줄 친 '정원'에 대한 설명으로 적절하지 않은 것은?

> 야생의 자연이라는 이상을 고집하는 자연 애호가들은 인류가 자연과 내밀하면서도 창조적인 관계를
> 맺었던 반(反)야생의 자연, 즉 '정원'을 간과한다. 정원은 울타리를 통해 농경지보다 야생의 자연과
> 분명한 경계를 긋는다. 집약적인 토지 이용이라는 전통은 정원에서 시작되었다. 정원은 대규모의
> 농경지 경작이 행해지지 않은 원시적인 문화에서도 발견된다. 만여 종의 경작용 식물들은 모두 대량
> 생산에 들어가기 전에 정원에서 자라는 단계를 거쳐 온 것으로 보인다.
> 농업경제의 역사에서 정원이 갖는 의미는 시대와 지역에 따라 매우 달랐다. 좁은 공간에서 집약적인
> 농사를 짓는 지역에서는 농부가 곧 정원사였다. 반면 예전의 독일 농부들은 정원이 곡물 경작에 사
> 용될 퇴비를 앗아가므로 정원을 악으로 여기기도 했다. 하지만 여성들의 입장은 지역적인 편차가
> 없었다. 아메리카의 푸에블로 인디언부터 근대 독일의 농부 집안까지 정원은 농업 혁신에 주도적인
> 역할을 해온 여성들에게는 자신들의 제국이자 자존심이었다. 그곳에는 여성들이 경험을 통해 쌓은
> 지식 전통이 살아 있었다. 환경사에서 여성이 갖는 특별한 역할의 물질적 근간은 대부분 정원에서
> 발견된다. 지난 세기들의 경우 이는 특히 여성 제후들과 관련되어 있으며 자료가 풍부하다. 작센의
> 여성 제후인 안나는 식물에 관한 지식을 늘 공유했던 긴밀하고도 광범위한 사회적 네트워크를 가지
> 고 있었는데, 그중에는 식물 경제학에 관심이 깊은 고귀한 신분의 여성들도 많았으며 수도원 소속의
> 여성들도 있었다.
> 여성들이 정원에서 쌓은 경험의 특징은 무엇일까? 정원에서는 땅을 면밀히 살피고 손으로 흙을 부
> 스러뜨리는 습관이 생겨났을 것이다. 정원에서 즐겨 이용되는 삽도 다양한 토질의 층을 자세히 연구
> 하도록 부추겼을 것이 분명하다. 넓은 경작지보다는 정원에서 땅을 다룰 때 더 아끼고 보호했을 것
> 이다. 정원이라는 매우 제한된 공간에는 옛날에도 충분한 퇴비를 줄 수 있었다. 경작지보다도 다양
> 한 종류의 퇴비로 실험할 수 있었고 새로운 작물을 키우며 경험을 수집할 수 있었다. 정원에서는
> 좁은 공간에서 다양한 식물이 자라기 때문에 모든 종류의 식물들이 서로 잘 지내지는 않는다는 사실
> 에도 주의를 기울였다. 이는 식물 생태학의 근간을 이루는 통찰이었다.
> 결론적으로 정원은 여성들이 주도가 되어 토양과 식물을 이해하고, 농경지 경작에 유용한 지식과
> 경험을 배양할 수 있는 좋은 장소였다.

① 울타리를 통해 야생의 자연과 분명한 경계를 긋는다.

② 집약적 토지 이용의 전통이 시작된 곳으로 원시적인 문화에서도 발견된다.

③ 시대와 지역에 따라 정원에 대한 여성들의 입장이 달랐다.

④ 여성이 갖는 특별한 역할의 물질적 근간이 대부분 발견되는 곳이다.

⑤ 모든 종류의 식물들이 서로 잘 지내지는 않는다.

35 다음 글의 논지와 가장 가까운 주장은?

> 환경 결정론을 간단히 정의하면 모든 인간의 행동, 노동과 창조 등은 환경 내의 자연적 요소들에 의해 미리 결정되거나 통제된다는 것이다. 이에 대하여 환경 가능론은 자연 환경은 단지 인간이 반응할 수 있는 다양한 가능성의 기회를 제공할 뿐이며, 인간은 환경을 변화시킬 수 있는 능동적인 힘을 가지고 있다고 반박한다.
>
> 환경 결정론 사조 형성에 영향을 준 사상은 1859년에 발표된 다윈의 진화론이다. 다윈의 진화 사상과 생물체가 환경에 적응한다는 개념은 인간도 특정 환경에 적응해야 한다는 것으로 수용되었다. 이러한 철학적 배경하에 형성되기 시작한 환경 결정론의 발달에 공헌한 사람으로는 라첼, 드모랭, 샘플 등이 있다. 라첼은 인간도 자연 법칙 아래에서 살고 있다고 보았으며, 문화의 형태도 자연적 조건에 의해 결정되고 적응한 결과로 간주하였다. 드모랭은 보다 극단적으로 사회 유형은 환경적 힘의 산물로 보고 초원 지대의 유목 사회, 지중해 연안의 상업 사회를 환경 결정론적 사고에 입각하여 해석하였다.
>
> 환경 결정론이 인간의 의지와 선택의 자유를 인정하지 않는다는 점이 문제라면 환경 가능론은 환경이 제공한 많은 가능성 중 왜 어떤 가능성이 선택되어야 하는가를 설명하기 힘들다. 과학 기술의 발달에 의해 인간이 자연의 많은 장애물을 극복하게 된 것은 사실이지만, 실패로 인해 고통받는 사례도 많다. 사실 결정론이냐 가능론이냐 결론을 내리는 것은 그리 중요하지 않다. 인간과 환경의 관계는 매우 복잡하며, 지표상의 경관은 자연적인 힘과 문화적인 힘에 의해 이루어지기 때문에 어떤 한 가지 결정 인자를 과소평가하거나 과장하면 안 된다. 인간 활동의 결과로 인한 총체적인 환경 파괴 문제가 현대 문명 전반의 위기로까지 심화되는 오늘날, 인간과 자연의 진정한 상호 관계는 어떠해야 할지 생각해야 할 것이다. 이제 자연이 부여한 여러 가지 가능성 중에서 자연 환경과 조화를 이룰 수 있는 가능성을 선택해야 할 때이다.

① 인간과 자연은 항상 대립하고 있어. 자연의 위력 앞에서 우리는 맞서 싸워야 해.

② 자연의 힘은 대단해. 몇 해 전 동남아 대해일을 봤지? 인간이 얼마나 무력한지 알겠어.

③ 우리는 잘 살기 위해서 자연을 너무 훼손했어. 이제는 자연과 공존하는 삶을 생각해야 해.

④ 인간은 자연의 위대함 앞에 굴복해야 돼. 인간의 끝없는 욕망이 오늘의 재앙을 불러왔다고 봐야 해.

⑤ 인간의 능력은 초자연적이야. 이런 능력을 잘 살려 나간다면 에너지 부족 사태쯤이야 충분히 해결할 거야.

36

> 1896년 『독립신문』 창간을 계기로 여러 가지의 애국가 가사가 신문에 게재되기 시작했는데, 어떤 곡조에 따라 이 가사들을 노래로 불렀는지는 명확하지 않다. 다만 대한제국이 서구식 군악대를 조직해 1902년 '대한제국 애국가'라는 이름의 국가(國歌)를 만들어 나라의 주요 행사에 사용했다는 기록은 남아 있다. 오늘날 우리가 부르는 애국가의 노랫말은 외세의 침략으로 나라가 위기에 처해있던 1907년을 전후하여 조국애와 충성심을 북돋우기 위하여 만들어졌다.
>
> 1935년 해외에서 활동 중이던 안익태는 오늘날 우리가 부르고 있는 국가를 작곡하였다. 대한민국 임시정부는 이 곡을 애국가로 채택해 사용했으나 이는 해외에서만 퍼져나갔을 뿐, 국내에서는 광복 이후 정부수립 무렵까지 애국가 노랫말을 스코틀랜드 민요에 맞춰 부르고 있었다. 그러다가 1948년 대한민국 정부가 수립된 이후 현재의 노랫말과 함께 안익태가 작곡한 곡조의 애국가가 정부의 공식 행사에 사용되고 각급 학교 교과서에도 실리면서 전국적으로 애창되기 시작하였다.
>
> 애국가가 국가로 공식화되면서 1950년대에는 대한뉴스 등을 통해 적극적으로 홍보가 이루어졌다. 그리고 「국기게양 및 애국가 제창 시의 예의에 관한 지시(1966)」 등에 의해 점차 국가의례의 하나로 간주되었다.
>
> 1970년대 초에는 공연장에서 본공연 전에 애국가가 상영되기 시작하였다. 이후 1980년대 중반까지 주요 방송국에서 국기강하식에 맞춰 애국가를 방송하였다. 주요 방송국의 국기강하식 방송, 극장에서의 애국가 상영 등은 1980년대 후반 중지되었으며 음악회와 같은 공연 시 애국가 연주도 이때 자율화되었다.
>
> 오늘날 주요 행사 등에서 애국가를 제창하는 경우에는 부득이한 경우를 제외하고 4절까지 제창하여야 한다. 애국가는 모두 함께 부르는 경우에는 전주곡을 연주한다. 다만, 약식 절차로 국민의례를 행할 때 애국가를 부르지 않고 연주만 하는 의전행사(외국에서 하는 경우 포함)나 시상식·공연 등에서는 전주곡을 연주해서는 안 된다.

① 1940년 해외에서는 안익태가 만든 애국가 곡조를 들을 수 없었다.
② 1990년대 초반에는 국기강하식 방송과 극장에서의 애국가 상영이 의무였다.
③ 오늘날 우리가 부르는 애국가의 노랫말은 1896년 『독립신문』에 게재되지 않았다.
④ 시상식에서 애국가를 부르지 않고 연주만 하는 경우에는 전주곡을 연주할 수 있다.

Easy
37

'쓰는 문화'가 책의 문화에서 가장 우선이다. 쓰는 이가 없이는 책이 나올 수가 없기 때문이다. 그러나 지혜를 많이 갖고 있다는 것과 그것을 글로 옮길 줄 아는 것은 별개의 문제이다. 엄격하게 이야기해서 지혜는 어떤 한 가지 일에 지속적으로 매달린 사람이면 누구나 머릿속에 쌓아두고 있는 것이다. 하지만 그것을 글로 옮기기 위해서는 특별하고도 고통스러운 훈련이 필요하다. 생각을 명료하게 정리하는 것과 글 맥을 이어갈 줄 알아야 하며, 그리고 줄기찬 노력을 바칠 준비가 되어 있어야 한다. 모든 국민이 책 한 권을 남길 수 있을 만큼 쓰는 문화가 발달한 사회가 도래하면, 그때에는 지혜의 르네상스가 가능할 것이다.

'읽는 문화'의 실종, 그것이 바로 현대의 특징이다. 신문의 판매 부수가 날로 떨어져 가는 반면에 텔레비전의 시청률은 날로 증가하고 있다. 깨알 같은 글로 구성된 200쪽 이상의 책보다 그림과 여백이 압도적으로 많이 들어간 만화책 같은 것이 늘어나고 있다. '보는 문화'가 읽는 문화를 대체해 가고 있다. 읽는 일에는 피로가 동반되지만 보는 놀이에는 휴식이 따라온다. 일을 저버리고 놀이만 좇는 문화가 범람하고 있지 않은가. 보는 놀이가 머리를 비게 하는 것은 너무나 당연하다. 읽는 일이 장려되지 않는 한 생각 없는 사회로 치달을 수밖에 없다. 책의 문화는 바로 읽는 일과 직결되며, 생각하는 사회를 만드는 지름길이다.

① 지혜로운 사람이 그렇지 않은 사람보다 더 논리적으로 글을 쓸 수 있다.
② 고통스러운 훈련을 견뎌야 지혜로운 사람이 될 수 있다.
③ 텔레비전을 많이 보는 사람은 그렇지 않은 사람보다 신문을 적게 읽는다.
④ 만화책은 내용과 관계없이 그림의 수준이 높을수록 더 많이 판매된다.
⑤ 사람들이 텔레비전을 많이 볼수록 생각하는 시간이 적어진다.

※ 다음 글을 읽고 추론할 수 있는 내용으로 적절하지 않은 것을 고르시오. [38~42]

38

레이저 절단 가공은 고밀도, 고열원의 레이저를 절단하고자 하는 소재로 쏘아 절단 부위를 녹이고 증발시켜 소재를 절단하는 최첨단 기술이다. 레이저 절단 가공은 일반 가공법으로는 작업이 불가능한 절단면 및 복잡하고 정교한 절단 형상을 신속하고 정확하게 절단하여 가공할 수 있고, 절단하고자 하는 소재의 제약도 일반 가공법에 비해 자유롭다. 또한, 재료와 직접 접촉하지 않으므로 절단 소재의 물리적 변형이 적어 깨지기 쉬운 소재도 다루기 쉽고, 다른 열 절단 가공에 비해 열변형의 우려가 적다. 이런 장점으로 반도체 소자가 나날이 작아지고 더욱 정교해지면서 레이저 절단 가공은 반도체 산업에서는 이제 없어서는 안 될 필수적인 과정이 되었다.

① 레이저 절단 가공은 절단 부위를 녹이므로 열변형의 우려가 큰 가공법이다.
② 레이저 절단 가공 작업 중에는 기체가 발생한다.
③ 두께가 얇아 깨지기 쉬운 반도체 웨이퍼는 레이저 절단 가공으로 가공하여야 한다.
④ 과거 반도체 소자의 정교함은 현재 반도체 소자에 미치지 못하였을 것이다.
⑤ 현재 기술력으로는 다른 가공법을 사용하여 반도체 소자를 다루기 힘들 것이다.

39

커피 찌꺼기를 일컫는 커피박이라는 단어는 우리에게 생소한 편이다. 하지만 외국에서는 커피 웨이스트(Coffee Waste), 커피 그라운드(Coffee Ground) 등 다양한 이름으로 불린다. 커피박은 커피 원두로부터 액을 추출한 후 남은 찌꺼기를 말하는데 이는 유기물뿐만 아니라 섬유소, 리그닌, 카페인 등 다양한 물질을 풍부하게 함유하고 있어 재활용 가치가 높은 유기물 자원으로 평가받고 있다. 특히 우리나라는 높은 커피 소비국으로 2007년부터 2010년까지의 관세청 자료에 의하면 매년 지속적으로 커피원두 및 생두 수입이 지속적으로 증가한 것으로 나타났다. 1인당 연간 커피 소비량은 2019년 기준 평균 328잔 정도에 달하며 커피 한잔에 사용되는 커피콩은 0.2%, 나머지는 99.8%로 커피박이 되어 생활폐기물 혹은 매립지에서 소각처리된다.

이렇게 커피 소비량이 증가하고 있는 가운데 커피를 마시고 난 후 생기는 부산물인 커피박도 연평균 12만 톤 이상 발생하고 있는 것으로 알려져 있다. 이렇듯 막대한 양의 커피박은 폐기물로 분류되며 폐기처리만 해도 큰 비용이 발생된다.

따라서 우리나라와 같이 농업분야의 유기성 자원이 절대적으로 부족한 곳에서는 비료 원자재 대부분을 수입산에 의존하고 있는데, 원재료 매입비용이 적은 반면 부가가치를 창출할 수 있는 수익성이 매우 높은 재료로 고가로 수입된 커피박 자원을 재활용할 수 있다면 자원절감과 비용절감 두 마리 토끼를 잡을 수 있을 것으로 기대된다.

또한 커피박은 부재료 선택에 신경을 쓴다면 분명 더 나은 품질의 퇴비가 가능하다고 전문가들은 지적한다. 그 가운데 톱밥, 볏짚, 버섯폐배지, 한약재찌꺼기, 쌀겨, 스테비아분말, 채종유박, 깻묵 등의 부재료 화학성 pH는 4.9 ~ 6.4, 총탄소 4 ~ 54%, 총질소 0.08 ~ 10.4%, 탈질률 7.8 ~ 680으로 매우 다양했다. 그 중에서 한약재찌꺼기의 질소함량이 가장 높았고, 유기물 함량은 톱밥이 가장 높았다.

유기물 퇴비를 만들기 위한 조건은 수분함량, 공기, 탄질비, 온도 등이 중요하다. 흔히 유기퇴비의 원료로는 농가에서 쉽게 찾아볼 수 있는 볏짚, 나무껍질, 깻묵, 쌀겨 등이 있다. 그밖에 낙엽이나 산야초를 베어 퇴비를 만들어도 되지만 일손과 노동력이 다소 소모된다는 단점이 있다. 무엇보다 양질의 퇴비를 만들기 위해서는 재료로 사용되는 자재가 지닌 기본적인 탄소와 질소의 비율이 중요한데 탄질률은 20 ~ 30 : 1 인 것이 가장 이상적이다. 농촌진흥청 관계자는 이에 대해 "탄질률은 퇴비의 분해 속도와 관련이 있어 지나치게 질소가 많거나 탄소성분이 많을 경우 양질의 퇴비를 얻을 수 없다. 또한 퇴비재료에 미생물이 첨가되면서 자연 분해되면 열이 발생하는데 이는 유해 미생물을 죽일 수 있어 양질의 퇴비를 얻기 위해서는 퇴비 더미의 온도를 50℃ 이상으로 유지하는 것이 바람직하다."고 밝혔다.

① 커피박을 이용하여 유기농 비료를 만드는 것은 환경 보호뿐만 아니라 경제적으로도 이득이다.
② 커피박과 함께 비료에 들어갈 부재료를 고를 때에는 질소나 유기물이 얼마나 들어있는지가 중요한 기준이다.
③ 비료에서 중요한 성분인 질소가 많이 함유되어 있을수록 좋은 비료라고 할 수 있다.
④ 퇴비 재료에 있는 유해 미생물을 50℃ 이상의 고온을 통해 없앨 수 있다.
⑤ 커피박을 이용하여 유기 비료를 만들 때, 질소 보충이 필요한 사람이라면 한약재찌꺼기를 첨가하는 것이 좋다.

40

인간의 삶과 행위를 하나의 질서로 파악하고 개념과 논리를 통해 이해하고자 하는 시도는 소크라테스와 플라톤을 기점으로 시작된 가장 전통적인 방법론이라고 할 수 있다. 이는 결국 경험적이고 우연적인 요소를 배제하여 논리적 필연으로 인간을 규정하고자 한 것이다. 이에 반해 경험과 감각을 중시하고 욕구하는 실체로서의 인간을 파악하고자 한 이들이 소피스트들이다. 이 두 관점은 두 개의 큰 축으로 서구 지성사에 작용해 온 것이 사실이다.

하지만 이는 곧 소크라테스와 플라톤의 관점에서는 삶과 행위의 구체적이고 실제적인 일상이 무시된 채 본질적이고 이념적인 영역을 추구하였다는 것이며, 소피스트들의 관점에서는 고정적 실체로서의 도덕이나 정당화의 문제보다는 변화하는 실제적 행위만이 인정되었다는 이야기로 환원되어왔다. 그리고 이와 같은 문제를 제대로 파악한 것이 바로 고대 그리스의 웅변가이자 소피스트인 '이소크라테스'이다.

이소크라테스는 소피스트들에 대해서는 그들의 교육이 도덕이나 시민적 덕성의 함양과는 무관하게 탐욕과 사리사욕을 위한 교육에 그치고 있다고 비판했으며, 동시에 영원불변하는 보편적 지식의 무용성을 주장했다. 그는 시의적절한 의견들을 통해 더 좋은 결과에 이를 수 있는 능력을 얻으려는 자가 바로 철학자라고 주장했다. 그렇기에 이소크라테스의 수사학은 플라톤의 이데아론은 물론 소피스트들의 무분별한 실용성을 지양하면서도, 동시에 삶과 행위의 문제를 이론적이고도 실제적으로 해석하는 것으로 평가할 수 있다.

① 이소크라테스의 주장에 따르면 플라톤의 이데아론은 과연 그것이 현실을 살아가는 이들에게 무슨 의미가 있는가에 대한 필연적인 물음에 맞닥뜨리게 된다.

② 소피스트들의 주장과 관점은 현대사회의 물질만능주의를 이해하기에 적절한 사례가 된다.

③ 소피스트와 이소크라테스는 영원불변하는 보편적 지식의 존재를 부정하며 구체적이고 실제적인 일상을 중요하게 여겼다.

④ 이소크라테스를 통해 절대적인 진리를 추구하지 않는 것이 반드시 비도덕적인 일로 환원된다고는 볼 수 없음을 확인할 수 있다.

⑤ 훌륭한 말과 미덕을 갖춘 지성인은 이소크라테스가 추구한 목표에 가장 가까운 존재라고 할 수 있다.

Hard

41

태양 빛은 흰색으로 보이지만 실제로는 다양한 파장의 가시광선이 혼합되어 나타난 것이다. 프리즘을 통과시키면 흰색 가시광선은 파장에 따라 붉은빛부터 보랏빛까지의 무지갯빛으로 분해된다. 가시광선의 파장 범위는 $390 \sim 780$nm* 정도인데 보랏빛이 가장 짧고 붉은빛이 가장 길다. 빛의 진동수는 파장과 반비례하므로 진동수는 보랏빛이 가장 크고 붉은빛이 가장 작다. 태양 빛이 대기층에 입사하여 산소나 질소 분자와 같은 공기 입자(직경 $0.1 \sim 1$nm 정도), 먼지 미립자, 에어로졸**(직경 $1 \sim 100,000$nm 정도) 등과 부딪치면 여러 방향으로 흩어지는데 이러한 현상을 산란이라 한다. 산란은 입자의 직경과 빛의 파장에 따라 '레일리(Rayleigh) 산란'과 '미(Mie) 산란'으로 구분된다.

레일리 산란은 입자의 직경이 파장의 1/10보다 작을 경우에 일어나는 산란을 말하는데 그 세기는 파장의 네제곱에 반비례한다. 대기의 공기 입자는 직경이 매우 작아 가시광선 중 파장이 짧은 빛을 주로 산란시키며, 파장이 짧을수록 산란의 세기가 강하다. 따라서 맑은 날에는 주로 공기 입자에 의한 레일리 산란이 일어나서 보랏빛이나 파란빛이 강하게 산란되는 반면 붉은빛이나 노란빛은 약하게 산란된다. 산란되는 세기로는 보랏빛이 가장 강하겠지만, 우리 눈은 보랏빛보다 파란빛을 더 잘 감지하기 때문에 하늘은 파랗게 보이는 것이다. 만약 태양 빛이 공기 입자보다 큰 입자에 의해 레일리 산란이 일어나면 공기 입자만으로는 산란이 잘되지 않던 긴 파장의 빛까지 산란되어 하늘의 파란빛은 상대적으로 옅어진다.

미 산란은 입자의 직경이 파장의 1/10보다 큰 경우에 일어나는 산란을 말하는데 주로 에어로졸이나 구름 입자 등에 의해 일어난다. 이때 산란의 세기는 파장이나 입자 크기에 따른 차이가 거의 없다. 구름이 흰색으로 보이는 것은 미 산란으로 설명된다. 구름 입자(직경 20,000nm 정도)처럼 입자의 직경이 가시광선의 파장보다 매우 큰 경우에는 모든 파장의 빛이 고루 산란된다. 이 산란된 빛이 동시에 우리 눈에 들어오면 모든 무지갯빛이 혼합되어 구름이 하얗게 보인다. 이처럼 대기가 없는 달과 달리 지구는 산란 효과에 의해 파란 하늘과 흰 구름을 볼 수 있다.

*나노미터 : 물리학적 계량 단위(1nm$=10^{-9}$m)
**에어로졸 : 대기에 분산된 고체 또는 액체 입자

① 가시광선의 파란빛은 보랏빛보다 진동수가 작다.
② 프리즘으로 분해한 태양 빛을 다시 모으면 흰색이 된다.
③ 파란빛은 가시광선 중에서 레일리 산란의 세기가 가장 크다.
④ 빛의 진동수가 2배가 되면 레일리 산란의 세기는 16배가 된다.
⑤ 달의 하늘에서는 공기 입자에 의한 태양 빛의 산란이 일어나지 않는다.

김치는 넓은 의미에서 소금, 초, 장 등에 '절인 채소'를 말한다. 김치의 어원인 '딤채(沈菜)'도 '담근 채소'라는 뜻이다. 그러므로 깍두기, 오이지, 오이소박이, 단무지는 물론 장아찌까지도 김치류에 속한다고 볼 수 있다. 우리나라의 김치는 '지'라고 불렸다. 그래서 짠지, 싱건지, 오이지 등의 김치에는 지금도 '지'가 붙는다. 초기의 김치는 단무지나 장아찌에 가까웠을 것이다.

처음에는 서양의 피클이나 일본의 쓰케모노와 비슷했던 김치가 이들과 전혀 다른 음식이 된 것은 젓갈과 고춧가루를 쓰기 시작하면서부터이다. 하지만 이때에도 김치의 주재료는 무나 오이였다. 우리가 지금 흔히 먹는 배추김치는 18세기 말 중국으로부터 크고 맛이 좋은 배추 품종을 들여온 뒤로 사람들이 널리 담그기 시작하였고, 20세기에 들어와서야 무김치를 능가하게 되었다.

김치와 관련하여 우리나라 향신료의 대명사로 쓰이는 고추는 생각만큼 오랜 역사를 갖고 있지 못하다. 중미 멕시코가 원산지인 고추는 '남만초'나 '왜겨자'라는 이름으로 16세기 말 조선에 전래되어 17세기부터 서서히 보급되다가 17세기 말부터 가루로 만들어 비로소 김치에 쓰이게 되었다. 조선 전기까지 주요 향신료는 후추, 천초 등이었고, 이 가운데 후추는 값이 비싸 쉽게 얻을 수 없었다. 19세기 무렵에 와서 고추는 향신료로서 압도적인 우위를 차지하게 되었다. 그 결과 후추는 더 이상 고가품이 아니게 되었으며, '산초'라고도 불리는 천초의 경우 지금에 와서는 간혹 추어탕에나 쓰일 정도로 되었다.

우리나라의 고추는 다른 나라의 고추 품종과 달리 매운맛에 비해 단맛 성분이 많고, 색소는 강렬하면서 비타민C 함유량이 매우 많다. 더구나 고추는 소금이나 젓갈과 어우러져 몸에 좋은 효소를 만들어 내고 몸의 지방 성분을 산화시켜 열이 나게 함으로써 겨울의 추위를 이기게 하는 기능이 있다. 고추가 김장김치에 사용되기 시작한 것도 이 때문이라고 한다.

① 초기의 김치는 서양의 피클이나 일본의 쓰케모노와 크게 다르지 않았다.
② 고추가 들어오기 전까지는 김치에 고추 대신 후추, 천초와 같은 향신료를 사용하였다.
③ 김장김치에 고추가 사용되기 시작한 것은 몸에 열을 발생시키는 효능 때문이다.
④ 배추김치가 김치의 대명사가 된 것은 불과 100여 년밖에 되지 않았다.
⑤ 19세기 이후 후추와 천초는 향신료로서의 우위를 고추에 빼앗겼다.

43 다음 글을 읽고 참이라고 할 수 있는 것을 〈보기〉에서 모두 고르면?

> 뉴턴 역학은 갈릴레오나 뉴턴의 근대과학 이전 중세를 지배했던 아리스토텔레스의 역학관에 정면으로 반대된다. 아리스토텔레스에 의하면 물체가 똑같은 운동 상태를 유지하기 위해서는 외부에서 끝없이 힘이 제공되어야만 한다. 이렇게 물체에 힘을 제공하는 기동자가 물체에 직접적으로 접촉해야 운동이 일어난다. 기동자가 없어지거나 물체와의 접촉이 중단되면 물체는 자신의 운동 상태를 유지할 수 없다. 그러나 관성의 법칙에 의하면 외력이 없는 한 물체는 자신의 원래 운동 상태를 유지한다. 아리스토텔레스는 기본적으로 물체의 운동을 하나의 정지 상태에서 다른 정지 상태로의 변화로 이해했다. 즉, 아리스토텔레스에게는 물체의 정지 상태가 물체의 운동 상태와는 아무런 상관이 없었다. 그러나 근대 과학의 시대를 열었던 갈릴레오나 뉴턴에 의하면 물체가 정지한 상태는 운동하는 상태의 특수한 경우이다. 운동 상태가 바뀌는 것은 물체의 외부에서 힘이 가해지는 경우이다. 즉, 힘은 운동의 상태를 바꾸는 요인이다. 지금 우리는 뉴턴 역학이 옳다고 자연스럽게 생각하고 있지만 이론적인 선입견을 배제하고 일상적인 경험만 떠올리면 언뜻 아리스토텔레스의 논리가 더 그럴듯하게 보일 수도 있다.

보기

ㄱ. 뉴턴 역학은 적절하지 않으므로, 아리스토텔레스의 역학관을 따라야 한다.
ㄴ. 아리스토텔레스는 '외부에서 힘이 작용하지 않으면 운동하는 물체는 계속 그 상태로 운동하려 하고, 정지한 물체는 계속 정지해 있으려고 한다.'고 주장했다.
ㄷ. 뉴턴이나 갈릴레오 또한 당시에는 아리스토텔레스의 논리가 옳다고 판단하였다.
ㄹ. 아리스토텔레스는 정지와 운동을 별개로 보았다.

① ㄴ
② ㄹ
③ ㄱ, ㄷ
④ ㄴ, ㄹ
⑤ ㄱ, ㄴ, ㄷ

※ 다음 글을 읽고 이어지는 질문에 답하시오. **[44~45]**

우리의 눈을 카메라에 비유했을 때 렌즈에 해당하는 부분을 수정체라고 한다. 수정체는 먼 거리를 볼 때 두께가 얇아지고 가까운 거리를 볼 때 두께가 두꺼워지는데, 이러한 과정을 조절이라고 한다. 노화가 시작되어 수정체의 탄력이 떨어지면 조절 능력이 저하되고 이로 인해 가까운 거리의 글씨가 잘 안 보이는 노안이 발생한다.

노안은 주로 40대 중반부터 시작되는데 나이가 들수록 조절력은 감소하게 된다. 최근에는 30 · 40대가 노안 환자의 절반가량을 차지하고 있으며, 빠르면 20대부터 노안이 발생하기도 한다.

노안이 발생하면 가까운 거리의 시야가 흐리게 보이는 증세가 나타나며, 책을 읽거나 컴퓨터 작업을 할 때 눈이 쉽게 피로하고 두통이 있을 수 있다. 젊은 연령대에서는 이러한 증상을 시력 저하로 생각하고 병원을 찾았다가 노안으로 진단받아 당황하는 경우가 종종 있다.

가장 활발하게 사회생활을 하는 젊은 직장인들의 경우 스마트폰과 PC를 이용한 근거리 작업이 수정체의 조절 능력을 떨어뜨리면서 눈의 노화를 발생시킨다. 또한 전자 기기에서 나오는 블루라이트(모니터, 스마트폰, TV 등에서 나오는 380 ~ 500나노미터 사이의 파란색 계열의 광원) 불빛이 눈을 쉽게 피로하게 만들어 노안 발생 연령을 앞당기기도 한다.

최근에는 주위에서 디지털 노안을 방지하기 위한 블루라이트 차단 안경이나 필름 등을 어렵지 않게 찾아볼 수 있다. 기업에서도 블루라이트를 최소화한 전자 기기를 출시하는 등 젊은이들에게도 노안은 더 이상 먼 이야기가 아니다. '몸이 천 냥이면 눈이 구백 냥'이라는 말이 있듯이 삶의 질을 유지하는 데 있어 눈은 매우 중요한 기관이다. 몸이 피로하고 지칠 때 편안하게 쉬듯이 눈에도 충분한 휴식을 주어 눈에 부담을 덜어주는 것이 필요하다.

`Easy`

| 2022년 상반기 포스코그룹

44 다음 중 노안 예방 방법으로 적절하지 않은 것은?

① 눈에 충분한 휴식을 준다.
② 전자 기기 사용을 줄인다.
③ 눈 운동을 한다.
④ 블루라이트 차단 제품을 사용한다.

| 2022년 상반기 포스코그룹

45 다음 중 노안 테스트 질문으로 적절한 것을 〈보기〉에서 모두 고르면?

`보기`

ㄱ. 항상 안경을 착용한다.
ㄴ. 하루에 세 시간 이상 스마트폰을 사용한다.
ㄷ. 갑작스럽게 두통이나 어지럼증을 느낀다.
ㄹ. 최신 스마트폰을 사용한다.
ㅁ. 먼 곳을 보다가 가까운 곳을 보면 눈이 침침하다.
ㅂ. 조금만 책을 읽어도 눈이 쉽게 피로해진다.

① ㄱ, ㄴ, ㄹ   ② ㄱ, ㄷ, ㅂ
③ ㄴ, ㄷ, ㅁ   ④ ㄴ, ㅁ, ㅂ

| 02 | 수리

| 2024년 상반기 삼성그룹

01 영업부 5명의 직원이 지방으로 1박 2일 출장을 갔다. 이때 1, 2, 3인실 방에 배정되는 경우의 수는?(단, 각 방은 하나씩 있으며 1, 2, 3인실이 꼭 다 채워질 필요는 없다)

① 50가지
② 60가지
③ 70가지
④ 80가지
⑤ 90가지

| 2024년 상반기 삼성그룹

02 한 학교의 올해 남학생과 여학생 수는 작년에 비해 남학생은 8% 증가, 여학생은 10% 감소했다. 작년의 전체 학생 수는 820명이고, 올해는 작년에 비해 10명이 감소하였다고 할 때, 작년의 여학생 수는?

① 400명
② 410명
③ 420명
④ 430명
⑤ 440명

| 2024년 상반기 롯데그룹

03 L사에서는 3D 프린터를 가동해 제품을 생산하기로 하였다. 지난달에 생산한 제품의 불량률은 10%였고, 제품 한 개당 원가 17만 원에 판매하였다. 이번 달도 지난달과 같은 양을 생산하였지 만 불량률이 15%로 올랐다. 불량률이 10%일 때와 매출액을 같게 하려면 제품의 원가는 얼마로 책정해야 하는가?(단, 불량품을 제외한 생산량 전부를 판매한다)

① 18만 원
② 19만 원
③ 20만 원
④ 21만 원
⑤ 23만 원

04 흰 구슬 4개, 검은 구슬 6개가 들어 있는 주머니에서 연속으로 2개의 구슬을 꺼낼 때, 흰 구슬과 검은 구슬을 각각 1개씩 뽑을 확률은?(단, 꺼낸 구슬은 다시 넣지 않는다)

① $\dfrac{2}{15}$ ② $\dfrac{4}{15}$

③ $\dfrac{7}{15}$ ④ $\dfrac{8}{15}$

⑤ $\dfrac{11}{15}$

05 민지네 과일가게에서는 토마토와 배를 각각 1개당 90원, 210원에 판매를 하고, 1개의 무게는 각각 120g, 450g이다. 한 바구니에 토마토와 배를 몇 개씩 담아 무게를 재어보니 6.15kg이었고, 가격은 3,150원이었다. 바구니의 무게가 990g이며 가격은 300원이라고 할 때, 바구니 안에 들어있는 배의 개수는?

① 5개 ② 6개
③ 7개 ④ 8개
⑤ 9개

06 소연이는 집에서 마트까지 시속 6km의 속력으로 걸어가서 40분 동안 물건을 구매한 후 같은 길을 시속 4km로 걸어 집으로 돌아왔더니 2시간 30분이 걸렸다. 이때 집에서 마트까지의 거리는?

① 4.1km ② 4.4km
③ 4.9km ④ 5.4km
⑤ 6.3km

07 A ~ H 8명의 후보 선수 중 4명을 뽑을 때, A, B, C를 포함하여 뽑을 확률은?

① $\dfrac{1}{14}$

② $\dfrac{1}{5}$

③ $\dfrac{3}{8}$

④ $\dfrac{1}{2}$

⑤ $\dfrac{3}{5}$

Hard

08 길이가 390m인 터널을 완전히 통과하는 데 9초가 걸리는 A열차와 길이가 365m인 터널을 완전히 통과하는 데 10초가 걸리는 B열차가 있다. 두 열차가 서로 마주보는 방향으로 달려 완전히 지나가는 데 걸리는 시간은 4.5초이다. B열차의 길이가 335m라면, A열차의 길이는?

① 365m

② 360m

③ 355m

④ 350m

⑤ 345m

Easy

09 세빈이는 이번 주말에 등산을 하였다. 올라갈 때에는 시속 4km로 걷고 내려올 때에는 올라갈 때보다 2km 더 먼 거리를 시속 6km의 속력으로 걸어 내려왔다. 올라갈 때와 내려올 때 걸린 시같이 같았다면 내려올 때 걸린 시간은?

① 1시간

② 1.5시간

③ 2시간

④ 2.5시간

⑤ 3시간

10 직원 A ~ P 16명이 야유회에 가서 4명씩 4개의 조로 행사를 한다. 첫 번째 이벤트에서 같은 조였던 사람은 두 번째 이벤트에서 같은 조가 될 수 없다. 두 번째 이벤트에서 1, 4조가 〈보기〉처럼 주어졌을 때, 두 번째 이벤트에서 나머지 두 개 조의 가능한 경우의 수는?

> 보기
>
> • 1조 : I, J, K, L
> • 4조 : M, N, O, P

① 8가지   ② 10가지

③ 12가지   ④ 14가지

⑤ 16가지

11 무게가 1개당 15g인 사탕과 20g인 초콜릿을 합하여 14개를 사는데 총 무게가 235g 이상 250g 이하가 되도록 하려고 한다. 이때 살 수 있는 사탕의 최대 개수는?

① 7개   ② 8개

③ 9개   ④ 10개

⑤ 11개

12 어느 학생이 두 문제 A, B를 푸는데 문제 A를 맞히지 못할 확률은 60%, 두 문제를 모두 맞힐 확률은 24%일 때, 이 학생이 문제 A는 맞히고, 문제 B는 맞히지 못할 확률은?

① 16%   ② 24%

③ 28%   ④ 30%

⑤ 36%

| 2023년 상반기 LG그룹

13 A와 B가 같이 일을 하면 12일이 걸리고, B와 C가 같이 일을 하면 6일, C와 A가 같이 일을 하면 18일이 걸리는 일이 있다. 만약 A~C 모두 함께 72일 동안 일을 하면 기존에 했던 일의 몇 배의 일을 할 수 있는가?

① 9배　　　　　　　　　　　　② 10배

③ 11배　　　　　　　　　　　　④ 12배

⑤ 13배

| 2023년 상반기 삼성그룹

14 작년 S사의 일반 사원수는 400명이었다. 올해 진급하여 직책을 단 사원은 작년 일반 사원수의 12%이고, 20%는 퇴사를 하였다. 올해 전체 일반 사원수가 작년보다 6% 증가했을 때, 올해 채용한 신입사원 수는?

① 144명　　　　　　　　　　　② 146명

③ 148명　　　　　　　　　　　④ 150명

⑤ 152명

Easy

| 2023년 상반기 삼성그룹

15 남학생 4명과 여학생 3명을 원형 모양의 탁자에 앉힐 때, 여학생 3명이 이웃해서 앉을 확률은?

① $\dfrac{1}{21}$　　　　　　　　　　② $\dfrac{1}{20}$

③ $\dfrac{1}{15}$　　　　　　　　　　④ $\dfrac{1}{7}$

⑤ $\dfrac{1}{5}$

| 2022년 하반기 삼성그룹

16 아마추어 야구 시합에서 A팀과 B팀이 경기하고 있다. 7회 말까지는 동점이었고 8·9회에서 A팀이 획득한 점수는 B팀이 획득한 점수의 2배이었다. 최종적으로 12:9로 A팀이 승리하였을 때, 8·9회에서 B팀은 획득한 점수는?

① 2점　　　　　　　　　　　　② 3점

③ 4점　　　　　　　　　　　　④ 5점

⑤ 6점

17 남자 5명과 여자 3명 중에서 4명의 대표를 선출할 때, 적어도 1명의 여자가 포함되도록 선출하는 경우의 수는?

① 55가지

② 60가지

③ 65가지

④ 70가지

⑤ 75가지

18 다음 시계가 일정한 규칙을 가질 때, $2B - \dfrac{A}{20}$ 의 값은?(단, 분침은 시간이 아닌 숫자를 가리킨다)

① 5

② 10

③ 15

④ 20

⑤ 25

19 한국, 미국, 중국, 러시아에서 각각 두 명의 테니스 선수들이 8강전에 진출하였다. 각 국가의 선수들이 결승전에서만 붙는 경우의 수는?

① 52가지

② 56가지

③ 58가지

④ 64가지

⑤ 72가지

20 어느 모임의 여자 회원의 수는 남자 회원 수의 80%이다. 남자 회원 5명이 모임을 탈퇴하고 여자 회원 1명이 새로 가입한다면 남자 회원과 여자 회원의 수가 같아진다. 이 모임의 회원 수는?

① 26명   ② 30명

③ 50명   ④ 54명

⑤ 62명

Easy

21 K회사의 구내식당에서는 파란색과 초록색 2가지 색깔의 식권을 판매한다. 파란색 식권은 1장에 1명이 식사가 가능하고 초록색 식권은 1장에 2명까지 식사가 가능할 때, 파란색 식권 3장과 초록색 식권 2장으로 식사 가능한 최대 인원은?

① 5명   ② 6명

③ 7명   ④ 8명

⑤ 9명

22 A와 B는 C사 필기시험에 응시했다. A가 합격할 확률은 40%이고, A와 B 모두 합격할 확률은 30%일 때, 두 사람 모두 불합격할 확률은?

① 0.1   ② 0.15

③ 0.2   ④ 0.25

⑤ 0.3

23 어떤 공장에서 A제품을 n개 이어 붙이는 데 필요한 시간이 다음과 같은 규칙을 보일 때, 8개를 이어 붙이는 데 필요한 시간은?

<A제품 접합 소요 시간>

(단위 : 분)

구분	1개	2개	3개	4개	5개
소요 시간	1	3	8	19	42

① 315분   ② 330분

③ 345분   ④ 360분

⑤ 375분

Hard

24 일정한 수를 다음과 같은 규칙으로 나열할 때, 빈칸에 들어갈 a와 b의 총합이 처음으로 800억원이 넘는 b의 값은?

구분	1	2	3	4	5	6	...
A규칙	50	70	95	125	160	200	(a)
B규칙	150	180	210	240	270	300	(b)

① 330   ② 350

③ 360   ④ 390

⑤ 420

Easy

25 반도체 메모리의 개발 용량이 다음과 같이 규칙적으로 증가할 때, 2007년에 개발한 메모리의 용량은?

<연도별 반도체 메모리 개발 용량>

(단위 : MB)

구분	1999년	2000년	2001년	2002년	2003년
메모리 개발 용량	256	512	1,024	2,048	4,096

① 32,768MB   ② 52,428MB

③ 58,982MB   ④ 65,536MB

⑤ 78,642MB

※ 다음과 같이 일정한 규칙으로 수를 나열할 때, 빈칸에 들어갈 알맞은 수를 고르시오. [26~36]

| 2024년 상반기 LG그룹

26

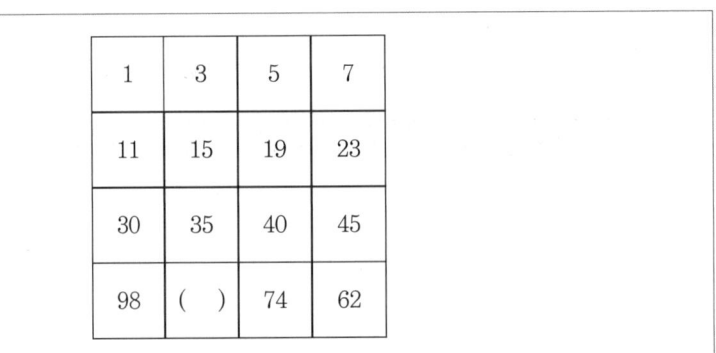

1	3	5	7
11	15	19	23
30	35	40	45
98	( )	74	62

① 80   ② 82

③ 84   ④ 86

⑤ 88

| 2024년 상반기 LG그룹

27

1   −2   1   −2   4   −8   1   −2   ( )

① 8   ② 9

③ 10   ④ 11

⑤ 12

Easy
| 2024년 상반기 LG그룹

28

100   80   61   43   ( )   10   −5

① 24   ② 25

③ 26   ④ 27

⑤ 28

29

| 77 | 35 | 42 | −7 | 49 | ( ) | 105 | −161 |

① −54 ② −56

③ −58 ④ −60

⑤ −64

Hard

30

| 0.2 | ( ) | 2.8 | 20.6 | 146.2 | 1026.4 |

① 0.4 ② 1.4

③ 1.5 ④ 1.6

⑤ 2.4

31

| 1 | 2 | 2 | 2 | 4 | 2 | 3 | 12 | ( ) |

① 4 ② 5

③ 6 ④ 7

⑤ 8

32

| 216 | ( ) | 324 | 432 | 486 | 576 | 729 | 768 |

① 324 ② 340

③ 384 ④ 410

33

$$5 \quad 1 \quad 2 \qquad 3 \quad 9 \quad 4 \qquad 8 \quad (\ ) \quad 6$$

① 2   ② 7
③ 10   ④ 11
⑤ 12

34

$$0.4 \quad 0.5 \quad 0.65 \quad 0.85 \quad 1.1 \quad (\ )$$

① 1.35   ② 1.4
③ 1.45   ④ 1.5
⑤ 1.55

35

$$\frac{7}{11} \quad \frac{2}{22} \quad -\frac{4}{44} \quad -\frac{11}{77} \quad -\frac{19}{121} \quad (\ )$$

① $-\dfrac{26}{150}$ ② $-\dfrac{28}{176}$

③ $-\dfrac{22}{154}$ ④ $-\dfrac{38}{242}$

⑤ $-\dfrac{45}{242}$

36

$$1 \quad -1 \quad 2 \quad -6 \quad 24 \quad -120 \quad (\ ) \quad -5{,}040$$

① 700   ② 720
③ 740   ④ 760
⑤ 780

37 다음은 수도권에서의 배, 귤, 사과 판매량에 대한 자료이다. 수도권 중 서울에서 판매된 배의 비율을 a, 경기도에서 판매된 귤의 비율을 b, 인천에서 판매된 사과의 비율을 c라고 할 때, $a+b+c$의 값은?(단, 수도권은 서울, 경기, 인천이다)

〈수도권 배, 귤, 사과 판매량〉

(단위 : 개)

구분	서울	경기	인천
배	800,000	1,500,000	200,000
귤	7,500,000	3,000,000	4,500,000
사과	300,000	450,000	750,000

① 0.9
② 0.94
③ 0.98
④ 1.02
⑤ 1.06

38 다음은 A ~ D사의 2020년부터 2023년까지의 DRAM 판매 수익에 대한 자료이다. 이에 대한 설명으로 옳지 않은 것은?

〈2020 ~ 2023년 DRAM 판매 수익〉

(단위 : 조 원)

구분	2020년	2021년	2022년	2023년
A사	20	18	9	22
B사	10	6	-2	8
C사	10	7	-6	-2
D사	-2	-5	-8	-4

※ 그 해의 판매 수익이 음수라면 적자를 기록한 것임

① 2021 ~ 2023년 A ~ D사의 전년 대비 수익 증감 추이는 모두 같다.
② A ~ D사의 2022년 전체 판매 수익은 적자를 기록하였다.
③ 2022년 A ~ D사의 전년 대비 판매 수익 감소율은 모두 50% 이하다.
④ B사와 D사의 2020년 대비 2023년의 판매 수익이 감소한 금액은 같다.
⑤ 2020년 대비 2023년의 판매 수익이 가장 크게 증가한 곳은 A사이다.

39 다음은 주요 온실가스의 연평균 변화 추이에 대한 자료이다. 이에 대한 설명으로 옳지 않은 것은?

〈주요 온실가스의 연평균 변화 추이〉

구분	2017년	2018년	2019년	2020년	2021년	2022년	2023년
이산화탄소 농도(CO_2, ppm)	387.2	388.7	389.9	391.4	392.5	394.5	395.7
오존 전량(O_3, DU)	331	330	328	325	329	343	335

① 오존 전량은 계속해서 증가하고 있다.

② 이산화탄소의 농도는 계속해서 증가하고 있다.

③ 오존 전량이 가장 크게 감소한 해는 2023년이다.

④ 2023년 오존 전량은 2017년의 오존 전량보다 4DU 증가했다.

⑤ 2023년 이산화탄소의 농도는 2018년보다 7ppm 증가했다.

40 A보건소에 근무 중인 B대리는 금연치료 프로그램 참가자의 문의전화를 받았다. 참가자는 금연치료의약품과 금연보조제를 처방받아서 복용하고 있는데, 1월 한 달 동안 본인이 부담하는 의약품비가 얼마인지 궁금하다고 하였다. B대리는 참가자가 1월 4일부터 의약품으로는 바레니클린을 복용하며, 금연보조제로는 패치를 사용하고 있다는 사실을 확인한 후 1월 한 달 기준 의약품에 대한 본인부담금을 안내하였다. 이때 B대리가 안내한 본인부담금은?

〈금연치료의약품 및 금연보조제 용법 및 가격〉

구분	금연치료의약품		금연보조제		
	부프로피온	바레니클린	패치	껌	정제
용법	1일 2정	1일 2정	1일 1장	1일 4 ~ 12정	1일 4 ~ 12정
시장가격	680원/정	1,767원/정	1,353원/장	375원/정	417원/정
국가 지원액	500원/정	1,000원/정	1,500원/일		

※ 의료급여수급권자 및 최저생계비 150% 이하인 자는 상한액 이내 지원
※ 1월 투여기간 : 4 ~ 31일

① 40,068원   ② 41,080원

③ 42,952원   ④ 43,085원

⑤ 44,065원

※ 다음은 S사 직원들의 명함 제작 기준에 대한 자료이다. 이어지는 질문에 답하시오. **[41~42]**

〈명함 제작 기준〉

(단위 : 원)

구분	100장	추가 50장
국문	10,000	3,000
영문	15,000	5,000

※ 고급 종이로 제작할 경우 정가의 10% 가격 추가됨

| 2024년 상반기 삼성그룹

41 올해 신입사원이 입사해서 국문 명함을 만들었다. 명함은 1인당 150장씩 지급하며, 일반 종이로 만들어 총 제작비용은 195,000원이다. 이때 신입사원의 수는?

① 12명
② 13명
③ 14명
④ 15명
⑤ 16명

| 2024년 상반기 삼성그룹

42 이번 신입사원 중 해외영업부서로 배치받은 사원이 있다. 해외영업부 사원들에게는 고급 종이로 영문 명함을 200장씩 만들어 주려고 한다. 총인원이 8명일 때 총액은?

① 158,400원
② 192,500원
③ 210,000원
④ 220,000원
⑤ 247,500원

43 S시에서 운영하는 시립도서관에서 보유하고 있는 책의 수가 다음과 같은 규칙을 보일 때, 2023년 5월에 보유하고 있는 책의 수는?

〈S시 시립도서관 보유 책 현황〉

(단위 : 권)

구분	2022년 6월	2022년 7월	2022년 8월	2022년 9월	2022년 10월
보유 중인 책의 수	500	525	550	575	600

① 700권　　　　　　　　　　　② 725권

③ 750권　　　　　　　　　　　④ 775권

⑤ 800권

44 S베이커리에서 제조되는 초콜릿의 개수가 다음과 같은 규칙을 보일 때, 2023년 11월에 제조되는 초콜릿의 개수는?

〈S베이커리 제조되는 초콜릿 수 변화〉

(단위 : 개)

구분	2023년 1월	2023년 2월	2023년 3월	2023년 4월	2023년 5월	2023년 6월
초콜릿의 개수	10	20	30	50	80	130

① 210개　　　　　　　　　　　② 340개

③ 550개　　　　　　　　　　　④ 890개

⑤ 1,440개

45 다음은 S전자 공장에서 만든 부품과 불량품의 수치에 대한 자료이다. 전년 대비 부품 수의 차이와 불량품 수의 차이 사이에 일정한 비례관계가 성립할 때, A와 B에 들어갈 값을 바르게 짝지은 것은?

〈연도별 부품 수와 불량품 수〉

(단위 : 개)

구분	2017년	2018년	2019년	2020년	2021년	2022년
부품 수	120	170	270	420	620	(A)
불량품 수	10	30	70	(B)	210	310

	(A)	(B)		(A)	(B)
①	800	90	②	830	110
③	850	120	④	870	130
⑤	900	150			

46 어느 도서관에서 일정 기간 도서 대여 횟수에 대한 자료이다. 이에 대한 설명으로 옳지 않은 것은?

〈도서 대여 횟수〉

(단위 : 회)

구분	비소설		소설	
	남자	여자	남자	여자
40세 미만	20	10	40	50
40세 이상	30	20	20	30

① 소설을 대여한 전체 횟수가 비소설을 대여한 전체 횟수보다 많다.

② 40세 미만보다 40세 이상의 전체 대여 횟수가 더 적다.

③ 남자가 소설을 대여한 횟수가 여자가 소설을 대여한 횟수의 70% 이하이다.

④ 40세 미만의 전체 대여 횟수에서 비소설 대여 횟수가 차지하는 비율은 20% 이상이다.

⑤ 40세 이상의 전체 대여 횟수에서 소설 대여 횟수가 차지하는 비율은 40% 이상이다.

47 다음은 주중과 주말 교통상황에 대한 자료이다. 이에 대한 설명으로 옳은 것을 〈보기〉에서 모두 고르면?

〈주중 · 주말 예상 교통량〉

(단위 : 만 대)

구분	전국	수도권 → 지방	지방 → 수도권
주말 예상 교통량	60	5	3
주중 예상 교통량	40	4	2

〈대도시 간 예상 최대 소요시간〉

(단위 : 시간)

구분	서울 – 대전	서울 – 부산	서울 – 광주	서울 – 강릉	남양주 – 양양
주말	2	5	4	3	2
주중	1	4	3	2	1

보기

ㄱ. 대도시 간 예상 최대 소요시간은 모든 구간에서 주중이 주말보다 적게 걸린다.
ㄴ. 주중 전국 교통량 중 수도권에서 지방으로 가는 교통량의 비율은 10%이다.
ㄷ. 지방에서 수도권으로 가는 주말 예상 교통량은 주중 예상 교통량의 2배이다.
ㄹ. 서울 – 광주 구간 주중 소요시간은 서울 – 강릉 구간 주말 소요시간과 같다.

① ㄱ, ㄴ
② ㄴ, ㄷ
③ ㄷ, ㄹ
④ ㄱ, ㄴ, ㄹ
⑤ ㄴ, ㄷ, ㄹ

48 다음은 S사의 2020 ~ 2022년 데스크탑 PC와 노트북 판매 실적 현황에 대한 자료이다. 전년 대비 2022년의 판매량 증감률을 바르게 짝지은 것은?

<S사 데스크탑 PC 및 노트북 판매 실적>

(단위 : 천 대)

구분	2020년	2021년	2022년
데스크탑 PC	5,500	5,000	4,700
노트북	1,800	2,000	2,400

	데스크탑 PC	노트북		데스크탑 PC	노트북
①	6%	20%	②	6%	10%
③	− 6%	20%	④	− 6%	10%
⑤	− 6%	5%			

49 다음은 자동차 판매현황에 대한 자료이다. 이에 대한 설명으로 옳은 것을 <보기>에서 모두 고르면?

<자동차 판매현황>

(단위 : 천 대)

구분	2020년	2021년	2022년
소형	30	50	40
준중형	200	150	180
중형	400	200	250
대형	200	150	100
SUV	300	400	200

보기

ㄱ. 2020 ~ 2022년 동안 판매량이 지속적으로 감소하는 차종은 2종류이다.
ㄴ. 2021년 대형 자동차 판매량은 전년 대비 30% 미만 감소했다.
ㄷ. 3년 동안 SUV 자동차의 총판매량은 대형 자동차 총판매량의 2배이다.
ㄹ. 2021년 대비 2022년에 판매량이 증가한 차종 중 증가율이 가장 높은 차종은 준중형이다.

① ㄱ, ㄷ
② ㄴ, ㄷ
③ ㄴ, ㄹ
④ ㄱ, ㄴ, ㄹ
⑤ ㄱ, ㄷ, ㄹ

50 다음은 우리나라 부패인식지수(CPI) 연도별 변동 추이에 대한 자료이다. 이에 대한 설명으로 옳지 않은 것은?

〈우리나라 부패인식지수(CPI) 연도별 변동 추이〉

구분		2016년	2017년	2018년	2019년	2020년	2021년	2022년
CPI	점수(점)	4.5	5.0	5.1	5.1	5.6	5.5	5.4
	조사대상국(개)	146	159	163	180	180	180	178
	순위(위)	47	40	42	43	40	39	39
	백분율(%)	32.2	25.2	25.8	23.9	22.2	21.6	21.9
OECD	회원국(개)	30	30	30	30	30	30	30
	순위(위)	24	22	23	25	22	22	22

※ CPI 0 ~ 10점 : 점수가 높을수록 청렴

① CPI를 확인해 볼 때, 우리나라는 다른 해에 비해 2020년에 가장 청렴했다고 볼 수 있다.
② CPI 순위는 2021년에 처음으로 30위권에 진입했다.
③ 청렴도가 가장 낮은 해와 2022년의 청렴도 점수의 차이는 0.9점이다.
④ 우리나라의 OECD 순위는 2016년부터 현재까지 상위권이라 볼 수 있다.
⑤ CPI 조사대상국은 2019년까지 증가하고 이후 2021년까지 유지되었다.

51 다음은 A신도시 쓰레기 처리 관련 통계에 대한 자료이다. 이에 대한 설명으로 옳지 않은 것은?

<A신도시 쓰레기 처리 관련 통계>

구분	2019년	2020년	2021년	2022년
1kg 쓰레기 종량제 봉투 가격	100원	200원	300원	400원
쓰레기 1kg당 처리비용	400원	400원	400원	400원
A신도시 쓰레기 발생량	5,013톤	4,521톤	4,209톤	4,007톤
A신도시 쓰레기 관련 적자 예산	15억 원	9억 원	4억 원	0원

① 1kg 쓰레기 종량제 봉투 가격이 100원이었던 2019년에 비해 400원이 된 2022년에는 쓰레기 발생량이 약 20%나 감소하였고 쓰레기 관련 적자 예산은 0원이 되었다.

② 연간 쓰레기 발생량 감소 곡선보다 쓰레기 종량제 봉투 가격의 인상 곡선이 더 가파르다.

③ 쓰레기 1kg당 처리비용이 인상될수록 A신도시의 쓰레기 발생량과 쓰레기 관련 적자가 급격히 감소하는 것을 볼 수 있다.

④ 쓰레기 종량제 봉투 가격이 인상됨으로써 주민들은 비용에 부담을 느끼고 쓰레기 배출량을 줄였다고 추측할 수 있다.

⑤ 쓰레기 종량제 봉투 가격 상승과 A신도시의 쓰레기 발생량은 반비례한다.

52 다음은 최근 5년 동안 아동의 비만율에 대한 자료이다. 이에 대한 설명으로 적절한 것을 〈보기〉에서 모두 고르면?

〈연도별 아동 비만율〉

(단위 : %)

구분	2017년	2018년	2019년	2020년	2021년
유아(만 6세 미만)	11	10.8	10.2	7.4	5.8
어린이(만 6세 이상 만 13세 미만)	9.8	11.9	14.5	18.2	19.7
청소년(만 13세 이상 만 19세 미만)	18	19.2	21.5	24.7	26.1

보기

ㄱ. 모든 아동의 비만율은 전년 대비 증가하고 있다.

ㄴ. 어린이 비만율은 유아 비만율보다 크고, 청소년 비만율보다 작다.

ㄷ. 2017년 대비 2021년 청소년 비만율의 증가율은 45%이다.

ㄹ. 2021년과 2019년의 비만율 차이가 가장 큰 아동은 어린이이다.

① ㄱ, ㄷ   ② ㄱ, ㄹ

③ ㄴ, ㄷ   ④ ㄴ, ㄹ

⑤ ㄷ, ㄹ

53 다음은 연도별 뺑소니 교통사고 통계현황에 대한 자료이다. 이에 대한 설명으로 적절한 것을 〈보기〉에서 모두 고르면?

〈연도별 뺑소니 교통사고 통계현황〉

(단위 : 건, 명)

구분	2018년	2019년	2020년	2021년	2022년
사고 건수	15,500	15,280	14,800	15,800	16,400
검거 수	12,493	12,606	12,728	13,667	14,350
사망자 수	1,240	1,528	1,850	1,817	1,558
부상자 수	9,920	9,932	11,840	12,956	13,940

- $[검거율(\%)] = \dfrac{(검거\ 수)}{(사고\ 건수)} \times 100$

- $[사망률(\%)] = \dfrac{(사망자\ 수)}{(사고\ 건수)} \times 100$

- $[부상률(\%)] = \dfrac{(부상자\ 수)}{(사고\ 건수)} \times 100$

보기

ㄱ. 사고 건수는 매년 감소하지만 검거 수는 매년 증가한다.
ㄴ. 2020년의 사망률과 부상률이 2021년의 사망률과 부상률보다 모두 높다.
ㄷ. 2020 ~ 2022년의 사망자 수와 부상자 수의 증감추이는 반대이다.
ㄹ. 2019 ~ 2022년 검거율은 매년 높아지고 있다.

① ㄱ, ㄴ
② ㄱ, ㄹ
③ ㄴ, ㄹ
④ ㄷ, ㄹ
⑤ ㄱ, ㄷ, ㄹ

54 퇴직 후 네일아트를 전문적으로 하는 뷰티숍을 개점하려는 S씨는 평소 눈여겨 본 지역의 고객 분포를 알아보기 위해 직접 설문조사를 하였다. 설문조사 결과가 다음과 같을 때, S씨가 이해한 내용으로 가장 적절한 것은?(단, 복수응답과 무응답은 없다)

〈응답자의 연령대별 방문횟수〉

(단위 : 명)

방문횟수 \ 연령대	20 ~ 25세	26 ~ 30세	31 ~ 35세	합계
1회	19	12	3	34
2 ~ 3회	27	32	4	63
4 ~ 5회	6	5	2	13
6회 이상	1	2	0	3
합계	53	51	9	113

〈응답자의 직업〉

(단위 : 명)

직업	응답자
학생	49
회사원	43
공무원	2
전문직	7
자영업	9
가정주부	3
합계	113

① 전체 응답자 중 20 ~ 25세 응답자가 차지하는 비율은 50% 이상이다.

② 26 ~ 30세 응답자 중 4회 이상 방문한 응답자 비율은 10% 이상이다.

③ 31 ~ 35세 응답자의 1인당 평균 방문횟수는 2회 미만이다.

④ 전체 응답자 중 직업이 학생 또는 공무원인 응답자 비율은 50% 이상이다.

⑤ 전체 응답자 중 20 ~ 25세인 전문직 응답자 비율은 5% 미만이다.

55 다음은 봉사 장소의 연령대별 봉사자 수에 대한 자료이다. 이에 대한 설명으로 옳은 것을 〈보기〉에 서 모두 고르면?

〈봉사 장소의 연령대별 봉사자 수〉

(단위 : 명)

구분	10대	20대	30대	40대	50대	합계
보육원	148	197	405	674	576	2,000
요양원	65	42	33	298	296	734
무료급식소	121	201	138	274	381	1,115
노숙자쉼터	0	93	118	242	347	800
유기견보호소	166	117	56	12	0	351
합계	500	650	750	1,500	1,600	5,000

보기

ㄱ. 전체 보육원 봉사자 중 30대 이하가 차지하는 비율은 36%이다.
ㄴ. 전체 무료급식소 봉사자 중 40·50대는 절반 이상이다.
ㄷ. 전체 봉사자 중 50대의 비율은 20대의 3배이다.
ㄹ. 노숙자쉼터 봉사자 중 30대는 15% 미만이다.

① ㄱ, ㄷ   ② ㄱ, ㄹ
③ ㄴ, ㄷ   ④ ㄴ, ㄹ
⑤ ㄷ, ㄹ

56 다음은 L사의 등급별 인원비율 및 성과 상여금에 대한 자료이다. 마케팅부서의 인원은 15명이고 영업부서 인원은 11명일 때, 상여금에 대한 설명으로 옳지 않은 것은?(단, 인원은 소수점 첫째 자리에서 반올림한다)

〈등급별 인원비율 및 성과 상여금〉

(단위 : %, 만 원)

구분	S등급	A등급	B등급	C등급
인원비율	15	30	40	15
상여금	500	420	330	290

① 마케팅부서의 S등급 상여금을 받는 인원과 영업부서의 C등급 상여금을 받는 인원의 수가 같다.

② A등급 1인당 상여금은 B등급 1인당 상여금보다 27% 이상 많다.

③ 영업부서 A등급과 B등급의 인원은 마케팅부서 인원보다 각각 2명씩 적다.

④ 마케팅부서에 지급되는 총 상여금은 5,660만 원이다.

⑤ 영업부서에 지급되는 총 상여금은 마케팅부서에 지급되는 총 상여금보다 1,200만 원이 적다.

Hard

57 다음은 2021년 1월 기준 코로나19 확진자 발생 현황에 대한 자료이다. 이에 대한 설명으로 적절하지 않은 것을 〈보기〉에서 모두 고르면?

〈코로나19 확진자 발생 현황〉

(단위 : 명)

구분	확진자	치료중	퇴원	소속기관별 확진자							
				유	초	중	고	특수	각종	학평	행정기관
학생	1,203	114	1,089	56	489	271	351	14	12	10	–
교직원	233	7	226	16	73	68	58	9	3	–	6

보기

ㄱ. 확진자 중 퇴원 수의 비율은 교직원이 학생보다 6% 이상 높다.

ㄴ. 학생 확진자 중 초등학생 비율은 전체 확진자 중 초등학교 소속(학생+교직원) 비율보다 낮다.

ㄷ. 전체 확진자 중 고등학생의 비율은 전체 확진자 중 유치원생의 비율의 8배 이상이다.

ㄹ. 고등학교와 중학교 소속 확진자 수는 전체 확진자 수의 절반 이상이다.

① ㄱ, ㄴ
② ㄴ, ㄷ
③ ㄴ, ㄹ
④ ㄷ, ㄹ
⑤ ㄱ, ㄴ, ㄷ

58 다음은 공공도서관 현황에 대한 자료이다. 이에 대한 설명으로 적절하지 않은 것은?

〈2018 ~ 2021년 공공도서관 현황〉

구분	2018년	2019년	2020년	2021년
공공도서관 수(개관)	644	703	759	786
1관당 인구 수(명)	76,926	70,801	66,556	64,547
1인당 장서(인쇄, 비도서) 수(권)	1.16	1.31	1.10	1.49
장서(인쇄, 비도서) 수(천 권)	58,365	65,366	70,539	75,575
방문자 수(천 명)	204,919	235,140	258,315	270,480

① 공공도서관 수는 점점 증가하고 있는 추세이다.

② 2021년 1인당 장서 수는 1.49권이다.

③ 2021년 1관당 인구 수는 2018년 1관당 인구 수에 비해 12,379명 증가했다.

④ 2020년의 공공도서관에는 258,315,000명이 방문했다.

59 다음은 연도별 자원봉사 참여현황에 대한 자료이다. 이에 대한 설명으로 적절한 것을 〈보기〉에서 모두 고르면?

〈연도별 자원봉사 참여현황〉

(단위 : 명)

구분	2017년	2018년	2019년	2020년	2021년
총 성인 인구수	41,649,010	42,038,921	43,011,143	43,362,250	43,624,033
자원봉사 참여 성인 인구수	2,667,575	2,874,958	2,252,287	2,124,110	1,383,916

보기

ㄱ. 자원봉사에 참여하는 성인 참여율은 2018년이 가장 높다.

ㄴ. 2019년의 성인 자원봉사 참여율은 2020년보다 높다.

ㄷ. 자원봉사 참여 증가율이 가장 높은 해는 2018년이고 가장 낮은 해는 2020년이다.

ㄹ. 2017년부터 2020년까지 자원봉사에 참여한 총 성인 인구수는 천만 명 이상이다.

① ㄱ, ㄴ   ② ㄱ, ㄷ

③ ㄴ, ㄹ   ④ ㄷ, ㄹ

※ 다음은 국유재산 종류별 규모현황에 대한 자료이다. 이어지는 질문에 답하시오. [60~61]

〈국유재산 종류별 규모현황〉

(단위 : 억 원)

구분	2017년	2018년	2019년	2020년	2021년
합계	9,384,902	9,901,975	10,444,088	10,757,551	10,817,553
토지	4,374,692	4,485,830	4,670,080	4,630,098	4,677,016
건물	580,211	616,824	652,422	677,188	699,211
공작물	2,615,588	2,664,379	2,756,345	2,821,660	2,887,831
입목죽	108,049	110,789	80,750	128,387	88,025
선박・항공기	21,775	20,882	23,355	23,178	25,524
기계・기구	4,124	4,096	6,342	9,252	10,524
무체재산	10,432	10,825	11,334	11,232	11,034
유가증권	1,670,031	1,988,350	2,243,460	2,456,556	2,418,389

| 2022년 상반기 포스코그룹

60 다음 중 2019년에 국유재산의 규모가 10조 원을 넘는 국유재산의 종류의 개수는?

① 2개　　　　　　　　　　　② 3개
③ 4개　　　　　　　　　　　④ 5개

| 2022년 상반기 포스코그룹

61 다음 중 제시된 자료에 대한 설명으로 적절한 것을 〈보기〉에서 모두 고르면?

> 보기
> ㄱ. 2019년과 2021년에 국유재산 종류별로 규모가 큰 순서는 동일하다.
> ㄴ. 2017년과 2018년에 규모가 가장 작은 국유재산은 동일하다.
> ㄷ. 2018년 국유재산 중 건물과 무체재산, 유가증권 규모의 합계는 260조 원보다 크다.
> ㄹ. 2017년부터 2020년까지 국유재산 중 선박・항공기와 기계・기구의 전년 대비 증감추이는 동일하다.

① ㄴ, ㄷ　　　　　　　　　　② ㄷ, ㄹ
③ ㄱ, ㄴ, ㄷ　　　　　　　　④ ㄴ, ㄷ, ㄹ

244 ・ SK그룹 SKCT 기출이 답이다

62 다음은 남성과 여성의 희망 자녀수에 대한 자료이다. 이에 대한 설명으로 옳은 것은?

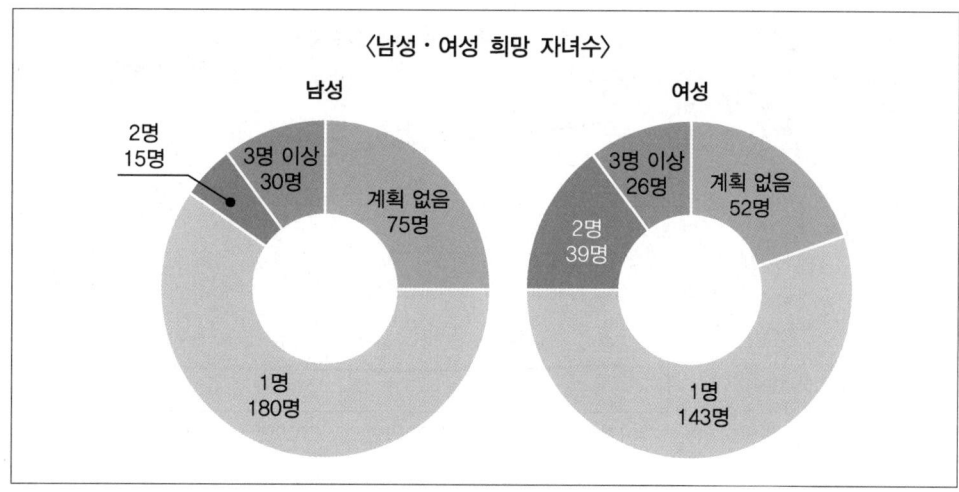

〈남성·여성 희망 자녀수〉

① 남성과 여성의 전체 조사 인원은 600명 이상이다.
② 희망 자녀수가 1명인 여성 인원은 전체 여성 인원의 60%이다.
③ 희망 자녀수가 2명인 여성 인원의 전체 여성 인원에 대한 비율은 같은 응답을 한 남성 인원의 전체 남성 인원에 대한 비율의 2배이다.
④ 자녀 계획이 없는 남성 인원의 전체 남성 인원에 대한 비율은 같은 응답을 한 여성 인원의 전체 여성 인원에 대한 비율보다 5%p 더 크다.
⑤ 성별로 각 항목을 인원수가 많은 순서대로 나열하면 항목별 순위는 같다.

63 다음은 19세 이상 성별 흡연율에 대한 자료이다. 이에 대한 설명으로 적절하지 않은 것은?

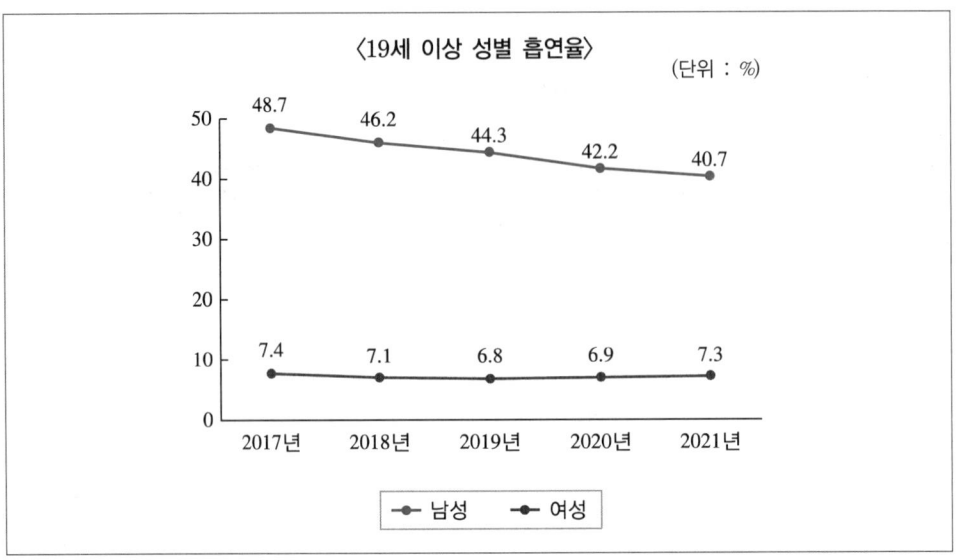

① 남성의 흡연율은 감소하고 있다.
② 여성의 흡연율은 감소에서 증가로 바뀌었다.
③ 남성와 여성의 흡연율 차이는 감소하고 있다.
④ 남성의 흡연율이 전년도와 가장 많은 차이를 보이는 해는 2018년이다.
⑤ 여성의 흡연율이 전년도와 가장 많은 차이를 보이는 해는 2019년이다.

※ 다음은 2018 ~ 2022년 연도별 해양사고 발생 현황에 대한 자료이다. 이어지는 질문에 답하시오.
[64~65]

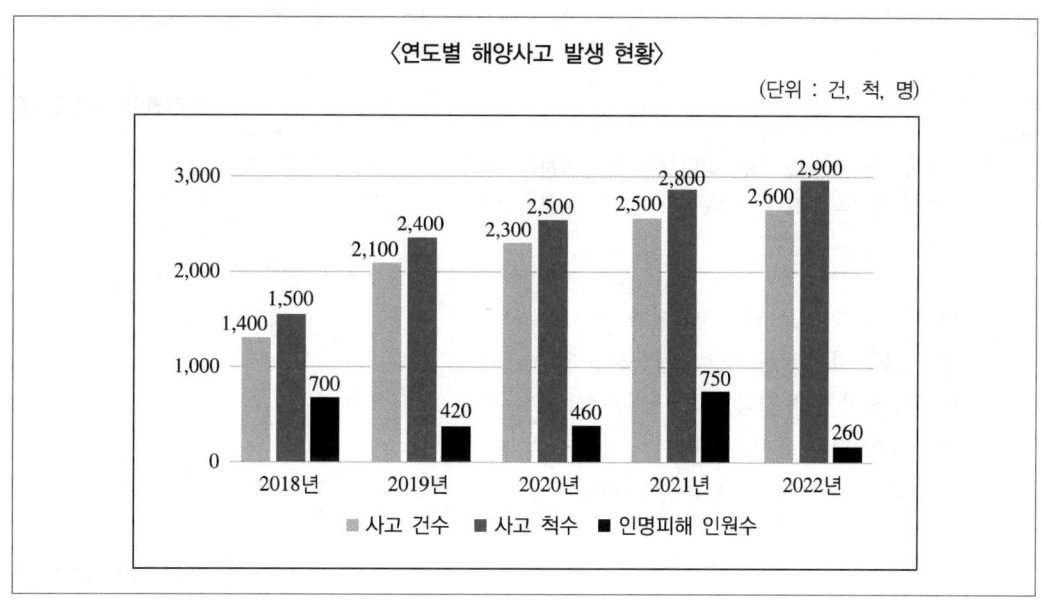

〈연도별 해양사고 발생 현황〉

(단위 : 건, 척, 명)

■ 사고 건수 ■ 사고 척수 ■ 인명피해 인원수

64 다음 중 2018년 대비 2019년 사고 척수의 증가율과 사고 건수의 증가율이 순서대로 나열된 것은?

① 40%, 45%   ② 45%, 50%
③ 60%, 50%   ④ 60%, 55%
⑤ 60%, 65%

65 다음 중 사고 건수당 인명피해의 인원수가 가장 많은 연도는?

① 2018년   ② 2019년
③ 2020년   ④ 2021년
⑤ 2022년

| 03 | 추리

※ 제시된 명제가 모두 참일 때, 다음 중 빈칸에 들어갈 명제로 가장 적절한 것을 고르시오. [1~9]

| 2024년 상반기 삼성그룹

01

> • 하루에 두 끼를 먹는 어떤 사람도 뚱뚱하지 않다.
> • 아침을 먹는 모든 사람은 하루에 두 끼를 먹는다.
> • _____

① 하루에 세 끼를 먹는 사람이 있다.

② 아침을 먹는 모든 사람은 뚱뚱하지 않다.

③ 뚱뚱하지 않은 사람은 하루에 두 끼를 먹는다.

④ 하루에 한 끼를 먹는 사람은 뚱뚱하지 않다.

⑤ 아침을 먹는 어떤 사람은 뚱뚱하다.

`Hard`

| 2024년 상반기 삼성그룹

02

> • 재고가 있다.
> • 설비투자를 늘리지 않는다면 재고가 있지 않다.
> • 건설투자를 늘릴 때에만 설비투자를 늘린다.
> • _____
> • 공장을 짓는다.

① 설비투자를 늘린다.

② 건설투자를 늘리지 않는다.

③ 재고가 있거나 설비투자를 늘리지 않는다.

④ 건설투자를 늘린다면 공장을 짓는다.

⑤ 설비투자를 늘리지 않을 때만 공장을 짓는다.

| 2024년 상반기 삼성그룹

03

> • 마라톤을 좋아하는 사람은 체력이 좋고 인내심도 있다.
> • 몸무게가 무거운 사람은 체력이 좋다.
> • 명랑한 사람은 마라톤을 좋아한다.
> • _____

① 체력이 좋은 사람은 인내심이 없다.

② 인내심이 없는 사람은 명랑하지 않다.

③ 마라톤을 좋아하는 사람은 몸무게가 가볍다.

④ 몸무게가 무겁지 않은 사람은 체력이 좋지 않다.

⑤ 체력이 좋지 않은 사람은 인내심도 없다.

04

- 눈을 자주 깜빡이지 않으면 눈이 건조해진다.
- 스마트폰을 이용할 때는 눈을 자주 깜빡이지 않는다.
- _____

① 눈이 건조해지면 눈을 자주 깜빡이지 않는다.
② 눈이 건조해지지 않으면 눈을 자주 깜빡이지 않는다.
③ 눈을 자주 깜빡이지 않으면 스마트폰을 이용하는 때이다.
④ 스마트폰을 이용할 때는 눈이 건조해진다.
⑤ 눈이 건조해지면 눈을 자주 깜빡인 것이다.

05

- 밤에 잠을 잘 못자면 낮에 피곤하다.
- _____
- 업무효율이 떨어지면 성과급을 받지 못한다.
- 밤에 잠을 잘 못자면 성과급을 받지 못한다.

① 업무효율이 떨어지면 밤에 잠을 잘 못 잔다.
② 낮에 피곤하면 업무효율이 떨어진다.
③ 성과급을 받으면 밤에 잠을 잘 못 잔다.
④ 밤에 잠을 잘 자면 성과급을 받는다.
⑤ 성과급을 받지 못하면 낮에 피곤하다.

06

- 모든 금속은 전기가 통한다.
- 광택이 있는 물질 중에는 금속이 아닌 것도 있다.
- _____

① 광택이 있는 물질은 모두 금속이다.
② 금속은 모두 광택이 있다.
③ 전기가 통하는 물질 중 광택이 있는 것은 없다.
④ 전기가 통하지 않으면서 광택이 있는 물질이 있다.
⑤ 전기가 통하지 않으면 광택이 없는 물질이다.

07

- 스테이크를 먹는 사람은 지갑이 없다.
- _____
- 지갑이 있는 사람은 쿠폰을 받는다.

① 스테이크를 먹는 사람은 쿠폰을 받지 않는다.
② 스테이크를 먹지 않는 사람은 쿠폰을 받는다.
③ 쿠폰을 받는 사람은 지갑이 없다.
④ 지갑이 없는 사람은 쿠폰을 받지 않는다.
⑤ 지갑이 없는 사람은 스테이크를 먹지 않는다.

08

- 오존층이 파괴되지 않으면 프레온 가스가 나오지 않는다.
- _____
- 지구 온난화가 진행되지 않았다면 오존층이 파괴되지 않는다.
- 지구 온난화가 진행되지 않았다면 에어컨을 과도하게 사용하지 않았다.

① 에어컨을 잘 쓰지 않으면 프레온 가스가 나오지 않는다.
② 프레온 가스가 나온다고 해도 오존층은 파괴되지 않는다.
③ 오존층을 파괴하면 지구 온난화가 진행된다.
④ 에어컨을 과도하게 쓰면 프레온 가스가 나온다.
⑤ 에어컨을 적게 써도 지구 온난화는 진행된다.

`Easy`

09

- 한 씨는 부동산을 구두로 양도했다.
- _____
- 한 씨의 부동산 양도는 무효다.

① 무효가 아니면 부동산을 구두로 양도했다.
② 부동산을 구두로 양도하지 않으면 무효다.
③ 부동산을 구두로 양도하면 무효다.
④ 부동산을 구두로 양도하면 무효가 아니다.
⑤ 구두로 양보하지 않으면 무효가 아니다.

10 8개의 좌석이 있는 원탁에 수민, 성찬, 진모, 성표, 영래, 현석 6명이 앉아 있다. 앉아 있는 〈조건〉이 다음과 같다고 할 때, 다음 중 항상 옳은 것은?

> **조건**
> • 수민이와 현석이는 서로 옆자리이다.
> • 성표의 맞은편에는 진모가, 현석이의 맞은편에는 영래가 앉아 있다.
> • 영래와 수민이는 둘 다 한쪽 옆자리만 비어 있다.
> • 진모의 양 옆자리에는 항상 누군가가 앉아 있다.

① 성표는 어떤 경우에도 빈자리 옆이 아니다.
② 성찬이는 어떤 경우에도 빈자리 옆이 아니다.
③ 영래의 오른쪽에는 성표가 앉는다.
④ 현석이의 왼쪽에는 항상 진모가 앉는다.
⑤ 진모와 수민이는 한 명을 사이에 두고 앉는다.

11 S사는 직원 A ~ F 6명 중에서 임의로 선발하여 출장을 보내려고 한다. 다음 〈조건〉에 따라 출장 갈 인원을 결정할 때, A가 출장을 간다면 출장을 가는 최소 인원은?

> **조건**
> • A가 출장을 가면 B와 C 중 1명은 출장을 가지 않는다.
> • C가 출장을 가면 D와 E 중 적어도 1명은 출장을 가지 않는다.
> • B가 출장을 가지 않으면 F는 출장을 간다.

① 1명   ② 2명
③ 3명   ④ 4명
⑤ 5명

12 어느 사무실에 도둑이 들어서 갑 ~ 무 5명의 용의자를 대상으로 조사를 했다. 이 중 1명만 진실을 말하고 나머지는 거짓을 말한다고 할 때, 범인은?

- 갑 : 을이 범인이에요.
- 을 : 정이 범인이 확실해요.
- 병 : 저는 확실히 도둑이 아닙니다.
- 정 : 을은 거짓말쟁이에요.
- 무 : 제가 도둑입니다.

① 갑   ② 을
③ 병   ④ 정
⑤ 무

13 A ~ F 여섯 명은 각각 뉴욕, 파리, 방콕, 시드니, 런던, 베를린 중 한 곳으로 여행을 가고자 한다. 다음 〈조건〉에 따라 여행지를 고를 때, 항상 참인 것은?

> **조건**
> - 여행지는 서로 다른 곳으로 선정한다.
> - A는 뉴욕과 런던 중 한 곳을 고른다.
> - B는 파리와 베를린 중 한 곳을 고른다.
> - D는 방콕과 런던 중 한 곳을 고른다.
> - A가 뉴욕을 고르면 B는 파리를 고른다.
> - B가 베를린을 고르면 E는 뉴욕을 고른다.
> - C는 시드니를 고른다.
> - F는 A ~ E가 선정하지 않은 곳을 고른다.

① A가 뉴욕을 고를 경우, E는 런던을 고른다.

② B가 베를린을 고를 경우, F는 뉴욕을 고른다.

③ D가 런던을 고를 경우, B는 파리를 고른다.

④ E가 뉴욕을 고를 경우, D는 런던을 고른다.

⑤ F는 뉴욕을 고를 수 없다.

14 A~E 다섯 명은 S카페에서 마실 것을 주문하고자 한다. 〈조건〉에 따라 메뉴판에 있는 것을 주문했을 때, 항상 참인 것은?

〈S카페 메뉴판〉

〈커피류〉		〈음료류〉	
• 아메리카노	1,500원	• 핫초코	2,000원
• 에스프레소	1,500원	• 아이스티	2,000원
• 카페라테	2,000원	• 오렌지주스	2,000원
• 모카치노	2,500원	• 에이드	2,500원
• 카푸치노	2,500원	• 생과일주스	3,000원
• 카라멜 마끼야또	3,000원	• 허브티	3,500원
• 바닐라라테	3,500원		
• 아포카토	4,000원		

조건
- A~E는 서로 다른 것을 주문하였다.
- A와 B가 주문한 것의 가격은 같다.
- B는 커피를 마실 수 없어 음료류를 주문하였다.
- C는 B보다 가격이 비싼 음료류를 주문하였다.
- D는 S카페에서 가장 비싼 것을 주문하였다.
- E는 오렌지주스 또는 카페라테를 주문하였다.

① A는 최소 가격이 1,500원인 메뉴를 주문하였다.

② B는 허브티를 주문하였다.

③ C는 핫초코를 주문하였다.

④ D는 음료류를 주문하였다.

⑤ 5명이 주문한 금액의 합은 최대 15,500원이다.

15 A ~ E 5명이 기말고사를 봤는데, 이 중 2명은 부정행위를 하였다. 부정행위를 한 2명은 거짓을 말하고 부정행위를 하지 않은 3명은 진실을 말할 때, 다음 진술을 보고 부정행위를 한 사람끼리 짝지은 것은?

- A: D는 거짓말을 하고 있어.
- B: A는 부정행위를 하지 않았어.
- C: B가 부정행위를 했어.
- D: 나는 부정행위를 하지 않았어.
- E: C가 거짓말을 하고 있어.

① A, B
② B, C
③ C, D
④ C, E
⑤ D, E

16 S부서는 회식 메뉴를 선정하려고 한다. 제시된 〈조건〉에 따라 주문할 메뉴를 선택한다고 할 때, 다음 중 반드시 주문할 메뉴를 모두 고르면?

조건
- 삼선짬뽕은 반드시 주문한다.
- 양장피와 탕수육 중 하나는 반드시 주문한다.
- 자장면을 주문하는 경우, 탕수육은 주문하지 않는다.
- 자장면을 주문하지 않는 경우에만 만두를 주문한다.
- 양장피를 주문하지 않으면, 팔보채를 주문하지 않는다.
- 팔보채를 주문하지 않으면, 삼선짬뽕을 주문하지 않는다.

① 삼선짬뽕, 자장면, 양장피
② 삼선짬뽕, 탕수육, 양장피
③ 삼선짬뽕, 팔보채, 양장피
④ 삼선짬뽕, 탕수육, 만두
⑤ 삼선짬뽕, 탕수육, 양장피, 자장면

Hard

17 원형 테이블에 번호 순서대로 앉아 있는 다섯 명의 여자 1 ~ 5 사이에 다섯 명의 남자 A ~ E가 한 명씩 앉아야 한다. 〈조건〉을 따르면서 자리를 배치할 때, 다음 중 적절하지 않은 것은?

> **조건**
> • A는 짝수번호의 여자 옆에 앉아야 하고, 5 옆에는 앉을 수 없다.
> • B는 짝수번호의 여자 옆에 앉을 수 없다.
> • C가 3 옆에 앉으면 D는 1 옆에 앉는다.
> • E는 3 옆에 앉을 수 없다.

① A는 1과 2 사이에 앉을 수 없다.
② D는 4와 5 사이에 앉을 수 없다.
③ C가 2과 3 사이에 앉으면 A는 반드시 3과 4 사이에 앉는다.
④ E가 1과 2 사이에 앉으면 C는 반드시 4와 5 사이에 앉는다.
⑤ E가 4와 5 사이에 앉으면 A는 반드시 2와 3 사이에 앉는다.

18 다음과 같은 대화를 하는 다섯 사람 중 두 사람은 진실만을 말하고, 세 사람은 거짓만을 말하고 있다. 지훈이 거짓을 말할 때, 다음 중 진실만을 말하는 사람끼리 짝지은 것은?

> • 동현 : 정은이는 지훈이와 영석이를 싫어해.
> • 정은 : 아니야. 난 둘 중 한 사람은 좋아해.
> • 선영 : 동현이는 정은이를 좋아해.
> • 지훈 : 선영이는 거짓말만 해.
> • 영석 : 선영이는 동현이를 싫어해.
> • 선영 : 맞아. 그런데 정은이는 지훈이와 영석이 둘 다 좋아해.

① 동현, 선영   ② 정은, 영석
③ 동현, 영석   ④ 정은, 선영
⑤ 선영, 영석

19 K사의 기획팀에서 근무하고 있는 직원 A ~ D 4명은 서로의 프로젝트 참여 여부에 관하여 다음과 같이 진술하였고, 이들 중 단 1명만이 진실을 말하였다. 이들 가운데 반드시 프로젝트에 참여하는 사람은?

> • A : 나는 프로젝트에 참여하고, B는 프로젝트에 참여하지 않는다.
> • B : A와 C 중 적어도 한 명은 프로젝트에 참여한다.
> • C : 나와 B 중 적어도 한 명은 프로젝트에 참여하지 않는다.
> • D : B와 C 중 한 명이라도 프로젝트에 참여한다면, 나도 프로젝트에 참여한다.

① A   ② B
③ C   ④ D
⑤ 없음

20 A ~ D 네 사람만 참여한 달리기 시합에서 동순위 없이 순위가 완전히 결정되었고, A, B, C는 각자 다음과 같이 진술하였다. 이들의 진술이 자신보다 낮은 순위의 사람에 대한 진술이라면 참이고, 높은 순위의 사람에 대한 진술이라면 거짓이라고 할 때, 반드시 참인 것은?

> • A : C는 1위이거나 2위이다.
> • B : D는 3위이거나 4위이다.
> • C : D는 2위이다.

① A는 1위이다.
② B는 2위이다.
③ D는 4위이다.
④ A가 B보다 순위가 높다.
⑤ C가 D보다 순위가 높다.

21 C사는 A ~ E제품 5개를 대상으로 내구성, 효율성, 실용성 세 개 영역에 대해 1 ~ 3등급을 기준에 따라 평가하였다. A ~ E제품에 대한 평가 결과가 다음과 같을 때, 반드시 참이 되지 않는 것은?

- 모든 영역에서 3등급을 받은 제품이 있다.
- 모든 제품이 3등급을 받은 영역이 있다.
- A제품은 내구성 영역에서만 3등급을 받았다.
- B제품만 실용성 영역에서 3등급을 받았다.
- C, D제품만 효율성 영역에서 2등급을 받았다.
- E제품은 1개의 영역에서만 2등급을 받았다.
- A, C제품이 모든 영역에서 받은 등급의 총합은 서로 같다.

① A제품은 효율성 영역에서 1등급을 받았다.
② B제품은 내구성 영역에서 3등급을 받았다.
③ C제품은 내구성 영역에서 3등급을 받았다.
④ D제품은 실용성 영역에서 2등급을 받았다.
⑤ E제품은 실용성 영역에서 2등급을 받았다.

22 A ~ D 네 명은 한 판의 가위바위보를 한 후 그 결과에 대해 각각 두 가지의 진술을 하였다. 두 가지의 진술 중 하나는 반드시 참이고, 하나는 반드시 거짓이라고 할 때, 다음 중 항상 참인 것은?

- A: C는 B를 이길 수 있는 것을 냈고, B는 가위를 냈다.
- B: A는 C와 같은 것을 냈지만, A가 편 손가락의 수는 나보다 적었다.
- C: B는 바위를 냈고, 그 누구도 같은 것을 내지 않았다.
- D: A, B, C 모두 참 또는 거짓을 말한 순서가 동일하다. 이 판은 승자가 나온 판이었다.

① B와 같은 것을 낸 사람이 있다.
② 보를 낸 사람은 한 명이다.
③ D는 혼자 가위를 냈다.
④ B가 기권했다면 가위를 낸 사람이 지는 판이다.
⑤ 바위를 낸 사람은 두 명이다.

23

> • 사과를 좋아하면 배를 좋아하지 않는다.
> • 귤을 좋아하면 배를 좋아한다.
> • 귤을 좋아하지 않으면 오이를 좋아한다.

① 사과를 좋아하면 오이를 좋아하지 않는다.
② 배를 좋아하면 오이를 좋아한다.
③ 귤을 좋아하면 사과를 좋아한다.
④ 배를 좋아하지 않으면 사과를 좋아한다.
⑤ 사과를 좋아하면 오이를 좋아한다.

`Easy`

24

> • 지훈이는 이번 주 워크숍에 참여하며, 다음 주에는 체육대회에 참가할 예정이다.
> • 영훈이는 다음 주 체육대회와 창립기념일 행사에만 참여할 예정이다.

① 지훈이는 다음 주 창립기념일 행사에 참여한다.
② 영훈이는 이번 주 워크숍에 참여한다.
③ 지훈이와 영훈이는 이번 주 체육대회에 참가한다.
④ 지훈이와 영훈이는 다음 주 체육대회에 참가한다.
⑤ 영훈이는 창립기념일 행사보다 체육대회에 먼저 참가한다.

25 다음 명제가 항상 참이라고 할 때, 반드시 참이라고 할 수 없는 것은?

> • 모든 사람은 자신에 대해서 호의적인 사람에게 호의적이다.
> • 어느 누구도 자신을 비방한 사람에게 호의적이지 않다.
> • 모든 사람 중에는 다른 사람을 절대 비방하지 않는 사람이 있다.
> • 어느 누구도 자기 자신에 대해서 호의적이지도 않고 자기 자신을 비방하지도 않는다.

① 두 사람이 서로 호의적이라면, 그 두 사람은 서로 비방한 적이 없다.

② 두 사람이 서로 비방한 적이 없다면, 그 두 사람은 서로 호의적이다.

③ 어떤 사람이 다른 모든 사람을 비방한다면, 그 사람에 대해 호의적인 사람은 없다.

④ A가 다른 모든 사람을 비방한다면, A에게 호의적이지 않지만 A를 비방하지 않는 사람이 있다.

⑤ 모든 사람이 자신을 비방하지 않는 사람에게 호의적이라면, 모든 사람에게는 각자가 호의적으로 대하는 사람이 적어도 하나는 있다.

※ 제시된 내용을 바탕으로 내린 A, B의 결론에 대한 판단으로 옳은 것을 고르시오. [26~28]

26

> • 원숭이를 좋아하면 코끼리를 좋아한다.
> • 낙타를 좋아하면 코끼리를 좋아하지 않는다.
> • 토끼를 좋아하면 원숭이를 좋아하지 않는다.

> A : 코끼리를 좋아하면 토끼를 좋아한다.
> B : 낙타를 좋아하면 원숭이를 좋아하지 않는다.

① A만 옳다.

② B만 옳다.

③ A, B 모두 옳다.

④ A, B 모두 틀리다.

⑤ A, B 모두 옳은지 틀린지 판단할 수 없다.

27

- 휴가는 2박 3일이다.
- 혜진이는 수연이보다 하루 일찍 휴가를 간다.
- 지연이는 수연이보다 이틀 늦게 휴가를 간다.
- 태현이는 지연이보다 하루 일찍 휴가를 간다.
- 수연이는 화요일에 휴가를 간다.

A : 수요일에 휴가 중인 사람의 수와 목요일의 휴가 중인 사람의 수는 같다.
B : 태현이는 금요일까지 휴가이다.

① A만 옳다.
② B만 옳다.
③ A, B 모두 옳다.
④ A, B 모두 틀리다.
⑤ A, B 모두 옳은지 틀린지 판단할 수 없다.

28

- 자동차 외판원인 C ~ H 여섯 명의 판매실적을 비교했다.
- C는 D에게 실적에서 앞섰다.
- E는 F에게 실적에서 뒤졌다.
- G는 H에게 실적에서 뒤졌지만, C에게는 실적에서 앞섰다.
- D는 F에게 실적에서 앞섰지만, G에게는 실적에서 뒤졌다.

A : 실적이 가장 좋은 외판원은 H이다.
B : 실적이 가장 나쁜 외판원은 E이다.

① A만 옳다.
② B만 옳다.
③ A, B 모두 옳다.
④ A, B 모두 틀리다.
⑤ A, B 모두 옳은지 틀린지 판단할 수 없다.

29 S사는 자율출퇴근제를 시행하고 있다. 출근시간은 오후 12시 이전에 자유롭게 할 수 있으며 본인 업무를 마치면 바로 퇴근한다. 다음 1월 28일의 업무에 대한 일지를 고려하였을 때, 항상 참인 것은?

- 점심시간은 오후 12시부터 오후 1시까지이며, 점심시간에는 업무를 하지 않는다.
- 업무 1개당 1시간이 소요되며, 출근하자마자 업무를 시작하여 쉬는 시간 없이 근무한다.
- S사에 근무 중인 K팀의 A, B, C, D는 1월 28일에 전원 출근했다.
- A와 B는 오전 10시에 출근했다.
- B와 D는 오후 3시에 퇴근했다.
- C는 팀에서 업무가 가장 적어 가장 늦게 출근하고 가장 빨리 퇴근했다.
- D는 B보다 업무가 1개 더 많았다.
- A는 C보다 업무가 3개 더 많았고, 팀에서 가장 늦게 퇴근했다.
- 이날 K팀은 가장 늦게 출근한 사람과 가장 늦게 퇴근한 사람을 기준으로, 오전 11시에 모두 출근 하였으며 오후 4시에 모두 퇴근한 것으로 보고되었다.

---

① A는 4개의 업무를 하고 퇴근했다.

② B의 업무는 A의 업무보다 많았다.

③ C는 오후 2시에 퇴근했다.

④ A와 B는 팀에서 가장 빨리 출근했다.

⑤ 업무를 마친 C가 D의 업무 중 1개를 대신 했다면 D와 같이 퇴근할 수 있었다.

30 L사의 A ~ D 4명은 각각 다른 팀에 근무하는데, 각 팀은 2 ~ 5층에 위치하고 있다. 〈조건〉을 참고할 때, 다음 중 항상 참인 것은?

조건
- A ~ D 중 2명은 부장, 1명은 과장, 1명은 대리이다.
- 대리의 사무실은 B보다 높은 층에 있다.
- B는 과장이다.
- A는 대리가 아니다.
- A의 사무실이 가장 높다.

① 부장 중 1명은 반드시 2층에 근무한다.
② A는 부장이다.
③ 대리는 4층에 근무한다.
④ B는 2층에 근무한다.
⑤ C는 대리이다.

Easy

31 고등학생 S는 일곱 과목 ㄱ ~ ㅅ을 한 과목씩 순서대로 중간고사를 보려고 한다. S가 세 번째로 시험 보는 과목이 ㄱ일 때, 〈조건〉에 따라 네 번째로 시험 보는 과목은?

조건
- 일곱 개의 과목 중에서 ㄷ은 시험을 보지 않는다.
- ㅅ은 ㄴ보다 나중에 시험 본다.
- ㄴ은 ㅂ보다 먼저 시험 본다.
- ㄹ은 ㅁ보다 나중에 시험 본다.
- ㄴ은 ㄱ과 ㄹ보다 나중에 시험 본다.

① ㄴ   ② ㄹ
③ ㅁ   ④ ㅂ
⑤ ㅅ

32 S사는 공개 채용을 통해 4명의 남자 사원과 2명의 여자 사원을 최종 선발하였고, 선발된 6명의 신입 사원을 기획부, 인사부, 구매부 세 부서에 배치하려고 한다. 다음 〈조건〉에 따라 신입 사원을 배치할 때, 항상 참이라고 할 수 없는 것은?

조건
- 기획부, 인사부, 구매부 각 부서에 적어도 1명의 신입 사원을 배치한다.
- 기획부, 인사부, 구매부에 배치되는 신입 사원의 수는 서로 다르다.
- 부서별로 배치되는 신입 사원의 수는 구매부가 가장 적고, 기획부가 가장 많다.
- 여자 신입 사원만 배치되는 부서는 없다.

① 인사부에는 2명의 신입 사원이 배치된다.
② 구매부에는 1명의 남자 신입 사원이 배치된다.
③ 기획부에는 반드시 여자 신입 사원이 배치된다.
④ 인사부에는 반드시 여자 신입 사원이 배치된다.
⑤ 인사부에는 1명 이상의 남자 신입 사원이 배치된다.

33 A ~ C 3명은 점심식사 후 아메리카노, 카페라테, 카푸치노, 에스프레소 4종류의 음료를 파는 카페에서 커피를 마신다. 주어진 〈조건〉이 항상 참일 때, 다음 중 항상 참인 것은?

조건
- A는 카페라테와 카푸치노를 좋아하지 않는다.
- B는 에스프레소를 좋아한다.
- A와 B는 좋아하는 커피가 서로 다르다.
- C는 에스프레소를 좋아하지 않는다.

① C는 아메리카노를 좋아한다.
② A는 아메리카노를 좋아한다.
③ C와 B는 좋아하는 커피가 같다.
④ A가 좋아하는 커피는 주어진 조건만으로는 알 수 없다.
⑤ C는 카푸치노를 좋아한다.

34 신발가게에서 일정 금액 이상 구매 한 고객에게 추첨을 통해 다양한 경품을 주는 이벤트를 하고 있다. 함께 쇼핑을 한 A ~ E 5명은 이벤트에 응모했고 이 중 1명만 신발에 당첨되었다. 다음 대화에서 1명이 거짓말을 한다고 할 때, 신발 당첨자는?

- A : C는 신발이 아닌 할인권에 당첨됐어.
- B : D가 신발에 당첨됐고, 나는 커피 교환권에 당첨됐어.
- C : A가 신발에 당첨됐어.
- D : C의 말은 거짓이야.
- E : 나는 꽝이야.

① A   ② B

③ C   ④ D

⑤ E

35 김대리, 박과장, 최부장 중 한 명은 점심으로 짬뽕을 먹었다. 다음 여러 개의 진술 중 두 개의 진술만 참이고 나머지는 모두 거짓일 때, 짬뽕을 먹은 사람과 참인 진술을 바르게 연결한 것은?(단, 중국집에서만 짬뽕을 먹을 수 있고, 중국 음식은 짬뽕뿐이다)

- 김대리 : 박과장이 짬뽕을 먹었다. … ㉠
  나는 최부장과 중국집에 갔다. … ㉡
  나는 중국 음식을 먹지 않았다. … ㉢
- 박과장 : 김대리와 최부장은 중국집에 가지 않았다. … ㉣
  나는 점심으로 짬뽕을 먹었다. … ㉤
  김대리가 중국 음식을 먹지 않았다는 것은 거짓말이다. … ㉥
- 최부장 : 나와 김대리는 중국집에 가지 않았다. … ㉦
  김대리가 점심으로 짬뽕을 먹었다. … ㉧
  박과장의 마지막 말은 사실이다. … ㉨

① 김대리, ㉡·㉥   ② 박과장, ㉠·㉤

③ 박과장, ㉤·㉨   ④ 최부장, ㉡·㉢

⑤ 최부장, ㉡·㉦

앞선 정보 제공! 도서 업데이트

언제, 왜 업데이트될까?

도서의 학습 효율을 높이기 위해 자료를 추가로 제공할 때!
공기업 · 대기업 필기시험에 변동사항 발생 시 정보 공유를 위해!
공기업 · 대기업 채용 및 시험 관련 중요 이슈가 생겼을 때!

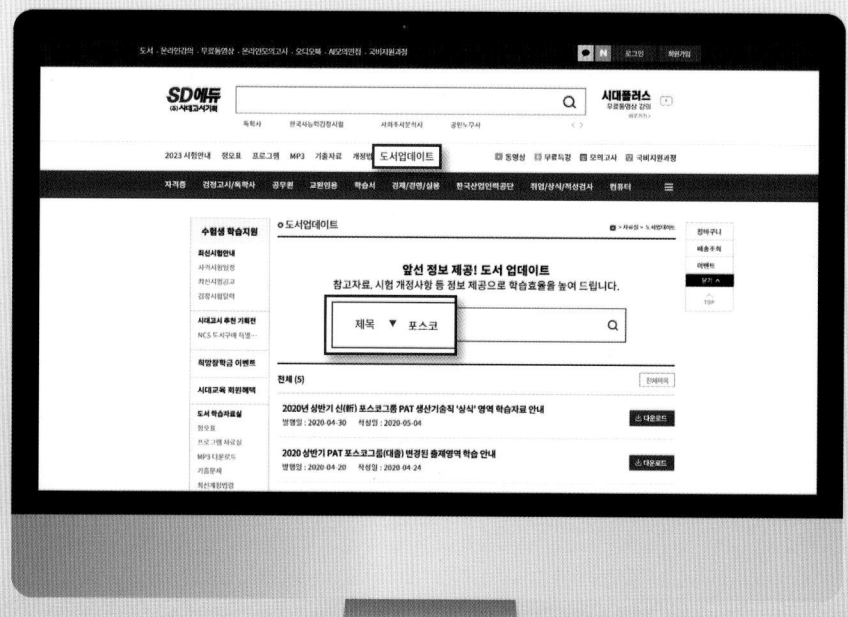

01 시대에듀 도서
www.sdedu.co.kr/book
홈페이지 접속

02 상단 카테고리
「도서업데이트」
클릭

03 해당
기업명으로
검색

참고자료, 시험 개정사항 등 정보 제공으로 학습효율을 높여 드립니다.

시대에듀
대기업 인적성검사
시리즈

신뢰와 책임의 마음으로 수험생 여러분에게 다가갑니다.

대기업 인적성 "기본서" 시리즈

대기업 취업 기초부터 합격까지! 취업의 문을 여는
Master Key!

기출이 답이다

SKCT

SK그룹 온라인 종합역량검사

7개년 기출복원문제 + 기출유형 완전 분석 + 무료SK특강

기출복원문제
정답 및 해설

PART
II

01 2024년 상반기 기출복원문제

| 01 | 언어이해

01	02	03	04	05					
①	③	②	③	③					

01 정답 ①

1형 당뇨는 유전적 요인에 의해 췌장에서 인슐린 분비 자체에 문제가 생겨 발생하는 당뇨병이다. 반면 2형 당뇨는 비만, 운동부족 등 생활 습관적 요인에 의해 인슐린 수용체가 부족하거나 인슐린 저항성이 생겨 발생하는 당뇨병이다. 따라서 나쁜 생활 습관은 2형 당뇨를 유발할 수 있다.

오답분석

② 2형 당뇨 초기에는 생활 습관 개선이나 경구 혈당강하제를 통해 혈당을 관리할 수 있지만, 지속될 경우 인슐린 주사가 필요할 수 있다.
③ 당뇨병은 혈액 속에 남은 포도당이 글리코겐으로 변환되지 못하고 잔류하여 소변을 통해 배출되는 병이다.
④ 2020년 기준 한국인 당뇨 유병자는 약 600만 명이며, 이 중 90%가 2형 당뇨를 앓고 있으므로 약 540만 명(=600만×0.9)이다.
⑤ 포도당이 글리코겐으로 세포에 저장되기 위해서는 췌장에서 분비한 인슐린이 세포의 겉에 있는 인슐린 수용체와 결합해야 한다.

02 정답 ③

스톡홀름 신용은행 강도 납치사건에서 인질들은 납치범이 검거되어 상황이 종료된 이후에도 납치범을 변호하는 모습을 보이는 등 스톡홀름 증후군은 사건 이후에도 피해자가 자신의 감정이 왜곡되었음을 인식하지 못하는 경우가 많다. 따라서 극한의 상황에서 일시적으로 발생하는 것이 아니며, 지속적으로 나타날 수 있기 때문에 심리 상담, 치료 등 외부의 도움이 필요하다.

오답분석

① 스톡홀름 증후군은 납치, 학대 등 가해자의 힘에 비해 피해자가 상황을 통제할 수 없는 무기력한 상황일 때 가해자에게 동조하여 심리적 불안을 해소하려는 현상이므로 피해자가 무기력한 상황일수록 스톡홀름 증후군 현상이 나타나기 쉽다.
② 스톡홀름 증후군은 심리적으로 궁지에 몰린 피해자가 자신이 처한 현실을 부정하지 않고 받아들이며, 생존을 위해 가해자에게 동조하는 현상이다.
④ 스톡홀름 증후군은 극단적인 스트레스로 인해 위협적인 가해자의 조그만 친절을 과대 해석하여 발생하는 현상이므로 피해자의 심리적 방어기제로 인한 감정 왜곡이 원인이다.
⑤ 스톡홀름 증후군은 복잡하고 다층적인 심리적 현상이므로 피해자의 심리・환경 등 다방면적인 이해와 접근이 필요하다.

03 정답 ②

보기의 문장은 앞의 내용에 이어서 예시를 드는 문장이므로 재력 등 우월의식을 드러내기 위한 베블런 효과의 원인 뒤에 들어가야 가장 적절하다. 따라서 '사회적 지위나 부를 과시하려는 것이다.' 뒷부분인 (나)에 그 예시로서 들어가는 것이 가장 적절하다.

04 　정답 ③

고대 그리스, 헬레니즘, 로마 시대를 순서대로 나열하여 설명하였으므로, 역사적 순서대로 주제의 변천에 대해 서술하고 있다. 따라서 ③이 글의 서술상 특징으로 가장 적절하다.

05 　정답 ③

제시문은 행위별수가제에 대한 것으로 환자, 의사, 건강보험 재정 등 많은 곳에서 한계점이 있다고 설명하면서 건강보험 고갈을 막기 위해 다양한 지불방식을 도입하는 등 구조적인 개편이 필요함을 설명하고 있다. 따라서 글의 주제로 '행위별수가제의 한계점'이 가장 적절하다.

│02│ 자료해석

01	02	03	04	05					
①	②	③	④	④					

01 　정답 ①

전체 가입자 중 여성 가입자 수의 비율은 $\frac{9,804,482}{21,942,806} \times 100 ≒ 44.7\%$이다.

오답분석

② 남성 사업장 가입자 수는 8,059,994명으로 남성 지역 가입자 수의 2배인 $3,861,478 \times 2 = 7,722,956$명보다 많다.

③ 전체 지역 가입자 수는 전체 사업장 가입자 수의 $\frac{7,310,178}{13,835,005} \times 100 ≒ 52.8\%$이다.

④ 여성 가입자 전체 수인 9,804,482명에서 여성 사업장 가입자 수인 5,775,011명을 빼면 4,029,471명이므로 여성 사업장 가입자 수가 나머지 여성 가입자 수를 모두 합친 것보다 많다.

⑤ 가입자 수가 많은 집단 순서는 '사업장 가입자 – 지역 가입자 – 임의계속 가입자 – 임의 가입자' 순서이다.

02 　정답 ②

ㄴ. 단위를 생략한 인천의 인구 수치는 인구밀도 수치보다 크다. 즉, $\frac{(인구)}{(인구밀도)}>1$이므로, 생략된 단위인 1,000을 곱하면 인천의 면적은 1,000km²보다 넓음을 알 수 있다.

오답분석

ㄱ. 부산의 비율은 $\frac{27}{3,471}$이고, 대구의 비율은 $\frac{13}{2,444}$이다. 즉, 부산은 분자보다 분모가 약 130배 크고, 대구는 약 180배 크다. 따라서 비율을 직접 계산하지 않아도 부산이 더 큰 것을 알 수 있다.

ㄷ. 직접 계산을 하지 않더라도, $\frac{(인구)}{(인구밀도)}$의 값은 부산보다 대구가 1에 가까움을 알 수 있다. 따라서 대구의 면적이 부산의 면적보다 넓다.

03   정답 ③

ㄱ. 2023년 2월에 가장 많이 낮아졌다.
ㄴ. 제시된 수치는 전년 동월, 즉 2022년 6월보다 325건 증가했다는 뜻이므로, 실제 심사건수는 알 수 없다.
ㄷ. 제시된 수치는 전년 동월, 즉 2022년 5월보다 3.3% 증가했다는 뜻이므로, 실제 등록률은 알 수 없다.

오답분석

ㄹ. 전년 동월 대비 125건이 증가했으므로 100＋125＝225건이다.

04   정답 ④

2022년과 2023년 총 매출액에 대한 비율의 차이가 가장 적은 것은 음악 영역으로, 그 차이는 4.8－4.6＝0.2%p이다.

오답분석

① 2023년 총 매출액은 2,800억 원, 2022년 총 매출액은 2,100억 원으로, 2023년 총 매출액은 2022년 총 매출액보다 700억 원 많다.
② 게임 영역은 2022년에 56.0%, 2023년에 51.5%로, 매출액 비중이 50% 이상이다.
③ 전체 매출액이 2022년에 비해 2023년에 증가했으므로, 매출액 비중이 증가한 분야는 당연히 매출액이 증가했다. 음악, 애니메이션, 게임은 매출액 비중이 감소했지만, 증가한 매출액으로 계산하면 매출액 자체는 증가했음을 알 수 있다. 따라서 기타 영역을 제외한 모든 영역에서 2022년보다 2023년 매출액이 더 많다.
⑤ 음악(4.8% → 4.6%), 애니메이션(12.6% → 9.7%), 게임(56.0% → 51.5%), 기타(0.9% → 0.6%) 영역은 모두 2022년에 비해 2023년에 매출액 비율이 감소하였다.

05   정답 ④

ㄱ. 휴대폰 A～D의 항목별 기본점수를 계산하면 다음과 같다.

(단위 : 점)

구분	A	B	C	D
디자인	5	4	2	3
가격	2	3	4	5
해상도	3	4	5	2
음량	4	2	5	3
화면크기·두께	4	5	2	3
내장·외장메모리	2	3	4	5
합계	20	21	22	21

따라서 기본점수가 가장 높은 휴대폰은 22점인 C이다.

ㄷ. 휴대폰 A～D의 항목별 고객평가 점수를 단순 합산하면 다음과 같다.

(단위 : 점)

구분	A	B	C	D
디자인	8	7	4	6
가격	4	6	7	8
해상도	5	6	8	4
음량	6	4	7	5
화면크기·두께	7	8	3	4
내장·외장메모리	5	6	7	8
합계	35	37	36	35

따라서 각 항목의 고객평가 점수를 단순 합산한 점수가 가장 높은 휴대폰은 37점인 B이다.

ㄹ. 성능점수 항목인 해상도·음량·내장외장메모리 항목의 점수를 제외한 디자인, 가격, 화면크기·두께 항목의 점수만을 단순 합산한 점수를 계산하면 다음과 같다.

(단위 : 점)

구분	A	B	C	D
디자인	8	7	4	6
가격	4	6	7	8
화면크기·두께	7	8	3	4
합계	19	21	14	18

따라서 B의 점수는 C의 점수의 $\frac{21}{14}=1.5$배이다.

오답분석

ㄴ. 휴대폰 A ~ D의 성능점수를 계산하면 다음과 같다.

(단위 : 점)

구분	A	B	C	D
해상도	3	4	5	2
음량	4	2	5	3
내장·외장메모리	2	3	4	5
합계	9	9	14	10

따라서 성능점수가 가장 높은 휴대폰은 14점인 C이다.

| 03 | 창의수리

01	02	03	04	05	06	07			
③	④	②	①	①	③	⑤			

01 정답 ③

전체 일의 양을 1, A가 1시간 동안 할 수 있는 일의 양을 a, B가 1시간 동안 할 수 있는 일의 양을 b라고 하면 다음과 같은 식이 성립한다.

$5a+8b=1 \cdots \bigcirc$

$6a+5b=1 \cdots \bigcirc\!\!\bigcirc$

$\bigcirc \times 6 - \bigcirc\!\!\bigcirc \times 5$로 두 식을 연립하면 $b=\dfrac{1}{23}$이다.

따라서 B가 혼자서 일할 때 걸리는 시간은 23시간이다.

02 정답 ④

전체 신입사원을 1이라 할 때, 남자 신입사원과 여자 신입사원 및 안경을 착용한 신입사원과 착용하지 않은 신입사원을 정리하면 다음과 같다.

구분	남자 신입사원	여자 신입사원	합계
안경 착용	$0.3-0.2475=0.0525$	$0.45-0.2025=0.2475$	0.3
안경 미착용	$0.7-0.2025=0.4975$	$0.45 \times 0.45=0.2025$	$1-0.3=0.7$
합계	0.55	0.45	1

따라서 남자 신입사원 중 안경을 착용한 신입사원의 비율은 $\dfrac{0.0525}{0.55}=\dfrac{21}{220}$ 이다.

03 정답 ②

작년 남학생 수를 x명, 여학생 수를 y명이라고 하면 다음과 같은 식이 성립한다.

$x+y=480 \cdots \bigcirc$

올해 남학생 수는 $x \times (1+0.2)=1.2x$명이고, 여학생 수는 $y \times (1-0.1)=0.9y$명이다.

올해 남학생 수와 여학생 수의 비율이 20 : 21이므로 다음과 같은 식이 성립한다.

$1.2x : 0.9y=20 : 21 \rightarrow 25.2x=18y \rightarrow y=1.4x \cdots \bigcirc\!\!\bigcirc$

$\bigcirc\!\!\bigcirc$을 $\bigcirc$에 대입하면 $x=200$, $y=280$이다.

따라서 올해 전교생 수는 $(1.2 \times 200)+(0.9 \times 280)=240+252=492$명이다.

04 정답 ①

A제품을 x개, B제품을 y개 만드는 데 필요한 X, Y원료의 양은 다음과 같은 관계가 있다.

$x>0 \cdots \bigcirc$

$y>0 \cdots \bigcirc\!\!\bigcirc$

$0.6x+0.4y \leq 18 \cdots \bigcirc\!\!\bigcirc\!\!\bigcirc$

$0.5x+0.5y \leq 20 \cdots @$

이에 대한 영역은 다음과 같다.

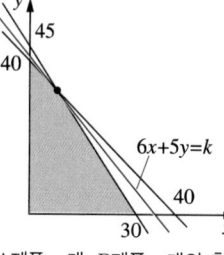

A제품 x개, B제품 y개의 총이익을 $6x+5y=k$만 원이라고 하면, k는 $0.6x+0.4y=18$, $0.5x+0.5y=20$의 교점을 지날 때 최대이다.

두 식을 연립하면 $3x+2(40-x)=90$이므로 $x=10$, $y=30$이다.

따라서 공장에서 얻을 수 있는 최대 이익은 $6\times10+5\times30=210$만 원이다.

05 정답 ①

다음과 같이 C$-$D 구간이 연결되어 있다고 할 때, A지점에서 출발하여 B지점에 도착하는 가장 짧은 경로의 수에서 A$-$C$-$D$-$B를 거치는 경로의 수를 제외한다.

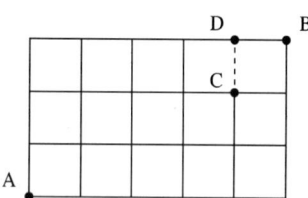

ⅰ) C$-$D가 연결되어 있을 때 A에서 출발하여 B까지 도착하는 모든 경우의 수 : $\dfrac{8!}{5!3!}=56$가지

ⅱ) A에서 출발하여 C, D를 거쳐 B까지 도착하는 경우의 수 : $\dfrac{6!}{4!2!}=15$가지

따라서 구하고자 하는 경우의 수는 $56-15=41$가지이다.

06 정답 ③

1차 전체회의가 열린 3월 6일부터 그달 말일인 3월 31일 사이의 일수는 25일이다. 4월과 5월의 말일은 각각 30일, 31일이므로 3월 6일부터 5월 31일까지의 일수는 $25+30+31=86$이다. 따라서 남은 일수는 $100-86=14$일이므로 2차 전체회의는 6월 14일에 열린다.

07 정답 ⑤

울타리의 가로와 세로 길이는 건물의 외벽보다 10m씩 더 길다.

따라서 건물을 둘러싼 울타리의 길이는 $2\times\{(65+10)+(55+10)\}=280$m이다.

01 　정답　③

첫 번째 조건에 따라 A는 B의 바로 뒤쪽에 서야 하므로 (AB) 그룹으로 묶을 수 있다. 또한, C와 D는 서로 붙어 있으므로 (CD) 혹은 (DC)로 묶을 수 있다. 그러므로 (AB), (CD / DC), E, F 4그룹으로 분류하고, 세 번째 조건에 따라 E가 맨 앞이나 맨 뒤에 오는 경우를 구하면 된다. 따라서 E를 제외하고 남은 3그룹을 줄 세우는 경우의 수는 3!＝6가지이고, C와 D의 위치가 바뀔 수 있으므로 6×2＝12가지이다. 마지막으로 E가 가장 뒤에 있을 수 있으므로 12×2＝24가지이다.

02 　정답　①

두 번째 조건에 따라 홍차를 선택한 사람은 3명이고, 세 번째 조건에 따라 녹차를 선택한 사람은 4명이다. 따라서 커피를 선택한 사람은 3명이 된다. 이후 네 번째 조건에 따라 한식을 선택한 사람 중 2명이 커피를 선택했으므로 양식과 커피를 선택한 사람은 1명이다.

03 　정답　①

B는 두 번째, F는 여섯 번째로 도착하였고, A가 도착하고 바로 뒤에 C가 도착하였으므로 A는 세 번째 또는 네 번째로 도착하였다. 그런데 D는 C보다 먼저 도착하였고 E보다 늦게 도착하였으므로 A는 네 번째로 도착하였음을 알 수 있다.
따라서 도착한 순서는 E－B－D－A－C－F이고, A는 네 번째로 도착하였으므로 토너먼트 배치표에 의해 최대 세 번 경기를 하게 된다.

04 　정답　④

'어떤'과 '모든'이 나오는 명제는 벤다이어그램으로 정리하면 편리하다. 제시된 명제를 정리하면 다음과 같다.

위의 벤다이어그램을 통해 '공덕역 부근의 어떤 치과는 토요일과 화요일이 모두 휴진이다.'를 추론할 수 있다.

오답분석
① 마포역 부근의 어떤 정형외과는 토요일이 휴진이다.
② 공덕역 부근의 어떤 치과는 토요일이 휴진이기 때문에 거짓이다.
③ 제시된 명제만으로는 알 수 없다.
⑤ 마포역 부근의 어떤 정형외과가 화요일도 휴진인지는 알 수 없다.

| 05 | 수열추리

01	02	03	04	05					
④	③	①	②	③					

01 　정답　④

분모는 $+3$을 하고, 분자는 앞의 두 항의 합이 다음 항이 되는 피보나치 수열이다.

따라서 (　)$=\dfrac{8+13}{18+3}=\dfrac{21}{21}=1$이다.

02 　정답　③

앞의 항에 $+0.1^2$, $+0.2^2$, $+0.3^2$, … 을 하는 수열이다.
따라서 (　)$=0.55+0.6^2=0.55+0.36=0.91$이다.

03 　정답　①

자연수와 대분수를 가분수로 바꾸었을 때, 분모는 $+2$, 분자는 $+7$, $+9$, $+11$, … 을 하는 수열이다.

따라서 (　)$=\dfrac{45+15}{9+2}=\dfrac{60}{11}=5\dfrac{5}{11}$ 이다.

04 　정답　②

홀수 번째 항일 때 앞의 항의 분모에 $+2$, 짝수 번째 항일 때 앞의 항의 분자에 -6을 하는 수열이다.

따라서 (　)$=\dfrac{976-6}{41}=\dfrac{970}{41}$ 이다.

05 　정답　③

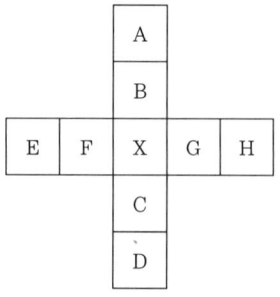

제시된 수열은 $(A+B)\times(C+D)=(E+F)\times(G\times H)=X$이다.
따라서 (　)$=(6+4)\times(11+25)=(5+7)\times(11+19)=360$이다.

02 2023년 하반기 기출복원문제

| 01 | 언어이해

01	02	03	04	05					
④	⑤	②	③	③					

01 정답 ④

오답분석

①은 두 번째 문장, ②는 제시문의 흐름, ③·⑤는 마지막 문장에서 각각 확인할 수 있다.

02 정답 ⑤

아인슈타인의 광량자설은 빛이 파동이면서 동시에 입자인 이중적인 본질을 가지고 있다는 것을 의미하는 것으로, 뉴턴의 입자설과 토머스 영의 파동성설을 모두 포함한다.

오답분석

① 뉴턴의 가설은 그의 권위에 의해 오랫동안 정설로 여겨졌지만, 토머스 영의 겹실틈 실험에 의해 다른 가설이 생겨났다.
② 겹실틈 실험은 한 개의 실틈을 거쳐 생긴 빛이 다음 설치된 두 개의 겹실틈을 지나가게 해서 스크린에 나타나는 무늬를 관찰하는 것이다.
③ 일자 형태의 띠가 두 개 나타나면 빛이 입자임은 맞으나, 겹실틈 실험 결과 보강 간섭이 일어난 곳은 밝아지고 상쇄 간섭이 일어난 곳은 어두워지는 간섭무늬가 연속적으로 나타났다.
④ 토머스 영의 겹실틈 실험은 빛의 파동성을 증명하였고, 이는 명백한 사실이었으므로 아인슈타인은 빛이 파동이면서 동시에 입자인 이중적인 본질을 가지고 있다는 것을 증명하였다.

03 정답 ②

제시문의 첫 번째 문단의 끝에서 '제로섬(Zero-sum)적인 요소를 지니는 경제 문제'와 두 번째 문단의 끝에서 '우리 자신의 수입을 보호하기 위해 경제적 변화가 일어나는 것을 막거나 혹은 사회가 우리에게 손해를 입히는 공공정책이 강제로 시행되는 것을 막기 위해 싸울 것'이 핵심 주장임을 알 수 있다. 따라서 제시문은 사회경제적인 총합이 많아지는 정책, 즉 '사회의 총생산량이 많아지게 하는 정책이 좋은 정책'이라는 주장에 대한 비판이라고 할 수 있다.

04 정답 ③

'최고의 진리는 언어 이전, 혹은 언어 이후의 무언(無言)의 진리이다.', '동양 사상의 정수(精髓)는 말로써 말이 필요 없는 경지'라고 한 부분을 보았을 때 동양 사상은 언어적 지식을 초월하는 진리를 추구한다는 것이 제시문의 핵심 내용이다.

05　정답　③

보기의 내용은 독립신문이 일반 민중들을 위해 순 한글을 사용해 배포됐고, 상하귀천 없이 누구나 새로운 소식을 전달해준다는 내용이다. 따라서 ③이 가장 적절하다.

| 02 | 자료해석

01	02	03	04	05					
①	⑤	⑤	①	②					

01　정답　①

ㄱ. 해외연수 경험이 있는 지원자 합격률은 $\dfrac{53}{53+414+16}\times100=\dfrac{53}{483}\times100\fallingdotseq11.0\%$로, 해외연수 경험이 없는 지원자 합격률인

$\dfrac{11+4}{11+37+4+139}\times100=\dfrac{15}{191}\times100\fallingdotseq7.9\%$보다 높다.

ㄴ. 인턴 경험이 있는 지원자의 합격률 $\dfrac{53+11}{53+414+11+37}\times100=\dfrac{64}{515}\times100\fallingdotseq12.4\%$는 인턴 경험이 없는 지원자의 합격률

$\dfrac{4}{16+4+139}\times100=\dfrac{4}{159}\times100\fallingdotseq2.5\%$보다 높다.

오답분석

ㄷ. 인턴 경험과 해외연수 경험이 모두 있는 지원자 합격률(11.3%)은 인턴 경험만 있는 지원자 합격률(22.9%)의 2배 미만이다.

ㄹ. 인턴 경험과 해외연수 경험이 모두 없는 지원자와 인턴 경험만 있는 지원자 간 합격률 차이는 22.9-2.8=20.1%p이다.

02　정답　⑤

ㄷ. (부모와 자녀의 직업이 모두 A일 확률)$=\dfrac{1}{10}\times\dfrac{45}{100}=0.1\times\dfrac{45}{100}$

ㄹ. (자녀의 직업이 A일 확률)$=\dfrac{1}{10}\times\dfrac{45}{100}+\dfrac{4}{10}\times\dfrac{5}{100}+\dfrac{5}{10}\times\dfrac{1}{100}=\dfrac{7}{100}$

따라서 부모의 직업이 A일 확률은 $\dfrac{10}{100}$이므로 자녀의 직업이 A일 확률이 더 낮다.

오답분석

ㄱ. (자녀의 직업이 C일 확률)$=\dfrac{1}{10}\times\dfrac{7}{100}+\dfrac{4}{10}\times\dfrac{25}{100}+\dfrac{5}{10}\times\dfrac{49}{100}=\dfrac{352}{1,000}=\dfrac{44}{125}$

ㄴ. '부모의 직업이 C일 때, 자녀의 직업이 B일 확률'을 '자녀의 직업이 B일 확률'로 나누면 구할 수 있다.

03 정답 ⑤

1인당 GDP 순위는 E>C>B>A>D이다. 그런데 1인당 GDP가 가장 큰 E국의 1인당 GDP는 1인당 GDP가 2위인 C국보다 1%밖에 높지 않은 반면, 인구는 C국의 $\frac{1}{10}$ 이하이므로 총 GDP는 C국보다 작다. 따라서 1인당 GDP 순위와 총 GDP 순위는 일치하지 않는다.

오답분석

① 경제성장률이 가장 큰 나라는 D국이며, 1인당 GDP와 총인구를 고려하면 D국의 총 GDP가 가장 작은 것을 알 수 있다.

② 1인당 GDP 대비 총인구를 고려하였을 때 총 GDP가 가장 큰 나라는 C국, 가장 작은 나라는 D국이다.
- D국의 총 GDP : 25,832×46.1=1,190,855.2백만 달러
- C국의 총 GDP : 55,837×321.8=17,968,346.6백만 달러

따라서 총 GDP가 가장 큰 나라와 가장 작은 나라는 10배 이상의 차이를 보인다.

③ 수출 및 수입 규모에 따른 순위는 C>B>A>D>E이므로 서로 일치한다.

④ A국의 총 GDP는 27,214×50.6=1,377,028.4백만 달러, E국의 총 GDP는 56,328×24.0=1,351,872백만 달러이므로 A국의 총 GDP가 더 크다.

04 정답 ①

- A전자 : 8대 구매 시 2대를 무료로 증정하기 때문에 32대를 사면 8개를 무료로 증정 받아 32대 가격으로 총 40대를 살 수 있다. 32대의 가격은 80,000×32=2,560,000원이다. 그리고 구매 금액 100만 원당 2만 원이 할인되므로 구매 가격은 2,560,000−40,000=2,520,000원이다.
- B마트 : 40대 구매 금액인 90,000×40=3,600,000원에서 40대 이상 구매 시 7% 할인 혜택을 적용하면 3,600,000×0.93=3,348,000원이다. 1,000원 단위 이하는 절사하므로 구매 가격은 3,340,000원이다.

따라서 B마트에 비해 A전자가 3,340,000−2,520,000=82만 원 더 저렴하다.

05 정답 ②

제시된 그래프에서 선의 기울기가 가파른 구간은 2013~2014년, 2014~2015년, 2017~2018년이다. 2014년, 2015년, 2018년 물이용부담금 총액의 전년 대비 증가폭을 구하면 다음과 같다.
- 2014년 : 6,631−6,166=465억 원
- 2015년 : 7,171−6,631=540억 원
- 2018년 : 8,108−7,563=545억 원

따라서 물이용부담금 총액이 전년 대비 가장 많이 증가한 해는 2018년이다.

오답분석

ㄱ. 제시된 자료를 통해 확인할 수 있다.

ㄷ. 2022년 금강유역 물이용부담금 총액 : 8,661×0.2=1,732.2억 원

∴ 2022년 금강유역에서 사용한 물의 양 : 1,732.2억 원÷160원/m^3≒10.83억m^3

ㄹ. 2022년 물이용부담금 총액의 전년 대비 증가율 : $\frac{8,661-8,377}{8,377}×100$≒3.39%

| 03 | 창의수리

01	02	03	04						
⑤	⑤	②	④						

01 　정답　⑤

50g을 덜어낸 뒤 남아있는 소금물의 양은 50g이고, 농도는 20%이다. 이때 남아있는 소금의 양은 다음과 같다.

(소금의 양)=(농도)×(남아있는 소금물의 양)$=\dfrac{20}{100}\times50=10$g

농도를 10%로 만들기 위해 더 넣은 물의 양을 xg이라고 하면 다음과 같은 식이 성립한다.

$\dfrac{10}{50+x}\times100=10\%$

$\therefore\ x=50$

따라서 필요한 물의 양은 50g이다.

02 　정답　⑤

A～E 다섯 명이 월요일에서 금요일까지 한 명씩 당직 근무를 하는 경우의 수는 $5!=5\times4\times3\times2\times1=120$가지이다.
이 중 D는 금요일, E는 수요일에 당직 근무를 할 경우의 수는 D와 E를 제외한 나머지 세 명을 월요일, 화요일, 목요일에 배정하는 것과 같으므로 $3!=3\times2\times1=6$가지이다.

따라서 구하고자 하는 확률은 $\dfrac{3!}{5!}=\dfrac{6}{120}=\dfrac{1}{20}$이다.

03 　정답　②

• 강을 올라갈 때 걸리는 시간 : $\dfrac{35}{12-2}=\dfrac{35}{10}=3$시간 30분

• 강을 내려갈 때 걸리는 시간 : $\dfrac{35}{12+2}=\dfrac{35}{14}=2$시간 30분

따라서 보트를 타고 강을 왕복하는 데 걸리는 시간은 총 6시간이다.

04 　정답　④

올라갈 때 달린 거리를 $x$km라고 하면 다음과 같은 식이 성립한다.

$\dfrac{x}{10}+\dfrac{x+10}{20}=5 \rightarrow 20x+10(x+10)=1{,}000$

$\rightarrow 30x=900$

$\therefore\ x=30$

따라서 올라갈 때 달린 거리는 30km이다.

01	02	03	04						
②	⑤	④	⑤						

01 정답 ②

먼저 A사원의 말이 거짓이라면 A사원과 D사원 2명이 3층에서 근무하게 되고, 반대로 D사원의 말이 거짓이라면 3층에는 아무도 근무하지 않게 되므로 조건에 어긋난다. 결국 A사원과 D사원은 진실을 말하고 있음을 알 수 있다. 또한 C사원의 말이 거짓이라면 아무도 홍보팀에 속하지 않으므로 C사원도 진실을 말하고 있음을 알 수 있다. 따라서 거짓을 말하고 있는 사람은 B사원이며, 이때 B사원은 총무팀 소속으로 6층에서 근무하고 있다.

02 정답 ⑤

A ~ E의 진술에 따르면 B와 D의 진술은 반드시 동시에 참이나 거짓이 되어야 하며, A와 B의 진술 역시 동시에 참이나 거짓이 되어야 한다. 이때 B의 진술이 거짓일 경우, A와 D의 진술 모두 거짓이 되므로 2명이 거짓을 말한다는 조건에 어긋난다.
따라서 진실을 말하고 있는 심리상담사는 A, B, D이며, 거짓을 말하고 있는 심리상담사는 C와 E가 된다. 이때, 진실을 말하고 있는 B와 D의 진술에 따라 근무시간에 자리를 비운 사람은 C가 된다.

03 정답 ④

'치킨을 판매하는 푸드트럭이 선정된다.'를 a, '핫도그를 판매하는 푸드트럭이 선정된다.'를 b, '커피를 판매하는 푸드트럭이 선정된다.'를 c, '피자를 판매하는 푸드트럭이 선정된다.'를 d, '솜사탕을 판매하는 푸드트럭이 선정된다.'를 e, '떡볶이를 판매하는 푸드트럭이 선정된다.'를 f라고 할 때, 주어진 명제를 정리하면 다음과 같다.
- $a \rightarrow \sim b$
- $\sim c \rightarrow d$
- $e \rightarrow a$
- $d \rightarrow \sim f$ or $f \rightarrow \sim d$
- $\sim e \rightarrow f$

핫도그를 판매하는 푸드트럭이 최종 선정되었으므로 $b \rightarrow \sim a \rightarrow \sim e \rightarrow f \rightarrow \sim d \rightarrow c$가 성립한다.
따라서 사업에 선정되는 푸드트럭은 핫도그, 커피, 떡볶이를 판매한다.

04 정답 ⑤

주어진 명제에 따라 앞서 달리고 있는 순서대로 나열하면 'A - D - C - E - B'가 된다. 따라서 이 순위대로 결승점까지 달린다면 C는 3등을 할 것이다.

| 05 | 수열추리

01	02	03	04	05					
①	②	③	④	④					

01 정답 ①

홀수 항은 $\times2+1.1$, $\times2+1.2$, $\times2+1.3$, …, 짝수 항은 $\times2-1.1$을 하는 수열이다.
따라서 (　)$=0.3\times2-1.1=-0.5$이다.

02 정답 ②

앞의 두 항의 합이 다음 항이 되는 피보나치 수열이다.
따라서 (　)$=5+8=13$이다.

03 정답 ③

나열된 수를 각각 A, B, C라고 하면
$A\ B\ C \rightarrow C=(A-B)\times2$
따라서 (　)$=19-\dfrac{10}{2}=14$이다.

04 정답 ④

앞의 항에 $+4$, $+4\times3$, $+4\times3^2$, $+4\times3^3$, $+4\times3^4$, …을 하는 수열이다.
따라서 (　)$=489+4\times3^5=1,461$이다.

05 정답 ④

앞의 항에 $+1$, $\times2$가 반복되는 수열이다.
따라서 11번째 항의 값은 $95\times2=190$이다.

03 2023년 상반기 기출복원문제

| 01 | 언어이해

01	02	03	04	05	06				
①	③	①	④	④	③				

01 정답 ①

㉠ 화장품 시장에서 동물 및 환경 보호를 위해 친환경 성분의 원료를 구매해 이용하는 것은 녹색소비에 해당한다.

㉡ 로컬푸드란 반경 50km 이내에서 생산하는 농산물을 말하는 것으로, B레스토랑의 소비행위는 자신이 거주하는 지역에서 생산한 농산물을 소비하는 로컬소비에 해당한다.

㉢ 환경오염을 유발하는 폐어망 및 폐페트병을 재활용하여 또 다른 자원으로 사용한 제품을 구매하는 것은 녹색소비에 해당한다.

㉣ 제3세계란 개발도상국들을 총칭하는 것으로 D카페의 제3세계 원두 직수입은 이들의 경제성장을 위한 공정무역 소비에 해당한다.

㉤ E사는 아시아 국가의 빈곤한 여성 생산자들의 경제적 자립을 위해 상품을 수입하여 판매하므로 이는 공정무역 소비에 해당한다.

02 정답 ③

포도 재배 환경의 날씨가 더울수록 향은 진해진다고 하였으므로, 진한 향의 레드와인을 원한다면 기온이 높은 지역의 포도를 사용한 와인을 구매해야 한다.

오답분석

① 레드와인은 포도에서 과육뿐만 아니라 껍질과 씨를 모두 사용하여 제조한다.

② 기온이 높은 환경에서 재배한 포도로 만든 와인이 산도가 약해진다고 하였으므로, 레드와인 특유의 신맛이 강해지려면 기온이 낮은 환경에서 재배한 포도로 만들어야 한다.

④ 레드와인의 색상은 포도의 품종뿐만 아니라 포도의 재배 환경에 따라서도 영향을 받으므로, 같은 품종의 포도로 제조한 와인이라도 그 색상은 다를 수 있다.

⑤ 제시문에서 심혈관질환 중 고혈압 이외의 내용은 없으므로 모든 심혈관질환자에게 유익한 영향을 준다고 보기는 어렵다.

03 정답 ①

제시문에서는 천재가 선천적인 재능뿐만 아니라 후천적인 노력에 의해서 만들어지는 존재라고 주장하고 있기 때문에 ①은 적절하지 않다.

오답분석

②·③·④ 제시문에서 언급된 절충적 천재(선천적 재능과 후천적 노력이 결합한 천재)에 대한 내용이다.

⑤ 영감을 가져다주는 것은 신적인 힘보다도 연습이라는 논지이므로 제시문과 같은 입장이다.

04   정답   ④

제시문은 첫 문단에서 위계화의 개념을 설명하고, 이러한 불평등의 원인과 구조에 대해 살펴보고 있다. 따라서 제목으로 ④가 가장 적절하다.

05   정답   ④

두 번째 문단에 따르면 박쥐가 많은 바이러스를 보유하고 있는 것은 밀도 높은 군집 생활을 하기 때문이며, 그에 대항하는 면역도 갖추었기 때문에 긴 수명을 가질 수 있었다.

오답분석
① 박쥐의 수명이 대다수의 포유동물보다 길다는 것은 맞지만, 평균적인 포유류 수명보다 짧은지는 알 수 없다.
② 박쥐는 뛰어난 비행 능력으로 긴 거리를 비행해 다닐 수 있다.
③ 박쥐는 현재 강력한 바이러스 대항 능력을 갖추었다.
⑤ 박쥐의 면역력을 연구하여 치료제를 개발할 수 있다.

06   정답   ③

개정 무한계설은 법 규범이 가지는 실질적인 규범력의 차이는 외면한 채 헌법 개정에 있어서 형식적 합법성만을 절대시한다는 비판을 받는다.

오답분석
① 개정 무한계설은 헌법에 규정된 개정 절차를 밟으면 어떠한 조항이나 사항이더라도 개정할 수 있다는 입장이다.
② 개정 무한계설에서는 헌법 규범과 헌법 현실 사이의 틈을 해소할 수 있는 유일한 방법은 헌법 개정을 무제한 허용하는 것이라고 주장한다.
④ 개정 한계설에서는 헌법 제정 권력과 헌법 개정 권력을 다른 것으로 본다.
⑤ 개정 한계설은 헌법 위에 존재하는 자연법의 원리에 어긋나는 헌법 개정은 허용되지 않는다고 본다.

│02│ 자료해석

01	02	03							
⑤	③	②							

01   정답   ⑤

계급의 크기는 모두 같고, 상대도수의 합은 1이므로 그래프와 가로축으로 둘러싸인 부분의 넓이 또한 같다.

오답분석
① 여사원의 그래프가 남사원의 그래프보다 오른쪽으로 더 치우쳐 있으므로 여사원이 남사원보다 식비를 더 많이 썼다고 볼 수 있다.
② 식비가 6천 원 이상인 남사원은 대략 $(0.18+0.12+0.06) \times 100=36$명이므로 30명 이상이다.
③ 그래프에서 식비가 4천 원 미만인 사원은 모두 남사원이 더 높으므로 남사원의 비율이 여사원의 비율보다 높다.
④ 식비가 5천 원 이상 7천 원 미만인 여사원 수는 대략 전체의 $(0.26+0.22) \times 100=48\%$이다.

02 정답 ③

매년 조사대상의 수는 동일하게 2,500명이므로 비율의 누적 값으로만 판단한다. 3년간의 월간 인터넷 쇼핑 이용 누적 비율을 구하면 다음과 같다.

- 1회 미만 : 30.4+8.9+18.6=57.9%
- 1회 이상 2회 미만 : 24.2+21.8+22.5=68.5%
- 2회 이상 3회 미만 : 15.9+20.5+19.8=56.2%
- 3회 이상 : 29.4+48.7+39.0=117.1%

따라서 두 번째로 많이 응답한 인터넷 쇼핑 이용 빈도수는 1회 이상 2회 미만이다.

오답분석

① 제시된 자료를 통해 알 수 있다.
② 2021년 월간 인터넷 쇼핑을 3회 이상 이용했다고 응답한 사람은 2,500×0.487=1,217.5명이다.
④ 매년 조사 대상이 2,500명으로 동일하므로 비율만 비교한다. 2022년 월간 인터넷 쇼핑을 2회 이상 3회 미만 이용했다고 응답한 비율은 19.8%이고, 2021년 1회 미만으로 이용했다고 응답한 비율은 8.9%이다.
   따라서 8.9×2=17.8<19.8이므로 2배 이상 많다.
⑤ 1회 이상 2회 미만 쇼핑했다고 응답한 사람의 2021년 비율은 21.8%이고, 2022년은 22.5%이다.
   따라서 $\frac{22.5-21.8}{21.8}\times100 ≒ 3.2\%$이므로 3% 이상 증가했다.

03 정답 ②

유통업의 경우 9점을 받은 현지의 엄격한 규제 요인이 가장 강력한 진입 장벽으로 작용하므로 유통업체인 S사가 몽골 시장으로 진출할 경우, 해당 요인이 시장의 진입을 방해하는 요소로 작용할 가능성이 가장 큰 것을 알 수 있다.

오답분석

① 초기 진입 비용 요인의 경우 유통업(5점)보다 식·음료업(7점)의 점수가 더 높고, 유통업은 현지의 엄격한 규제 요인(9점)이 가장 강력한 진입 장벽으로 작용한다.
③ 몽골 기업의 시장 점유율 요인의 경우 제조업(5점)보다 유통업(7점)의 점수가 더 높으며, 제조업은 현지의 엄격한 규제 요인(8점)이 가장 강력한 진입 장벽으로 작용한다.
④ 문화적 이질감이 가장 강력한 진입 장벽으로 작용하는 업종은 해당 요인에 가장 높은 점수를 부여한 서비스업(8점)이다.
⑤ 서비스업은 타 업종에 비해 초기 진입 비용(2점)이 가장 낮다.

| 03 | 창의수리

01	02	03	04	05					
④	④	②	②	③					

01 정답 ④

A사원이 P지점에서 R지점까지 이동하는 데 걸린 시간은 $\dfrac{4}{4}=1$시간이다.

P지점에서 Q지점까지의 거리를 $x$km라 하면 Q지점에서 R지점까지의 거리는 $(4-x)$km이다.
B사원이 A사원보다 12분 늦게 도착했으므로 다음과 같은 식이 성립한다.

$$\dfrac{x}{5}+\dfrac{4-x}{3}=\dfrac{6}{5}$$

$\rightarrow 3x-18=-20+5x$

$\therefore x=1$

P지점에서 Q지점까지의 거리는 1km이고 Q지점에서 R지점까지의 거리는 3km이다.

따라서 C사원이 P지점에서 R지점까지 가는 데 걸린 시간은 $\dfrac{1}{2}+\dfrac{3}{5}=\dfrac{11}{10}$ 시간이므로 A사원보다 6분 늦게 도착한다.

02 정답 ④

갑과 을이 동시에 출발하여 같은 속력으로 이동할 때 만날 수 있는 점은 다음 네 지점이다.

- P지점에서 만날 때 : $\left(\dfrac{4!}{3!}\times1\right)\times\left(1\times\dfrac{4!}{3!}\right)=16$가지
- Q지점에서 만날 때 : $\left(\dfrac{4!}{2!\times2!}\times\dfrac{4!}{3!}\right)\times\left(\dfrac{4!}{3!}\times\dfrac{4!}{2!\times2!}\right)=576$가지
- R지점에서 만날 때 : $\left(\dfrac{4!}{3!}\times\dfrac{4!}{2!\times2!}\right)\times\left(\dfrac{4!}{2!\times2!}\times\dfrac{4!}{3!}\right)=576$가지
- S지점에서 만날 때 : $\left(1\times\dfrac{4!}{3!}\right)\times\left(\dfrac{4!}{3!}\times1\right)=16$가지

따라서 경우의 수는 $16+576+576+16=1,184$가지이다.

03 정답 ②

기본요금이 x원이고 추가요금이 y원이므로 다음과 같은 식이 성립한다.

$$\begin{cases} x+19y=20,950 \\ x+30y=21,390 \end{cases}$$

$\therefore x=20,190, \ y=40$

따라서 엄마의 통화 요금은 $x+40y+(2y\times1)=20,190+40\times40+(2\times40)\times1=21,870$원이다.

04 　정답　②

A종목에서 상을 받은 사람의 수가 P(A), B종목에서 상을 받은 사람의 수가 P(B), A종목과 B종목 모두에서 상을 받은 사람의 수가 P(A∩B)일 때 다음과 같은 식이 성립한다.

$$\begin{cases} P(A)+P(B)-P(A\cap B)=30 \\ P(A)=P(B)+8 \end{cases}$$

P(A∩B)=10이므로 다음과 같은 식이 성립한다.

$$\begin{cases} P(A)+P(B)=40 \\ P(A)-P(B)=8 \end{cases} \rightarrow P(A)=24, \ P(B)=16$$이다.

따라서 A종목에서 상을 받은 사람의 상금의 총합은 $24\times50,000=1,200,000$원이다.

05 　정답　③

바퀴 자의 1회 회전으로 측정할 수 있는 거리는 $\pi\times$(지름)$\fallingdotseq3.1\times30=93$cm이다.

따라서 930cm를 측정할 때의 바퀴 자 회전수는 $\dfrac{930}{93}=10$회이다.

| 04 |　언어추리

01	02								
②	①								

01 　정답　②

여름은 겨울보다 비가 많이 내림 → 비가 많이 내리면 습도가 높음 → 습도가 높으면 먼지와 정전기가 잘 일어나지 않음
비가 많이 내리면 습도가 높고 습도가 높으면 먼지가 잘 나지 않으므로 비가 많이 오지 않는 겨울이 여름보다 먼지가 잘 난다고 추론할 수 있다.

오답분석

④ 1번째 명제와 4번째 명제로 추론할 수 있다.
⑤ 4번째 명제의 대우와 1번째 명제의 대우로 추론할 수 있다.

02 　정답　①

D와 E의 주장이 서로 상반되므로 둘 중에 1명은 거짓을 말하고 있는 범인인 것을 알 수 있다.
- D가 범인인 경우
  D가 거짓을 말하고 있으므로 A는 범인이 아니다. A가 범인이 아니며, E는 진실을 말하고 있으므로 B 또한 범인이 아니다. 따라서 B가 범인이라고 주장한 C가 범인이고, 나머지는 진실만을 말하므로 범인이 아니다.
- E가 범인인 경우
  E가 거짓을 말하고 있으므로 A와 B는 범인이다. 즉, 범인은 모두 3명이 되어 모순이 발생된다.
따라서 C와 D가 범인이므로 정답은 ①이다.

| 01 | 언어이해

01	02	03	04	05	06				
③	④	①	⑤	①	④				

01   정답 ③

계약면적은 공급면적과 기타공용면적을 더한 것이고, 공급면적은 전용면적과 주거공용면적을 더한 것이다. 따라서 계약면적은 전용면적, 주거공용면적, 기타공용면적을 더한 것이다.

오답분석

① 발코니 면적은 서비스면적에 포함되며, 서비스면적은 전용면적과 공용면적에서 제외된다.
② 관리사무소 면적은 공용면적 중에서도 기타공용면적에 포함된다. 공급면적은 전용면적과 주거공용면적을 더한 것이므로 관리사무소면적은 공급면적에 포함되지 않는다.
④ 공용계단과 공용복도의 면적은 주거공용면적에 포함되므로 공급면적에 포함된다.
⑤ 현관문 안쪽의 전용 생활공간인 거실과 주방의 면적은 전용면적에 포함된다.

02   정답 ④

슈퍼문일 때는 지구와 달의 거리가 35만 7,000km 정도로 가까워지며, 이때 지구에서 보름달을 바라보는 시각도는 0.56도로 커지므로 0.49의 시각도보다 크다는 판단은 적절하다.

오답분석

① 케플러의 행성운동 제1법칙에 따라 태양계의 모든 행성은 태양을 중심으로 타원 궤도로 돈다. 따라서 지구도 태양을 타원 궤도로 돌기 때문에 지구에서 태양까지의 거리는 항상 일정하지 않을 것이다.
② 달이 지구에 가까워지면 달의 중력이 더 강하게 작용하여 달을 향한 쪽의 해수면이 평상시보다 더 높아진다. 따라서 지구와 달의 거리에 따라 해수면의 높이가 달라지므로 서로 관계가 있다.
③ 달이 지구에 가까워지면 평소 달이 지구를 당기는 힘보다 더 강하게 지구를 당긴다. 따라서 이와 반대로 달이 지구에서 멀어지면 지구를 당기는 달의 힘은 약해질 것이다.
⑤ 달의 중력 때문에 높아진 해수면이 지구의 자전을 방해하게 되고, 이 때문에 지구의 자전 속도가 느려져 100만 년에 17초 정도씩 길어진다고 하였으므로 지구의 자전 속도는 점점 느려지고 있다.

03   정답 ①

식사에 대한 상세한 설명이 주어지거나, 음식이 담긴 접시 색이 밝을 때 비만인 사람들의 식사량이 증가했다는 내용을 통해 비만인 사람들이 외부 자극에 의해 식습관에 영향을 받기 쉽다는 것을 추론할 수 있다.

04　정답　⑤

자신의 상황에 불만족하여 불안정한 정신 상태를 갖게 되는 사람에게서 리플리 증후군이 잘 나타나는 것은 사실이나, 자신의 상황에 불만족하는 모든 이가 불안정한 정신 상태를 갖는 것은 아니다.

05　정답　①

네 번째 문단에 따르면 2000년대 초 연준의 금리 인하는 국공채에 투자했던 퇴직자들의 소득을 감소시켰고, 노년층에서 정부로, 정부에서 금융업으로 부의 대규모 이동이 이루어져 불평등을 심화시켰다. 따라서 금융업으로부터 정부로 부가 이동하였다는 ①은 제시문의 내용으로 적절하지 않다.

오답분석

② 마지막 문단에 따르면 2000년대 초 연준이 고용 증대를 기대하고 시행한 저금리 정책은 노동을 자본으로 대체하는 투자를 증대시킴으로써 오히려 실업률이 떨어지지 않는 구조를 만들었다.

③ 세 번째 문단에 따르면 2000년대 초는 대부분의 부문에서 설비 가동률이 낮은 상황이었기 때문에 당시의 저금리 정책이 오히려 주택 시장의 거품을 초래하였다.

④ 세 번째 문단과 네 번째 문단에 따르면 2000년대 초 연준의 저금리 정책으로 주택 가격이 상승하여 주택 시장의 거품을 초래하였고, 주식 가격 역시 상승하였지만 이에 대한 이득은 대체로 부유층에 집중되었다.

⑤ 두 번째 문단에 따르면 부동산 거품 대응 정책에서는 주택 담보 대출에 대한 규제가 금리 인상보다 더 효과적인 정책이다.

06　정답　④

담수 동물은 육상 동물과 같이 몸 밖으로 수분을 내보내고 있지만, 육상 동물의 경우에는 수분 유지를 위한 것이 아니므로 수분 유지는 공통점이 아니다.

| 02 | 자료해석

01	02	03	04						
⑤	②	①	②						

01　정답　⑤

- 2019년 전년 대비 감소율 : $\dfrac{23-24}{24} \times 100 ≒ -4.17\%$

- 2020년 전년 대비 감소율 : $\dfrac{22-23}{23} \times 100 ≒ -4.35\%$

따라서 2020년에는 2019년보다 더 큰 비율로 감소하였다.

오답분석

① 2021년 총지출을 a억 원이라고 가정하면, $a \times 0.06 = 21$이므로 $a = \dfrac{21}{0.06} = 350$이다. 따라서 총지출은 350억 원이다.

② 2018년 경제 분야 투자규모의 전년 대비 증가율은 $\dfrac{24-20}{20} \times 100 = 20\%$이다.

③ 2017 ~ 2021년 동안 경제 분야에 투자한 금액은 20+24+23+22+21=110억 원이다.

④ 2018 ~ 2021년 동안 경제 분야 투자규모의 전년 대비 증감추이는 '증가 – 감소 – 감소 – 감소'이고, 총지출 대비 경제 분야 투자규모 비중의 증감추이는 '증가 – 증가 – 감소 – 감소'로 동일하지 않다.

02 정답 ②

농·축·수산물의 부적합건수 비율은 각각 다음과 같다.

- 농산물 : $\dfrac{1,725}{146,305} \times 100 ≒ 1.18\%$

- 축산물 : $\dfrac{1,909}{441,574} \times 100 ≒ 0.43\%$

- 수산물 : $\dfrac{284}{21,910} \times 100 ≒ 1.30\%$

따라서 부적합건수 비율이 가장 높은 것은 수산물이다.

오답분석

① 농·축·수산물의 부적합건수의 평균은 $(1,725+1,909+284) \div 3 = 1,306$건이다.

③ 농산물 유통단계의 부적합건수는 516건으로 49건인 수산물 부적합건수의 10배 이상이다.

④ 생산단계에서의 수산물 부적합건수 비율은 $\dfrac{235}{12,922} \times 100 ≒ 1.82\%$이고, 농산물 부적합건수 비율은 $\dfrac{1,209}{91,211} \times 100 ≒ 1.33\%$이다.

⑤ 부적합건수가 가장 많은 건수는 축산물의 생산단계에서의 부적합건수로 그 비율은 0.43%이다. 부적합건수가 가장 적은 건수는 수산물의 유통단계에서의 부적합건수이고 그 비율은 $\dfrac{49}{8,988} \times 100 ≒ 0.55\%$이다.

따라서 두 건수의 비율의 차이는 $0.55-0.43=0.12\%$p이다.

03 정답 ①

2019년과 2020년의 전년 대비 소각 증가율은 각각 다음과 같다.

- 2019년 : $\dfrac{11,604-10,609}{10,609} \times 100 ≒ 9.4\%$

- 2020년 : $\dfrac{12,331-11,604}{11,604} \times 100 ≒ 6.3\%$

2019년의 전년 대비 소각 증가율은 2020년의 소각 증가율의 2배인 12.6%보다 작으므로 적절하지 않다.

오답분석

② 매년 재활용량은 전체 생활 폐기물 처리량의 50% 이상을 차지한다.

③ 2021년 재활용된 폐기물량 비율은 $\dfrac{30,454}{50,915} \times 100 ≒ 59.8\%$로 2017년 소각량 비율 $\dfrac{10,309}{50,906} \times 100 ≒ 20.3\%$의 3배인 60.9%보다 작다.

④ 2017부터 2020년까지 매립량은 감소하고 있다.

⑤ 연도별 소각량 대비 매립량 비율은 각각 다음과 같다.

- 2017년 : $\dfrac{9,471}{10,309} \times 100 ≒ 91.9\%$

- 2018년 : $\dfrac{8,797}{10,609} \times 100 ≒ 82.9\%$

- 2019년 : $\dfrac{8,391}{11,604} \times 100 ≒ 72.3\%$

- 2020년 : $\dfrac{7,613}{12,331} \times 100 ≒ 61.7\%$

- 2021년 : $\dfrac{7,813}{12,648} \times 100 ≒ 61.8\%$

따라서 매년 소각량 대비 매립량 비율은 60% 이상이다.

04 정답 ②

한국의 소방직 공무원과 경찰직 공무원의 인원수 차이는 2019년이 66,523−39,582=26,941명, 2020년이 72,392−42,229=30,163명, 2021년이 79,882−45,520=34,362명으로 매년 증가하고 있다.

오답분석

① 한국의 전년 대비 전체 공무원의 증가 인원수는 2020년이 920,291−875,559=44,732명, 2021년이 955,293−920,291=35,002명으로 2020년이 2021년보다 많다.

③ 미국의 경찰직 공무원이 미국 전체 공무원에서 차지하는 비율은 2019년이 $\frac{452,482}{1,882,428} \times 100 ≒ 24.0\%$, 2020년이 $\frac{490,220}{2,200,123} \times 100 ≒ 22.3\%$, 2021년이 $\frac{531,322}{2,586,550} \times 100 ≒ 20.5\%$로 매년 감소하고 있다.

④ 미국의 소방직 공무원의 전년 대비 증가율은 2020년이 $\frac{282,329−220,392}{220,392} \times 100 ≒ 28.1\%$, 2021년이 $\frac{340,594−282,329}{282,329} \times 100 ≒ 20.6\%$로, 2020년이 2021년보다 28.1−20.6=7.5% 더 높다.

⑤ 2019년 대비 2021년 한국과 미국의 소방직과 경찰직 공무원의 증가 인원수는 다음과 같다.

(단위 : 명)

국가	구분	2019년	2021년	증가 인원수
한국	소방직 공무원	39,582	45,520	45,520−39,582=5,938
	경찰직 공무원	66,523	79,882	79,882−66,523=13,359
미국	소방직 공무원	220,392	340,594	340,594−220,392=120,202
	경찰직 공무원	452,482	531,322	531,322−452,482=78,840

따라서 2019년 대비 2021년 증가 인원수는 한국은 소방직 공무원이 경찰직보다 적지만, 미국은 그 반대임을 알 수 있다.

| 03 | 창의수리

01	02	03	04						
④	④	④	②						

01 정답 ④

오염물질의 양은 $\frac{14}{100} \times 50 = 7$g이므로 깨끗한 물을 xg 넣어 오염농도를 10%로 만든다면 다음과 같은 식이 성립한다.

$\frac{7}{50+x} \times 100 = 10$

$\rightarrow 700 = 10 \times (50+x)$

$\therefore x = 20$

따라서 깨끗한 물을 20g 넣어야 한다.

02 정답 ④

어떤 자연수를 x라 하면 x는 245−5=240과 100−4=96으로 나누어 떨어진다고 할 수 있다.

따라서 가장 큰 x는 240과 96의 최대공약수인 48이다.

03 정답 ④

A기차가 터널을 빠져나가는 데에 56초가 걸렸고, 기차 길이가 더 짧은 B기차는 160초가 걸렸으므로 A기차가 B기차보다 속력이 빠르다는 것을 알 수 있다. 두 기차가 터널 양 끝에서 출발하면 $\frac{1}{4}$ 지점에서 만나므로 A기차 속력이 B기차 속력의 3배가 된다.

B기차의 속력을 am/s, 길이를 bm라고 가정하면 A기차의 속력과 길이는 각각 $3a$m/s, $(b+40)$m가 된다.
그러므로 두 기차가 터널을 완전히 빠져나갈 때까지 걸리는 시간에 대해 다음과 같은 식이 성립한다.

- A기차 : $\frac{720+(b+40)}{3a}=56 \rightarrow b+760=168a \cdots \bigcirc$

- B기차 : $\frac{720+b}{a}=160 \rightarrow b+720=160a \cdots \bigcirc\!\bigcirc$

$\bigcirc$과 $\bigcirc\!\bigcirc$을 연립하여 풀면 $a=5$, $b=80$이다.
따라서 B기차의 길이는 80m이다.

04 정답 ②

두 소행성이 충돌할 때까지 걸리는 시간을 x초라 하면 다음과 같은 식이 성립한다.
$10x+5x=150$
$\therefore x=10$
따라서 두 소행성은 10초 후에 충돌한다.

| 04 | 언어추리

01	02								
④	①								

01 정답 ④

바나나>방울토마토, 바나나>사과>딸기로 바나나의 열량이 가장 높은 것을 알 수 있으나, 제시된 명제만으로는 방울토마토와 딸기의 열량을 비교할 수 없으므로 가장 낮은 열량의 과일이 무엇인지 알 수 없다.

02 정답 ①

A와 E의 진술이 모순이므로 두 경우를 확인한다.
ⅰ) A의 진술이 참인 경우
   A와 D의 진술에 따라, 거짓말을 하는 사람이 C, D, E이다. 따라서 오직 한 사람만이 거짓말을 하고 있다는 조건에 위배된다.
ⅱ) E의 진술이 참인 경우
   C의 말이 참이므로 A는 거짓말을 하고, B, D는 진실을 말하는 사람이다. 이때 D의 진술에서 전제(A의 말이 참이면)가 성립하지 않는다. 그러므로 D의 진술은 참이다.
따라서 거짓말을 하고 있는 사람은 A이다.

05 2022년 상반기 기출복원문제

| 01 | 언어이해

01	02	03	04	05	06	07			
③	⑤	②	①	②	②	④			

01 정답 ③

제시문의 마지막 문장에서 '언어 변화의 여러 면을 이해'라고 언급했으므로 제시문의 첫 문장으로는 일반적인 상위 진술인 '접촉의 형식도 언어 변화에 영향을 미치는 요소로 지적되고 있다.'가 가장 적절하다.

02 정답 ⑤

전통적인 경제학은 외부성의 비효율성을 줄이기 위해 정부의 개입을 해결책으로 제시하고 있다. 따라서 정부의 개입이 오히려 비용을 높일 수 있다는 주장을 반박으로 제시할 수 있다.

오답분석

①・② 외부성에 대한 설명이다.
③・④ 전통적인 경제학의 주장이다.

03 정답 ②

제시문에서 당분 과다로 뇌의 화학적 균형이 무너져 정신에 장애가 왔다고 주장한 것과 정제한 당의 섭취를 원천적으로 차단한 실험 결과를 토대로 추론하면 빈칸에 과다한 정제당 섭취가 반사회적 행동을 유발할 수 있다는 내용이 들어가는 것이 가장 적절하다.

04 정답 ①

사카린은 설탕보다 당도가 약 500배 높고, 아스파탐의 당도는 설탕보다 약 200배 높다. 따라서 사카린과 아스파탐 모두 설탕보다 당도가 높고, 사카린은 아스파탐보다 당도가 높다.

오답분석

② 사카린은 화학 물질의 산화 반응을 연구하던 중에, 아스파탐은 위궤양 치료제를 개발하던 중에 우연히 발견되었다.
③ 사카린은 무해성이 입증되어 미국 FDA의 인증을 받았고, 현재도 설탕의 대체재로 사용되고 있다.
④ 2009년 미국의 설탕, 옥수수 시럽, 기타 천연당의 1인당 연평균 소비량인 140파운드는 중국보다 9배 많은 수치이므로, 2009년 중국의 소비량은 약 15파운드였을 것이다.
⑤ 미국 암협회가 아스파탐이 안전하다고 발표했지만, 이탈리아의 과학자가 쥐를 대상으로 한 실험에서 암을 유발한다고 내린 결론 때문에 논란이 끊이지 않고 있다.

05 정답 ②

제시문은 문화재 중 국보에 대해 설명하고 있다. 그러므로 문화재를 설명한 뒤 그중 유형문화재만을 대상으로 하는 국보를 이야기하는 (가) 문단이 첫 번째 문단으로 적절하며, 이러한 국보 선정의 기준을 설명하는 (다) 문단이 그 다음으로, 국보 선정 기준으로 선발된 문화재에는 어떠한 것이 있는지 제시하는 (나) 문단이 그 다음으로 적절하다. 마지막 문단으로는 국보 선정 기준으로 선발된 문화재의 의미를 설명하는 (라) 문단이 적절하다.

06 정답 ②

제시문은 근대건축물이 방치되고 있는 상황과 함께 지속적인 관리의 필요성을 설명하고 있다. 또한, 기존 관리 체계의 한계점을 지적하며 이를 위한 해결책으로 공공의 역할을 강조하고 있다. 따라서 중심 내용으로 ②가 가장 적절하다.

07 정답 ④

우리나라의 낮은 장기 기증률이 전통적 유교 사상 때문이라고 주장하고 있는 A와 달리, B는 이에 대하여 다양한 원인을 제시하고 있다. 따라서 A의 주장에 대해 반박할 수 있는 내용으로 ④가 가장 적절하다.

| 02 | 자료해석

01	02	03								
③	④	③								

01 정답 ③

2반의 월별 모의고사 평균점수 추이를 보면 $+15$, -3이 반복된다.
따라서 빈칸에 들어갈 수치는 $335-3=332$이다.

02 정답 ④

A기계와 B기계 생산대수의 증감 규칙은 다음과 같다.
• A기계

20　　23　　26　　29　　32　　35
　　$+3$　　$+3$　　$+3$　　$+3$　　$+3$

앞의 항에 $+3$을 하는 등차수열이다.
• B기계

10　　11　　14　　19　　26　　35
　　$+1$　　$+3$　　$+5$　　$+7$　　$+9$
　　　$+2$　　$+2$　　$+2$　　$+2$

주어진 수열의 계차는 공차가 $+2$인 등차수열이다.

2025년의 A기계 생산량은 $35+5\times3=50$대이고, B기계 생산량은 $35+\sum_{k=1}^{5}(9+2k)=35+9\times5+2\times\dfrac{5\times6}{2}=110$대이다.

따라서 2025년 A기계와 B기계의 총 생산량은 $50+110=160$대이다.

03 정답 ③

ㄴ. 그래프를 통해 2월 21일의 원/달러 환율이 지난주인 2월 14일보다 상승하였음을 알 수 있다.

ㄷ. 달러화의 강세란 원/달러 환율이 상승하여 원화가 평가절하되면서 달러의 가치가 높아지는 것을 의미한다. 3월 12일부터 3월 19일까지는 원/달러 환율이 계속해서 상승하는 추세이므로 옳은 설명이다.

오답분석

ㄱ. 3월 원/엔 환율의 경우 최고 환율은 3월 9일의 1,172.82원으로, 3월 한 달 동안 1,100원을 상회하는 수준에서 등락을 반복하고 있다.

ㄹ. 달러/엔 환율은 $\dfrac{(원/엔\ 환율)}{(원/달러\ 환율)}$로 도출할 수 있다. 그래프에 따르면 3월 27일 원/달러 환율은 3월 12일에 비해 상승하였고, 반대로 원/엔 환율은 하락하였다. 즉, 분모는 증가하고 분자는 감소하였으므로 3월 27일의 달러/엔 환율은 3월 12일보다 하락하였음을 알 수 있다.

| 03 | 창의수리

01	02	03							
③	④	①							

01 정답 ③

두 사람이 각각 헤어숍에 방문하는 간격인 10과 16의 최소공배수 80을 일주일 단위로 계산하면 11주 3일($80 \div 7 = 11 \cdots 3$)이 되므로, 두 사람은 일요일의 3일 후인 수요일에 다시 만나는 것을 알 수 있다.

02 정답 ④

철수는 농구코트의 모서리에 서 있으며, 농구공은 농구코트 안에서 철수로부터 가장 멀리 떨어진 곳에 있다고 하였다. 즉, 농구공과 철수는 대각선만큼 떨어져 있으므로 농구코트의 가로와 세로 길이를 이용하여 대각선의 길이를 구한다.

따라서 피타고라스의 정리를 이용하면 대각선의 길이는 $\sqrt{5^2 + 12^2} = 13$m이다.

03 정답 ①

소금물 A의 농도를 x%, 소금물 B의 농도를 y%라고 하면, 다음과 같은 식이 성립한다.

$\dfrac{x}{100} \times 200 + \dfrac{y}{100} \times 300 = \dfrac{9}{100} \times 500 \rightarrow 2x + 3y = 45 \cdots \text{㉠}$

$\dfrac{x}{100} \times 300 + \dfrac{y}{100} \times 200 = \dfrac{10}{100} \times 500 \rightarrow 3x + 2y = 50 \cdots \text{㉡}$

㉠, ㉡을 연립하면 $x = 12$, $y = 7$이다.

따라서 소금물 A의 농도는 12%이며, 소금물 B의 농도는 7%이다.

| 04 | 언어추리

01	02	03	04	05					
④	⑤	③	①	④					

01 정답 ④

주어진 조건에 따라 매대를 추론해보면 다음과 같다.

4층	사과
3층	배
2층	귤
1층	감

귤은 2층, 배는 3층, 감은 1층이므로, 귤이 배와 감 사이에 위치한다는 추론은 적절하다.

02 정답 ⑤

주어진 조건을 표로 정리하면 다음과 같다.

구분	1층	2층	3층	4층	5층
경우 1	B팀	A팀	D팀	C팀	E팀
경우 2	B팀	C팀	D팀	A팀	E팀

따라서 항상 참인 것은 ⑤이다.

오답분석
①·②·③ 주어진 정보만으로는 판단하기 힘들다.
④ 2층을 쓰게 될 가능성이 있는 팀은 총 두 팀이다.

03 정답 ③

B의 발언이 참이라면 C가 범인이고 F의 발언도 참이 된다. F는 C 또는 E가 범인이라고 했으므로 C가 범인이라면 E는 범인이 아니고, E의 발언 역시 참이 되어야 한다. 하지만 E의 발언이 참이라면 F가 범인이어야 하므로 모순이 된다. 따라서 B의 발언이 거짓이며, C 또는 E가 범인이라고 말한 F 역시 거짓말을 하는 범인임을 알 수 있다.

04 정답 ①

재경 – 선영 – 경식 순으로 나이가 많다.

오답분석
② 재경이와 선영이 중 누가 더 나이가 많은지 알 수 없다.
③ 선영 – 경식 – 재경 순으로 나이가 많아 세 번째 명제와 모순된다.
④ 세 번째 명제와 모순된다.
⑤ 두 번째 명제와 모순된다.

05 정답 ④

'키가 작은 사람'을 A, '농구를 잘하는 사람'을 B, '순발력이 좋은 사람'을 C라고 하면, 첫 번째 명제와 마지막 명제는 다음과 같은 벤다이어그램으로 나타낼 수 있다.

1) 첫 번째 명제

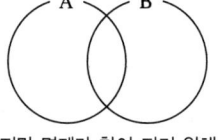

2) 마지막 명제

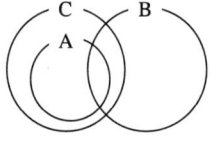

마지막 명제가 참이 되기 위해서는 B와 공통되는 부분의 A와 C가 연결되어야 하므로 A를 C에 모두 포함시켜야 한다. 즉, 다음과 같은 벤다이어그램이 성립할 때 마지막 명제가 참이 될 수 있으므로 빈칸에 들어갈 명제는 '키가 작은 사람은 모두 순발력이 좋다.'의 ④이다.

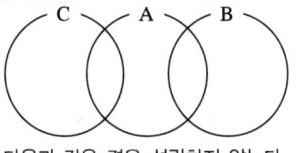

오답분석

① 다음과 같은 경우 성립하지 않는다.

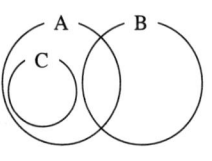

③ 다음과 같은 경우 성립하지 않는다.

| 01 | 언어이해

01	02	03	04						
①	②	③	①						

01 정답 ①

제시문에서 언급한 '다양한 접근'이란 표시되는 장치에 맞추어 해상도, 크기 등을 조절하거나 주요 콘텐츠를 제외한 나머지 소스를 잘라내는 방법 등을 의미한다. 하지만 ①은 이와 달리 기존의 콘텐츠를 재구성하는 것일 뿐, 표시되는 장치에 타깃을 맞춘 것이라고 보기 어렵다.

02 정답 ②

마지막 문단에서 기존 라이프로그 관리 시스템들은 총체적인 라이프 이벤트 관리와 관계 데이터 모델 기반의 라이프로그 관리 시스템과 그 응용 기능은 제공하지 않지만, 라이프로그 그룹을 생성하고 브라우징하기 위한 간단한 기능은 제공한다고 이야기하고 있다. 따라서 기존의 라이프로그 관리 시스템이 라이프로그 그룹 생성 기능을 이미 갖추고 있다는 것을 추론할 수 있다.

오답분석

① 첫 번째 문단에서 센서 기술의 발달로 건강상태를 기록한 라이프로그가 생겨나고 있다고 했다. 이러한 라이프로그는 헬스케어 분야에서 활용될 수 있을 것으로 추론할 수 있다.

③ 첫 번째 문단에서 라이프로그 관리의 중요성에 대한 인식이 확산됨에 따라 효과적인 라이프로그 관리 시스템들이 제안되었다고 했다. 이를 통해 많은 사람들이 라이프로그 관리의 중요성을 인식하고 있음을 추론할 수 있다.

④ 마지막 문단에서 기존 라이프로그 관리 시스템에서는 추가 정보를 간단히 태깅하는 기능만을 제공할 뿐, 기존 태그 정보를 수정하는 방법은 제공하지 않는다고 했다. 따라서 기존 라이프로그 관리 시스템은 태깅된 정보 수정에 한계가 있음을 추론할 수 있다.

⑤ 마지막 문단에서 사람들이 더욱 관심을 가지는 것은 기억에 남는 다양한 사건들로 이러한 사람들의 요구사항을 충족시키기 위해 개별 라이프로그 관리에서 한발 더 나아가야 한다고 했다. 이를 통해 점차 라이프로그 간의 관계에 대한 관리가 중요해지고 있음을 추론할 수 있다.

03 정답 ③

'주차 공간에 차가 있는지 여부를 감지하는 센서를 설치한 스마트 주차'라고 했으므로 주차를 대신 해준다기보다는 주차공간이 있는지의 여부를 알 수 있는 기능이다.

오답분석

① 첫 번째 문단의 '각국의 경제 및 발전 수준, 도시 상황과 여건에 따라 매우 다양하게 정의 및 활용되고, 접근 전략에도 차이가 있다.'라는 문장을 통해 알 수 있다.
② 두 번째 문단의 '이 스마트 가로등은 ~ 인구 밀집도까지 파악할 수 있다.'라는 문장을 통해 알 수 있다.
④ 세 번째 문단에서 항저우를 비롯한 중국의 여러 도시들은 알리바바의 알리페이를 통해 항저우 택시의 98%, 편의점의 95% 정도에서 모바일 결제가 가능하고, 정부 업무, 차량, 의료 등 60여 종에 달하는 서비스 이용이 가능하다고 하였으므로 지갑을 가지고 다니지 않아도 일부 서비스를 이용할 수 있다.
⑤ 마지막 문단의 '세종에서는 ~ 개인 맞춤형 의료 서비스 등을 받을 수 있다.'라는 내용을 통해 알 수 있다.

04 정답 ①

지지도 방식에서는 적극적 지지자만 지지자로 분류하고 나머지는 기타로 분류하므로, 적극적 지지자의 수가 많은 A후보가 더 많은 지지를 받을 것이다. 따라서 옳은 내용이다.

오답분석

ㄴ. 선호도 방식에서는 적극적 지지자와 소극적 지지자를 모두 지지자로 분류하므로 둘의 합계가 많은 후보가 더 많은 지지를 받을 것이다. 그런데 ㄴ의 경우에는 각 후보의 지지자 수의 대소관계를 알 수 없으므로 판단이 불가능하다. 따라서 옳지 않은 내용이다.
ㄷ. 지지도 방식에서는 적극적 지지자의 대소로 판단하지만 선호도 방식에서는 적극적, 소극적 지지자의 합의 대소로 판단하게 된다. 예를 들어 A후보가 B후보보다 적극적 지지자가 10 더 많고 소극적 지지자가 20 더 많다면, 지지도 방식에서의 차이는 10이지만 선호도 방식에서의 차이는 30이 된다. 따라서 옳지 않은 내용이다.

|02| 자료해석

01	02	03							
②	①	①							

01 정답 ②

ㄱ. 비중이 25% 이상이라는 것은 결국 해당 항목의 수치에 4를 곱한 것이 전체 합계보다 크다는 것을 의미한다. 이에 따르면 A지역의 노인복지관과 자원봉사자의 수치에 4를 곱한 것이 전국의 수치보다 크므로 각각의 비중은 25% 이상이다.
ㄷ. A ~ I지역 중 복지종합지원센터 1개소당 자원봉사자 수가 가장 많은 지역은 E지역(1,188명)이며, 복지종합지원센터 1개소당 등록노인 수가 가장 많은 지역도 E지역(59,050명)이다.

오답분석

ㄴ. $\dfrac{(\text{노인복지관 수})}{(\text{복지종합지원센터 수})} \leq 100$을 변형하면, (노인복지관 수) ≤ (복지종합지원센터 수)×100으로 나타낼 수 있다. 이를 이용하면 A, B, I지역이 이에 해당하며, D지역은 노인복지관 수가 더 크기 때문에 해당되지 않는다.
ㄹ. 분수의 대소비교를 이용하면, 분모가 되는 노인복지관의 수는 H지역이 C지역의 3배임에 반해 분자가 되는 자원봉사자의 수는 3배에 미치지 못한다. 따라서 H지역의 자원봉사자 수는 C지역보다 적다.

02 정답 ①

ㄱ. 신소재 산업분야에서 중요도 상위 2개 직무역량은 '문제해결능력(4.58)', '수리능력(4.46)'이므로 옳은 내용이다.

ㄴ. 산업분야별로 직무역량 중요도의 최댓값과 최솟값의 차이를 구하면 '신소재(0.61점)', '게임(0.88점)', '미디어(0.91점)', '식품(0.62점)'이므로 옳은 내용이다.

오답분석

ㄷ. 신소재, 게임, 식품 산업분야의 경우 중요도가 가장 낮은 직무역량은 '조직이해능력'이지만, 미디어 산업분야의 경우는 '기술능력'의 중요도가 가장 낮다. 따라서 옳지 않은 내용이다.

ㄹ. 신소재 산업분야와 식품 산업분야의 경우는 '문제해결능력'의 중요도가 가장 높지만 게임 산업분야와 미디어 산업분야의 경우는 '직업윤리'의 중요도가 가장 높고 '문제해결능력'이 두 번째로 높다. 따라서 '문제해결능력'과 '직업윤리'를 서로 비교하여 정리하면 다음과 같다.

산업분야 직무역량	신소재	게임	미디어	식품
문제해결능력	+0.14	–	–	+0.11
직업윤리	–	+0.14	+0.14	–

'문제해결능력'의 평균값이 가장 높다는 것은 다시 말해 각 분야의 중요도를 모두 합한 값이 가장 크다는 것을 의미하는데, 위 표에서 보듯 '직업윤리'의 합계가 더 크므로 옳지 않은 내용이다.

03 정답 ①

ㄱ. 대소비교만 하면 되므로 각주에 주어진 산식을 변형하면 '(공급의무량)$=\dfrac{[\text{공급의무율(\%)}]\times(\text{발전량})}{100}$'으로 나타낼 수 있다.

2021년에는 2020년에 비해 발전량과 공급의무율이 모두 증가하였으므로 계산하지 않고도 공급의무량 또한 증가하였음을 알 수 있다. 2020년은 2019년에 비해 공급의무율의 증가율이 50%에 육박하고 있어 발전량의 감소분을 상쇄하고도 남는다. 따라서 2020년 역시 2019년에 비해 공급의무량이 증가하였다.

ㄴ. 2021년의 인증서구입량은 2019년의 10배가 넘는데 반해, 자체공급량은 10배에 미치지 못한다. 따라서 자체공급량의 증가율이 더 작다.

오답분석

ㄷ. 둘의 차이는 2019년에 680GWh, 2020년에 570GWh, 2021년에 710GWh으로 2020년에 감소했다.

ㄹ. 먼저 연도별 이행량은 2019년 90GWh, 2020년 450GWh, 2021년 850GWh임을 구할 수 있다. 이를 통해 이행량에서 자체공급량이 차지하는 비중을 구하면 2019년 $\dfrac{75}{90}\times100\fallingdotseq83\%$, 2020년 $\dfrac{380}{450}\times100\fallingdotseq84\%$, 2021년 $\dfrac{690}{850}\times100\fallingdotseq81\%$이므로 이행량에서 자체공급량이 차지하는 비중이 매년 감소하는 것은 아님을 알 수 있다.

01	02								
①	⑤								

01 정답 ①

올해 순이익이 작년 순이익의 100%, 즉 2배가 되었다고 했으므로 올해 순이익을 a만 원이라 가정하면 작년 순이익은 $\frac{a}{2}$만 원이며,

작년 원가는 작년 순이익과 같다고 했으므로 작년 원가도 $\frac{a}{2}$만 원이 된다.

올해 원가는 작년 원가보다 1천만 원 감소하였으니 $\left(\frac{a}{2}-1,000\right)$만 원이다.

순이익은 매출액에서 원가를 뺀 금액이므로 올해 순이익에 대해 다음과 같은 식이 성립한다.

$a=29,000-\left(\frac{a}{2}-1,000\right)$

$\rightarrow \frac{3}{2}a=30,000$

$\therefore a=20,000$

따라서 올해 순이익은 2억 원이다.

02 정답 ⑤

임원진 3명 중 남녀가 1명 이상씩 선출되어야 하므로, 추천받은 인원(20명) 중 3명이 남자 또는 여자로만 구성될 경우를 제외하는 여사건으로 구한다. 추천받은 인원의 남녀 성비가 6 : 4이므로 남자는 $20\times\frac{6}{10}=12$명, 여자는 $20\times\frac{4}{10}=8$명이며, 남자 3명 또는

여자 3명이 선출되는 경우의 수는 $_{12}C_3+_8C_3=\frac{12\times11\times10}{3\times2\times1}+\frac{8\times7\times6}{3\times2\times1}=220+56=276$가지이다.

따라서 남녀가 1명 이상씩 선출되는 경우의 수는 $_{20}C_3-(_{12}C_3+_8C_3)=\frac{20\times19\times18}{3\times2\times1}-276=1,140-276=864$가지이고,

3명 중에 1명은 운영위원장, 2명은 운영위원으로 임명하는 방법은 3가지이다.

따라서 올해 임원으로 선출할 수 있는 경우의 수는 $864\times3=2,592$가지이다.

| 04 | 언어추리

01	02	03						
③	⑤	①						

01 정답 ③

S조의 예선전은 A, B, C국이 3회씩 경기를 하였으므로 D국 또한 3회의 경기를 하였음을 예측할 수 있다. 그러므로 총 경기 수는 6회이다.

각 국은 서로 1회씩 경기를 하였으므로 승리한 경기 수의 합과 패배한 경기 수의 합은 같다. A, B, C국의 승리한 경기 수의 합은 3(=2+1)회이고 패배한 경기 수의 합은 5(=1+2+2)회이므로 D국은 패배한 경기가 없으며, 2회의 경기에서 모두 승리하였다. 그리고 나머지 1회의 경기는 B국의 무승부 기록을 통해 B국과의 경기에서 무승부로 끝났음을 알 수 있다.

따라서 D국의 승점을 계산하면 2×3+1×1=7점이므로 S조에서 가장 승점이 높아 A국이 아닌 D국이 본선에 진출하였다는 결론이 나온다.

오답분석

④ D국은 패배한 경기가 없으므로 A국과의 경기에서 승리하였음을 알 수 있다.

02 정답 ⑤

두 번째 조건에 따르면 여자 사무관 중 1명은 반드시 제외되어야 하므로 1명의 남자 사무관과 3명의 여자 사무관은 한 팀으로 구성될 수 없다. 또한 세 번째 조건과 다섯 번째 조건에 따르면 가훈, 나훈 중 적어도 한 사람을 뽑을 경우 라훈, 소연을 뽑아야 하고, 소연을 뽑으면 모연을 반드시 함께 뽑아야 하므로 전담팀은 남자 사무관 4명으로만 구성될 수 없으며, 남자 사무관 3명과 여자 사무관 1명으로도 구성될 수 없다. 따라서 전담팀은 남자 사무관 2명, 여자 사무관 2명으로만 구성될 수 있다.

네 번째 조건과 다섯 번째 조건에 따르면 다훈을 뽑을 경우 모연, 보연, 소연을 모두 뽑을 수 없으므로 다훈을 팀원으로 뽑을 수 없다(∵ 남자 사무관 4명으로만 팀이 구성될 수 없다).

주어진 모든 조건을 고려하여 구성할 수 있는 '하늘' 전담팀은 다음과 같다.

1) 가훈, 라훈, 소연, 모연
2) 나훈, 라훈, 소연, 모연

따라서 전담팀은 남녀 각각 동일한 수 2명으로 구성되며(ㄱ), 다훈과 보연은 둘 다 팀에 포함되지 않는 반면(ㄴ), 라훈과 모연은 둘 다 팀에 포함된다(ㄷ).

03 정답 ①

비싼 순서대로 나열하면 '파프리카 – 참외 – 토마토 – 오이'이므로 참외는 두 번째로 비싸다.

| 01 | 언어이해

01	02	03							
①	④	③							

01   정답 ①

귀족은 직령포를 평상복으로만 입었고, 서민과 달리 의례와 같은 공식적인 행사에는 입지 않았다고 하였다. 따라서 서민들은 공식적인 행사에서도 직령포를 입었음을 추론할 수 있다.

오답분석

② 고려시대에는 복식 구조가 크게 변했는데 특히 귀족층은 중국옷을 그대로 받아들여 입었지만, 서민층은 우리 고유의 복식을 유지하여 복식의 이중 구조가 나타났다고 하였다. 따라서 모든 계층에서 중국옷을 그대로 받아들여 입었던 것은 아니다.

③ 중기나 후기에 들어서면서 띠 대신 고름을 매기 시작했으며, 후기에는 마고자와 조끼를 입기 시작했는데 조끼는 서양 문물의 영향을 받은 것이라고 하였다. 하지만 마고자에 대해서는 그러한 언급이 없으므로 적절하지 않다.

④ 임금이 입었던 구군복에만 흉배를 붙였다고 하였으므로 다른 무관들이 입던 구군복에는 흉배가 붙여져 있지 않았을 것이다.

⑤ 문무백관의 상복도 곤룡포와 모양은 비슷했으나 무관 상복의 흉배에는 호랑이를, 문관 상복의 흉배에는 학을 수놓았다고 하였으므로 적절하지 않다.

02   정답 ④

조선 전기에는 처거제(여자에게 유리) – 부계제(남자에게 유리)가 유지되었다고 하였으므로 남녀 간 힘의 균형이 무너졌다고 보기는 어렵다.

오답분석

① 처거제에서 부거제로 전환된 시점을 정확하게 지목하기는 힘들지만 조선 후기에 부거제가 시행되었다고 하였고, 거주율이 바뀌었다는 것은 대단한 사회변동이라고 하였으므로 적절하다.

② 조선시대 들어 유교적 혈통률의 영향을 받아 부계제로 변화하였으며, 부거제는 조선 후기에 시행되었다고 하였으므로 적절하다.

③ 우리나라는 역사적으로 거주율에 있어서 처거제를 오랫동안 유지하였고, 조선 전기에도 이러한 체제가 유지되었다고 하였으므로 적절하다.

⑤ 고려시대까지는 처거제 – 모계제를 유지하였으나 조선시대에 들어와 처거제 – 부계제로 변화하였으며 조선 후기에는 부거제 – 부계제로 변화하였으므로 적절하다.

03 정답 ③

제시문은 그림만으로는 정확한 의사소통이 이루어지기 힘들다는 것을 일화와 예시를 통해 보여주고 있다.

오답분석

① 제시문은 그림이나 기호로는 완벽한 의사소통이 어려울 수 있음을 보여주는 글이다. 언어적 표현의 의미는 제시문에서 찾아볼 수 없다.
② 두 번째 문단의 네 번째 문장 '왜냐하면 ~ 결정되기 때문이다.'를 보면, 약속에 의해 기호의 의미가 결정됨을 알 수 있다.
④ 첫 번째 문단을 종합해 보면, 어떤 언어적 표현도 없이 단지 그림만 가지고는 의사소통이 힘들다고 이야기하고 있다.
⑤ '상이한 사물에 대한 그림들은 동일한 의미로 이해될 수 없다.'는 내용은 제시문에서 찾아볼 수 없다.

| 02 | 자료해석

01									
②									

01 정답 ②

20대 신규 확진자 수가 10대 신규 확진자 수보다 적은 지역은 3월에 E, F, H지역, 4월은 A, G, H지역으로 각각 3곳으로 동일하다.

오답분석

① C, G지역의 3월과 4월의 10대 미만 신규 확진자 수는 각각 동일하다.
③ 3월 신규 확진자 수가 세 번째로 많은 지역은 C지역(228명)으로 C지역의 4월 신규 확진자 수가 가장 많은 연령대는 60대(26명)이다.
④ H지역의 4월 신규 확진자 수는 93명으로 4월 전체 신규 확진자 수인 $121+78+122+95+142+196+61+93+54=962$명에서 차지하는 비율은 $\frac{93}{962} \times 100 ≒ 9.7\%$로 10% 미만이다. 또한 4월 전체 신규 확진자 수의 10%는 $962 \times 0.1 = 96.2$명으로 H지역의 4월 신규 확진자 수인 93명보다 많다.
⑤ 3월 대비 4월 신규 확진자 수의 비율은 F지역이 $\frac{196}{320} \times 100 ≒ 61.3\%$, G지역이 $\frac{61}{185} \times 100 ≒ 33.0\%$이다.
따라서 G지역의 해당 비율의 2배는 $33 \times 2 = 66\%$이므로 F지역이 G지역의 2배 이하이다.

| 03 | 창의수리

01	02	03	04						
②	①	④	①						

01 정답 ②

$(\text{평균속력}) = \dfrac{(\text{총 이동거리})}{(\text{총 걸린시간})}$ 이며, A대리의 총 이동거리는 $14+6.8+10=30.8$km이다.

이동하는 데 걸린 시간(모든 시간 단위는 시간으로 환산)은 $1.5+\dfrac{18}{60}+1=2.5+\dfrac{3}{10}=2.8$시간이다.

따라서 A대리가 출·퇴근할 때의 평균속력은 $\dfrac{30.8}{2.8}=11$km/h이다.

02 정답 ①

농도가 14%인 A설탕물 300g과 18%인 B설탕물 200g을 합친 후 100g의 물을 더 넣으면 600g의 설탕물이 되고, 이 설탕물에 녹아있는 설탕의 양은 $300×0.14+200×0.18=78$g이다. 여기에 C설탕물을 합치면 $600+150=750$g의 설탕물이 되고, 이 설탕물에 녹아있는 설탕의 양은 $78+150×0.12=96$g이다.

따라서 합친 후 200g에 녹아있는 설탕의 양은 $200×\dfrac{96}{750}=200×0.128=25.6$g이다.

03 정답 ④

1급 1명에게 지급할 성과급이 x원이면, 2급 1명에게 지급할 성과급은 $\dfrac{1}{2}x$원이고, 3급 1명에게 지급할 성과급은 $\dfrac{1}{2}x×\dfrac{2}{3}=\dfrac{1}{3}x$

원, 4급 1명에게 지급할 성과급은 $\dfrac{1}{3}x×\dfrac{3}{4}=\dfrac{1}{4}x$원이므로 다음과 같은 식이 성립한다.

$3x+12×\dfrac{1}{2}x+18×\dfrac{1}{3}x+20×\dfrac{1}{4}x=50,000,000$

$\rightarrow 20x=50,000,000$

$\therefore x=2,500,000$

따라서 1급에 지급되는 성과급의 총액은 $3×2,500,000=7,500,000$원이다.

04 정답 ①

초콜릿의 개수를 x개라고 하자.

초콜릿을 3명이 나눠 먹었을 때 2개가 남고, 4명이 나눠 먹었을 때도 2개가 남았으므로 $(x-2)$는 3과 4의 배수이다.

$x-2$	x
12	14
24	26
36	38
…	…

따라서 $x≤25$이므로 $x=14$이고, 초콜릿을 7명이 나눠 먹었을 때 남는 초콜릿은 0개이다.

| 04 | 언어추리

01	02	03							
①	③	①							

01 정답 ①

D가 4등일 경우에는 C − E − A − D − F − B 순으로 들어오게 된다.

02 정답 ③

01번 문제와 같이 D가 4등이라는 조건이 있다면 C가 1등이 되지만, 주어진 제시문으로는 C가 1등 또는 4등이 될 수 있기 때문에 알 수 없다.

03 정답 ①

첫 번째 정보에서 3종류의 과자를 2개 이상씩 구매했다는 것을 알 수 있고, 두 번째 정보에서 B과자를 A과자보다 많이 구매했다는 것을 알 수 있다. 세 번째 정보까지 적용하면 3종류 과자의 구입한 개수는 'A<B≤C'임을 알 수 있다. 따라서 가장 적게 구매한 A과자를 2개 또는 3개 구매했을 때의 경우를 정리하면 다음과 같다.

(단위 : 개)

구분	A과자	B과자	C과자
경우 1	2	4	9
경우 2	2	5	8
경우 3	2	6	7
경우 4	2	7	6
경우 5	3	6	6

경우 1은 마지막 정보를 만족시키지 못하므로 제외된다. 그리고 경우 4는 C과자보다 B과자 개수가 더 많으므로 세 번째 정보에 맞지 않는다. 따라서 가능한 방법은 경우 2, 경우 3, 경우 5로 총 3가지로, 하경이가 B과자를 구매할 수 있는 개수는 5개 또는 6개이다.

오답분석

ㄴ. 경우 5에서 C과자는 6개 구매할 수 있다.

ㄷ. 경우 5에서 A과자는 3개 구매할 수 있다.

08 2020년 하반기 기출복원문제

| 01 | 언어이해

01	02	03							
④	④	③							

01 정답 ④

1998년 개발도상국에 대한 은행 융자 총액은 500억 달러였는데, 2005년에는 670억 달러가 되었으므로 1998년 수준을 회복하였다고 볼 수 있다.

오답분석

① 경제적 수익을 추구하기 위한 것으로 포트폴리오 투자를 들 수 있으며, 회사 경영에 영향력을 행사하기 위한 것으로 외국인 직접투자를 들 수 있다.

② 지금까지 해외 원조는 개발도상국에 대한 경제적 효과가 있다고 여겨져 왔으나 최근 경제학자들 사이에서는 그러한 경제적 효과가 없다는 주장이 힘을 얻고 있다고 하였다.

③ 개발도상국으로 흘러드는 외국자본은 크게 원조, 부채, 투자가 있는데, 그중 부채는 은행 융자와 채권, 투자는 포트폴리오 투자와 외국인 직접투자로 나눌 수 있다.

⑤ 개발도상국에 대한 포트폴리오 투자액은 90억 달러에서 410억 달러로 320억 달러 증가하였고, 채권은 230억 달러에서 440억 달러로 210억 달러 증가하였다. 따라서 포트폴리오의 증감액이 더 크다.

02 정답 ④

A연구팀은 신경교 세포가 전체 뉴런을 조정하면서 기억력과 사고력을 향상시킨다는 가설하에, 인간의 신경교 세포를 갓 태어난 생쥐의 두뇌에 주입하는 실험을 하였다. 그리고 그 실험 결과는 이 같은 가설을 뒷받침해주는 결과를 가져왔으므로 적절한 내용이다.

오답분석

① 인간의 신경교 세포를 생쥐의 두뇌에 주입하였더니 쥐가 자라면서 주입된 인간의 신경교 세포도 성장했고, 이 세포들이 쥐의 뉴런들과 완벽하게 결합되어 쥐의 두뇌 전체에 걸쳐 퍼지게 되었다고 하였다. 그러나 이 과정에서 쥐의 뉴런에 어떠한 영향을 주는지에 대해서는 언급하고 있지 않다.

②·③ 제시문의 실험은 인간의 신경교 세포를 쥐의 두뇌에 주입했을 때의 변화를 살펴본 것이지, 인간의 뉴런 세포를 주입한 것이 아니므로 추론할 수 없는 내용이다.

⑤ 쥐에 주입된 인간의 신경교 세포는 그 기능을 그대로 간직한다고 하였으므로 적절하지 않다.

03 정답 ③

세 번째 문단의 혁신적 기술 등에 의한 성장이 아닌 외형성장에 주력해 온 국내 경제의 체질을 변화시키기 위해 벤처기업 육성에 관한 특별조치법이 제정되었다고 하는 부분을 통해 알 수 있는 내용이다.

오답분석

① 해외 주식시장의 주가 상승과 국내 벤처버블 발생이 비슷한 시기에 일어난 것은 알 수 있으나, 전자가 후자의 원인이라는 것은 제시문을 통해서는 알 수 없는 내용이다.
② 벤처버블이 1999 ~ 2000년 동안의 기간 동안 국내뿐 아니라 미국, 유럽 등 전세계 주요 국가에서 나타난 것은 알 수 있으나, 전 세계 모든 국가에서 일어났는지는 알 수 없다.
④ 뚜렷한 수익모델이 없다고 하더라도 인터넷을 활용한 비즈니스를 내세우면 높은 잠재력을 가진 기업으로 인식되었다는 부분을 통해 벤처기업이 활성화되었으리라는 것을 유추할 수는 있다. 하지만 그것이 대기업과 어떠한 연관을 가지는지는 제시문을 통해서는 알 수 없는 내용이다.
⑤ 외환위기로 인해 우리 경제에 고용창출과 경제성장을 주도할 새로운 기업군이 필요해졌다는 부분은 알 수 있으나, 외환위기가 해외 주식을 대규모로 매입하는 계기가 되었는지는 알 수 없다.

| 02 | 자료해석

01	02								
⑤	③								

01 정답 ⑤

주어진 정보는 미지수가 3개씩인 방정식이므로 연립하여 미지수를 2개로 줄인다.
- 조합 1+조합 3 : $(A+B+C)+(A+D+E)=2A+B+C+D+E=10+13=23$
- (조합 1+조합 3)−조합 4 : $(2A+B+C+D+E)-(B+C+D)=2A+E=23-12=11$ ··· ㉠
- 조합 1−조합 2 : $(A+B+C)-(B+C+E)=A-E=10-15=-5$ ··· ㉡

㉠, ㉡을 연립하면 $3A=6$이므로 $A=2$, $E=7$이다.
$A=2$, $E=7$을 조합 3에 대입하면 $D=4$이다.
$D=4$, $E=7$을 조합 5에 대입하면 $B=3$이다.
$A=2$, $B=3$을 조합 1에 대입하면 $C=5$이다.
∴ $A=2$, $B=3$, $C=5$, $D=4$, $E=7$이므로, 가장 무거운 추는 E이고 그 무게는 $7kg$이다.

02 정답 ③

구분	필요한 타일 개수(개)	가격(원)
A타일	$(8m\div20cm)\times(10m\div20cm)=2,000$	$2,000\times1,000+50,000=2,050,000$
B타일	$(8m\div250mm)\times(10m\div250mm)=1,280$	$1,280\times1,500+30,000=1,950,000$
C타일	$(8m\div25cm)\times(10m\div20cm)=1,600$	$1,600\times1,250+75,000=2,075,000$

따라서 가장 저렴한 타일은 B타일이고 가격은 1,950,000원이다.

| 03 | 창의수리

01	02	03							
①	②	④							

01 　정답　 ①

- A상품 6개와 B상품 5개 구매 가격 : $7,500 \times 6 + 8,000 \times 5 = 85,000$원
- A상품과 B상품 반품 배송비 : 5,000원
- C상품 배송비 : 3,000원 → C상품을 구매할 수 있는 금액 : $85,000 - (5,000 + 3,000) = 77,000$원
- ∴ C상품 구매 개수 : $77,000 \div 5,500 = 14$개

따라서 C상품은 14개 구매할 수 있다.

02 　정답　 ②

첫 번째에서 세 번째 자리까지 변경할 수 있는 경우의 수는 0 ~ 9의 숫자를 사용하고 중복해서 사용할 수 있으므로 $10 \times 10 \times 10$가지, 네 번째 자리를 변경할 수 있는 경우의 수는 특수기호 #, * 두 가지를 사용하므로 2가지이다. 그러므로 변경할 수 있는 비밀번호의 경우의 수는 $10 \times 10 \times 10 \times 2$가지이다.

변경된 비밀번호와 기존 비밀번호 네 자리 중 한 자리와 그 문자가 같은 경우는 비밀번호가 네 자리이므로 모두 4가지이다.

- 변경된 비밀번호와 기존 비밀번호의 첫 번째 자리가 일치하는 경우의 수

  변경된 비밀번호와 기존 비밀번호의 첫 번째 자리가 8로 일치하고 나머지 세 자리는 일치하지 않아야 한다. 즉, 변경된 비밀번호의 두 번째 자리는 기존 비밀번호의 두 번째 자리의 기호였던 6이 될 수 없다. 변경된 비밀번호의 세 번째도 마찬가지로 2를 제외한 기호가 들어갈 수 있다. 마지막 네 번째 자리는 기존 비밀번호의 네 번째 자리의 기호가 #이므로 *이 되어야 한다.

  : $1 \times 9 \times 9 \times 1 = 81$가지
- 변경된 비밀번호와 기존 비밀번호의 두 번째 자리가 일치하는 경우의 수

  : $9 \times 1 \times 9 \times 1 = 81$가지
- 변경된 비밀번호와 기존 비밀번호의 세 번째 자리가 일치하는 경우의 수

  : $9 \times 9 \times 1 \times 1 = 81$가지
- 변경된 비밀번호와 기존 비밀번호의 네 번째 자리가 일치하는 경우의 수

  : $9 \times 9 \times 9 \times 1 = 729$가지

따라서 변경된 비밀번호가 기존 비밀번호 네 자리 중 한 자리와 그 문자가 같을 확률은 $\dfrac{81 + 81 + 81 + 729}{10 \times 10 \times 10 \times 2} = \dfrac{972}{2,000} = \dfrac{486}{1,000}$ 이다.

03 　정답　 ④

주사위 두 개를 한 번 던졌을 때

- 0점을 얻을 확률(=주사위 눈의 합이 2, 6, 9, 11, 12일 확률) : $\dfrac{1}{36} + \dfrac{5}{36} + \dfrac{4}{36} + \dfrac{2}{36} + \dfrac{1}{36} = \dfrac{13}{36}$
- 1점을 얻을 확률(=주사위 눈의 합이 4, 7, 8일 확률) : $\dfrac{3}{36} + \dfrac{6}{36} + \dfrac{5}{36} = \dfrac{14}{36}$
- 2점을 얻을 확률(=주사위 눈의 합이 3, 5, 10일 확률) : $\dfrac{2}{36} + \dfrac{4}{36} + \dfrac{3}{36} = \dfrac{9}{36}$

게임판에서 얻을 수 있는 점수는 0점, 1점, 2점이므로 A가 첫 판에 던진 주사위의 눈의 합이 4(1점)였을 때 B가 이길 수 있는 경우는 다음 표와 같다.

첫 번째 판		두 번째 판	
A	B	A	B
1점	0점	0점	2점
	1점	0점	1점
			2점
		1점	2점
	2점	0점	0점
			1점
			2점
		1점	1점
			2점
		2점	2점

$$\therefore (\text{B가 이길 확률}) = \frac{13}{36} \times \frac{13}{36} \times \frac{9}{36} + \frac{14}{36} \times \left\{ \frac{13}{36} \times \left(\frac{14}{36} + \frac{9}{36} \right) + \frac{14}{36} \times \frac{9}{36} \right\} + \frac{9}{36} \times \left\{ \frac{13}{36} \times \left(\frac{13}{36} + \frac{14}{36} + \frac{9}{36} \right) \right.$$

$$\left. + \frac{14}{36} \times \left(\frac{14}{36} + \frac{9}{36} \right) + \frac{9}{36} \times \frac{9}{36} \right\} = \frac{1,521}{36^3} + \frac{5,950}{36^3} + \frac{7,839}{36^3} = \frac{15,310}{36^3}$$

따라서 구하고자 하는 확률은 $\frac{15,310}{36^3}$ 이다.

| 04 | 언어추리

01									
③									

01 정답 ③

F, G지원자는 같은 학과를 졸업하였으므로 2명 이상의 신입사원을 뽑은 배터리개발부나 품질보증부에 지원하였다. 그런데 D지원자가 배터리개발부의 신입사원으로 뽑혔다고 했으므로 F, G지원자는 품질보증부의 신입사원으로 뽑혔다는 것이 된다. 또한 C지원자는 품질보증부에 지원하였다고 하였고 복수전공을 하지 않았으므로 C, F, G지원자가 품질보증부의 신입사원임을 알 수 있다. B지원자는 경영학과 정보통신학을 전공하였으므로 전략기획부와 품질보증부에서 뽑을 수 있다. 하지만 품질보증부는 이미 3명의 신입사원이 뽑혔으므로 B지원자는 전략기획부이다. E지원자는 화학공학과 경영학을 전공하였으므로 생산기술부와 전략기획부에서 뽑을 수 있다. 하지만 전략기획부는 1명의 신입사원을 뽑는다고 하였으므로 E지원자는 생산기술부의 신입사원으로 뽑혔음을 알 수 있다. 마지막으로 A지원자는 배터리개발부와 생산기술부에 지원하였지만 생산기술부는 1명의 신입사원을 뽑으므로 배터리개발부에 뽑혔음을 알 수 있다.

이를 표로 정리하면 다음과 같다.

구분	배터리개발부	생산기술부	전략기획부	품질보증부
A지원자	○	○	–	–
B지원자	–	–	○	○
C지원자	–	–	–	○
D지원자	○	–	–	–
E지원자	–	○	○	–
F지원자	–	–	–	○
G지원자	–	–	–	○

따라서 'E지원자는 생산기술부의 신입사원으로 뽑혔다.'인 ③은 참이다.

CHAPTER

09 2020년 상반기 기출복원문제

|01| 언어이해

01	02								
①	③								

01 정답 ①

제시문의 마지막 문단에 따르면 레드 와인의 탄닌 성분이 위벽에 부담을 줄 수 있으므로 스파클링 와인이나 화이트 와인을 먼저 마신 후 레드 와인을 마시는 것이 좋다. 따라서 레드 와인의 효능으로 위벽 보호는 적절하지 않다.

오답분석

② 마지막 문단에 따르면 레드 와인은 위액의 분비를 촉진하여 식욕을 촉진시킨다.
③ 세 번째 문단에 따르면 레드 와인에 함유된 항산화 성분이 노화 방지에 도움을 준다.
④ 네 번째 문단에 따르면 레드 와인에 함유된 레버라트롤 성분을 통해 기억력이 향상될 수 있다.
⑤ 다섯 번째 문단에 따르면 레드 와인에 함유된 퀘르세틴과 갈산이 체내의 면역력을 높인다.

02 정답 ③

(나)의 설립 목적은 신발을 신지 못한 채 살아가는 아이들을 돕기 위한 것이었고, 이러한 설립 목적은 가난으로 고통 받는 제3세계의 아이들이라는 코즈(Cause)와 연계되어 소비자들은 제품 구매 시 만족감과 충족감을 얻을 수 있었다.

오답분석

①・⑤ 코즈 마케팅은 기업이 추구하는 사익과 사회가 추구하는 공익을 동시에 얻는 것을 목표로 하므로 기업의 실익을 얻으면서 공익과의 접점을 찾는 마케팅 기법으로 볼 수 있다.
②・④ 코즈 마케팅은 기업의 노력에 대한 소비자의 호의적인 반응과 그로 인한 기업의 이미지가 제품 구매에 영향을 미친다. 즉, 기업과 소비자의 관계가 중요한 역할을 하므로 소비자의 공감을 얻어낼 수 있어야 성공적으로 적용할 수 있다.

|02| 자료해석

01	02								
②	⑤								

01 정답 ②

브랜드별 변경 후 판매 용량에 대한 가격에서 변경 전 판매 용량에 대한 가격을 빼면 다음과 같다.
- A브랜드 : $(8,200\times1.2)-(8,000\times1.3)=9,840-10,400=-560$원
- B브랜드 : $(6,900\times1.6)-(7,000\times1.4)=11,040-9,800=1,240$원
- C브랜드 : $(4,000\times2.0)-(3,960\times2.5)=8,000-9,900=-1,900$원
- D브랜드 : $(4,500\times2.5)-(4,300\times2.4)=11,250-10,320=930$원

따라서 A브랜드는 560원 감소, B브랜드는 1,240원 증가, C브랜드는 1,900원 감소, D브랜드는 930원 증가하였다.

02 정답 ⑤

S씨는 휴일 오후 3시에 택시를 타고 서울에서 경기도 맛집으로 이동하였다. 택시요금 계산표에 따라 경기도 진입 전까지 기본요금으로 2km까지 3,800원이며, $4.64-2=2.64$km는 주간 거리요금으로 계산하면 $\frac{2,640}{132}\times100=2,000$원이 나온다. 경기도에 진입 후 맛집 도착까지 거리는 $12.56-4.64=7.92$km로 시계 외 할증이 적용되어 심야 거리요금으로 계산하면 $\frac{7,920}{132}\times120=7,200$원이고, 경기도 진입 후 8분의 시간요금은 $\frac{8\times60}{30}\times120=1,920$원이다.

따라서 S씨가 가족과 맛집에 도착하여 지불하는 택시요금은 $3,800+2,000+7,200+1,920=14,920$원이다.

|03| 창의수리

01	02	03	04	05					
②	④	④	④	②					

01 정답 ②

나누는 수보다 남는 수가 2씩 적으므로 3, 4, 5, 6의 공배수보다 2 적은 수가 조건을 만족하는 자연수이다. 3, 4, 5, 6의 최소공배수는 60이므로 100보다 작은 자연수는 $60-2=58$이다.

따라서 $58=7\times8+2$이므로 58을 7로 나눴을 때 나머지는 2이다.

02 정답 ④

ⅰ) 1~3번째 자리 조합 경우의 수
   1~3번째 자리에는 영문자를 배치할 수 있으며, 1번째 자리에 가능한 문자는 주어진 영문자 A, B, C 모두 올 수 있다. 2번째 자리에는 1번째 자리에 배치한 영문자를 제외한 두 개의 영문자가 올 수 있고 3번째 자리에는 2번째 자리에 배치한 영문자를 제외한 두 개의 영문자가 올 수 있으므로 총 $3\times2\times2$가지이다.
ⅱ) 4~6번째 자리 조합 경우의 수
   4~6번째 자리에는 숫자를 배치할 수 있으며, 중복 사용이 가능하고 연속으로 배치할 수 있으므로 $3\times3\times3$가지이다.

따라서 구하고자 하는 경우의 수는 $(3\times2\times2)\times(3\times3\times3)=324$가지이다.

03 정답 ④

B사원의 속력보다 2배 빠른 A사원이 30걸음 걸었을 때 B사원은 30÷2=15걸음을 걸었다. 그런데 B사원은 20걸음을 걸어 올라갔다고 했으므로 A사원보다 (20÷15)배의 시간이 걸렸다. 에스컬레이터는 일정한 속력으로 올라간다고 했으므로, A사원이 올라갈 때 에스컬레이터가 일정한 속력으로 올라간 계단의 수를 x개라고 하면 올라가는 시간이 (20÷15)배가 걸린 B사원이 올라갈 때 에스컬레이터가 일정한 속력으로 올라간 계단의 수는 (20÷15)x개다. 에스컬레이터가 일정한 속력으로 올라간 계단의 수와 사원이 걸어 올라간 계단의 수를 합하면 에스컬레이터에서 항상 일정하게 보이는 계단의 수이다.

$30+x=20+(20\div15)x$

$\therefore\ x=30$

따라서 에스컬레이터에서 항상 일정하게 보이는 계단의 수는 30+30=60개이다.

04 정답 ④

- 자리에 앉는 경우의 수 : 6!가지
- E를 포함한 4명은 지정석에 앉지 않고 나머지 2명은 지정석에 앉을 경우의 수 : 먼저 E를 제외한 나머지 5명 중 2명이 지정석에 앉을 경우의 수는 $_5C_2$가지이다.

A, B가 지정석에 앉았다고 가정하고 나머지 E를 포함한 4명이 지정석에 앉지 않는 경우의 수를 구하면 다음과 같다.

구분	C 지정석	D 지정석	E 지정석	F 지정석
경우 1	D	C	F	E
경우 2	D	E	F	C
경우 3	D	F	C	E
경우 4	E	C	F	D
경우 5	E	F	C	D
경우 6	E	F	D	C
경우 7	F	C	D	E
경우 8	F	E	C	D
경우 9	F	E	D	C

따라서 E를 포함한 4명은 지정석에 앉지 않고 나머지 2명은 지정석에 앉을 경우의 수는 ($_5C_2\times9$)가지이다.

따라서 구하고자 하는 확률은 $\dfrac{_5C_2\times9}{6!}=\dfrac{5\times4\div2\times9}{6\times5\times4\times3\times2\times1}=\dfrac{1}{8}$이다.

05 정답 ②

주어진 7명의 점수 합은 78+86+61+74+62+67+76=504점이고 9명의 총점은 72×9=648점이다. 따라서 나머지 2명의 점수 합은 648-504=144점이다. 50점 이상만이 합격했으므로 2명 중 1명의 최소 점수는 50점이고 나머지 1명의 최대 점수는 144-50=94점이다. 따라서 9명 중 최고점은 94점이고 중앙값은 74점일 때 차이가 20점으로 가장 크다.

| 01 | 언어이해

01	02	03	04						
④	⑤	⑤	⑤						

01 정답 ④

(A)와 (B)를 통해 공장이 서로 모여 입지하면 비용을 줄여 집적 이익을 얻을 수 있다는 사실과, 벤다이어그램에서 색칠된 교차면이 그러한 이익을 얻을 수 있는 집적지라는 사실을 알 수 있다. 따라서 두 공장이 집적했을 때와 세 공장이 집적했을 때의 교차면의 크기를 통해 세 개의 공장이 집적하는 것이 두 공장이 집적하는 것보다 더 많은 집적 이익을 얻을 수 있음을 추론할 수 있다.

오답분석

① (A)를 통해 공장의 집적으로 이익을 얻을 수 있다는 사실은 알 수 있지만, 그러한 집적으로 인한 문제점은 제시문을 통해 추론할 수 없다.
② (A)를 통해 사회적 집적과 규모 집적의 의미 차이는 알 수 있지만, 이익의 효과 차이는 제시문을 통해 추론할 수 없다.
③ (B)를 통해 운송비 최소점에서의 집적 조건은 알 수 있지만, 공장의 업종이 동일해야 하는지는 추론할 수 없다.
⑤ 공장의 집적으로 인한 문제점과 해결방안은 제시문에 나타나 있지 않다.

02 정답 ⑤

주로 보통 활동을 하는 성인 남성의 하루 기초대사량이 1,728kcal라면 하루에 필요로 하는 총 칼로리는 $1,728 \times (1+0.4) = 2,419.2$kcal가 된다. 이때, 지방은 전체 필요 칼로리 중 20% 이하로 섭취해야 하므로 하루 $2,419.2 \times 0.2 = 483.84$g 이하로 섭취하는 것이 좋다.

오답분석

① 신장 178cm인 성인 남성의 표준 체중은 $1.78^2 \times 22 ≒ 69.7$kg이 된다.
② 표준 체중이 73kg인 성인의 기초대사량은 $1 \times 73 \times 24 = 1,752$kcal이며, 정적 활동을 하는 경우 활동대사량은 $1,752 \times 0.2 = 350.4$kcal이므로 하루에 필요로 하는 총 칼로리는 $1,752 + 350.4 = 2,102.4$kcal이다.
③ 표준 체중이 55kg인 성인 여성의 경우 하루 평균 $55 \times 1.13 = 62.15$g의 단백질을 섭취해야 한다.
④ 탄수화물의 경우 섭취량이 부족하면 케톤산증을 유발할 수 있으므로 반드시 하루에 최소 100g 정도의 탄수화물을 섭취해야 한다.

03 정답 ⑤

근로 소득이 증가하면 단기 평균 소비 성향은 감소하지만, 장기적으로는 근로 소득과 비인적 자산이 거의 비슷한 속도로 성장하므로 소득의 증가에도 불구하고 평균 소비 성향은 일정하게 유지된다.

오답분석

① 평생 소득은 근로 소득뿐만 아니라 금융 자산이나 실물 자산과 같은 비인적 자산을 모두 포함한다.
② ㉠의 식을 통해 알 수 있다.
③ ㉠과 ㉡의 식을 통해 근로 소득뿐만 아니라 비인적 자산에 의해 평생 소득과 평균 소득, 소비가 결정됨을 알 수 있다.
④ 평균 기대 수명의 증가로 정년이 증가한다면 은퇴 나이가 증가하므로 평생 소득 역시 증가하게 된다.

04 정답 ⑤

콩코드는 비싼 항공권 가격에도 불구하고 비행시간이 적게 걸렸기 때문에 주로 시간 단축이 필요한 사람들이 이용했음을 추론할 수 있다. 또한 콩코드 폭발 사건으로 인해 수많은 고위층과 부자들이 피해를 입었다는 점을 통해서도 승객 유형을 추론해 볼 수 있다.

오답분석

① 영국과 프랑스 정부는 세계대전 이후 비행기 산업에서 급성장하는 미국을 견제하기 위해 초음속 여객기 콩코드를 함께 개발하였다.
② 파리 ~ 뉴욕 구간의 비행시간은 평균 8시간이지만, 콩코드는 파리 ~ 뉴욕 구간을 3시간대에 주파할 수 있다고 하였으므로 4번까지 왕복하기는 어려웠을 것으로 추론할 수 있다.
③ 콩코드는 일반 비행기에 비해 많은 연료가 필요하지만, 필요한 연료가 탑승객 수와 관련되는지는 알 수 없다.
④ 2000년 7월 폭발한 콩코드 사건의 원인은 나타나 있지 않으므로 알 수 없다.

| 02 | 자료해석

01									
②									

01 정답 ②

2017년 50대 선물환거래 금액은 $1,980 \times 0.306 = 605.88$억 원이며, 2018년에는 $2,084 \times 0.297 = 618.948$억 원이다. 따라서 2017년 대비 2018년 50대 선물환거래 금액 증가량은 $618.948 - 605.88 = 13.068$억 원으로 13억 원 이상이다.

오답분석

① 2017 ~ 2018년의 전년 대비 10대의 선물환거래 금액 비율 증감 추이는 '증가 – 감소'이고, 20대는 '증가 – 증가'이다.
③ 2016 ~ 2018년의 연도별 40대 선물환거래 금액은 다음과 같다.
  • 2016년 : $1,920 \times 0.347 = 666.24$억 원
  • 2017년 : $1,980 \times 0.295 = 584.1$억 원
  • 2018년 : $2,084 \times 0.281 = 585.604$억 원
  따라서 2018년의 40대 선물환거래 금액은 전년 대비 증가하였으나 2017년에는 전년 대비 감소하였다.
④ 2018년 10 ~ 40대 선물환거래 금액 총비율은 $2.5 + 13 + 26.7 + 28.1 = 70.3\%$로, 2017년 50대 비율의 2.5배인 $30.6 \times 2.5 = 76.5\%$보다 낮다.
⑤ 2018년 30대의 선물환거래 비율은 2016년에 비해 $26.7 - 24.3 = 2.4\%$p 더 높다.

| 03 | 창의수리

01	02	03	04	05	06				
①	⑤	③	①	②	①				

01 정답 ①

가지고 있는 화분의 개수를 n개라고 하자.

화분을 앞문과 뒷문에 각각 한 개씩 배치한다고 하였으므로 배치하는 경우의 수는 $_n\mathrm{P}_2=30$가지이다.

$_n\mathrm{P}_2=n\times(n-1)=30$

$\rightarrow (n+5)(n-6)=0$

$\therefore n=6$

따라서 전체 화분의 개수는 6개이다.

02 정답 ⑤

창구를 3개 운영했을 때 티켓 판매에 걸리는 시간을 a분이라고 하자.

창구 수(개)	처리 시간(분)	손님 수(명)
1	40	$N+40x$
2	16	$N+16x$
3	a	$N+ax$

창구 수가 2개일 때, 한 창구마다 사용한 시간이 각각 16분이므로 두 창구가 일하는 데 사용한 전체 시간은 32분이다. 이를 활용하여 각 창구가 손님을 받아서 처리하는 데 걸린 시간은 다음과 같다.

$N+40x=40 \cdots$ ㉠

$N+16x=32 \cdots$ ㉡

㉠과 ㉡을 연립하면 $N=\dfrac{80}{3}$, $x=\dfrac{1}{3}$이다.

창구 3개를 운영하여 세 창구가 일하는 데 사용한 전체 시간은 $3a$분이므로 다음과 같은 식이 성립한다.

$N+ax=3a \rightarrow \dfrac{80}{3}+\dfrac{1}{3}a=3a \rightarrow \dfrac{8}{3}a=\dfrac{80}{3}$

$\therefore a=10$

따라서 창구를 3개 운영한다면 손님을 받는 데 10분이 걸린다.

03 정답 ③

두 개씩 같은 용액이 들어있는 혼합물을 계산하면 다음과 같다.

A+B+C=1,720원	A+B+E=1,570원	C−E=150원	C>E
B+C+D=1,670원	B+C+E=1,970원	D−E=−300원	E>D
B+D+E=1,520원	C+D+E=1,800원	B−C=−280원	C>B
A+B+E=1,570원	B+C+E=1,970원	A−C=−400원	C>A

이를 정리하면 C>E>D, C>A, C>B인 것을 알 수 있다.

따라서 C가 가장 비싼 용액이다.

04 정답 ①

A지역으로 여행가는 인원수를 a명, B지역으로 여행가는 인원수를 b명이라고 하자.
숙박비는 합해서 17만 원 이상을 사용해야 하고, 교통비는 12만 원 이상 사용해야 하므로 다음과 같은 식이 성립한다.
$17 \leq 7a + 5b \cdots \bigcirc$
$12 \leq 0.5a + 2b \cdots \bigcirc\!\!\bigcirc$
㉠과 ㉡을 합했을 때, 최대 예산은 100만 원이므로 다음과 같은 식이 성립한다.
$29 \leq 7.5a + 7b \leq 100 \cdots \bigcirc\!\!\bigcirc$
각 지역의 최소로 숙박해야 하는 인원은 2명이다.
그러므로 b가 2명, 3명, 4명, …일 때 ㉠, ㉡, ㉢이 성립하는 a의 최댓값을 찾으면 b가 4명일 때 a가 9로 최대이다.
따라서 A지역에 여행갈 수 있는 사람은 최대 9명이다.

05 정답 ②

A ~ D항목의 점수를 각각 a, b, c, d점이라고 하자.
각 가중치에 따른 점수에 대해 다음과 같은 식이 성립한다.
$a + b + c + d = 82.5 \times 4 = 330 \cdots \bigcirc$
$2a + 3b + 2c + 3d = 83 \times 10 = 830 \cdots \bigcirc\!\!\bigcirc$
$2a + 2b + 3c + 3d = 83.5 \times 10 = 835 \cdots \bigcirc\!\!\bigcirc$
㉠과 ㉡을 연립하면 다음과 같은 식이 성립한다.
$a + c = 160 \cdots ⓐ$
$b + d = 170 \cdots ⓑ$
㉠과 ㉢을 연립하면 다음과 같은 식이 성립한다.
$c + d = 175 \cdots ⓒ$
$a + b = 155 \cdots ⓓ$
각 항목의 만점은 100점이므로 ⓐ와 ⓓ를 통해 최저점이 55점이나 60점인 것을 알 수 있다. 만약 A항목이나 B항목의 점수가 55점이라면 ⓐ와 ⓑ에 의해 최고점이 100점 이상이 되므로 최저점은 60점인 것을 알 수 있다.
따라서 $a = 60$, $c = 100$이고, 최고점과 최저점의 차는 $100 - 60 = 40$점이다.

06 정답 ①

물건의 원가를 x원이라고 하자. 도매업자의 판매가는 $1.2x$원이고, 소매업자의 판매가격은 $1.2x \times 2 = 2.4x$원이다.
물건을 500개 구입했을 때의 배송비는 $3,000 \times 5 = 15,000$원이다. 500개 상품의 구입비에서 배송비를 제한 금액은 $447,000 - 15,000 = 432,000$원이므로 다음과 같은 식이 성립한다.
$500 \times 2.4x = 432,000$
$\rightarrow 2.4x = 864$
$\therefore x = 360$
따라서 물건의 원가는 360원이다.

| 04 | 언어추리

01	02								
③	⑤								

01   정답 ③

아이스크림을 좋아함=p, 피자를 좋아함=q, 갈비탕을 좋아함=r, 짜장면을 좋아함=s라 하면, 첫 번째, 두 번째, 네 번째 명제는 각각 $p \rightarrow \sim q$, $\sim r \rightarrow q$, $p \rightarrow s$이다. 두 번째 명제의 대우와 첫 번째 명제에 따라 $p \rightarrow \sim q \rightarrow r$이 되어 $p \rightarrow r$이 성립하고, 결론이 $p \rightarrow s$가 되기 위해서는 $r \rightarrow s$가 추가로 필요하다.
따라서 빈칸에 들어갈 명제로 '갈비탕을 좋아하면 짜장면을 좋아한다.'가 가장 적절하다.

02   정답 ⑤

주어진 조건에 따라 자물쇠를 열 수 있는 열쇠를 정리하면 다음과 같다.

구분	1번 열쇠	2번 열쇠	3번 열쇠	4번 열쇠	5번 열쇠	6번 열쇠
첫 번째 자물쇠	–	–	×	×	×	×
두 번째 자물쇠	–	–	×	–	–	×
세 번째 자물쇠	×	×	×	–	–	×
네 번째 자물쇠	–	–	×	×	–	×

따라서 3번 열쇠로는 어떤 자물쇠도 열지 못하는 것을 알 수 있다.

오답분석
① 첫 번째 자물쇠는 1번 또는 2번 열쇠로 열릴 수 있다.
② 두 번째 자물쇠가 2번 열쇠로 열리면, 세 번째 자물쇠는 4번 열쇠로 열린다.
③ 세 번째 자물쇠가 5번 열쇠로 열리면, 네 번째 자물쇠는 1번 또는 2번 열쇠로 열린다.
④ 네 번째 자물쇠가 5번 열쇠로 열리면, 두 번째 자물쇠는 1번 또는 2번 열쇠로 열린다.

11 2019년 상반기 기출복원문제

| 01 | 언어이해

01	02	03	04						
③	⑤	②	④						

01 정답 ③

일본의 경영학자 노나카 이쿠지로는 암묵지를 크게 기술적 기능과 인지적 기능으로 나누었다. 이 중 기술적 기능은 체화된 전문성으로 수없이 많은 반복과 연습을 통해 습득된다고 설명하고 있지만, 인지적 기능의 경우 개개인의 경험이나 육감이 다시 언어의 형태로 명시화되어 형식지로 변환하고, 다시 이를 내면화하는 과정에서 새로운 암묵지가 만들어지는 상호순환작용을 통해 조직의 지식이 증대된다고 하였다. 따라서 암묵지를 습득하기 위해서 수없이 많은 반복과 연습이 필수적이라고는 확신하기는 어렵다.

02 정답 ⑤

대주가 계약기간이 만료된 뒤 자신의 권리를 이행할 때, 차주는 대주에게 손해를 보장받을 수 없다. 권리금은 전차주와 차주 사이에서 발생한 관행상의 금전으로 법률을 통해 보호받을 수 없으며, 대주는 권리금과 직접적으로 연관되지 않으므로 해당 금액을 지불할 책임 또한 지지 않는다.

오답분석

① 2001년에 상가건물 임대차보호법이 지정되기 전에 대주의 횡포에 대한 차주의 보호가 이루어지지 않았었으므로 현재는 보호받을 수 있다는 것을 알 수 있다.
② 권리금은 본래 상대적 약자인 차주가 스스로의 권리를 지키기 위하여 이용하는 일종의 관행으로 평가받고 있다.
③ 권리금은 전차주가 차주에게 권리를 보장받는 관행상의 금전으로, 장기적으로 차주가 상가를 다음 차주에게 이양하는 경우 전차주로서 권리금을 요구할 수 있다. 대주는 임차료 외의 권리금과는 관련이 없다.
④ 상대적으로 적은 권리금을 지불하고 높은 매출을 기록했을 때, 직접적인 이득을 보는 사람은 새로운 차주이다. 권리금은 전차주가 해당 임대상가에 투자한 것에 대한 유무형의 대가를 차주가 고스란히 물려받는 경우, 가치가 포함된 일종의 이용 대가이기 때문이다.

03 정답 ②

미세먼지의 경우 입자의 크기가 최소 $10 \mu m$ 이하인 먼지로 정의되고 있지만, 황사의 경우 주로 지름 $20 \mu m$ 이하의 모래로 구분하되 통념적으로는 입자 크기로 구분하지 않는다. 따라서 $10 \mu m$ 이하의 황사의 경우 크기만으로 미세먼지와 구분 짓기는 어렵다.

오답분석

①·⑤ 제시문을 통해서 알 수 없는 내용이다.
③ 미세먼지의 역할에 대한 설명을 찾을 수 없다.
④ 제시문에서 설명하는 황사와 미세먼지의 근본적인 구별법은 구성성분의 차이이다.

04 정답 ④

어빙 피셔의 교환방정식 'MV=PT'에서 V는 화폐유통속도를 나타낸다. 따라서 사이먼 뉴컴의 교환방정식인 'MV=PQ'에서 사용하는 V(Velocity)는 화폐유통속도와 동일하며 대체되어 사용되지 않는다.

오답분석

① 사이먼 뉴컴의 교환방정식 'MV=PQ'에서 Q(Quantity)는 상품 및 서비스의 수량이다.
② 어빙 피셔의 화폐수량설은 최근 총거래 수 T(Trade)를 총생산량 Y로 대체하여 사용하고 있다.
③ 교환방정식 'MV=PT'은 화폐수량설의 기본 모형인 거래모형이며, 'MV=PY'은 소득모형으로 사용된다.
⑤ 어빙 피셔는 사이먼 뉴컴의 교환방정식을 인플레이션율과 화폐공급의 증가율 간 관계를 나타내는 이론인 화폐수량설로 재탄생시켰다.

| 02 | 자료해석

01	02								
③	⑤								

01 정답 ③

오답분석

ㄱ. 모든 재배면적 수치가 제시된 자료와 다르다.
ㄹ. 2017년 전년 대비 감소량은 224톤으로, 2018년 전년 대비 감소량인 224톤과 같다.

02 정답 ⑤

C안이 추가로 받을 표를 x표라고 하자. 총 50명의 직원 중 21($=50-15-8-6$)명이 아직 투표를 하지 않았으므로 $x \leq 21$이다. C안에 추가로 투표할 인원을 제외한 ($21-x$)명이 개표 중간 결과에서 가장 많은 표를 받은 A안에 투표한 수보다 C안의 표가 더 많아야 한다.

$15+(21-x)<6+x$

$\rightarrow 30<2x$

$\therefore x>15$

따라서 A, B안의 득표수와 상관없이 C안이 선정되려면 최소 16표가 더 필요하다.

01	02	03	04	05	06				
③	⑤	①	②	④	①				

01 　정답 ③

가장 큰 정각형의 한 변의 길이를 $a$cm라고 하자. 가장 큰 정사각형의 넓이가 255cm²을 넘으면 안되므로 $a<16$이다.

가장 큰 $a$cm 정사각형과 그 다음으로 큰 $(a-1)$cm 정사각형의 넓이를 더한 값이 255cm²을 넘지 않아야 한다.

- $15^2+14^2=225+196=421$cm² → ×
- $14^2+13^2=196+169=365$cm² → ×
- $13^2+12^2=169+144=313$cm² → ×
- $12^2+11^2=144+121=265$cm² → ×
- $11^2+10^2=121+100=221$cm² → ○

이런 방법으로 개수를 늘리면서 a, $(a-1)$, $(a-2)$, …의 넓이 합을 구하면 다음과 같다.

- $11^2+10^2+9^2=121+100+81=302$cm² → ×
- $10^2+9^2+8^2+7^2=100+81+64+49=294$cm² → ×
- $9^2+8^2+7^2+6^2+5^2=81+64+49+36+25=255$cm² → ○

그러므로 정사각형의 한 변의 길이는 각각 5, 6, 7, 8, 9cm이다.

이를 통해 이 사각형의 둘레를 구하면 세로 길이는 9cm이고, 가로 길이는 $5+6+7+8+9=35$cm이다.

따라서 사각형의 전체 둘레 길이는 $(35+9)\times2=44\times2=88$cm이다.

02 　정답 ⑤

불만족을 선택한 직원은 $1,000\times0.4=400$명이고, 이 중 여직원은 $400\times0.7=280$명, 남직원은 $400\times0.3=120$명이다. 불만족을 표현한 직원 중 여직원 수는 전체 여직원의 20%이므로 전체 여직원 수는 $280\times5=1,400$명이고, 남직원 수는 전체의 10%이므로 $120\times10=1,200$명이다.

따라서 전체 직원 수는 $1,400+1,200=2,600$명이다.

03 　정답 ①

각 출장 지역에 대리급 이상이 1명 이상 포함되어야 하므로 과장 2명과 대리 2명을 먼저 각 지역에 배치할 경우의 수는 $(_2C_2\times_3C_2\times4!)$가지이고, 남은 대리 1명과 사원 3명이 각 지역에 출장 가는 경우의 수는 4!가지이다.

즉, A~D지역으로 감사팀이 출장을 가는 전체 경우의 수는 $(_2C_2\times_3C_2\times4!\times4!)$가지이다.

다음으로 대리급 이상이 네 지역에 한 명씩 출장을 가야하므로 한 명의 대리만 과장과 짝이 될 수 있다. 과장과 대리가 한 조가 되어 네 지역 중 한 곳에 출장을 가는 경우의 수는 $(_2C_1\times_3C_1\times4)$가지이다. 그리고 남은 과장 1명, 대리 2명, 사원 3명이 세 지역으로 출장가는 경우의 수는 $(_1C_1\times_2C_2\times3!\times3!)$가지이다.

즉, 과장과 대리가 한 조가 되는 경우의 수는 $(_2C_1\times_3C_1\times4\times_1C_1\times_2C_2\times3!\times3!)$가지이다.

따라서 과장과 대리가 한 조로 출장에 갈 확률은 $\dfrac{_2C_1\times_3C_1\times4\times_1C_1\times_2C_2\times3!\times3!}{_2C_2\times_3C_2\times4!\times4!}=\dfrac{1}{2}$이다.

04 정답 ②

$7 \div 12 = 0.583333333\cdots$이므로 비밀번호의 첫 번째와 두 번째 자리의 수는 5와 8이다.
다음으로 소수점 세 번째 자릿수는 3, 주어진 날짜의 월은 7이므로, 이의 최소공배수는 21이다. 즉, 세 번째와 네 번째 자릿수는 2와 1이다.
따라서 자물쇠의 비밀번호는 5821이다.

05 정답 ④

첫 번째 정보를 활용하면 다음과 같다.
- $a_1 + a_2 + a_3 + a_4 + a_5 + a_6 + a_7 = a_2 + a_3 + a_4 + a_5 + a_6 + a_7 + a_8 \rightarrow a_1 = a_8$
- $a_2 + a_3 + a_4 + a_5 + a_6 + a_7 + a_8 = a_3 + a_4 + a_5 + a_6 + a_7 + a_8 + a_9 \rightarrow a_2 = a_9$
- $a_3 + a_4 + a_5 + a_6 + a_7 + a_8 + a_9 = a_4 + a_5 + a_6 + a_7 + a_8 + a_9 + a_{10} \rightarrow a_3 = a_{10}$
- $a_4 + a_5 + a_6 + a_7 + a_8 + a_9 + a_{10} = a_5 + a_6 + a_7 + a_8 + a_9 + a_{10} + a_{11} \rightarrow a_4 = a_{11}$

$$\vdots$$

- $a_8 + a_9 + a_{10} + a_{11} + a_{12} + a_{13} + a_{14} = a_9 + a_{10} + a_{11} + a_{12} + a_{13} + a_{14} + a_{15} \rightarrow a_1 = a_8 = a_{15}$

이처럼 각각 $a_{7(n-1)+1}$, $a_{7(n-1)+2}$, $a_{7(n-1)+3}$, $a_{7(n-1)+4}$, $a_{7(n-1)+5}$, $a_{7(n-1)+6}$, a_{7n} (n은 자연수)인 수열임을 알 수 있다.
다음으로 두 번째 정보를 정리하면 다음과 같다.
- $a_{7(4-1)+1} = a_{22} = 22$
- $a_{7(7-1)+2} = a_{44} = 44$
- $a_{7(10-1)+3} = a_{66} = 66$
- $a_{7(2-1)+4} = a_{11} = 11$
- $a_{7(5-1)+5} = a_{33} = 33$
- $a_{7(8-1)+6} = a_{55} = 55$
- $a_{7 \times 11} = a_{77} = 77$

이와 같이 계산하면 $a_{20} = a_{7(3-1)+6} = 55$이고, $a_{86} = a_{7(13-1)+2} = 44$이다.
따라서 $a_{20} + a_{86} = 55 + 44 = 99$이다.

06 정답 ①

A ~ D팀의 재작년 인원수를 각각 a명, b명, c명, d명이라고 하면 다음과 같은 식이 성립한다.
- $a + b + c + d = 350$
- $(a+b) \times 0.8 + (c+d) \times 0.5 = 205$

$a+b=x$, $c+d=y$로 치환하면
$x + y = 350 \cdots \bigcirc$
$8x + 5y = 2,050 \cdots \bigcirc$
$\bigcirc$과 $\bigcirc$을 연립하면 $x = 100$, $y = 250$이다.
즉, $x = a + b = 100$, $y = c + d = 250 \rightarrow d = 250 - c$이므로 다음과 같은 식이 성립한다.
$(a+b) \times 1.8 + c \times 0.8 + d \times 1.2 = 390$
$\rightarrow (a+b) \times 1.8 + c \times 0.8 + (250 - c) \times 1.2 = 390$
$\rightarrow -0.4c = -90$
$\therefore c = 225$, $d = 25$
따라서 D팀의 재작년 인원수는 25명이다.

| 04 | 언어추리

01									
②									

01 　정답　②

강대리와 이사원의 진술이 서로 모순이므로, 둘 중 한 사람은 거짓을 말하고 있다.

ⅰ) 강대리의 말이 거짓이라면 워크숍 불참 인원이 2명이므로 조건이 성립하지 않는다.

ⅱ) 강대리의 말이 참이라면 박사원의 말도 참이 된다. 이때, 박사원의 말이 참이라면 유사원은 워크숍에 참석했다. 이사원의 말은 거짓이고, 누가 워크숍에 참석하지 않았는지 모른다는 진술에 의해 김대리의 말 역시 거짓이 된다. 강대리, 박사원, 이사원의 진술에 따라 워크숍에 참석한 사람은 강대리, 김대리, 유사원, 이사원이므로 워크숍에 참석하지 않은 사람은 박사원이 된다.

따라서 거짓말을 하는 사람은 이사원과 김대리이며, 워크숍에 참석하지 않은 사람은 박사원이다.

| 01 | 언어이해

01	02	03	04						
⑤	④	④	③						

01 정답 ⑤

공유경제는 소유권(Ownership)보다는 접근권(Accessibility)에 기반을 둔 경제모델로, 개인이나 기업들이 소유한 물적·금전적·지적 자산에 대한 접근권을 온라인 플랫폼을 통해 거래하는 것이다. 따라서 자신이 타던 자동차를 판매하는 것은 제품에 대한 접근권이 아닌 소유권을 거래하는 것이므로 이를 공유경제의 일환으로 볼 수 없다.

02 정답 ④

빈칸 앞에서는 예술작품에 담겨있는 작가의 의도를 강조하며, 독자가 예술작품을 해석하고 이해하는 활동은 예술적 가치 즉, 작가의 의도가 담긴 작품에서 파생된 2차적인 활동일 뿐이라고 이야기하고 있다. 따라서 독자의 작품 해석에 있어 작가의 의도와 작품을 왜곡하지 않아야 한다는 내용이 빈칸에 들어가야 한다.

오답분석

① · ② 두 번째 문단에 따르면 예술은 독자의 해석으로 완성되는 것이 아니며, 작품을 해석해 줄 독자가 없어도 예술은 그 자체로 가치가 있다.
③ 작품에 포함된 작가의 권위를 인정해야 한다는 것일 뿐, 작가의 권위와 작품 해석의 다양성은 서로 관련이 없다.
⑤ 작품 해석에 있어 작품 제작 당시의 시대적·문화적 배경을 고려해야 한다는 내용은 없다.

03 정답 ④

모바일을 활용한 마케팅은 텍스트를 줄이고, 재미와 즐거움을 줌으로써 고객을 사로잡아야 한다. 이런 부분에서 모든 것을 한 화면 안에서 보여주고, 시각과 청각을 자극하여 정보를 효과적으로 전달하는 비디오 콘텐츠를 활용한 ⊙ 비디오 커머스(V-commerce)가 가장 효과적인 마케팅이다.

04 정답 ③

제시문은 고령화 시대에 발생하는 노인 주거 문제에 대한 일본의 정책을 제시하여 우리나라의 부족한 대처방안을 문제 삼고 있으며, 이러한 문제를 해결하기 위해 공동 주택인 아파트의 공유 공간을 활용하자는 방안을 제시하고 있다. 따라서 노인 주거 문제를 공유를 통해 해결하자는 ③이 제시문의 제목으로 가장 적절하다.

오답분석

① 고령화 속도에 대한 내용은 제시문에 나타나 있지 않다.
② 일본의 정책으로 '유니버설 디자인'의 노인 친화적 주택을 언급하고 있으나, 제시문의 일부에 해당하는 내용이므로 제시문의 제목으로 적절하지 않다.
④ 제시문에서 주로 문제 삼고 있는 것은 사회 복지 비용의 증가가 아닌 부족한 노인 주거 정책이며, 그에 대한 해결 방안을 제시하고 있다.
⑤ 일본의 노인 주거 정책에 비해 우리나라의 부족한 대처 방안을 문제 삼고 있을 뿐, 제시문 전체 내용을 일본과 한국의 정책 비교로 보기 어렵다.

| 02 | 자료해석

01	02								
③	②								

01 정답 ③

가장 무거운 추의 무게를 구해야 하므로 먼저 다섯 개의 추들의 대소 관계를 알아야 한다. B를 기준으로 제시된 식에서 두 개의 같은 추가 들어있는 식의 차를 구하면 다음과 같다.

$(A+B+C)-(A+C+D)=46-29 \rightarrow B-D=17kg$	B>D
$(B+D+E)-(C+D+E)=34-26 \rightarrow B-C=8kg$	B>C
$(B+C+D)-(C+D+E)=41-26 \rightarrow B-E=15kg$	B>E
$(B+C+D)-(A+C+D)=41-29 \rightarrow B-A=12kg$	B>A

이를 통해 B가 가장 무게가 무거운 추라는 것을 알 수 있다. 두 번째 식과 마지막 식을 이용하여 A=B−12, C=B−8을 A+B+C=46kg에 각각 대입하면 다음과 같은 식이 성립한다.

$A+B+C=46$

$\rightarrow (B-12)+B+(B-8)=46$

$\rightarrow 3B-20=46$

$\therefore B=\dfrac{66}{3}=22$

따라서 가장 무거운 추의 무게는 22kg이다.

02 정답 ②

먼저, 갑, 을, 병, 정이 문제를 맞힌 개수와 틀린 개수가 다음과 같다고 하자.

(단위 : 개)

구분	맞힌 문제 개수	틀린 문제 개수
갑	a	a'
을	b	b'
병	c	c'
정	d	d'

갑, 을, 병, 정이 맞힌 개수와 총 문제의 수는 같으므로 학생들이 맞힌 개수는 총 $a+b+c+d=36$개이며, 각각의 점수를 나타내면 다음과 같다.

$10a-5a'=65$점 … ㉠
$10b-5b'=70$점 … ㉡
$10c-5c'=30$점 … ㉢
$10d-5d'=35$점 … ㉣

ⅰ) 세 번째 조건에서 정은 문제를 맞힌 개수와 틀린 개수가 같으므로, ㉣을 통해 다음과 같은 식이 성립한다.

$10d-5d'=35 \rightarrow 10d-5d=5d=35 \rightarrow d=7$

그러므로 정이 $7 \times 2=14$번 버저를 눌렀다는 것을 알 수 있다.

ⅱ) 두 번째 조건에서 갑과 정은 버저를 누른 횟수가 같다고 했으므로, ㉠을 통해 다음과 같은 식이 성립한다.

$10a-5a'=65 \rightarrow 10a-5(14-a)=15a-70=65 \rightarrow 15a=135 \rightarrow a=9$

즉, 틀린 문제 개수는 $a'=14-a=14-9=5$개이다. 갑과 정이 맞힌 문제 개수의 합은 $9+7=16$개이므로 을과 병이 맞힌 문제 개수의 합은 $b+c=36-16=20$개이다.

ⅲ) 네 번째 조건에서 을과 병이 문제를 틀린 개수가 같다고 했으므로, ㉢을 b와 b'에 대한 식으로 바꾸면 다음과 같은 식이 성립한다.

$10c-5c'=30 \rightarrow 10(20-b)-5b'=30 \rightarrow 10b+5b'=170$

방정식 $10b+5b'=170$과 ㉡을 연립해서 풀면 다음과 같은 식이 성립한다.

$(10b-5b')+(10b+5b')=70+170 \rightarrow 20b=240 \rightarrow b=12$
$10 \times 12-5b'=70 \rightarrow b'=10$

마지막으로 병이 맞힌 개수는 $b+c=20 \rightarrow c=8$, 틀린 개수는 $c'=b'=10$개이다.

ⅰ) ~ ⅲ)을 종합하여 갑, 을, 병, 정이 버저 누른 횟수를 정리하면 다음과 같다.

(단위 : 번)

구분	갑	을	병	정
맞힌 횟수	9	12	8	7
틀린 횟수	5	10	10	7
전체 횟수	14	22	18	14

따라서 학생들이 버저를 누른 횟수는 총 $14+22+18+14=68$번이다.

01	02	03	04						
②	①	①	⑤						

01   정답 ②

정사각형 색종이를 처음 반으로 접으면 직사각형 2개가 나오고, 2번 접으면 정사각형 4개, 3번 접으면 직사각형 8개가 나온다. 이를 등비수열로 나타내면 사각형은 접는 수 n번에 따라 2^n개의 사각형이 나온다. 또한 홀수 번 접으면 직사각형이 되고, 짝수 번 접으면 정사각형이 된다.

따라서 정사각형이 64개가 나오려면 $2^6=64$이므로 6번을 접어야 한다.

02   정답 ①

9개의 숫자에서 4개의 숫자를 뽑아 나열할 수 있는 방법은 $_9P_4=9\times8\times7\times6=3,024$가지이다. 여기서 5와 6을 제외하고, 1과 8이 포함된 4자리 숫자를 만들 수 있는 방법은 9개의 숫자에서 제외할 숫자와 포함될 숫자를 빼고, 남은 숫자 중에서 2개의 숫자를 뽑아 1과 8을 포함한 4개 숫자를 나열하는 것이다. 그러므로 경우의 수는 $_{(9-4)}C_2\times4!=_5C_2\times4!=\dfrac{5\times4}{2}\times4\times3\times2\times1=240$가지이다.

따라서 한별이가 5와 6을 제외하고 1과 8을 포함하여 비밀번호를 만들 확률은 $\dfrac{240}{3,024}=\dfrac{5}{63}$이다.

03   정답 ①

2.0L 용량의 음료수 병을 48병 채울 때 필요한 음료의 양은 $2.0\times48\times0.75=72$L이다. 새로운 1.8L 용량의 음료수 병은 한 병에 $1.8\times0.8=1.44$L의 음료를 채울 수 있다.

따라서 새로운 병은 $\dfrac{72}{1.44}=50$병이 필요하다.

04   정답 ⑤

전체 인원 100명을 U, 감귤초콜릿 구매자 44명을 A, 오메기떡 구매자 47명을 B라고 하자. 이를 벤다이어그램으로 나타내면 다음과 같다.

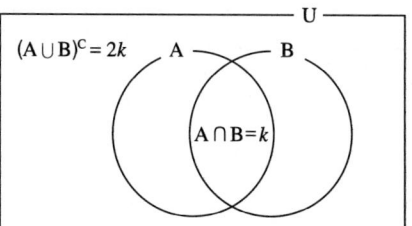

둘 다 구입한 인원을 k명이라고 하자. 감귤초콜릿 또는 오메기떡을 구입한 인원은 $(A\cup B)=A+B-k$이고, 둘 다 구입하지 않은 인원은 둘 다 구입한 인원의 2배라고 했으므로 $(A\cup B)^C=U-(A\cup B)=2k$가 된다.
$(A\cup B)^C=U-(A\cup B) \rightarrow 2k=U-(A+B-k)=100-(44+47-k) \rightarrow k=9$
따라서 둘 다 구입한 인원이 9명이고, 감귤초콜릿만 구입한 사람은 $44-9=35$명이다.

01	02	03							
②	③	④							

01 정답 ②

제시된 조건에 따르면 1층에는 남성인 주임을 배정해야 하므로 C주임이 배정된다. 그러면 3층에 배정 가능한 직원은 남성인 B사원 또는 E대리이다.
ⅰ) 3층에 B사원을 배정하는 경우
   5층에는 A사원이 배정된다. 그리고 D주임은 2층에, E대리는 이보다 위층인 4층에 배정된다.
ⅱ) 3층에 E대리를 배정하는 경우
   5층에 A사원이 배정되면 4층에 B사원이 배정되고, 5층에 B사원이 배정되면 4층에 A사원이 배정된다. 그리고 D주임은 항상 E대리보다 아래층인 2층에 배정된다.
이를 정리하면 다음과 같다.

경우 1		경우 2		경우 3	
층수	직원	층수	직원	층수	직원
5층	A	5층	A	5층	B
4층	E	4층	B	4층	A
3층	B	3층	E	3층	E
2층	D	2층	D	2층	D
1층	C	1층	C	1층	C

따라서 5층에 A사원이 배정되면 4층에는 B사원 또는 E대리가 배정될 수 있다.

오답분석
① D주임은 항상 2층에 배정된다.
③·⑤ 5층에 B사원이 배정되면 4층에는 A사원, 3층에는 E대리이 배정된다.
④ C주임은 항상 1층에 배정된다.

02 정답 ③

첫 번째 조건과 마지막 조건을 통해 가장 먼저 근무하는 A가 월요일, E는 목요일에 근무하는 것을 알 수 있다. 두 번째 조건에서 F가 E보다 먼저 근무하므로 F는 화요일 또는 수요일에 근무하게 된다. 그런데 세 번째 조건에서 G는 A가 근무하는 다음날에 근무한다고 하였으므로 화요일에 근무하게 되어 월, 화, 수, 목은 A - G - F - E 순서로 근무하게 된다. 다음으로 네 번째 조건에 의해 C는 토요일에 근무하고, 다섯 번째 조건에 따라 B는 일요일, 남은 금요일은 D가 근무하게 된다.

월	화	수	목	금	토	일
A	G	F	E	D	C	B

따라서 D가 근무하는 금요일의 전날인 목요일과 다음날인 토요일의 당직 근무자는 E와 C이다.

03 　정답　④

제시된 조건을 정리하면 다음과 같다.
- 스페인
- 프랑스 → ~영국
- 오스트리아 → ~스페인
- 벨기에 → 영국
- 오스트리아, 벨기에, 독일 중 2개 이상

세 번째 명제의 대우 명제는 '스페인 → ~오스트리아'이고, 스페인을 반드시 방문해야 되므로 오스트리아는 방문하지 않을 것이다. 그러면 마지막 조건에 따라 벨기에와 독일은 방문한다. 네 번째 조건에 따라 영국도 방문하고, 그러면 두 번째 조건에 따라 프랑스는 방문하지 않게 된다.

따라서 아름이가 방문할 국가는 스페인, 벨기에, 독일, 영국이며, 방문하지 않을 국가는 오스트리아와 프랑스임을 알 수 있다.

| 05 | 수열추리

01	02								
⑤	③								

01 　정답　⑤

연결선의 가장 안쪽부터 일렬로 나열하면 다음과 같다.

> 2　11　6　23　18　59　(A)　167　…

앞의 항에 ×3+5, −5가 반복되는 수열이다.
따라서 A=59−5=54이다.

02 　정답　③

A부터 B까지 수열을 나열하면 다음과 같다.

> (A)　167　162　491　486　(B)

A에 들어갈 수는 59−5=54이며, B는 486×3+5=1,463이다.
따라서 A부터 B까지 나열한 모든 수의 합은 54+167+162+491+486+1,463=2,823이다.

| 01 | 언어이해

01	02	03	04						
④	①	③	⑤						

01 정답 ④

마지막 문단에 따르면 모든 동물이나 식물종을 보존할 수 없는 것과 같이 언어의 소멸 역시 막기 어려운 측면이 있으며, 그럼에도 불구하고 이를 그저 바라만 볼 수는 없다고 하였다. 따라서 언어 소멸 방지의 어려움을 동물이나 식물종을 완전히 보존하기 어려운 것에 비유한 것이지, 언어 소멸 자체가 자연스럽고 필연적인 현상인 것은 아니다.

오답분석

① 첫 번째 문단에 따르면 전 세계적으로 3,000개의 언어가 소멸해 가고 있으며, 이 중에서 약 600개의 언어는 사용자 수가 10만 명을 넘으므로 비교적 안전한 상태이다. 따라서 나머지 약 2,400개의 언어는 사용자 수가 10만 명이 넘지 않는다고 추론할 수 있다.

② 두 번째 문단의 마지막 문장에 의해, 히브리어는 지속적으로 공식어로 사용할 의지에 따라 부활한 언어임을 알 수 있다.

③ 마지막 문단 두 번째 줄의 '가령, 어떤 ~ 초래할 수도 있다.'를 통해 알 수 있다.

⑤ 두 번째 문단에서 '토착 언어 사용자들의 거주지가 파괴되고, 종족 말살과 동화(同化)교육이 이루어지며, 사용 인구가 급격히 감소하는 것' 이외에도 전자 매체의 확산이 언어 소멸의 원인이 된다고 하였다. 따라서 타의적·물리적 압력에 의해서만 언어 소멸이 이루어지는 것은 아님을 알 수 있다.

02 정답 ①

빈칸 앞 내용은 왼손보다 오른손을 선호하는 이유에 대한 가설을 제시하고, 이러한 가설이 근본적인 설명을 하지 못한다고 말한다. 그러면서 빈칸 뒷부분에서 글쓴이는 왼손이 아닌 '오른손만을 선호'하는 이유에 대한 자신의 생각을 드러내고 있다. 즉, 앞의 가설대로 단순한 기능 분담이라면 먹는 일에 왼손을 사용하는 사회도 존재해야 하는데, 그렇지 않기 때문에 반박하고 있음을 추론해볼 수 있으므로 빈칸에는 사람들이 오른손만 선호하고 왼손을 선호하지 않는다는 주장이 나타나야 한다. 따라서 빈칸에 들어갈 문장으로는 '동서양을 막론하고 왼손잡이 사회는 확인된 바 없기 때문이다.'인 ①이 가장 적절하다.

03 정답 ③

첫 번째 문단 여섯 번째 줄의 '이들이 문제 삼는 것은 ~ 허용될 수 있다.'에서 알 수 있다.

오답분석

① ㉠은 이성이나 언어 능력에서 인간과 동물의 차이가 있더라도 동물실험이 정당화되는 것은 아니라고 주장한다. 따라서 인간과 동물의 언어와 이성 능력 차이를 부정하는 것은 아니다.

② ㉡은 각 동물 개체가 삶의 주체로서 가치를 지닌다고 보지만, 그 이유가 동물이 고통을 느낄 수 있는 존재이기 때문은 아니다.

④ ㉡은 각 동물 개체가 삶의 주체로서 가치를 지니고 실험에 이용되지 않을 권리가 있다고 보며, 인간과 동물의 차이에 대하여 언급한 부분은 없다.

⑤ ㉠과 ㉡ 모두 인간과 동물의 차이에 집중하고 있지 않다.

04 정답 ⑤

제시문에서는 현대 사회의 소비 패턴이 '보이지 않는 손' 아래의 합리적 소비에서 벗어나 과시 소비가 중심이 되었으며, 그 이면에는 소비를 통해 자신의 물질적 부를 표현함으로써 신분을 과시하려는 욕구가 있다고 설명하고 있다. 따라서 제목으로 ⑤가 가장 적절하다.

| 02 | 자료해석

01									
⑤									

01 정답 ⑤

투입량에 대한 생산량을 그래프를 그려보면 다음과 같다.

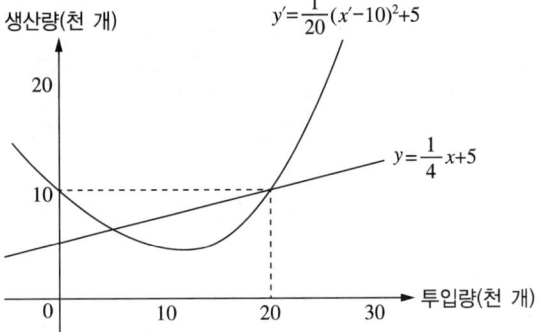

투입량이 1만 개 이상 2만 개 이하일 때 생산량은 두 기계 모두 증가한다. 따라서 투입량이 최대일 때 생산량이 최대이므로 투입량이 2만 개일 때 생산량을 구해보면 두 기계 모두 생산량은 1만 개다.
따라서 최대 총생산량은 2만 개다.

| 03 | 창의수리

01	02								
①	④								

01 정답 ①

A가 21분 동안 움직인 걸음 수는 $\dfrac{21 \times 60}{9} \times 8 = 140 \times 8$걸음이고, B가 21분 동안 움직인 걸음 수는 $\dfrac{21 \times 60}{9} \times 6 = 140 \times 6$걸음이다.

두 사람이 만나기 위해서 이동할 수 있는 경로 중 최단 경로는 두 사람이 있는 곳을 직선으로 연결한 경로이고, 각각 동쪽과 북쪽으로 이동했으므로 피타고라스 정리에 의해 두 사람이 걸어야 할 걸음 수는 다음과 같다.

$$\sqrt{(140 \times 8)^2 + (140 \times 6)^2} = 140\sqrt{8^2 + 6^2} = 140\sqrt{100} = (140 \times 10)걸음$$

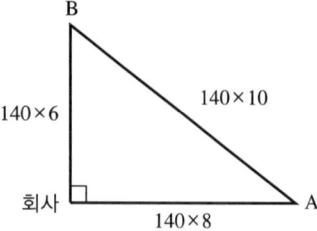

두 사람은 이전과 같은 속력으로 같은 시간 동안 움직여 만난다고 하였으므로 두 사람이 만날 때까지 걸리는 시간을 x초라고 하면 다음과 같은 식이 성립한다.

$x \times (8+6) \div 9 = 140 \times 10 \rightarrow x \times 14 \div 9 = 140 \times 10 \rightarrow x = 140 \times 10 \div (14 \div 9) = 900$

A가 이동한 거리를 물었으므로 A의 걸음 수는 $900 \times 8 \div 9 = 800$걸음이다.

따라서 A가 이동한 거리는 $800 \times 60 = 48,000$cm인 480m이다.

02 정답 ④

숫자가 적힌 8장 중에 7장의 카드를 고른다는 것은 8장 중에 선택하지 않은 1장을 고른다는 말과 같다. 따라서 선택한 7장의 카드에 적힌 숫자를 더한 값은 8장에 적혀 있는 숫자를 모두 더한 값에서 선택하지 않은 1장의 카드에 적힌 숫자를 뺀 값이다. 그러므로 1장씩 선택되지 않을 경우의 수는 총 8가지이다.

확률적으로 8번 반복한 시행을 했을 때, 확률은 다르지만 8장의 카드에 적힌 수가 모두 나올 수도 있고 아닐 수도 있다. 즉 8번을 시행하여 7가지의 경우가 나왔으므로 나올 수 있는 모든 경우의 수가 다 나왔다면 중복되는 카드가 있다는 것이고, 나올 수 있는 경우의 수가 다 나오지 않아 7가지 경우만 보이는 것일 수도 있다.

8장의 카드에 적혀있는 숫자를 각각 a_1, a_2, a_3, a_4, a_5, a_6, a_7, a_8 이라 하자. 이 중에 1장의 카드에 적힌 숫자는 0이므로 $a_8 = 0$이라 하고, $a_1 + a_2 + a_3 + a_4 + a_5 + a_6 + a_7 + a_8 = S$라고 하자.

ⅰ) 7장의 카드에 적힌 숫자를 모두 더하여 나온 수 중에 제일 큰 32가 실제로는 모든 경우가 나오지 않아 제일 큰 수 아닐 경우

7장의 카드에 적힌 숫자를 모두 더하여 나온 수의 차이는 선택되지 않은 카드에 적힌 숫자의 차이와 같으므로 다음과 같이 나타낼 수 있다.

$32 = S - a_1$

• $a_1 + 1 = a_2 (\because 32 - 31 = 1)$
• $a_1 + 2 = a_3 (\because 32 - 30 = 2)$
• $a_1 + 4 = a_4 (\because 32 - 28 = 4)$
• $a_1 + 6 = a_5 (\because 32 - 26 = 6)$
• $a_1 + 7 = a_6 (\because 32 - 25 = 7)$
• $a_1 + 8 = a_7 (\because 32 - 24 = 8)$

따라서 $S - a_1 = a_1 + a_2 + a_3 + a_4 + a_5 + a_6 + a_7 + a_8 - a_1 = a_1 + a_1 + 1 + a_1 + 2 + a_1 + 4 + a_1 + 6 + a_1 + 7 + a_1 + 8 + 0 - a_1$

$= 6 \times a_1 + 28 = 32$이므로 $a_1 = \dfrac{2}{3}$ 이다. 그런데 카드에 적힌 숫자는 0~9 사이의 정수이므로 이는 모순이다.

ⅱ) 7장의 카드에 적힌 숫자를 모두 더하여 나온 수 중에 제일 큰 32가 실제로도 제일 큰 수일 경우(모든 경우가 나오지 않았거나 중복 카드가 존재하는 경우를 모두 포함한다)

7장의 카드에 적힌 숫자가 모두 더하여 나온 수 중에 32가 제일 큰 수이므로 $32 = S - a_8 = S$이다.

따라서 나머지 카드에 적힌 숫자는 1, 2, 4, 6, 7, 8이 나오고 마지막 카드에 적힌 숫자는 $32 - (1 + 2 + 4 + 6 + 7 + 8) = 4$이므로 숫자 4가 적힌 중복 카드가 존재한다.

01 정답 ④

의사의 왼쪽 자리에 앉은 사람이 검은색 원피스를 입었으므로 여자이고, 의사가 남자인 경우와 여자인 경우로 나눌 수 있다.

ⅰ) 의사가 여자인 경우

검은색 원피스를 입은 여자가 교사인 경우와 교사가 아닌 경우로 나눌 수 있다.

- 검은색 원피스를 입은 여자가 교사가 아닌 경우 : 의사가 밤색 티셔츠를 입고, 반대편에 앉은 남자가 교사가 되며, 그 옆의 남자가 변호사이므로 하얀색 니트를 입는다. 그러면 검은색 원피스를 입은 여자가 자영업자가 되어야 하는데, 5번째 조건에 따르면 자영업자는 남자이므로 주어진 조건에 어긋난다.
- 검은색 원피스를 입은 여자가 교사인 경우 : 건너편에 앉은 남자는 밤색 티셔츠를 입었고 자영업자이며, 그 옆의 남자는 변호사이고 하얀색 니트를 입는다. 이 경우 의사인 여자는 남성용인 파란색 재킷을 입어야 하므로 주어진 조건에 어긋난다.

ⅱ) 의사가 남자인 경우

검은색 원피스를 입은 여자가 교사인 경우와 교사가 아닌 경우로 나눌 수 있다.

- 검은색 원피스를 입은 여자가 교사가 아닌 경우 : 검은색 원피스를 입은 여자가 아닌 다른 여자가 교사이고, 그 옆에 앉은 남자는 자영업자이다. 이 경우, 검은색 원피스를 입은 여자가 변호사가 되는데, 4번째 조건에 따르면 변호사는 하얀색 니트를 입어야 하므로 주어진 조건에 어긋난다.
- 검은색 원피스를 입은 여자가 교사인 경우 : 검은색 원피스를 입은 여자의 맞은편에 앉은 남자는 자영업자이고 밤색 티셔츠를 입으며, 그 옆에 앉은 여자는 변호사이고 하얀색 니트를 입는다. 그러므로 의사인 남자는 파란색 재킷을 입고, 모든 조건은 충족된다.

따라서 '의사는 파란색 재킷을 입고 있다.'인 ④가 참이다.

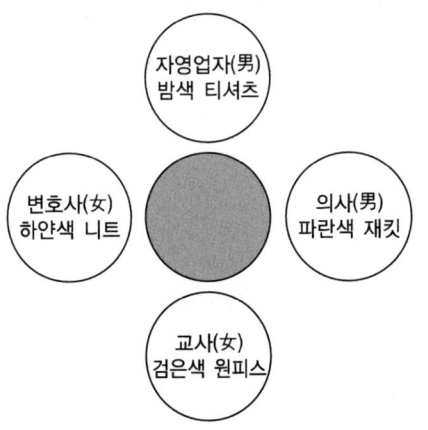

02 정답 ⑤

'티라노사우르스'를 p, '공룡'을 q, '곤충을 먹음'을 r, '직립보행을 함'을 s라고 하면, 각 명제는 순서대로 $p \rightarrow q$, $r \rightarrow \sim q$, $\sim r \rightarrow s$이다. 두 번째 명제의 대우와 첫 번째, 세 번째 명제를 정리하면 $p \rightarrow q \rightarrow \sim r \rightarrow s$이므로 $p \rightarrow s$가 성립한다. 따라서 ⑤가 결론으로 적절하다.

03 정답 ①

3, 4번째 결과에 따라 K부장은 토마토 파스타, S대리는 크림 리소토를 주문한다. 이때, L과장은 5번째 결과에 따라 토마토 리소토나 크림 리소토를 주문할 수 있는데, 만약 L과장이 토마토 리소토를 주문한다면, 2번째 결과에 따라 M대리는 토마토 파스타를 주문해야 하고, 사원들은 둘 다 크림소스가 들어간 메뉴를 주문할 수밖에 없으므로 결과와 모순이 된다. 따라서 L과장은 크림 리소토를 주문했다. 다음으로 사원 2명 중 1명은 크림 파스타, 다른 한 명은 토마토 파스타나 토마토 리소토를 주문해야 하는데, H사원이 파스타를 싫어하므로 J사원이 크림 파스타, H사원이 토마토 리소토, M대리가 토마토 파스타를 주문했다.

다음으로 7번째 결과에 따라 J사원이 사이다를 주문하였고, H사원은 J사원과 다른 음료를 주문해야하지만 8번째 결과에 따라 주스를 함께 주문하지 않으므로 콜라를 주문했다. 또한 8번째 결과에 따라 주스를 주문한 사람은 모두 크림소스가 들어간 메뉴를 주문한 사람이어야 하므로 S대리와 L과장이 주스를 주문했다. 마지막으로 6번째 결과에 따라 M대리는 사이다를 주문하고, K부장은 콜라를 주문했다.

이를 정리하면 다음과 같다.

구분	K부장	L과장	S대리	M대리	H사원	J사원
토마토 파스타	○	−	−	○	−	−
토마토 리소토	−	−	−	−	○	−
크림 파스타	−	−	−	−	−	○
크림 리소토	−	○	○	−	−	−
콜라	○	−	−	−	○	−
사이다	−	−	−	○	−	○
주스	−	○	○	−	−	−

따라서 두 사원이 모두 파스타를 주문한 것은 아니다.

04 정답 ③

03번의 해설을 참고하면 L과장과 S대리는 모두 주스와 크림 리소토를 주문했다.

많이 보고 많이 겪고 많이 공부하는 것은 배움의 세 기둥이다.

– 벤자민 디즈라엘리 –

3개년 주요기업
기출복원문제
정답 및 해설

PART

3

3개년 주요기업 기출복원문제

| 01 | 언어

01	02	03	04	05	06	07	08	09	10	11	12	13	14	15	16	17	18	19	20
⑤	⑤	②	④	①	②	②	⑤	⑤	④	④	④	⑤	②	⑤	③	⑤	②	④	①
21	22	23	24	25	26	27	28	29	30	31	32	33	34	35	36	37	38	39	40
③	③	④	④	⑤	④	②	②	②	④	⑤	④	④	③	③	③	⑤	①	③	③
41	42	43	44	45															
③	②	②	③	④															

01 정답 ⑤

제시문은 비휘발성 메모리인 NAND 플래시 메모리에 대해 먼저 소개하고 NAND 플래시 메모리에 데이터가 저장되는 과정을 설명한 후, 반대로 지워지는 과정을 설명하고 있다. 따라서 (라) NAND 플래시 메모리의 정의 – (나) 컨트롤 게이트와 기저 상태 사이에 전위차 발생 – (가) 전자 터널링 현상으로 전자가 플로팅 게이트로 이동하며 데이터 저장 – (다) 전위차를 반대로 가할 때 전자 터널링 현상으로 전자가 기저상태로 되돌아가며 데이터 삭제의 순으로 나열하는 것이 적절하다.

02 정답 ⑤

제시문은 스페인의 건축가 가우디의 건축물에 대해 설명하는 글이다. 따라서 (나) 가우디 건축물의 특징인 곡선과 대표 건축물인 카사 밀라 – (라) 카사 밀라에 대한 설명 – (다) 가우디 건축의 또 다른 특징인 자연과의 조화 – (가) 이를 뒷받침하는 건축물인 구엘 공원의 순으로 나열하는 것이 적절하다.

03 정답 ②

제시문은 이글루가 따뜻해질 수 있는 원리에 대해 설명하고 있다. 따라서 (나) 에스키모는 이글루를 연상시킴 – (라) 이글루는 눈으로 만든 집임에도 불구하고 따뜻함 – (가) 눈 벽돌로 이글루를 만들고 안에서 불을 피움 – (마) 온도가 올라가면 눈이 녹으면서 벽의 빈틈을 메우고, 눈이 녹으면 출입구를 열어 물을 얼림 – (다) 이 과정을 반복하면서 눈 벽돌집은 얼음집으로 변하여 내부가 따뜻해짐 순으로 나열하는 것이 적절하다.

04 정답 ④

제시문은 예전과는 달라진 덕후에 대한 사회적 시선과 그와 관련된 소비 산업에 대해 이야기하고 있다. 따라서 (다) 덕후의 어원과 더 이상 숨기지 않아도 되는 존재로의 변화 – (가) 달라진 사회 시선과 일본의 오타쿠와 다른 독자적 존재로서 진화해가는 한국의 덕후 – (나) 진화된 덕후들을 공략하기 위해 발달하고 있는 산업 순으로 나열하는 것이 적절하다.

05 정답 ①

제시문은 2,500년 전 인간과 현대의 인간의 공통점을 언급하며 2,500년 전에 쓰인 『논어』가 현대에서 지니는 가치에 대해 설명하고 있다. 따라서 (가) 『논어』가 쓰인 2,500년 전 과거와 현대의 차이점 – (마) 2,500년 전의 책인 『논어』가 폐기되지 않고 현대에서도 읽히는 이유에 대한 의문 – (나) 인간이라는 공통점을 지닌 2,500년 전 공자와 우리들 – (다) 2,500년의 시간이 흐르는 동안 인간의 달라진 부분과 달라지지 않은 부분 – (라) 시대가 흐름에 따라 폐기될 부분을 제외하더라도 여전히 오래된 미래로서의 가치를 지니는 『논어』의 순으로 나열하는 것이 적절하다.

06 정답 ②

제시문은 다문화정책의 두 가지 핵심을 밝히고, 다문화정책의 패러다임 전환을 주장하고 있다. 따라서 (다) 다문화정책의 두 가지 핵심 – (가) 다문화정책에 대한 프랑스의 사례 – (라) 이민자에 대한 배려의 필요성을 주장 – (나) 다문화정책의 패러다임 전환 필요성의 순으로 나열하는 것이 적절하다.

07 정답 ②

제시문은 관객이 영화를 보면서 흐름을 지각하는 것을 제대로 설명하지 못하는 동일시 이론에 대해 문제를 제기하고 이를 칸트의 무관심성을 통해 설명할 수 있다고 제시한다. 이어서 관객이 영화의 흐름을 생동감 있게 체험할 수 있는 이유로 '방향 공간'과 '감정 공간'을 제시하고 이에 대한 설명을 한 뒤 이것이 관객이 영화를 지각할 수 있는 원리가 될 수 있음을 정리하며 마치고 있다. 따라서 (나) 영화를 보면서 흐름을 지각하는 것을 제대로 설명하지 못하는 '동일시 이론' – (가) 영화 흐름의 지각에 대해 설명할 수 있는 칸트의 '무관심성' – (라) 영화의 생동감을 체험할 수 있게 하는 '방향 공간' – (마) 영화의 생동감을 체험할 수 있게 하는 또 다른 이유인 '감정 공간' – (다) 관객이 영화를 지각하는 과정에 대한 정리의 순으로 나열하는 것이 적절하다.

08 정답 ⑤

제시문은 나무를 가꾸기 위해 고려해야 하는 사항에 대해 서술하고 있다. 따라서 (가) 나무를 가꿀 때 고려해야 하는 사항의 나열 및 그중 하나인 생육조건에 대한 설명 – (라) 나무를 양육할 때 주로 저지르는 실수에 대한 설명 – (다) 촘촘히 나무를 심으면 안 는 이유 – (나) 또 다른 식재계획 시 주의할 점의 순으로 나열하는 것이 적절하다.

09 정답 ⑤

제시문은 공포증을 정의한 뒤 공포증은 모든 사람에게 생기는 것이 아님을 주장하고, 공포증이 생기는 이유에 대한 심리학자 와이너의 설명을 담은 글이다. 따라서 (라) 공포증의 정의 – (나) 공포증이 생기는 대상 – (가) 공포증이 생기는 이유를 밝힌 와이너 – (다) 와이너가 밝힌 공포증이 생기는 이유의 순으로 나열하는 것이 적절하다.

10 정답 ④

논리의 흐름에 따라 순서를 나열해 보면, 문화 변동은 수용 주체의 창조적·능동적 측면과 관련되어 이루어짐 – (나) 수용 주체의 창조적·능동적 측면은 외래문화 요소의 수용을 결정지음 – (다) 즉, 문화의 창조적·능동적 측면은 내부의 결핍 요인을 자체적으로 극복하려 노력하나 그렇지 못할 경우 외래 요소를 수용함 – (가) 결핍 부분의 충족에 유용한 부분만을 선별적으로 수용함 – 다시 말해 외래문화는 수용 주체의 내부 요인에 따라 수용 여부가 결정됨 순으로 나열하는 것이 적절하다.

11 정답 ④

쇼펜하우어는 표상의 세계 안에서의 이성의 역할, 즉 시간과 공간, 인과율을 통해서 세계를 파악하는 주인의 역할을 함에도 불구하고 이 이성이 다시 의지에 종속됨으로써 제한적이며 표면적일 수밖에 없다는 한계를 지적하고 있다.

오답분석

① 세계의 본질은 의지의 세계라는 내용은 쇼펜하우어 주장의 핵심 내용이라는 점에서는 옳지만, 제시문의 주요 내용은 주관 또는 이성 인식으로 만들어내는 표상의 세계는 결국 한계를 가질 수밖에 없다는 것이다.
② 제시문에서는 표상 세계의 한계를 지적했을 뿐, 표상 세계의 극복과 그 해결 방안에 대한 내용은 없다.
③ 제시문에서 의지의 세계와 표상의 세계는 의지가 표상을 지배하는 종속관계라는 차이를 파악할 수는 있으나, 중심 내용으로는 적절하지 않다.

12 정답 ④

제시문은 중세 유럽에서 유래된 로열티 제도가 산업 혁명부터 현재까지 지적 재산권에 대한 보호와 가치 확보를 위해 발전되었음을 설명하고 있다. 따라서 가장 적절한 제목은 '로열티 제도의 유래와 발전'인 ④이다.

13 정답 ⑤

자기 공명 방식이 상용화되기 위해서는 현재 사용되는 코일 크기로는 일반 가전제품에 적용할 수 없으므로 코일을 소형화해야 할 필요가 있다고 언급하였다.

오답분석

① 자기 유도 방식은 유도 전력을 이용하지만, 무선 전력 전송을 하기 때문에 철심을 이용하지 않는다.
② 자기 유도 방식은 전력 전송 효율이 높으나 1차 코일에 해당하는 송신부와 2차 코일에 해당하는 수신부가 수 센티미터 이상 떨어지거나 송신부와 수신부의 중심이 일치하지 않게 되면 전력 전송 효율이 급격히 저하된다.
③ 자기 유도 방식의 2차 코일은 교류 전류 방식이다.
④ 자기 공명 방식에서 2차 코일은 공진 주파수를 전달받고 1차 코일에서 공진 주파수를 만든다.

14 정답 ②

첫 번째 문단에서 통각 수용기에는 감각 적응 현상이 거의 일어나지 않는다고 했으므로 적절하다.

오답분석

① 두 번째 문단에서 $A\delta$섬유를 따라 전도된 통증 신호가 대뇌 피질로 전달되면, 대뇌 피질에서는 날카롭고 쑤시는 듯한 짧은 초기 통증을 느끼고 통증이 일어난 위치를 파악한다고 하였으므로 적절하지 않다.
③ 두 번째 문단에서 $A\delta$섬유는 직경이 크고 전도 속도가 빠르며, C섬유는 직경이 작고 전도 속도가 느리다고 했으므로 적절하지 않다.
④ 첫 번째 문단에서 통각 수용기는 피부에 가장 많아 피부에서 발생한 통증은 위치를 확인하기 쉽다고 했으므로 적절하지 않다.
⑤ 두 번째 문단에서 $A\delta$섬유에는 기계적 자극이나 높은 온도 자극에 반응하는 통각 수용기가 분포되어 있고, C섬유에도 기계적 자극이나 높은 온도 자극에 반응하는 통각 수용기가 분포되어 있다고 했으므로 적절하지 않다.

15 정답 ⑤

농작물 재배 능력이 낮고 영농 기반이 부족한 청년농업인들에게는 기존의 농업방식보다 재배 관리 자동화가 가능한 온프레시팜 방식이 농작물 재배에 더 용이할 수 있으나, 초기 시설비용이 많이 들고 재배 기술의 확보가 어려워 접근이 더 수월하다고 볼 수는 없다.

오답분석

① 온프레시팜 지원 사업은 청년농업인들이 안정적으로 농작물을 재배하는 것은 물론 경제적으로도 정착할 수 있도록 도와주는 사업이다.
② 온프레시팜 방식은 이제 막 농업에 뛰어든 청년농업인들이 더욱 수월하게 농업을 경영할 수 있도록 돕는 사업이다.

③・④ 온프레시팜 방식은 토양 없이 식물 뿌리와 줄기에 영양분이 가득한 물을 분사해 농작물을 생산하는 방식이기 때문에 흙 속에 살고 있는 병해충으로 인한 피해를 예방할 수 있다. 또한 토양이 없어 다층으로의 재배도 가능하기에 동일한 면적에서 기존의 농업방식보다 더 많은 농작물을 재배할 것으로 예상된다.

16 정답 ③

세 번째 문단에 치료용 항체는 암세포가 스스로 사멸되도록 암세포에 항체를 직접 투여하는 항암제라고 언급되어 있다.

오답분석
① 첫 번째 문단에 면역 세포는 B세포와 T세포가 있다고 언급되어 있다.
② 두 번째 문단에 암세포가 면역 시스템을 피하여 성장하면서 다른 곳으로 전이되어 암이 발병할 수 있다고 언급되어 있다.
④ 네 번째 문단에 CAR-T세포 치료제는 환자의 T세포를 추출하여 T세포의 암세포를 공격하는 기능을 강화 후 재투여한다고 언급되어 있다.
⑤ 다섯 번째 문단에 면역 활성물질이 과도하게 분비될 때 환자에게 치명적인 사이토카인 폭풍을 일으키는 등 신체 이상 증상을 보일 수 있다고 언급되어 있다.

17 정답 ⑤

정부로부터 면허를 발급받는 것은 면허 발급 방식이며, 보조금을 지급받는 것은 보조금 지급 방식으로 둘 사이의 연관성은 없다.

오답분석
① 과거에는 공공 서비스가 경합성과 배제성이 모두 약한 사회 기반 시설 공급을 중심으로 제공되었다. 이런 경우 서비스 제공에 드는 비용은 주로 세금을 비롯한 공적 재원으로 충당을 한다.
② 공공 서비스의 다양화와 양적 확대가 이루어지면서 행정 업무의 전문성 및 효율성이 떨어지는 문제점이 나타나기도 한다.
③ 정부는 민간 위탁 제도를 도입함으로써 정부 조직의 규모를 확대하지 않으면서 서비스의 전문성을 강화할 수 있다.
④ 경쟁 입찰 방식의 경우 정부가 직접 공공 서비스를 제공할 때보다 서비스의 생산 비용이 절감될 수 있고 정부의 재정 부담도 경감될 수 있다.

18 정답 ②

체내 활성산소의 농도와 생물체의 생명 연장이 비례한다는 내용은 제시문에서 확인할 수 없다.

오답분석
④ 오히려 활성산소인 과산화수소는 체내에 쌓이면 독소가 된다는 점이 제시되어 있다.

19 정답 ④

제시문은 분자 상태의 수소와 산소가 결합하여 물이 되는 과정을 설명한 것으로, 수소 분자와 산소 분자가 원자로 분해되고, 분해된 산소 원자 하나와 수소 원자 두 개가 결합하여 물이라는 화합물이 생성된다고 했다. 따라서 산소 분자와 수소 분자가 '각각' 물이 된다는 내용은 적절하지 않은 해석이다.

20 정답 ①

제시문에서 언급되지 않은 내용이다.

오답분석
② 두 번째 문단에 나와 있다.
③ 첫 번째 문단에서 '위기(爲己)란 자아가 성숙하는 것을 추구하며'라고 하였다.
④ 첫 번째 문단에서 '공자는 공부하는 사람의 관심이 어디에 있느냐를 가지고 학자를 두 부류로 구분했다.'고 하였다.

21 정답 ③

제시문에 따르면 가해자의 징벌을 위해 부과되는 것은 벌금이므로 옳지 않다.

오답분석
① 불법 행위를 감행하기 쉬운 상황일수록 이를 억제하는 데에는 금전적 제재 수단이 효과적이다.
② 벌금은 형사적 제재이고, 과징금은 행정적 제재이다. 두 제재는 서로 목적이 다르므로 한 가지 행위에 대해 동시 적용이 가능하다.
④ 우리나라에서는 기업의 불법 행위에 대해 손해 배상 소송이 제기되거나 벌금이 부과되는 사례는 드물며, 과징금 등 행정적 제재 수단이 억제 기능을 수행하는 경우가 많다.
⑤ 행정적 제재인 과징금은 국가에 귀속되므로 피해자에게 직접적인 도움이 되지는 못한다.

22 정답 ③

세 번째 문단에서 이용후생 학파가 제시한 주요 정책들의 바탕에는 '사농공상으로 서열화된 직업의 귀천을 최대한 배제하고 상공업의 중흥을 강조해야 한다는 생각이 자리 잡고 있었다.'고 하였다. 따라서 이들은 농업의 중요성이 아닌 상공업의 중흥을 강조했다.

23 정답 ④

안전속도 5030 정책에 대한 연령대별 인지도의 평균은 $\dfrac{59.7+66.6+70.2+72.1+77.3}{5}=69.18\%$이다.

오답분석
① 운전자를 대상으로 안전속도 5030 정책 인지도를 조사한 결과 68.1%의 운전자가 정책을 인지하고 있다고 하였으므로 10명 중 6명 이상은 정책을 알고 있다.
② 안전속도 5030 정책에 대한 20대 이하 운전자의 인지도는 59.7%로 가장 낮다.
③ 20대는 59.7%, 30대는 66.6%, 40대는 70.2%, 50대는 72.1%, 60대 이상은 77.3%로 연령대가 높을수록 정책에 대한 인지도가 높다.
⑤ 안전속도 5030 정책은 일반도로의 제한속도를 시속 50km로, 주택가 등의 이면도로는 시속 30km 이하로 하향 조정하는 정책이다.

24 정답 ④

포지티브 방식은 PR 코팅, 즉 감광액이 빛에 노출되었을 때 현상액에 녹기 쉽게 화학구조가 변하며, 네거티브 방식은 반대로 감광액이 빛에 노출되면 현상액에 녹기 어렵게 변한다.

오답분석
① 포토리소그래피는 PR층이 덮이지 않은 증착 물질을 제거하는 식각 과정 이후 PR층을 마저 제거한다. 이후 일련의 과정을 다시 반복하여 증착 물질을 원하는 형태로 패터닝하는 것이다.
② PR코팅은 노광 과정 이후 현상액에 접촉했을 때 반응하여 사라지거나 남게 된다. 따라서 식각 과정 이전에 자신의 실수를 알아차렸을 것이다.
③ 포지티브방식의 PR 코팅을 사용한 창우의 디스플레이 회로의 PR층과 증착 물질이 모두 사라졌다면, 증착 및 코팅 불량이나 PR 제거 실수와 같은 근본적인 오류를 제외할 경우 노광 과정에서 마스크가 빛을 가리지 못해 PR층 전부가 빛에 노출되었을 가능성이 높다.
⑤ 광수가 원래 의도대로 디스플레이 회로를 완성시키기 위해서는 최소 PR 코팅 이전까지 공정을 되돌릴 필요가 있다.

25 정답 ⑤

프리드먼의 항상소득가설은 일시적인 소득을 임시소득으로 보며, 소비에 직접적인 영향을 주지 않는다고 보았다.

오답분석
①·② 프리드먼의 항상소득가설에 대한 설명이다.
③ 프리드먼의 항상소득가설에 따르면 재난지원금은 임시소득으로 소비에 고려되지 않는다.
④ 케인스의 절대소득가설에 대한 설명이다.

26   정답 ④

제시문의 세 번째 문단을 통해 정부가 철도를 통한 탄소 감축을 위해 노력하고 있음을 알 수 있으나, 구체적으로 시행한 조치는 언급되지 않았다.

오답분석

① 첫 번째 문단을 통해 전 세계적으로 탄소중립이 대두되자 이에 대한 방안으로 등장한 것이 철도 수송임을 알 수 있다.
② 첫 번째 문단과 두 번째 문단을 통해 철도 수송의 확대가 온실가스 배출량의 획기적인 감축을 가져올 것임을 알 수 있다.
③ 네 번째 문단을 통해 중앙선 안동 ~ 영천 간 궤도 설계 시 탄소 감축 방안으로 저탄소 자재인 유리섬유 보강근이 철근 대신 사용되었음을 알 수 있다.
⑤ 네 번째 문단을 통해 S철도공단은 철도 중심 교통체계 구축을 위해 건설 단계에서부터 친환경・저탄소 자재를 적용하였고, 탄소 감축을 위해 2025년부터 모든 철도 건축물을 일정한 등급 이상으로 설계하기로 결정하였음을 알 수 있다.

27   정답 ②

아리스토텔레스는 관객과 극중 인물의 감정 교류를 강조하지만 브레히트는 관객이 거리를 두고 극을 보는 것을 강조한다. 브레히트는 관객이 극에 지나치게 몰입하게 되면 극과의 거리두기가 어려워져 사건을 객관적으로 바라볼 수 없게 된다고 보았다. 따라서 제기할 만한 의문으로 가장 적절한 것은 ②이다.

28   정답 ②

제시문에서 필자는 3R 원칙을 강조하며 가장 필수적이고 최저한의 동물실험이 필요악임을 주장하고 있다. 특히 '보다 안전한 결과를 도출해내기 위한 동물실험은 필요악이며, 이러한 필수적인 의약실험조차 금지하려 한다는 것은 기술 발전 속도를 늦춰 약이 필요한 누군가의 고통을 감수하자는 이기적인 주장'이라는 대목을 통해 약이 필요한 이들을 위한 의약실험에 초점을 맞추고 있음을 확인할 수 있다. 따라서 ②의 주장처럼 생명과 큰 관련이 없는 동물실험을 비판의 근거로 삼는 것은 적절하지 않다.

29   정답 ②

기계화・정보화의 긍정적인 측면보다는 부정적인 측면을 부각시키고 있는 제시문을 통해 기계화・정보화가 인간의 삶의 질 개선에 기여하고 있음을 경시한다고 지적할 수 있다.

30   정답 ④

제시문은 소음의 규제에 대한 이야기를 하고 있다. 따라서 소리가 시공간적 다양성을 담아내는 문화 구성 요소라는 주장을 통해 단순 소음 규제에 반박할 수 있다.

오답분석

① 관현악단 연주 사례를 통해 알 수 있는 사실이다.
②・③・⑤ 제시문의 내용에 부합하므로 반론으로 적절하지 않다.

31   정답 ⑤

이곡의 『차마설』은 말을 빌려 탄 개인적인 경험을 통해 소유에 대한 보편적인 깨달음을 제시하고 올바른 삶의 태도를 촉구하는 교훈적 수필로, 개인적 일상의 경험을 먼저 제시하고 이에 대한 자신의 의견을 제시하고 있다.

오답분석

① 말을 빌려 탄 개인의 경험을 소유에 대한 욕망이라는 추상적 대상으로 확장하는 유추의 방법을 사용하고 있다.
② 말을 빌려 탄 개인적 경험의 예화를 통해 소유에 대한 반성의 교훈을 제시하는 2단 구성 방식을 취하고 있다.
③ 주관적인 개인적 경험을 통해 소유에 대한 보편적인 의견을 제시하고 있다.
④ 맹자의 말을 인용하여 사람들의 그릇된 소유 관념을 비판하고 있다.

32 정답 ④

제시문은 정의를 통해 집단사고와 집단지성의 개념을 설명하고, 위키피디아를 집단지성의 사례로 사용하는 예시를 들어 독자의 이해를 돕고 있다. 또한 위키피디아를 '살아 있는 백과사전'으로 표현하는 비유의 설명 방식을 사용하였으며, 집단사고와 집단지성의 차이를 밝히는 대조를 통해 집단지성의 특징을 효과적으로 설명하고 있다.

33 정답 ④

㉠의 '고속도로'는 그래핀이 사용된 선로를 의미하며, ㉢의 '코팅'은 비정질 탄소로 그래핀을 둘러싼 것을 의미한다. ㉠의 그래핀은 전자의 이동속도가 빠른 대신 저항이 높고 전하 농도가 낮다. 연구팀은 이러한 그래핀의 단점을 해결하기 위해, 즉 저항을 감소시키고 전하 농도를 증가시키기 위해 그래핀에 비정질 탄소를 얇게 덮는 방법을 생각해냈다.

오답분석

① ㉡의 '도로'는 기존 금속 재질의 선로를 의미한다. 연구팀은 기존의 금속 재질(㉡) 대신 그래핀(㉠)을 반도체 회로에 사용하였다.
② 반도체 내에 많은 소자가 집적되면서 금속 재질의 선로(㉡)에 저항이 기하급수적으로 증가하였다.
③ 그래핀(㉠)은 구리보다 전기 전달 능력이 뛰어나고 전자 이동속도가 100배 이상 빠르다.
⑤ ㉠의 '고속도로'는 그래핀, ㉡의 '도로'는 금속 재질, ㉢의 '코팅'은 비정질 탄소를 의미한다.

34 정답 ③

두 번째 문단에서 보면 농업경제의 역사에서 정원이 갖는 의미는 시대와 지역에 따라 매우 달랐으나, 여성들의 입장은 지역적인 편차가 없었으므로 ③은 적절하지 않다.

35 정답 ③

제시문의 논지는 인간과 자연의 진정한 조화이다. 따라서 자연과 공존하는 삶을 주장하고 있는 ③이 제시문의 논지와 가장 가깝다.

36 정답 ③

첫 번째 문단에서 오늘날 우리가 부르는 애국가의 노랫말은 외세의 침략으로 나라가 위기에 처해있던 1907년을 전후하여 조국애와 충성심을 북돋우기 위하여 만들어졌음을 알 수 있다. 따라서 1896년 『독립신문』에 현재의 노랫말이 게재되지 않았다.

오답분석

① 두 번째 문단에서 1935년 해외에서 활동 중이던 안익태가 오늘날 우리가 부르고 있는 국가를 작곡하였고, 이 곡은 해외에서만 퍼져나갔다고 하였으므로 1940년 해외에서는 애국가 곡조를 들을 수 있었다.
② 네 번째 문단에서 국기강하식 방송, 극장에서의 애국가 상영 등은 1980년대 후반 중지되었다고 하였으므로 적절하지 않다.
④ 마지막 문단에서 연주만 하는 의전행사나 시상식·공연 등에서는 전주곡을 연주해서는 안 된다고 하였으므로 적절하지 않다.

37 정답 ⑤

현대는 텔레비전이나 만화책을 보는 문화가 신문이나 두꺼운 책을 읽는 문화를 대체하고 있다. 이처럼 휴식이 따라오는 보는 놀이는 사람들의 머리를 비게 하여 생각 없는 사회로 치닫게 한다. 즉, 사람들은 텔레비전을 보는 동안 휴식을 취하며 생각을 하지 않으므로 텔레비전을 많이 볼수록 생각하는 시간이 적어짐을 추론할 수 있다.

38 정답 ①

레이저 절단 가공은 고밀도, 고열원의 레이저를 쏘아 절단 부위를 녹이고 증발시켜 소재를 절단하는 작업이지만, 다른 열 절단 가공에 비해 열변형의 우려가 적다고 언급되어 있다.

오답분석

② 고밀도, 고열원의 레이저를 쏘아 소재를 녹이고 증발시켜 소재를 절단한다고 언급되어 있으므로 절단 작업 중에는 기체가 발생함을 추론할 수 있다.
③ 레이저 절단 가공은 물리적 변형이 적어 깨지기 쉬운 소재도 다룰 수 있다고 언급되어 있다.
④ 반도체 소자가 나날이 작아지고 정교해졌다고 언급되어 있으므로 과거 반도체 소자는 현재 반도체 소자보다 덜 정교함을 추론할 수 있다.
⑤ 레이저 절단 가공은 반도체 산업에서는 이제 없어서는 안 될 필수적인 과정이 되었다고 언급되어 있으므로 현재 기술력으로는 레이저 절단 가공 외의 가공법으로는 반도체 소자를 다루기 쉽지 않음을 추론할 수 있다.

39 정답 ③

질소가 무조건 많이 함유된 것이 좋은 비료가 아니라 탄소와 질소의 비율이 잘 맞는 것이 중요하다.

오답분석

① 커피박을 이용해서 비료를 만들면 커피박을 폐기하는 데 필요한 비용을 절약할 수 있기 때문에 경제적으로도 이득이라고 할 수 있다.
② 비료에서 중요한 요소로 질소를 언급하고 있고, 유기 비료이기 때문에 유기물의 함량 또한 중요하다. 그리고 제시문에서도 질소와 유기물 함량을 분석하고 있기에 중요한 고려 요소라고 할 수 있다.
④ 비료를 만드는 데 발생하는 열로 유해 미생물을 죽일 수 있다고 언급하였다.
⑤ 부재료로 언급된 것 중에서 한약재찌꺼기가 가장 질소 함량이 높다고 하였다.

40 정답 ③

이소크라테스는 영원불변하는 보편적 지식의 무용성을 주장했을 뿐, 존재 자체를 부정했다는 내용은 제시문에서 확인할 수 없다.

오답분석

① 플라톤의 이데아론은 삶과 행위의 구체적이고 실제적인 일상이 무시된 채 본질적이고 이념적인 영역을 추구하고 있다는 비판을 받고 있다.
② 물질만능주의는 모든 관계를 돈과 같은 가치에 연관시켜 생각하는 행위로, 탐욕과 사리사욕을 위한 교육에 매진하는 소피스트들과 일맥상통하는 면이 있다.
④ 이소크라테스는 이데아론의 무용성을 주장하면서 동시에 비도덕적이고 지나치게 사리사욕을 위한 소피스트들의 교육을 비판했다.
⑤ 이소크라테스는 삶과 행위의 문제를 이론적이고도 실제적으로 해석하면서도, 도덕이나 정당화의 문제보다는 변화하는 실제적 행위만 추구한 소피스트들을 비판했기에 훌륭한 말(실제적 문제)과 미덕(도덕과 정당화)을 추구했음을 알 수 있다.

41 정답 ③

레일리 산란의 세기는 보랏빛이 가장 강하지만 우리 눈은 보랏빛보다 파란빛을 더 잘 감지하기 때문에 하늘이 파랗게 보이는 것이다.

오답분석

①·②는 첫 번째 문단, ⑤는 마지막 문단의 내용을 통해 추론할 수 있다.
④ 빛의 진동수는 파장과 반비례하고, 레일리 산란의 세기는 파장의 네제곱에 반비례한다. 즉, 빛의 진동수가 2배가 되면 파장은 1/2배가 되고, 레일리 산란의 세기는 $2^4 = 16$배가 된다.

42 정답 ②

후추나 천초는 고추가 전래되지 않았던 조선 전기까지의 주요 향신료였으며, 19세기 이후 고추가 향신료로서 절대적인 우위를 차지하면서 후추나 천초의 지위가 달라졌다고 하였다. 그러나 후추나 천초가 김치에 쓰였다는 언급은 없다.

43 정답 ②

아리스토텔레스는 물체의 정지 상태가 물체의 운동 상태와는 아무런 상관이 없었으며, 물체에 변화가 있어야만 운동한다고 이해했다.

오답분석

ㄱ. 이론적인 선입견을 배제한다면 일상적인 경험에 의거해 아리스토텔레스의 논리가 더 그럴듯하게 보일 수는 있다고 했지만, 뉴턴 역학이 적절하지 않다고 언급하지는 않았다.

ㄴ. 제시문의 두 번째 줄에서 '아리스토텔레스에 의하면 물체가 똑같은 운동 상태를 유지하기 위해서는 외부에서 끝없이 힘이 제공되어야만 한다.'고 하고 있다. 따라서 아리스토텔레스의 주장과 반대되는 내용이다.

ㄷ. 제시문만으로는 당시에 뉴턴이나 갈릴레오가 아리스토텔레스의 논리를 옳다고 판단했는지는 알 수 없다.

44 정답 ③

제시문에 따르면 젊은 사람들의 경우 장시간 전자 기기를 사용하는 근거리 작업과 전자 기기에서 나오는 블루라이트 등으로 인해 노안 발생률이 증가하고 있다. 따라서 노안을 예방하기 위해서는 전자 기기 사용을 줄이고 블루라이트 차단 제품을 사용하며, 눈에 충분한 휴식을 주어 눈의 부담을 덜어주어야 한다. 그러나 눈 운동과 관련된 내용은 제시문에서 찾아볼 수 없다.

45 정답 ④

ㄴ. 전자 기기의 블루라이트 불빛은 노안의 원인이 되므로 장시간 스마트폰을 사용한다면 노안을 의심해볼 수 있다.

ㅁ. 노안이 발생하면 수정체의 조절 능력이 저하되어 가까운 거리의 시야가 흐리게 보인다.

ㅂ. 노안의 대표적인 증상이다.

오답분석

ㄱ. 안경 착용은 노안과 관계가 없다.

ㄷ. 책을 읽거나 컴퓨터 작업을 할 때 두통이 발생한다면 노안을 의심할 수 있지만, 평상시의 갑작스러운 두통이나 어지럼증은 노안의 증상으로 보기 어렵다.

ㄹ. 최신 스마트폰 사용은 노안과 관계가 없으며, 스마트폰의 장시간 사용이 노안의 발생 원인이 된다.

| 02 | 수리

01	02	03	04	05	06	07	08	09	10	11	12	13	14	15	16	17	18	19	20
②	③	①	④	④	②	①	④	①	⑤	③	①	③	⑤	⑤	②	③	②	⑤	④
21	22	23	24	25	26	27	28	29	30	31	32	33	34	35	36	37	38	39	40
③	②	⑤	⑤	④	④	③	③	②	①	①	①	③	②	②	②	④	③	①	③
41	42	43	44	45	46	47	48	49	50	51	52	53	54	55	56	57	58	59	60
④	④	④	⑤	④	③	④	③	②	④	③	⑤	④	②	④	⑤	②	③	①	③
61	62	63	64	65															
③	④	⑤	③	①															

01 정답 ②

3인실, 2인실, 1인실로 배정되는 인원을 정리하면 다음과 같은 식이 성립한다.
- $(3, 2, 0)$: $_5C_3 \times _2C_2 = 10$가지
- $(3, 1, 1)$: $_5C_3 \times _2C_1 \times _1C_1 = 20$가지
- $(2, 2, 1)$: $_5C_2 \times _3C_2 \times _1C_1 = 30$가지

따라서 방에 배정되는 경우의 수는 총 $10+20+30=60$가지이다.

02 정답 ③

작년 남학생 수와 여학생 수를 각각 a명, b명이라 하면 다음과 같은 식이 성립한다.
작년 전체 학생 수 : $a+b=820$ … ㉠
올해 전체 학생 수 : $1.08a+0.9b=810$ … ㉡
㉠과 ㉡을 연립하면 $a=400$, $b=420$이다.
따라서 작년 여학생의 수는 420명이다.

03 정답 ①

불량률이 15%일 때 제품의 원가를 x원이라고 하자.
불량률이 10%일 때와 매출액이 같다면 다음과 같은 식이 성립한다.
(제품 생산량)$\times 0.85 \times x =$ (제품 생산량)$\times 0.9 \times 17$
$$\therefore x = \frac{17 \times 0.9}{0.85} = 18$$
따라서 불량률이 15%로 올랐을 때 제품의 원가를 18만 원으로 책정해야 불량률이 10%일 때와 매출액이 같아진다.

04 정답 ④

- 흰 구슬을 먼저 뽑고, 검은 구슬을 뽑을 확률 : $\frac{4}{10} \times \frac{6}{9} = \frac{4}{15}$
- 검은 구슬을 먼저 뽑고, 흰 구슬을 뽑을 확률 : $\frac{6}{10} \times \frac{4}{9} = \frac{4}{15}$

따라서 흰 구슬과 검은 구슬을 각각 1개씩 뽑을 확률은 $\frac{4}{15} + \frac{4}{15} = \frac{8}{15}$ 이다.

05 정답 ④

토마토의 개수를 x개, 배의 개수를 y개라고 하면 다음과 같은 식이 성립한다.

$120 \times x + 450 \times y = 6,150 - 990 \rightarrow 4x + 15y = 172 \cdots \bigcirc$

$90 \times x + 210 \times y = 3,150 - 300 \rightarrow 3x + 7y = 95 \cdots \bigcirc\!\bigcirc$

$\bigcirc$과 $\bigcirc\!\bigcirc$을 연립하면 $x = 13$, $y = 8$이다.

따라서 바구니 안에 배는 8개가 들어있다.

06 정답 ②

(집에서 마트까지 걸은 시간)+(물건을 구매하는 시간)+(마트에서 집까지 걸은 시간)=2시간 30분이다.

집에서 마트까지의 거리를 $x$km라고 하면 다음과 같은 식이 성립한다.

$\dfrac{x}{6} + \dfrac{2}{3} + \dfrac{x}{4} = \dfrac{5}{2}$

$\rightarrow \dfrac{5}{12}x = \dfrac{11}{6}$

$\therefore x = \dfrac{22}{5} = 4.4$

따라서 집에서 마트까지의 거리는 4.4km이다.

07 정답 ①

8명의 선수 중 4명을 뽑는 경우의 수는 ${}_8C_4 = \dfrac{8 \times 7 \times 6 \times 5}{4 \times 3 \times 2 \times 1} = 70$가지이다.

A, B, C를 포함하여 4명을 뽑는 경우의 수는 A, B, C를 제외한 5명 중 1명을 뽑으면 되므로 ${}_5C_1 = 5$가지이다.

따라서 구하고자 하는 확률은 $\dfrac{5}{70} = \dfrac{1}{14}$이다.

08 정답 ④

A열차의 길이를 xm라 하면 A열차의 속력은 $\dfrac{390+x}{9}$ m/s이고, B열차의 길이는 350m이므로 B열차의 속력은 $\dfrac{365+335}{10} = 70$m/s이다.

두 열차가 마주보는 방향으로 달려 완전히 지나가는 데 4.5초가 걸리므로, 두 열차가 4.5초 동안 달린 거리의 합은 두 열차의 길이의 합과 같다.

$\left(\dfrac{390+x}{9} + 70\right) \times 4.5 = x + 335$

$\rightarrow \dfrac{390+x}{2} + 315 = x + 335$

$\rightarrow 390 + x = 2x + 40$

$\therefore x = 350$

따라서 A열차의 길이는 350m이다.

09 정답 ①

올라간 거리를 $x$km라 하면 내려온 거리는 $(x+2)$km이다. 이때 올라간 시간과 내려간 시간이 같다고 하였으므로 다음과 같은 식이 성립한다.

$\dfrac{x}{4} = \dfrac{x+2}{6} \rightarrow 3x = 2(x+2)$

$\therefore x = 4$

따라서 내려올 때 걸린 시간은 $\dfrac{4+2}{6} = 1$시간이다.

10 정답 ⑤

첫 번째 이벤트에서 같은 조였던 사람은 두 번째 이벤트에서 같은 조가 될 수 없다고 하였으므로 보기에 주어진 각 조의 조원들은 첫 번째 이벤트에서 모두 다른 조일 수밖에 없다. 그러므로 첫 번째 이벤트의 각 조에서 두 조원씩은 이미 1, 4조에 배정되었고 나머지 두 조원씩 8명을 2, 3조에 배정해야 한다. 두 번째 이벤트의 2, 3조 역시 첫 번째 이벤트에서 같은 조였던 사람은 두 번째 이벤트에서 같은 조가 될 수 없으므로 각 조에서 한 명씩을 뽑아 배정해야 한다. 한 조를 정하고 나면 나머지 한 조는 자동으로 정해지므로 $_2C_1 \times _2C_1 \times _2C_1 \times _2C_1$ 라는 식을 세울 수 있다.

따라서 조를 정할 수 있는 경우의 수는 $2 \times 2 \times 2 \times 2 = 16$가지이다.

11 정답 ③

사탕을 x개 산다고 하면 초콜릿은 $(14-x)$개 살 수 있으므로 다음과 같은 식이 성립한다.

$235 \le 15x + 20(14-x) \le 250$

$\therefore 6 \le x \le 9$

따라서 사탕을 최대 9개 살 수 있다.

12 정답 ①

문제 B를 맞힐 확률을 p라 하면 다음과 같은 식이 성립한다.

$$\left(1 - \frac{3}{5}\right) \times p = \frac{24}{100}$$

$$\rightarrow \frac{2}{5}p = \frac{6}{25}$$

$$\therefore p = \frac{3}{5}$$

따라서 문제 A는 맞히고, 문제 B는 맞히지 못할 확률은 $\left(1 - \frac{3}{5}\right) \times \left(1 - \frac{3}{5}\right) \times 100 = \frac{4}{25} \times 100 = 16\%$이다.

13 정답 ③

전체 일의 양을 1이라고 하고, A~C가 하루에 할 수 있는 일의 양을 각각 $\frac{1}{a}$, $\frac{1}{b}$, $\frac{1}{c}$ 라고 하자.

$\frac{1}{a} + \frac{1}{b} = \frac{1}{12}$ ⋯ ㉠

$\frac{1}{b} + \frac{1}{c} = \frac{1}{6}$ ⋯ ㉡

$\frac{1}{c} + \frac{1}{a} = \frac{1}{18}$ ⋯ ㉢

㉠, ㉡, ㉢을 모두 더한 다음 2로 나누면 3명이 하루에 할 수 있는 일의 양을 구할 수 있다.

$\frac{1}{a} + \frac{1}{b} + \frac{1}{c} = \frac{1}{2}\left(\frac{1}{12} + \frac{1}{6} + \frac{1}{18}\right) = \frac{1}{2}\left(\frac{3+6+2}{36}\right) = \frac{11}{72}$

따라서 72일 동안 3명이 끝낼 수 있는 일의 양은 $\frac{11}{72} \times 72 = 11$이므로 전체 일의 양의 11배이다.

14 정답 ⑤

작년 사원수에서 줄어든 인원은 올해 진급한 사원(12%)과 퇴사한 사원(20%)이므로 이를 합하면 $400 \times (0.12 + 0.2) = 128$명이며, 작년 사원에서 올해도 사원인 사람은 $400 - 128 = 272$명이다. 올해 사원수는 작년 사원수에서 6% 증가했으므로 $400 \times 1.06 = 424$명이다.

따라서 올해 채용한 신입사원은 $424 - 272 = 152$명이다.

15 정답 ⑤

ⅰ) 7명의 학생이 원탁에 앉는 경우의 수 : $(7-1)! = 6!$가지
ⅱ) 7명의 학생 중 여학생 3명이 원탁에 이웃해서 앉는 경우의 수 : $[(5-1)! \times 3!]$가지

따라서 7명의 학생 중 여학생 3명이 원탁에 이웃해서 앉는 확률은 $\dfrac{4! \times 3!}{6!} = \dfrac{1}{5}$이다.

16 정답 ②

7회 말까지 B팀이 얻은 점수를 x점이라고 하자.
8·9회에서 A팀이 얻은 점수는 $(12-x)$점, B팀은 $(9-x)$점이므로 다음과 같은 식이 성립한다.
$2(9-x) = 12-x$
$\therefore\ x = 6$
따라서 B팀은 8·9회에서 B팀은 $9-6 = 3$점을 획득하였다.

17 정답 ③

전체 8명에서 4명을 선출하는 경우의 수에서 남자만 4명을 선출하는 경우의 수를 빼면 된다.
$_8\mathrm{C}_4 - {}_5\mathrm{C}_4 = \dfrac{8 \times 7 \times 6 \times 5}{4 \times 3 \times 2 \times 1} - \dfrac{5 \times 4 \times 3 \times 2}{4 \times 3 \times 2 \times 1} = 70 - 5 = 65$
따라서 구하는 경우의 수는 65가지이다.

18 정답 ②

제시된 시계는 [(시침의 숫자)+(분침의 숫자)]×5=(가운데 숫자)의 규칙을 갖는다.
• A : $(9+7) \times 5 = 80$
• B : $(\mathrm{B}+6) \times 5 = 65 \ \rightarrow \ \mathrm{B} + 6 = 13 \ \rightarrow \ \mathrm{B} = 7$
따라서 $2\mathrm{B} - \dfrac{\mathrm{A}}{20} = 2 \times 7 - \dfrac{80}{20} = 14 - 4 = 10$이다.

19 정답 ⑤

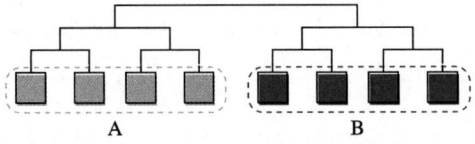

위의 그림과 같이 8강전 대진표를 살펴보면 결승전은 네 명 중에서 한 명씩 진출하는 것을 알 수 있다. 그러므로 결승전 전까지 같은 국가의 선수 대결을 피하기 위해서는 A그룹과 B그룹에 두 명의 선수들이 나누어 들어가야 한다.
대진표상 A그룹과 B그룹은 따로 구별이 필요하지 않다. 하지만 두 명의 한국 선수가 각 그룹에 들어갔다고 하였을 때, 선수를 기준으로 두 그룹의 구별이 발생한다. 해당 그룹에 각 나머지 나라의 선수들이 배치되는 경우의 수는 $2 \times 2 \times 2 = 8$가지이다.
따라서 분배된 인원들의 경기의 경우의 수를 구하면 $_4\mathrm{C}_2 \times {}_2\mathrm{C}_2 \div 2 \times {}_4\mathrm{C}_2 \times {}_2\mathrm{C}_2 \div 2 = 9$이므로 $8 \times 9 = 72$가지이다.

20　정답　④

남자 회원 수를 x명, 여자 회원 수를 y명이라고 하면 다음과 같은 식이 성립한다.

$y=0.8x \cdots \text{㉠}$

$x-5=y+1 \cdots \text{㉡}$

㉠과 ㉡을 연립하면 $x=30$, $y=24$이다.

따라서 모임의 회원 수는 $30+24=54$명이다.

21　정답　③

• 파란색 식권 3장 → 최대 3명이 식사 가능

• 초록색 식권 2장 → 최대 4명이 식사 가능

따라서 주어진 식권으로 최대 7명이 식사할 수 있다.

22　정답　②

A가 합격할 확률을 P(A)라 하고, B가 합격할 확률을 P(B)라 할 때, 두 사람의 합격 여부는 서로 영향을 미치지 않으므로 A, B 모두 합격할 확률은 P(A)∩P(B)=P(A)×P(B)=0.30이다.

P(A)=0.4이므로 $\text{P(B)}=\dfrac{0.3}{0.4}=\dfrac{3}{4}=0.75$이다.

따라서 두 사람 모두 불합격할 확률은 $(1-0.4)\times(1-0.75)=0.6\times0.25=0.15$이다.

23　정답　⑤

A제품을 n개 이어 붙이는 데 필요한 시간이 a_n분일 때, 제품 $(n+1)$개를 이어 붙이는 데 필요한 시간은 $(2a_n+n)$분이다. 그러므로 제품 n개를 이어 붙이는 데 필요한 시간은 다음과 같다.

• 6개 : $2\times42+5=89$분

• 7개 : $2\times89+6=184$분

• 8개 : $2\times184+7=375$분

따라서 제품 8개를 이어 붙이는 데 필요한 시간은 375분이다.

24　정답　⑤

A규칙은 계차수열로 앞의 항에 +5를 하여 항과 항 사이에 +20, +25, +30, +35, +40, +45…을 적용하는 수열이고, B규칙은 앞의 항에 +30을 적용하는 수열이다.

따라서 빈칸에 들어갈 a와 b의 총합이 처음으로 800을 넘는 값은 a=410, b=420이다.

25　정답　④

제시된 표를 통해 메모리 개발 용량은 1년마다 2배씩 증가함을 알 수 있다.

• 2004년 : 8,192MB

• 2005년 : 16,384MB

• 2006년 : 32,768MB

• 2007년 : 65,536MB

따라서 2007년에 개발한 반도체 메모리의 용량은 65,536MB이다.

26 　정답　④

각 행은 인접한 두 수의 차이가 일정한 수열이다.

1행 : $1 \rightarrow 3 \rightarrow 5 \rightarrow 7$
$\quad\quad\quad +2 \quad\quad +2 \quad\quad +2$

2행 : $11 \rightarrow 15 \rightarrow 19 \rightarrow 23$
$\quad\quad\quad\ +4 \quad\quad +4 \quad\quad +4$

3행 : $30 \rightarrow 35 \rightarrow 40 \rightarrow 45$
$\quad\quad\quad\ +5 \quad\quad +5 \quad\quad +5$

4행 : $62-74=-12$이므로 앞의 항에 -12를 하는 수열임을 알 수 있다.

$\quad\quad 98 \rightarrow (86) \rightarrow 74 \rightarrow 62$
$\quad\quad\quad -12 \quad\quad -12 \quad\quad -12$

따라서 (　)$=98-12=86$이다.

27 　정답　③

앞의 항에 $\times(-2)$, $+(3$의 배수$)$가 반복되는 수열이다.
따라서 (　)$=-2+12=10$이다.

28 　정답　③

앞의 항에 -20, -19, -18, -17, -16, …을 하는 수열이다.
따라서 (　)$=43-17=26$이다.

29 　정답　②

(앞의 항)$-$(뒤의 항)$=$(다음 항)인 수열이다.
따라서 (　)$=-7-49=-56$이다.

30 　정답　①

앞의 항에 $\times7-1$, $\times7$, $\times7+1$, $\times7+2$, …을 하는 수열이다.
따라서 (　)$=0.2\times7-1=0.4$이다.

31 　정답　①

나열된 수를 각각 A, B, C라고 하면
$\underline{A\ B\ C} \rightarrow A \times C = B$
따라서 (　)$=12\div3=4$이다.

32 　정답　①

홀수 항은 $\times\dfrac{3}{2}$, 짝수 항은 $\times\dfrac{4}{3}$을 하는 수열이다.

따라서 (　)$=432\div\dfrac{4}{3}=324$이다.

33 정답 ③

나열된 수를 각각 A, B, C라고 하면

$\underline{A \ B \ C} \rightarrow (A+B) \div 3 = C$

따라서 (　)$= 6 \times 3 - 8 = 10$이다.

34 정답 ②

앞의 항에 0.1, 0.15, 0.2, 0.25, …을 더하는 수열이다.

따라서 (　)$= 1.1 + 0.3 = 1.40$이다.

35 정답 ②

분자는 -5, -6, -7, …, 분모는 $+11$, $+22$, $+33$, …을 하는 수열이다.

따라서 (　)$= -\dfrac{-19-9}{121+55} = -\dfrac{28}{176}$이다.

36 정답 ②

앞의 항에 $\times(-1)$, $\times(-2)$, $\times(-3)$, …을 하는 수열이다.

따라서 (　)$= (-120) \times (-6) = 720$이다.

37 정답 ④

수도권에서 각 과일의 판매량은 다음과 같다.

- 배 : $800,000 + 1,500,000 + 200,000 = 2,500,000$개
- 귤 : $7,500,000 + 3,000,000 + 4,500,000 = 15,000,000$개
- 사과 : $300,000 + 450,000 + 750,000 = 1,500,000$개

$\therefore a = \dfrac{800,000}{2,500,000} = 0.32$, $b = \dfrac{3,000,000}{15,000,000} = 0.2$, $c = \dfrac{750,000}{1,500,000} = 0.5$

따라서 $a+b+c = 1.02$이다.

실제 시험에서는 단위를 조정하여 계산을 더 간단하게 하도록 한다.

38 정답 ③

2022년 전년 대비 A ~ D사의 판매 수익 감소율은 각각 다음과 같다.

- A사 : $\dfrac{18-9}{18} \times 100 = 50\%$

- B사 : $\dfrac{6-(-2)}{6} \times 100 = 133\%$

- C사 : $\dfrac{7-(-6)}{7} \times 100 = 186\%$

- D사 : $\dfrac{-5-(-8)}{-5} \times 100 = -60\%$이지만, 전년 대비 감소하였으므로 감소율은 60%이다.

따라서 2022년의 판매 수익은 A ~ D사 모두 전년 대비 50% 이상 감소하였다.

① 2021 ~ 2023년의 전년 대비 판매 수익 증감 추이는 A ~ D사 모두 '감소 - 감소 - 증가'이다.
② 2022년 판매 수익 총합은 9+(−2)+(−6)+(−8)=−7조 원으로 적자를 기록하였다.
④ B사와 D사의 2020년 대비 2023년의 판매 수익은 각각 10−8=2조 원, −2−(−4)=2조 원으로 두 곳 모두 2조 원 감소하였다.
⑤ 2020년 대비 2023년의 판매 수익은 A사만 증가하였고, 나머지는 모두 감소하였다.

39 정답 ①

이산화탄소의 농도가 계속해서 증가하고 있는 것과 달리 오존 전량은 2018년부터 2020년까지 차례로 감소하였고 2023년에도 감소하였으므로 옳지 않다.

② 이산화탄소의 농도는 2017년 387.2ppm에서 시작하여 2023년 395.7ppm으로 해마다 증가했다.
③ 오존 전량은 2018년에는 1DU, 2019년에는 2DU, 2020년에는 3DU 감소하였으며, 2023년에는 8DU 감소하였다.
④ 2023년 오존 전량은 335DU로, 2017년의 331DU보다 4DU 증가했다.
⑤ 2023년 이산화탄소 농도는 2018년의 388.7ppm에서 395.7ppm으로 7ppm 증가했다.

40 정답 ③

바레니클린의 시장가격에서 국가 지원액을 제외한 본인부담금은 1,767−1,000=767원/정이다. 하루에 2정씩 총 28일(∵ 1월 투여기간)을 복용하므로 본인부담금은 767×2×28=42,952원이다. 금연 패치는 하루에 1,500원이 지원되므로 본인부담금이 없다.
따라서 B대리가 안내한 본인부담금은 42,952원이다.

41 정답 ④

1인당 지급하는 국문 명함은 150장이므로 1인 기준 국문 명함 제작비용은 10,000(∵ 100장)+3,000(∵ 추가 50장)=13,000원이다. 이때 신입사원의 수를 x명이라고 하면 다음과 같은 식이 성립한다.
$13,000x=195,000$
$\therefore x=15$
따라서 신입사원의 수는 15명이다.

42 정답 ④

1인당 지급하는 영문 명함은 200장이므로 1인 기준 영문 명함 제작비용(일반 종이 기준)은 15,000(∵ 100장)+10,000(∵ 추가 100장)=25,000원이다.
이때 고급 종이로 영문 명함을 제작하므로 해외영업부 사원들의 1인 기준 영문 명함 제작비용은 $25,000\left(1+\dfrac{1}{10}\right)=27,500$원이다.
따라서 8명의 영문 명함 제작비용은 27,500×8=220,000원이다.

43 정답 ④

책의 수는 매월 25권씩 늘어난다.
따라서 2023년 5월에 보유하는 책의 수는 500+25×11=775권이다.

44 정답 ⑤

전월에 제조되는 초콜릿의 개수와 금월에 제조되는 초콜릿의 개수의 합이 명월에 제조되는 초콜릿의 개수이다.
- 2023년 7월 초콜릿의 개수 : $80+130=210$개
- 2023년 8월 초콜릿의 개수 : $130+210=340$개
- 2023년 9월 초콜릿의 개수 : $210+340=550$개
- 2023년 10월 초콜릿의 개수 : $340+550=890$개
- 2023년 11월 초콜릿의 개수 : $550+890=1,440$개

따라서 2023년 11월에는 1,440개의 초콜릿이 제조된다.

45 정답 ④

2018년의 부품 수가 2017년보다 $170-120=50$개 늘었을 때, 불량품 수는 $30-10=20$개 늘었고, 2019년의 부품 수가 2018년보다 $270-170=100$개 늘었을 때, 불량품 수는 $70-30=40$개 늘었다.
그러므로 전년 대비 부품 수의 차이와 불량품 수의 차이 사이에는 $5:2$의 비례관계가 성립한다.
2022년 부품 수(A)를 x개, 2020년 불량품 수(B)를 y개라고 하면,
2022년의 부품 수가 2021년보다 $(x-620)$개 늘었을 때, 불량품 수는 $310-210=100$개 늘었다.
즉, $(x-620):100=5:2 \rightarrow x-620=250$
$\therefore x=870$
2020년의 부품 수가 2019년보다 $420-270=150$개 늘었을 때, 불량품 수는 $(y-70)$개 늘었다.
즉, $150:(y-70)=5:2 \rightarrow y-70=60$
$\therefore y=130$
따라서 (A)에 들어갈 값은 870, (B)에 들어갈 값은 130이다.

46 정답 ③

남자가 소설을 대여한 횟수는 60회이고, 여자가 소설을 대여한 횟수는 80회이므로 $\frac{60}{80}\times100=75\%$이다.

오답분석

① 소설 전체 대여 횟수는 140회, 비소설 전체 대여 횟수는 80회이다.
② 40세 미만의 전체 대여 횟수는 120회, 40세 이상 전체 대여 횟수는 100회이다.
④ 40세 미만의 전체 대여 횟수는 120회이고, 그중 비소설 대여는 30회이므로 $\frac{30}{120}\times100=25\%$이다.
⑤ 40세 이상의 전체 대여 횟수는 100회이고, 그중 소설 대여는 50회이므로 $\frac{50}{100}\times100=50\%$이다.

47 정답 ④

ㄱ. 대도시 간 예상 최대 소요시간은 모든 구간에서 주중이 주말보다 적게 걸림을 알 수 있다.
ㄴ. 주중 전국 교통량 중 수도권에서 지방으로 가는 교통량의 비율은 $\frac{4}{40}\times100=10\%$이다.
ㄹ. 서울 – 광주 구간 주중 소요시간과 서울 – 강릉 구간 주말 소요시간은 3시간으로 같다.

오답분석

ㄷ. 지방에서 수도권으로 가는 주말 예상 교통량은 주중 교통량의 $\frac{3}{2}=1.5$배이다.

48 정답 ③

• 전년 대비 2022년 데스크탑 PC의 판매량 증감률 : $\dfrac{4,700-5,000}{5,000}\times100=\dfrac{-300}{5,000}\times100=-6\%$

• 전년 대비 2022년 노트북의 판매량 증감률 : $\dfrac{2,400-2,000}{2,000}\times100=\dfrac{400}{2,000}\times100=20\%$

49 정답 ②

ㄴ. 전년 대비 2021년 대형 자동차 판매량의 감소율은 $\dfrac{150-200}{200}\times100=-25\%$로 30% 미만이다.

ㄷ. 3년 동안 SUV 자동차의 총판매량은 $300+400+200=900$천 대이고, 대형 자동차의 총판매량은 $200+150+100=450$천 대이므로 3년 동안 SUV 자동차의 총판매량은 대형 자동차 총판매량의 $\dfrac{900}{450}=2$배이다.

오답분석

ㄱ. 2020 ~ 2022년 동안 판매량이 지속적으로 감소하는 차종은 '대형' 1종류이다.

ㄹ. 2021년 대비 2022년에 판매량이 증가한 차종은 '준중형'과 '중형'이다. 두 차종의 증가율을 비교하면 준중형은 $\dfrac{180-150}{150}\times100=20\%$, 중형은 $\dfrac{250-200}{200}\times100=25\%$로 중형 자동차가 가장 높은 증가율을 나타낸다.

50 정답 ④

우리나라는 30개의 회원국 중에서 OECD 순위가 매년 20위 이하이므로 상위권이라 볼 수 없다.

오답분석

① 우리나라의 CPI는 2020년에 5.6점으로 가장 높아 가장 청렴했다고 볼 수 있다.
② 2021년에 39위를 함으로써 처음으로 30위권에 진입했다.
③ 청렴도는 2016년에 4.5점으로 가장 낮고, 2022년과의 차이는 $5.4-4.5=0.9$점이다.
⑤ 자료를 통해 쉽게 확인할 수 있다.

51 정답 ③

쓰레기 1kg당 처리비용은 400원으로 동결상태이다. 오히려 쓰레기 종량제 봉투 가격이 인상될수록 A신도시의 쓰레기 발생량과 쓰레기 관련 적자 예산이 급격히 감소하는 것을 볼 수 있다.

52 정답 ⑤

ㄷ. 2017년 대비 2021년 청소년 비만율의 증가율은 $\dfrac{26.1-18}{18}\times100=45\%$이다.

ㄹ. 아동별 2021년과 2019년의 비만율 차이는 각각 다음과 같다.
 - 유아 : $10.2-5.8=4.4\%p$
 - 어린이 : $19.7-14.5=5.2\%p$
 - 청소년 : $26.1-21.5=4.6\%p$
 따라서 2021년과 2019년의 비만율 차이가 가장 큰 아동은 어린이임을 알 수 있다.

오답분석

ㄱ. 유아의 비만율은 전년 대비 계속 감소하고 있고, 어린이와 청소년의 비만율은 전년 대비 계속 증가하고 있다.

ㄴ. 2018년 이후의 어린이 비만율은 유아보다 크고 청소년보다 작지만, 2017년 어린이 비만율은 9.8%로, 유아 비만율인 11%와 청소년 비만율인 18%보다 작다.

53 정답 ④

ㄷ. 2020 ~ 2022년에 사망자 수는 1,850명 → 1,817명 → 1,558명으로 감소하고 있고, 부상자 수는 11,840명 → 12,956명 → 13,940명으로 증가하고 있다.

ㄹ. 각 연도의 검거율을 구하면 다음과 같다.

• 2019년 : $\frac{12,606}{15,280} \times 100 = 82.5\%$

• 2020년 : $\frac{12,728}{14,800} \times 100 = 86\%$

• 2021년 : $\frac{13,667}{15,800} \times 100 = 86.5\%$

• 2022년 : $\frac{14,350}{16,400} \times 100 = 87.5\%$

따라서 검거율은 매년 높아지고 있다.

오답분석

ㄱ. 사고 건수는 2020년까지 감소하다가 2021년부터 증가하고 있고, 검거 수는 매년 증가하고 있다.

ㄴ. 2020년과 2021년의 사망률 및 부상률은 다음과 같다.

• 2020년 사망률 : $\frac{1,850}{14,800} \times 100 = 12.5\%$

• 2020년 부상률 : $\frac{11,840}{14,800} \times 100 = 80\%$

• 2021년 사망률 : $\frac{1,817}{15,800} \times 100 = 11.5\%$

• 2021년 부상률 : $\frac{12,956}{15,800} \times 100 = 82\%$

따라서 사망률은 2020년이 더 높지만 부상률은 2021년이 더 높다.

54 정답 ②

26 ~ 30세 응답자는 총 51명이다. 그중 4회 이상 방문한 응답자는 5+2=7명이고, 비율은 $\frac{7}{51} \times 100 = 13.73\%$이므로 10% 이상이다.

오답분석

① 전체 응답자 수는 113명이다. 그중 20 ~ 25세 응답자는 53명이므로, 비율은 $\frac{53}{113} \times 100 = 46.90\%$이므로 50% 미만이다.

③ 주어진 자료만으로는 31 ~ 35세 응답자의 1인당 평균방문횟수를 정확히 구할 수 없다. 그 이유는 방문횟수를 '1회', '2 ~ 3회', '4 ~ 5회', '6회 이상' 등 구간으로 구분했기 때문이다. 다만 구간별 최소값으로 평균을 냈을 때, 평균 방문횟수가 2회 이상이라는 점을 통해 2회 미만이라는 것은 틀렸다는 것을 알 수 있다.

(1, 1, 1, 2, 2, 2, 4, 4) → 평균 $= \frac{19}{9} = 2.11$회

④ 응답자의 직업에서 학생과 공무원 응답자의 수는 51명이다. 즉, 전체 113명의 절반에 미치지 못하므로 비율은 50% 미만이다.

⑤ 주어진 자료만으로 판단할 때, 전문직 응답자 7명 모두 20 ~ 25세일 수 있으므로 비율이 5% 이상이 될 수 있다.

55 정답 ④

ㄴ. 무료급식소 봉사자 중 40·50대는 274+381=655명으로 전체 1,115명의 절반 이상이다.

ㄹ. 노숙자쉼터 봉사자는 800명으로 이 중 30대는 118명이다. 따라서 노숙자쉼터 봉사자 중 30대가 차지하는 비율은 $\frac{118}{800} \times 100$ =14.75%이다.

오답분석

ㄱ. 전체 보육원 봉사자는 총 2,000명으로 이 중 30대 이하 봉사자는 148+197+405=750명이다. 따라서 전체 보육원 봉사자 중 30대 이하가 차지하는 비율은 $\frac{750}{2,000} \times 100$=37.5%이다.

ㄷ. 전체 봉사자 중 50대의 비율은 $\frac{1,600}{5,000} \times 100$=32%이고, 20대의 비율은 $\frac{650}{5,000} \times 100$=13%이다. 따라서 전체 봉사자 중 50대의 비율은 20대의 $\frac{32}{13} ≒ 2.5$배이다.

56 정답 ⑤

영업부서와 마케팅부서에서 S등급과 C등급에 배정되는 인원은 같고, A등급과 B등급의 인원이 영업부서가 마케팅부서보다 2명씩 적다. 따라서 두 부서의 총 상여금 차이는 (420×2)+(330×2)=1,500만 원이므로 적절하지 않다.

오답분석

①·③ 마케팅부서와 영업부서의 등급별 배정인원은 다음과 같다.

구분	S등급	A등급	B등급	C등급
마케팅부서	2명	5명	6명	2명
영업부서	2명	3명	4명	2명

② A등급 상여금은 B등급 상여금보다 $\frac{420-330}{330} \times 100 ≒ 27.3\%$ 많다.

④ 마케팅부서 15명에게 지급되는 총 상여금은 (500×2)+(420×5)+(330×6)+(290×2)=5,660만 원이다.

57 정답 ②

ㄴ. 학생 확진자 중 초등학생의 비율은 $\frac{489}{1,203} \times 100 ≒ 40.6\%$이고, 전체 확진자 중 초등학교 소속의 비율은 $\frac{489+73}{1,203+233} \times 100$ ≒ 39.1%로, 학생 확진자 중 초등학생 비율이 더 높다.

ㄷ. 전체 확진자 중 고등학생의 비율은 $\frac{351}{1,203+233} \times 100 ≒ 24.4\%$이고, 유치원생의 비율은 $\frac{56}{1,203+233} \times 100 ≒ 3.9\%$로, 전체 확진자 중 고등학생의 비율은 유치원생의 비율의 약 6.3배이다.

오답분석

ㄱ. 확진자 중 퇴원 수의 비율은 학생은 $\frac{1,089}{1,203} \times 100 ≒ 90.5\%$이고, 교직원의 비율은 $\frac{226}{233} \times 100 ≒ 97.0\%$로, 6.5% 이상이다.

ㄹ. 고등학교와 중학교 소속 확진자 수는 351+58+271+68=748명이고, 이는 전체 확진자 수 1,203+233=1,436명의 약 52.1%이다.

58   정답 ③

2021년 1관당 인구 수는 2018년 1관당 인구 수에 비해 12,379명 감소했다.

오답분석

① 공공도서관 수는 644 → 703 → 759 → 786개관으로 증가하는 추세이다.

② 2021년 1인당 장서 수는 1.49권임을 자료를 통해 쉽게 확인할 수 있다.

④ 2020년 공공도서관에 258,315,000명이 방문했음을 자료를 통해 쉽게 확인할 수 있다.

59   정답 ①

연도별 성인 참여율과 증가율은 다음과 같다.

(단위 : %)

구분	2017년	2018년	2019년	2020년	2021년
참여율	6.4	6.8	5.2	4.9	3.2
참여 증가율	–	7.8	−21.7	−5.7	−34.8

ㄱ. 성인 참여율은 2018년이 6.8%로 가장 높다.

ㄴ. 2019년의 참여율은 5.2%로, 2020년의 참여율 4.9%보다 높다.

오답분석

ㄷ. 자원봉사 참여 인구는 2018년 증가 후 계속 감소하였으므로 참여 증가율이 가장 높은 해는 2018년이며, 참여 증가율이 가장 낮은 해는 2021년이다.

ㄹ. 2017년부터 2020년까지 자원봉사에 참여한 총 성인 인구수는 2,667,575+2,874,958+2,252,287+2,124,110=9,918,930 명으로 천만 명 이하이다.

60   정답 ③

2019년에 국유재산의 규모가 10조 원을 넘는 국유재산은 토지, 건물, 공작물, 유가증권 4개이다.

61   정답 ③

ㄱ. 2019년과 2021년에 국유재산 종류별로 규모가 큰 순서는 토지 – 공작물 – 유가증권 – 건물 – 입목죽 – 선박·항공기 – 무체재산 – 기계·기구 순으로 동일하다.

ㄴ. 2017년과 2018년에 규모가 가장 작은 국유재산은 기계·기구로 동일하다.

ㄷ. 2018년 국유재산 중 건물과 무체재산, 유가증권 규모의 합계는 616,824억+10,825억+1,988,350억=2,615,999억 원으로 260조 원보다 크다.

오답분석

ㄹ. 2019년 대비 2020년에 국유재산 중 선박·항공기는 감소하였으나, 기계·기구는 증가하였다.

62   정답 ④

남성의 전체 인원은 75+180+15+30=300명이고, 여성의 전체 인원은 52+143+39+26=260명이다. 그러므로 전체 남성 인원에 대한 자녀 계획이 없는 남성 인원의 비율은 $\frac{75}{300} \times 100=25\%$, 전체 여성 인원에 대한 자녀 계획이 없는 여성 인원의 비율은 $\frac{52}{260} \times 100=20\%$이다.

따라서 자녀 계획이 없다고 응답을 한 비율은 남성이 여성보다 25−20=5%p 더 크다.

① 전체 조사 인원은 300+260=560명으로 600명 미만이다.

② 전체 여성 인원에 대한 희망 자녀수가 1명인 여성 인원의 비율은 $\frac{143}{260} \times 100 = 55\%$이다.

③ 전체 여성 인원에 대한 희망 자녀수가 2명인 여성 인원의 비율은 $\frac{39}{260} \times 100 = 15\%$, 전체 남성 인원에 대한 희망 자녀수가

2명인 남성 인원의 비율은 $\frac{15}{300} \times 100 = 5\%$이다. 따라서 희망 자녀수가 2명이라고 응답을 한 비율은 여성이 남성의 3배이다.

⑤ 남성의 각 항목을 인원수가 많은 순서대로 나열하면 '1명 – 계획 없음 – 3명 이상 – 2명'이고, 여성의 각 항목을 인원수가 많은
순서대로 나열하면 '1명 – 계획 없음 – 2명 – 3명 이상'이므로 남성과 여성의 항목별 순위는 서로 다르다.

63 정답 ⑤

여성 흡연율의 전년도와의 차이를 정리하면 다음과 같다.

구분	2017년	2018년	2019년	2020년	2021년
여성 흡연율(%)	7.4	7.1	6.8	6.9	7.3
전년도 대비 차이(%p)	–	-0.3	-0.3	+0.1	+0.4

따라서 가장 많은 차이를 보이는 해는 2021년이다.

① 2017년부터 2021년까지 계속 감소하고 있다.
② 2019년까지 감소하다가 이후 증가하고 있다.
③ 남성와 여성의 흡연율 차이를 정리하면 다음과 같다.

구분	2017년	2018년	2019년	2020년	2021년
남성 흡연율(%)	48.7	46.2	44.3	42.2	40.7
여성 흡연율(%)	7.4	7.1	6.8	6.9	7.3
남성·여성 흡연율 차이(%p)	41.3	39.1	37.5	35.3	33.4

따라서 남성와 여성의 흡연율 차이는 감소하고 있다.
④ 남성 흡연율의 전년도와의 차이를 정리하면 다음과 같다.

구분	2017년	2018년	2019년	2020년	2021년
남성 흡연율(%)	48.7	46.2	44.3	42.2	40.7
전년도 대비 차이(%p)	–	-2.5	-1.9	-2.1	-1.5

따라서 가장 많은 차이를 보이는 해는 2018년이다.

64 정답 ③

• 2018년 대비 2019년 사고 척수의 증가율 : $\frac{2,400-1,500}{1,500} \times 100 = 60\%$

• 2018년 대비 2019년 사고 건수의 증가율 : $\frac{2,100-1,400}{1,400} \times 100 = 50\%$

65 정답 ①

연도별 사고 건수당 인명피해의 인원수는 각각 다음과 같다.

- 2018년 : $\frac{700}{1,400}=0.5$명/건
- 2019년 : $\frac{420}{2,100}=0.2$명/건
- 2020년 : $\frac{460}{2,300}=0.2$명/건
- 2021년 : $\frac{750}{2,500}=0.3$명/건
- 2022년 : $\frac{260}{2,600}=0.1$명/건

따라서 사고 건수당 인명피해의 인원수가 가장 많은 연도는 2018년이다.

|03| 추리

01	02	03	04	05	06	07	08	09	10	11	12	13	14	15	16	17	18	19	20
②	④	②	④	②	④	②	④	③	⑤	②	③	③	⑤	③	③	⑤	⑤	②	②
21	22	23	24	25	26	27	28	29	30	31	32	33	34	35					
④	③	⑤	④	②	②	③	③	③	③	②	①	④	②	④					

01 정답 ②

'하루에 두 끼를 먹는 어떤 사람도 뚱뚱하지 않다.'를 다르게 표현하면 '하루에 두 끼를 먹는 모든 사람은 뚱뚱하지 않다.'이다. 이를 두 번째 명제와 연결하면 '아침을 먹는 모든 사람은 하루에 두 끼를 먹고, 하루에 두 끼를 먹는 사람은 뚱뚱하지 않다.'이다. 따라서 빈칸에 들어갈 명제로 ②가 가장 적절하다.

02 정답 ④

제시된 명제들을 순서대로 논리기호화 하면 다음과 같다.

- 첫 번째 명제 : 재고
- 두 번째 명제 : ~설비투자 → ~재고
- 세 번째 명제 : 건설투자 → 설비투자('~때에만'이라는 한정 조건이 들어가면 논리기호의 방향이 바뀐다)
- 네 번째 명제 : 공장

첫 번째 명제가 참이므로 두 번째 명제의 대우(재고 → 설비투자)에 따라 설비를 투자한다. 세 번째 명제는 건설투자를 늘릴 때에만 이라는 한정 조건이 들어갔으므로 역(설비투자 → 건설투자) 또한 참이다. 이를 토대로 공장을 짓는다는 네 번째 명제를 도출하기 위해서는 '건설투자를 늘린다면 공장을 짓는다(건설투자 → 공장건설).'라는 명제가 필요하다.

03 정답 ②

첫 번째 명제와 세 번째 명제를 연결하면 '명랑한 사람 → 마라톤을 좋아하는 사람 → 체력이 좋고 인내심이 있는 사람'이고 두 번째 명제는 '몸무게가 무거운 사람 → 체력이 좋은 사람'이다. '명랑한 사람은 인내심이 있다.'가 참이므로, 그 대우도 참이다. 따라서 빈칸에 들어갈 명제로 ②가 가장 적절하다.

04 정답 ④

'눈을 자주 깜빡인다.'를 A, '눈이 건조해진다.'를 B, '스마트폰을 이용할 때'를 C라 하면, 첫 번째 명제와 두 번째 명제는 각각 ~A → B, C → ~A이므로 C → ~A → B가 성립한다. 따라서 빈칸에 들어갈 명제로 C → B인 '스마트폰을 이용할 때는 눈이 건조해진다.'가 가장 적절하다.

05 　정답　②

'밤에 잠을 잘 자다.'를 A, '낮에 피곤하다.'를 B, '업무효율이 좋다.'를 C, '성과급을 받는다.'를 D라고 하면, 첫 번째 명제는 ~A → B, 세 번째 명제는 ~C → ~D, 네 번째 명제는 ~A → ~D이다. 따라서 ~A → B → ~C → ~D가 성립하기 위해서 필요한 명제는 B → ~C이므로 빈칸에 들어갈 명제로 '낮에 피곤하면 업무효율이 떨어진다.'가 가장 적절하다.

06 　정답　④

'전기가 통하는 물질'을 A, '금속'을 B, '광택이 있는 물질'을 C라고 하면, 첫 번째 명제에 따라 모든 금속은 전기가 통하므로 B는 A에 포함되며, 두 번째 명제에 따라 C는 B의 일부에 포함된다. 이를 벤다이어그램으로 표현하면 다음과 같다.

따라서 C에서 A부분을 제외한 부분이 존재하므로 빈칸에 들어갈 명제로 '전기가 통하지 않으면서 광택이 있는 물질이 있다.'가 가장 적절하다.

07 　정답　②

'스테이크를 먹는다.'를 A, '지갑이 없다.'를 B, '쿠폰을 받는다.'를 C라 하면, 첫 번째 명제와 세 번째 명제는 각각 A → B, ~B → C이다. 이때, 첫 번째 명제의 대우는 ~B → ~A이므로 세 번째 명제가 참이 되려면 ~A → C가 필요하다. 따라서 빈칸에 들어갈 명제로 '스테이크를 먹지 않는 사람은 쿠폰을 받는다.'가 가장 적절하다.

08 　정답　④

- A : 에어컨을 과도하게 쓴다.
- B : 프레온 가스가 나온다.
- C : 오존층이 파괴된다.
- D : 지구 온난화가 진행된다.

첫 번째 명제는 ~C → ~B, 세 번째 명제는 ~D → ~C, 네 번째 명제는 ~D → ~A이므로 네 번째 명제가 도출되기 위해서는 빈칸에 ~B → ~A가 필요하다. 따라서 빈칸에 들어갈 명제로 그 대우 명제인 ④가 가장 적절하다.

09 　정답　③

'한 씨'를 'A', '부동산을 구두로 양도함'을 'B', '무효'를 'C'라고 하자.

구분	명제	대우
첫 번째 명제	A → B	~B → ~A
세 번째 명제	A → C	~C → ~A

첫 번째 명제가 세 번째 명제로 연결되려면, 두 번째 명제는 'B → C'가 되어야 한다. 따라서 빈칸에 들어갈 명제로 '부동산을 구두로 양도하면 무효다.'인 ③이 가장 적절하다.

10 정답 ⑤

영래의 맞은편이 현석이고 현석이의 바로 옆자리가 수민이므로, 이를 기준으로 주어진 조건에 맞추어 자리를 배치해야 한다.
영래의 왼쪽·수민이의 오른쪽이 비어있을 때 또는 영래의 오른쪽·수민이의 왼쪽이 비어있을 때는 성표와 진모가 마주보면서
앉을 수 없으므로 성립하지 않는다. 따라서 영래의 왼쪽·수민이의 왼쪽이 비어있을 때와 영래의 오른쪽·수민이의 오른쪽이 비어
있을 때를 정리하면 다음과 같다.

ⅰ) 영래의 왼쪽·수민이의 왼쪽이 비어있을 때

ⅱ) 영래의 오른쪽·수민이의 오른쪽이 비어있을 때

따라서 어느 상황에서든 진모와 수민이는 한 명을 사이에 두고 앉는다.

11 정답 ②

먼저 첫 번째 조건에 따라 A가 출장을 간다고 하면 다음의 2가지 경우로 나뉜다.

	B출장○, C출장×
A출장○	B출장× C출장○

또한 두 번째 조건에 따라 C가 출장을 가면 D와 E 중 1명이 출장을 가지 않거나 2명 모두 가지 않는 3가지 경우가 생기고, C가
출장을 가지 않으면 D와 E의 출장 여부를 정확히 알 수 없으므로 4가지 경우가 된다. 그리고 세 번째 조건에 따라 B가 출장을
가지 않으면 F는 출장을 가므로 이를 정리하면 다음과 같다.

A출장○	B출장○, C출장×	D출장○, E출장×	F출장○ 또는 출장×
		D출장×, E출장○	
		D출장×, E출장×	
		D출장○, E출장○	
	B출장×, C출장○	D출장○, E출장×	F출장○
		D출장×, E출장○	
		D출장×, E출장×	

따라서 A가 출장을 간다면 최소 인원이 되는 경우는 B와 둘이서 가는 것이다.

12 정답 ③

만약 갑의 말이 진실이면 을의 말은 거짓, 병의 말은 진실, 정의 말도 진실, 무의 말은 거짓이 되어 진실을 말한 사람이 3명이
되므로 1명만 진실을 말한다는 조건에 맞지 않는다. 따라서 갑의 말은 거짓이다. 또한, 을이나 무의 말이 진실이라면 병의 말이
진실이 되므로 이 역시 1명만 진실을 말한다는 조건에 어긋나 을과 무의 말 역시 거짓이다. 병의 말이 진실이라면 을의 말은 거짓,
정의 말은 진실이 되므로 병의 말도 거짓이다.
따라서 진실을 말한 사람은 정이고, 갑, 을, 병, 무의 말은 모두 거짓이 되므로 범인은 병이다.

13 　정답 ③

D가 런던을 고른 경우, A는 뉴욕만 고를 수 있으므로 B는 파리를 고른다.

오답분석

① A가 뉴욕을 고를 경우, D가 런던을 고르면 E는 방콕 또는 베를린을 고른다.
② B가 베를린을 고를 경우, F는 파리를 고른다.
④ E가 뉴욕을 고를 경우, A는 런던을 고르므로 D는 방콕을 고른다.
⑤ A가 런던을 고르고 B가 파리를 고를 경우, F는 뉴욕을 고를 수 있다.

14 　정답 ⑤

먼저 D의 주문 금액은 4,000원, E의 주문 금액은 2,000원임을 알 수 있다. 그리고 C의 최대 주문 금액은 3,500원이고, B의 최대 주문 금액은 이보다 적은 3,000원이므로 A의 최대 주문 금액 또한 3,000원이다. 따라서 5명이 주문한 금액은 최대 3,000＋3,000＋3,500＋4,000＋2,000＝15,500원이다.

오답분석

① A와 B의 주문 가격은 같고, B는 커피류를 마실 수 없으므로 A가 주문 가능한 최소 가격은 B가 주문 가능한 음료류의 최소 가격인 2,000원이다.
② 허브티는 음료류 중 가격이 최대이므로 B가 허브티를 주문할 경우 C는 이보다 비싼 음료류를 주문할 수 없다.
③ 핫초코는 음료류 중 가격이 최소이므로 C가 핫초코를 주문할 경우 B는 이보다 저렴한 음료류를 주문할 수 없다.
④ S카페에서 가장 비싼 것은 아포가토이고, 이는 커피류이다.

15 　정답 ③

A와 D의 진술이 모순되므로, A의 진술이 참인 경우와 거짓인 경우를 구한다.
ⅰ) A의 진술이 참인 경우
　　A의 진술에 따라 D가 부정행위를 하였으며, 거짓을 말하고 있다. B는 A의 진술이 참이므로 B의 진술도 참이며, B의 진술이 참이므로 C의 진술은 거짓이 되고, E의 진술은 참이 된다. 따라서 부정행위를 한 사람은 C, D이다.
ⅱ) A의 진술이 거짓인 경우
　　A의 진술에 따라 D는 참을 말하고 있고, B는 A의 진술이 거짓이므로 B의 진술도 거짓이 된다. B의 진술이 거짓이므로 C의 진술은 참이 되고, E의 진술은 거짓이 된다. 그러면 거짓을 말한 사람은 A, B, E이지만 부정행위를 한 사람은 2명이므로 모순이 되어 옳지 않다.

16 　정답 ③

조건을 논리기호로 정리하여 보면 다음과 같다.
• 첫 번째 조건 : 삼선짬뽕
• 마지막 조건의 대우 : 삼선짬뽕 → 팔보채
• 다섯 번째 조건의 대우 : 팔보채 → 양장피
세 번째, 네 번째 조건의 경우 자장면에 대한 단서가 없으므로 전건 및 후건의 참과 거짓을 판단할 수 없다. 그러므로 탕수육과 만두도 주문 여부를 알 수 없다. 따라서 반드시 주문할 메뉴는 삼선짬뽕, 팔보채, 양장피이다.

17 　정답 ⑤

두 번째 조건에 의해, B는 항상 1과 5 사이에 앉는다.
E가 4와 5 사이에 앉으면 2와 3 사이에는 A, C, D 중 누구나 앉을 수 있다.

오답분석

① A가 1과 2 사이에 앉으면 네 번째 조건에 의해, E는 4와 5 사이에 앉는다. 그러면 C와 D는 3 옆에 앉게 되는데 이는 세 번째 조건과 모순이 된다.

② D가 4와 5 사이에 앉으면 네 번째 조건에 의해, E는 1과 2 사이에 앉는다. 그러면 C와 D는 3 옆에 앉게 되는데 이는 세 번째 조건과 모순이 된다.

③ C가 2와 3 사이에 앉으면 세 번째 조건에 의해, D는 1과 2 사이에 앉는다. 또한 네 번째 조건에 의해, E는 3과 4 사이에 앉을 수 없다. 따라서 A는 반드시 3과 4 사이에 앉는다.

④ E가 1과 2 사이에 앉으면 세 번째 조건의 대우 명제에 의해, C는 반드시 4와 5 사이에 앉는다.

18 정답 ⑤

대화 내용을 살펴보면 영석이의 말에 선영이가 동의했으므로 영석과 선영은 진실 혹은 거짓을 함께 말한다. 이때 지훈은 선영이가 거짓말만 한다고 하였으므로 반대가 된다. 그리고 동현의 말에 정은이가 부정했기 때문에 둘 다 진실일 수 없다. 하지만 정은이가 둘 다 좋아한다는 경우의 수가 있으므로 둘 모두 거짓일 수 있다. 또한 마지막 선영이의 말로 선영이가 진실일 경우에는 동현과 정은은 모두 거짓만을 말하게 된다. 이를 미루어 경우의 수를 표로 나타내 보면 다음과 같다.

구분	경우 1	경우 2	경우 3
동현	거짓	거짓	진실
정은	거짓	진실	거짓
선영	진실	거짓	거짓
지훈	거짓	진실	진실
영석	진실	거짓	거짓

문제에서는 지훈이 거짓을 말할 때, 진실만을 말하는 사람을 찾고 있으므로 선영, 영석이 된다.

19 정답 ②

먼저 B의 진술이 거짓일 경우 A와 C는 모두 프로젝트에 참여하지 않으며, C의 진술이 거짓일 경우 B와 C는 모두 프로젝트에 참여한다. 따라서 B와 C의 진술은 동시에 거짓이 될 수 없으므로 둘 중 1명의 진술은 반드시 참이 된다.

ⅰ) B의 진술이 참인 경우

A는 프로젝트에 참여하지 않으며, B와 C는 모두 프로젝트에 참여한다. B와 C 모두 프로젝트에 참여하므로 D는 프로젝트에 참여하지 않는다.

ⅱ) C의 진술이 참인 경우

A의 진술은 거짓이므로 A는 프로젝트에 참여하지 않으며, B는 프로젝트에 참여한다. C는 프로젝트에 참여하지 않으나, B가 프로젝트에 참여하므로 D는 프로젝트에 참여하지 않는다.

따라서 반드시 프로젝트에 참여하는 사람은 B이다.

20 정답 ②

ⅰ) A의 진술이 참인 경우

A가 1위, C가 2위이다. 그러면 B의 진술은 참이다. 따라서 B가 3위, D가 4위이다. 그러나 D가 C보다 순위가 낮음에도 C의 진술은 거짓이다. 이는 제시된 조건에 위배된다.

ⅱ) A의 진술이 거짓인 경우

제시된 조건에 따라 A의 진술이 거짓이라면 C는 3위 또는 4위일 것인데, 자신보다 높은 순위의 사람에 대한 진술이 거짓이므로 C는 3위, A는 4위이다. 그러면 B의 진술은 거짓이므로, D가 1위, B가 2위이다.

따라서 'B는 2위이다.'인 ②가 참이다.

21 정답 ④

네 번째와 다섯 번째 결과를 통해 실용성 영역과 효율성 영역에서는 모든 제품이 같은 등급을 받지 않았음을 알 수 있으므로 두 번째 결과에 나타난 영역은 내구성 영역이다.

구분	A제품	B제품	C제품	D제품	E제품
내구성	3	3	3	3	3
효율성			2	2	
실용성		3			

내구성과 효율성 영역에서 서로 다른 등급을 받은 C, D제품과 내구성 영역에서만 3등급을 받은 A제품, 1개의 영역에서만 2등급을 받은 E제품은 첫 번째 결과에 나타난 제품에 해당하지 않으므로 결국 모든 영역에서 3등급을 받은 제품은 B제품임을 알 수 있다. 다섯 번째 결과에 따르면 효율성 영역에서 2등급을 받은 제품은 C, D제품뿐이므로 E제품은 실용성 영역에서 2등급을 받았음을 알 수 있다. 또한 A제품은 효율성 영역에서 2등급과 3등급을 받을 수 없으므로 1등급을 받았음을 알 수 있다.

구분	A제품	B제품	C제품	D제품	E제품
내구성	3	3	3	3	3
효율성	1	3	2	2	
실용성		3			2

이때, A와 C제품이 받은 등급의 총합은 서로 같으므로 결국 A와 C제품은 실용성 영역에서 각각 2등급과 1등급을 받았음을 알 수 있다.

구분	A제품	B제품	C제품	D제품	E제품
내구성	3	3	3	3	3
효율성	1	3	2	2	1 또는 3
실용성	2	3	1	1 또는 2	2
총합	6	9	6	6 또는 7	6 또는 8

D제품은 실용성 영역에서 1등급 또는 2등급을 받을 수 있으므로 반드시 참이 되지 않는 것은 ④이다.

22 정답 ③

A ~ D 네 명의 진술을 정리하면 다음과 같다.

구분	진술 1	진술 2
A	C는 B를 이길 수 있는 것을 냈다.	B는 가위를 냈다.
B	A는 C와 같은 것을 냈다.	A가 편 손가락의 수는 B보다 적다.
C	B는 바위를 냈다.	A ~ D는 같은 것을 내지 않았다.
D	A, B, C 모두 참 또는 거짓을 말한 순서가 동일하다.	이 판은 승자가 나온 판이었다.

먼저 A ~ D는 반드시 가위, 바위, 보 세 가지 중 하나를 내야 하므로 그 누구도 같은 것을 내지 않았다는 C의 진술 2는 거짓이 된다. 따라서 C의 진술 중 진술 1은 참이 되므로 B가 바위를 냈다는 것을 알 수 있다. 이때, B가 가위를 냈다는 A의 진술 2는 참인 C의 진술 1과 모순되므로 A의 진술 중 진술 2가 거짓이 되는 것을 알 수 있다. 결국 A의 진술 중 진술 1이 참이 되므로 C는 바위를 낸 B를 이길 수 있는 보를 냈다는 것을 알 수 있다.

한편, 바위를 낸 B는 손가락을 펴지 않으므로 A가 편 손가락의 수가 자신보다 적었다는 B의 진술 2는 거짓이 된다. 따라서 B의 진술 중 진술 1이 참이 되므로 A는 C와 같은 보를 냈다는 것을 알 수 있다. 이를 바탕으로 A ~ C의 진술에 대한 참, 거짓 여부와 가위바위보를 정리하면 다음과 같다.

구분	진술 1	진술 2	가위바위보
A	참	거짓	보
B	참	거짓	바위
C	참	거짓	보

따라서 참 또는 거짓에 대한 A ~ C의 진술 순서가 동일하므로 D의 진술 1은 참이 되고, 진술 2는 거짓이 되어야 한다. 이때, 승자가 나오지 않으려면 D는 반드시 A ~ C와 다른 것을 내야 하므로 가위를 낸 것을 알 수 있다.

① B와 같은 것을 낸 사람은 없다.
② 보를 낸 사람은 2명이다.
④ B가 기권했다면 가위를 낸 D가 이기게 된다.
⑤ 바위를 낸 사람은 1명이다.

23 정답 ⑤

참인 명제는 그 대우 명제도 참이므로 두 번째 명제의 대우 명제인 '배를 좋아하지 않으면 귤을 좋아하지 않는다.' 역시 참이다.
이와 첫 번째, 세 번째 명제를 통해 '사과를 좋아함 → 배를 좋아하지 않음 → 귤을 좋아하지 않음 → 오이를 좋아함'이 성립한다.
따라서 '사과를 좋아하면 오이를 좋아한다.'는 참이다.

24 정답 ④

• 이번 주 – 워크숍 : 지훈
• 다음 주 – 체육대회 : 지훈, 영훈 / 창립기념일 행사 : 영훈
따라서 다음 주 체육대회에 지훈이와 영훈이가 참가하는 것을 알 수 있다.

⑤ 제시된 명제만으로는 다음 주에 진행되는 체육대회와 창립기념일 행사의 순서를 알 수 없다.

25 정답 ②

제시된 명제만으로는 진실 여부를 판별할 수 없다.

① 첫 번째와 두 번째 명제에 의해 참이다.
③ 두 번째 명제로부터 참이라는 것을 알 수 있다.
④ 두 번째와 세 번째 명제를 통해 참이라는 것을 알 수 있다.
⑤ 모든 사람이 자신을 비방하지 않는 사람에게 호의적이라고 했을 때, 세 번째 명제에 의해 참이다.

26 정답 ②

'원숭이를 좋아함'을 P, '코끼리를 좋아함'을 Q, '낙타를 좋아함'을 R, '토끼를 좋아함'을 S라고 하자. 제시된 명제를 정리하면 각각
P → Q, R → ~Q, S → ~P이다.
• A : 코끼리를 좋아하면 토끼를 좋아한다는 것은 제시된 명제로 추론할 수 없으므로 옳은지 틀린지 판단할 수 없다.
• B : R → ~Q → ~P이므로 옳다.
따라서 B만 옳다.

27 정답 ③

• A : 수요일에는 혜진, 수연, 태현이가 휴가 중이고, 목요일에는 수연, 지연, 태현이가 휴가 중이다.
  따라서 수요일과 목요일에 휴가 중인 사람의 수는 같다.
• B : 태현이는 금요일까지 휴가이다.
따라서 A, B 모두 옳다.

28　정답　③

각각의 조건을 수식으로 비교해 보면 다음과 같다.

C > D, F > E, H > G > C, G > D > F

∴ H > G > C > D > F > E

따라서 A, B 모두 옳다.

29　정답　③

B는 오전 10시에 출근하여 오후 3시에 퇴근하였으므로 업무는 4개이다. D는 B보다 업무가 1개 더 많았으므로 D의 업무는 5개이고, 오후 3시에 퇴근했으므로 출근한 시각은 오전 9시이다. K팀에서 가장 늦게 출근한 사람은 C이고 가장 늦게 출근한 사람을 기준으로 오전 11시에 모두 출근하였으므로 C는 오전 11시에 출근하였다. K팀에서 가장 늦게 퇴근한 사람은 A이고 가장 늦게 퇴근한 사람을 기준으로 오후 4시에 모두 퇴근하였다고 했으므로 A는 오후 4시에 퇴근했다. A는 C보다 업무가 3개 더 많았으므로 C의 업무는 2개이다. 이를 정리하면 다음과 같다.

구분	A	B	C	D
업무	5개	4개	2개	5개
출근 시각	오전 10시	오전 10시	오전 11시	오전 9시
퇴근 시각	오후 4시	오후 3시	오후 2시	오후 3시

따라서 C는 오후 2시에 퇴근했다.

오답분석

① A는 5개의 업무를 하고 퇴근했다.
② B의 업무는 A의 업무보다 적었다.
④ 팀에서 가장 빨리 출근한 사람은 D이다.
⑤ C가 D의 업무 중 1개를 대신 했다면 D가 C보다 빨리 퇴근했을 것이다.

30　정답　②

B가 과장이므로 대리가 아닌 A는 부장이다.

오답분석

조건에 따라 A ~ D의 사무실 위치를 정리하면 다음과 같다.

구분	2층	3층	4층	5층
경우 1	부장	B과장	대리	A부장
경우 2	B과장	대리	부장	A부장
경우 3	B과장	부장	대리	A부장

① A부장 외의 또 다른 부장은 2층, 3층 또는 4층에 근무한다.
③ 대리는 3층 또는 4층에 근무한다.
④ B는 2층 또는 3층에 근무한다.
⑤ C의 직위는 알 수 없다.

31　정답　①

주어진 조건에 따라 시험 과목의 순서를 배치해보면 다음 표와 같다.

구분	첫 번째	두 번째	세 번째	네 번째	다섯 번째	여섯 번째
경우 1	ㅁ	ㄹ	ㄱ	ㄴ	ㅅ	ㅂ
경우 2	ㅁ	ㄹ	ㄱ	ㄴ	ㅂ	ㅅ

따라서 세 번째로 보는 시험 과목 ㄱ 다음에 네 번째로 보게 될 시험 과목은 ㄴ이다.

32 정답 ④

먼저 첫 번째 조건과 두 번째 조건에 따라 6명의 신입 사원을 부서별로 1명, 2명, 3명으로 나누어 배치한다. 이때, 세 번째 조건에 따라 기획부에 3명, 구매부에 1명이 배치되므로 인사부에는 2명의 신입 사원이 배치된다. 또한 1명이 배치되는 구매부에는 마지막 조건에 따라 여자 신입 사원이 배치될 수 없으므로 반드시 1명의 남자 신입 사원이 배치된다. 남은 5명의 신입 사원을 기획부와 인사부에 배치하는 방법은 다음과 같다.

구분	기획부(3명)	인사부(2명)	구매부(1명)
경우 1	남자 1명, 여자 2명	남자 2명	남자 1명
경우 2	남자 2명, 여자 1명	남자 1명, 여자 1명	남자 1명

경우 1에서는 인사부에 남자 신입 사원만 배치되므로 '인사부에는 반드시 여자 신입 사원이 배치된다.'의 ④는 항상 참이라고 할 수 없다.

33 정답 ②

주어진 조건을 표로 정리하면 다음과 같다.

구분	아메리카노	카페라테	카푸치노	에스프레소
A	○	×	×	×
B				○
C				×

따라서 'A는 아메리카노를 좋아한다.'인 ②는 항상 참이다.

오답분석
① · ⑤ 주어진 조건만으로는 C가 좋아하는 커피를 알 수 없다.
③ B는 에스프레소를 좋아하지만, C는 에스프레소를 좋아하지 않는다.
④ A와 B는 좋아하는 커피가 다르다고 했으므로, A는 에스프레소를 좋아하지 않는다. 또한 주어진 조건에서 카페라테와 카푸치노 도 좋아하지 않는다고 했으므로 A가 좋아하는 커피는 아메리카노이다.

34 정답 ④

단 1명이 거짓말을 하고 있으므로 C와 D 중 1명은 반드시 거짓을 말하고 있다. 즉, C의 말이 거짓일 경우 D의 말은 참이 되며, D의 말이 참일 경우 C의 말은 거짓이 된다.
ⅰ) D의 말이 거짓일 경우
     C와 B의 말이 참이므로, A와 D가 모두 신발 당첨자가 되어 모순이 된다.
ⅱ) C의 말이 거짓일 경우
     A는 신발 당첨자가 되지 않으며, 나머지 진술에 따라 D가 신발 당첨자가 된다.
따라서 C가 거짓을 말하고 있으며, 신발 당첨자는 D이다.

35 정답 ④

ⓒ과 ⓔ · ⓢ은 상반되며, ⓒ과 ⓗ · ⓞ · ⓩ 역시 상반된다.
ⅰ) 김대리가 짬뽕을 먹은 경우 : ⓗ, ⓞ, ⓩ 3개의 진술이 참이 되므로 성립하지 않는다.
ⅱ) 박과장이 짬뽕을 먹은 경우 : ⓐ, ⓒ, ⓓ 3개의 진술이 참이 되므로 성립하지 않는다.
ⅲ) 최부장이 짬뽕을 먹은 경우 : 최부장이 짬뽕을 먹었으므로 ⓐ, ⓓ, ⓞ은 반드시 거짓이 된다. 이때, ⓒ은 반드시 참이 되므로 상반되는 ⓗ, ⓩ은 반드시 거짓이 되고, ⓔ, ⓢ 또한 반드시 거짓이 되므로 상반되는 ⓒ이 참이 되는 것을 알 수 있다.
따라서 짬뽕을 먹은 사람은 최부장이고, 참인 진술은 ⓒ · ⓒ이다.

아이들이 답이 있는 질문을 하기 시작하면 그들이 성장하고 있음을 알 수 있다.

- 존 J. 플롬프 -

2024 하반기 시대에듀 All-New 기출이 답이다
SK그룹 온라인 SKCT 7개년 기출 + 무료SK특강

개정14판1쇄 발행	2024년 08월 30일 (인쇄 2024년 07월 11일)
초 판 발 행	2017년 10월 10일 (인쇄 2017년 08월 31일)
발 행 인	박영일
책 임 편 집	이해욱
편 저	SDC(Sidae Data Center)
편 집 진 행	안희선 · 김내원
표지디자인	하연주
편집디자인	양혜련 · 김경원 · 장성복
발 행 처	(주)시대고시기획
출 판 등 록	제10-1521호
주 소	서울시 마포구 큰우물로 75 [도화동 538 성지 B/D] 9F
전 화	1600-3600
팩 스	02-701-8823
홈 페 이 지	www.sdedu.co.kr
I S B N	979-11-383-7502-3 (13320)
정 가	22,000원